KB232204

한국과 독일의
통일 그리고 정치

Korea & Germany's Unification and Politics

내일을여는지식 정치 16

한국과 독일의 통일 그리고 정치

Korea & Germany's Unification and Politics

정흥모 지음

KSI 한국학술정보(주)

국립중앙도서관 출판시도서목록(CIP)

한국과 독일의 통일 그리고 정치 / 정흥모 지음. — 파주 : 한국학술정보, 2009
p. ; cm

색인수록
ISBN 978-89-268-0509-1 93340 : ₩23,000

한국 정치[韓國政治]
독일 정치[獨逸政治]

340.9-KDC4
320.9-DDC21
CIP2009003330

머리말

지도교수 울리히 알브레히트(Prof. Dr. Ulrich Albrecht)의 추천사를 자랑스럽게 책머리에 달고서 학위논문의 번역과 여러 편의 논문들을 모아 2002년 문화관광부 선정 우수학술도서 『체제전환기의 동유럽 국가 연구: 1989년 혁명에서 체제전환으로』를 낸 해가 2001년이다. 그리고 두 번째 책의 탈고를 끝냈다.

물론 그간에 책을 출판하지 않은 것은 아니다. 2009년 학술원이 선정한 우수학술도서 『한국의 복지정책 결정과정: 역사와 자료』를 양재진 · 김영순 · 조영재 · 권순미 · 우명숙 박사와 함께 2008년에 냈고 2006년엔 『신유럽 정치입문: 대서양에서 우랄까지』란 번역서도 냈으며 이보다 이른 2001년에 『독일과 유럽연합(EU) 정치: 이론과 실제』를 공저로 내기도 했다.

독일에서 유학생으로 10년(1989－1998년), 한국에서 강사와 연구자로서 10년(1998－2008년)을 보냈다. 베를린에서의 10년은 박사학위를 받는 기쁨으로 갈무리했다. 그런 것처럼 지난 10년의 갈무리로 뭔가 기념될 만한 것을 하고 싶었다. 동년배 버락 오바마가 미국 대통령(2009년)이 된 것 같은 뭐 그런 이벤트가 있었으면 했다.

상념은 안식년을 떠올리면서 가라앉았다. 노무현 정부의 임기 말경에 나는 스스로에게 안식년을 주었다. 재충전을 위한 휴가가 필요했고 안식이 10년의 갈무리로 무난할 것이라는 생각에서였다. 그러나 안정적인 휴식도 창조적인 에너지도 공급받지 못했다. 호사(豪奢)였기 때문이다. 경제적으로 여유가 있었다면 안식년을 낸다는 자체가 호사만은 아니었을 것이다. 여하튼 나는 전세로 옮기면서까지 호사(好事) 아닌 호사를 부렸다.

현재 Doctor Father(지도교수)의 건강이 매우 위독한 상태이다. 가슴이 아프다. 부모님도 고령이시다. 좋은 학자가 될 것을 격려해 주신 지도교수와 자식들의 눈치를 보면서 근검절약으로 유학자금을 마련해 주셨던 부모님에게 보은하지 못해 면목이 없다. 미안하기는 형제들에게도 마찬가지다.

이 책이 저자에게 주는 의미는 두 번째 저서라는 데 있다기보다 새로운 시작을 여는 각오를 준비한다는 데 있다. 새로운 이 십년지계를 다잡기 위한 사전 정리 작업의 일환이면서 묵은 10년의 공부를 털고 싶어서 이 책을 준비하였다. 아무쪼록 이 책이 『한국과 독일의 통일과 정치』를 알고 싶어 하는 독자들 특히 후학들에게 조금이나마 도움이 되었으면 좋겠다.

끝으로 희석(熙石)이와 희옥(熙玉)이에게는 사랑을 주는 엄마이며 나에게는 격려와 노고와 후원을 아끼지 않는 사랑하는 아내 뭉크 바이라(한국명 최지영)에게 미안함과 고마움을 이 책에 담아 전하며 항상 나와 함께하시는 하나님께 감사한다.

베를린은 나의 병주고향(竝州故鄕)이다.
2009년 8월 11일
부평에서 우보(牛步) 정흥모

차례

제1부

한국의 통일과 정치

제1부 한국의 통일과 정치

제1장 한반도 문제에 대한 연구
제2장 베를린 선언의 분석과 평가
제3장 신동방정책과 대북포용정책
제4장 21세기 통일 친화적 이념에 대한 연구
제5장 중도주의와 한국정치
제6장 중도 강화론 들여다보기

출 처

제1장: “4자 및 2+4회담의 비교를 통한 대북 정책분석”, 『국가경영전략』, 제2집 2호, 성균관대 국가경영전략연구소, 2003년, pp.73-104의 원문이다. 제목을 일부 변경하였다.

제2장: 미발표 연구노트

제3장: “발전을 통한 변화: 변화를 통한 발전”, 『평화논총』, 제4권 1호, 통권 7호(봄·여름호), 2000년, pp.244-254. 제목을 일부 변경하였다.

제4장: “21세기 통일 친화적 이념에 대한 연구”, 『국가경영전략』, 제1집 2호, 성균관대 국가경영전략연구소, 2002년, pp.111-142.

제5장: “중도주의와 한국정치”, 『민주어젠더』, 3호(Special Edition), (재)민주당국가전략연구소, 2007년 4월, pp.9-47.

제6장: 한독정치학회 2009년 9월 12일 발표문

제1부의 내용은 한국의 통일과 정치이다. 먼저 한국의 통일이란 정부의 대북정책을 말한다. 본문에서는 김대중[1] 정부의 대북정책을 다뤘다. 노무현 정부(2003 – 2007년, 2009년 5월 23일 자살)가 지나고 이명박 정부 출범(2008년 2월) 2년차의 시점에서 생뚱맞게 김대중 정부의 대북포용정책이냐 할지도 모르겠지만 저자는 이를 활자화하는 명분은 여전히 유효하다고 본다. 그 이유는 아래와 같다.

첫째, 한국의 경우 시종일관된 대북정책이 없기 때문이다. 정권을 쥔 세력들이 취향에 따라 옷을 갈아입는 방식이 대북정책이기 때문이다. 둘째, 현실정치적 측면에서 보면 현 이명박 정부의 대북정책이 김대중 정부의 대북정책과 분명한 대조를 이루고 있기 때문이다. 노무현 정부의 대북정책인 '평화번영 정책'은 김대중 정부 대북정책의 계보를 이었다. 햇볕정책의 대강은 물론이고 김대중 대통령이 방북에 온갖 정성을 쏟아 평양(2000년 6월 15일)에 갔듯이 노무현 대통령도 임기 말에 가서 방북(2007년 10월 4일)한 사실까지도 매우 흡사하다. 그러나 이명박 정부의 '상생과 공영의 대북정책', '비핵 · 개방 · 3000'은 "과거 대북정책의 성과를 계승"한다고[2] 했지만 결과적[3]으로는 김대중 · 노무현 정부의 대북정책을 '이념적 편향성을 드러낸 실패작'[4]이라 싸잡는 것 같아서 결코 같을 수가 없다. 동아일보도 "통일부는 2008년 초 · 중 · 고 교사용 새 지침서에서 햇볕정책의 한계를 지적한 바 있다"고 보도하고 있다.[5] 셋째, 미국의 정권교체도 새로운 국제 정치적 변수

1) 2009년 8월 18일 서거하셨다. 1924년 1월 6일생. 자연사. 장례는 8월 23일 국장으로 엄수 되었다.

2) 통일부. 『통일백서』. 2009, p.17. 2009년 판은 2008년의 내용을 담고 있다.

3) 초 · 중 · 고 교사용 통일교육 지침서가 수정된 내용을 보도한 동아일보의 다음과 같은 기사는 참고할 만하다: "통일부 통일 교육원이 (2009년 7월) 19일 펴낸 통일교육 지침서 2008 · 학교용은 2000년 남북정상회담 추진 과정이 투명하지 못했다는 점과 함께 6 · 15 선언문 속의 우리 민족끼리의 협력과 낮은 단계의 연방제 부분은 사회적 논란을 불러일으키기도 하였다고 명시했다. 또 지난해(2007년) 10 · 4선언에 대해서는 북핵문제가 여전히 해결되지 않고 북한의 변화가 미미한 가운데 합의 · 추진된 남북 간 교류와 협력, 대북 지원 등은 국민적 합의와 지지를 이끌어 내는 데 크게 미흡하였다고 평가했다" 동아일보. 2008년 5월 20일.

4) 임상윤. 2008. "이명박 정부의 대북정책 구상과 남북한관계 전망", 「평화학 연구」, 제9권 1호 pp.5–22. 에서 임상윤은 "이명박 정부는 지난 10년 동안 김대중 · 노무현 정부가 추진한 대북 정책을 총체적으로 실패로 규정 · 평가하고, 이러한 실패의 근원으로 햇볕정책을 지목"했다고 쓰고 있다.

로 등장했기 때문에 대북포용정책은 재고의 실익이 있다. 2009년 공화당에서 민주당으로 정권교체가 있은 후 미국의 대북정책은 '악의 축'으로 상징되는 강경일변도의 정책에서 다소 유화적인 방향으로의 변화가 있을 것이란 예상이 있었기 때문이다. 넷째, 마지막으로 이명박 정부의 출범 이후 남북관계가 급속하게 악화되고 있기 때문이다. 김대중 정부의 대북정책을 주제로 다룬 명분의 정당성에 대해 역순으로 다시 한 번 간략하게 내용을 부연하면 다음과 같다. 첫째, 현재 남북관계는 '빙하기'에 접어들었다고 한다. 이명박 정부 출범(2008년 2월) 이후 7월 11일 금강산 관광 중이던 박왕자 씨가 북한 초병이 쏜 총에 맞아 사망(2008년 7월 11일)했다. 2009년 3월 30일 현대아산 소속 개성공단 근로자 유성진 씨가 북한군에 납치된 후 구금 136일 만인 8월 13일 풀려났다. 7월 30일에는 800연안호가 GPS미장착으로 북방한계선을 넘어 북한군에 나포되었으나 북한은 조기 송환을 거부하다가 8월 29일 귀가 시켰다. 여기에 더하여 북한은 2009년 들어 7월까지 미사일을 동·서해안에서 발사해댔다. 뿐만 아니라 2009년 5월 2차 핵실험(1차 2006년 10월)을 강행했다. 이명박 정부는 이런 일련의 사건들에 대해 강경하게 맞서면서 남북관계가 그 어느 때보다도 경색되고 있는 것이다. 이에 대한 이명박 정부의 반응은 "과거 방식대로 6자회담을 그대로 갖고 가는 것은 시행착오를 되풀이해 성과를 내기 쉽지 않다"면서 사실상 5자 회담의 제안으로 나타났다.[6] 구체적 행동에선 정부차원은 물론이고 민간 차원의 인도적 지원 모두를 동결시켰다. 최근 이 점은 사안별로 풀리기 시작했다. 그 이유는 현정은 현대아산 회장의 8월 10일 방북과 8월 16일 김정일 면담, 8월 17일 현대와 아태평화위원회 간 이산가족 상봉, 금강산관광 재게 등 5대합의 발표 그리고 김대중 전 대통령 서거로 북한 조문단의 8월 21일 서울방문과 8월 23일 이 대통령 면담을 계기로 납치와 나포가 풀렸기 때문이다. 그러나 남북관계의 빙하기는 여전히 지속되고 있는 중이다.[7] 둘째, 미국의 민주당으

5) 동아일보. 2009년 7월 22일.

6) 조선일보. 2009년 6월 24일.

7) 북한이 9월 6일 황강댐을 무단 방류해서 임진강변에서 야영하던 민간이 6명이 실종 사망하는 일이 또 발생했다. 통일부의 사과요구에 북한은 방류사실만 확인해 주었다. 10월 1일에는 동해를 경유해서 북한

로의 정권교체는 기존 공화당의 대북 강경정책과 별 차이를 보이고 있지 않다. 그 이유는 앞서 언급했듯이 북한이 지하 핵실험을 성공시켰고 대포동 2호의 변형된 미사일 발사를 수차례 감행했다는 데서 찾을 수 있다. 이에 유엔 안전보장이사회는 6월 12일 북한의 제2차 핵실험에 대응하는 대북 제재 결의안을 15개 이사국의 만장일치로 채택했다. 오바마 대통령은 "북한을 핵 보유국으로 인정할 수 없다"면서 "미국은 북한에 대해 비핵화를 계속해서 요구한다"고 밝혔다.[8] 북한의 핵무장화를 해결하기 위해 힐러리 클린턴 국무장관은 16차 아세안 지역안보포럼에[9] 참가한 북한에 대해 '포괄적 패키지'를 제안했는데 북한 측 대변인 리홍석 외무성 군축과장이 이를 일언지하에 거절하였고 급기야 "6자 회담은 이미 끝났다"고 선포했다. 북미관계도 타협의 실마리를 찾기는 어려울 것으로 전망된다.[10] 셋째, 이명박 정부의 '상생과 공영의 대북정책', '비핵 · 개방 · 3000' 방안은 북한의 진정성을 요구하는 실용주의적 통일정책 구상이다. 특히 '비핵 · 개방 · 3000'은 10년 내 북한 주민 1인당 소득이 3,000달러 수준에 이르도록 지원하겠다는 계획이다.[11] 이 지원을 위한 대전제가 북한의 핵 폐기이다. 그러나 북한이 힐러리 클린턴 국무장관의 포괄적 패키지 제공의 전제였던 '비가역적 비핵화'(irreversible denunclearization)도 거절하고[12] 2차 핵실험까지 감행한 정황을 보면 이명박 정부의 "비핵 · 개방 · 3000"은 실현 가능성이 매우 희박해 보인다. 그러면 남게 되는 것이 "이념의 잣대가 아니라, 실용적 잣대로 남북관계를 바라보고 생산적인 성과를 이루어" 나가겠다는 '상생과 공영의 대북

주민 11명이 배편으로 남한에 귀순했다. 북한은 이들의 송환을 요구했으나 남한 정부는 전원이 귀순의사를 밝혔기에 불가하다는 입장을 북한에 전달했다. 남북관계에 또 다른 변수가 될 소지가 다분해 보인다.

8) 연합뉴스. 2009년 6월 17일.

9) 2009년 7월 23일 태국 푸켓에서 26개국이 참여했다.

10) 이런 가운데 클린턴 전 미국 대통령이 개인자격으로 북한을 2009년 8월 4일 깜짝 방문했다. 클린턴은 평양에서 김정일을 만났다. 억류된 미 여기자 석방을 위한 방북이었고, 실제로 8월 5일 이들은 억류 141일 만에 클린턴과 함께 미국으로 돌아갔다. 문제는 이를 계기로 향후 북미관계가 호전될지 여부다.

11) 통일부. 『통일백서』, 2009, p.40.

12) 이명박 대통령은 유엔 기후변화정상회의, 제 64차 유엔총회, 피츠버그에서 개최되는 주요20개국(G20) 정상회의에 참석하기 위해 9월 20일 방미 했으며, 21일 뉴욕에서 핵무기를 포기할 진정한 의지가 있는지를 확인하기 위해 북한에 완전한 비핵화에 대한 대가로 경제적인 회생을 지원하겠다는 그랜드 바겐(grand bargain, 일괄타결) 을 재차 제시했다.

정책'인데 바로 이 점이 김대중 정부의 대북정책인 햇볕정책과 좋은 대조를 이룬다는 것이다.

끝으로 저자는 김대중 정부의 대북포용정책을 비판적인 입장에서 다루었다. 비판적 입장을 견지한 이유는 당시 '햇볕'의 대세에 눌려 반대의 소리를 내는 연구자가 소수였기 때문이다. 이제 정권교체와 더불어 대북정책의 기조가 또 바뀌었다. 아마도 독자는 '상생과 공영의 대북정책', '비핵 · 개방 · 3000'에 대한 소수의 의견을 듣고 싶어 할 것이다. 이런 의미에서 이 글이 독자들에게 비교 시각을 조금이나마 제공해 줄 수 있었으면 하는 기대가 있다.

한국의 정치에선 중도주의를 다루었다. 2007년 대선 선거전에서 대선주자들이 표심을 공략하기 위해서 스스로를 중도주의의 대표주자로 치켜세웠기 때문이다. 대선에서 한나라당 이명박 후보가 당선되었다. 이명박 정부는 대선 공약에서 "대기업을 성장시키면 투자와 고용이 일어나 중소기업과 서민경제에 도움이 된다"는 친(親)기업적 논리를 분명히 밝혔다. 그래서 정부 출범을 하자마자 "전봇대(규제의 상징) 제거를 비롯하여 각종 기업규제 완화에 나서며 기업 프렌들리(중시)임을 과시했다."[13] 이명박 정부의 '설계사'라 불리는 류우익 전 대통령 비서실장은 "현 정부는 보수정권으로 태어났고 처음부터 그걸 선언하고 선거를 치렀다"고 밝히고 있다.[14] 그래서 그랬는지 내각을 구성하면서 언론에서는 신조어들이 넘실댔다. '고 · 소 · 영 파', '강 · 부자 내각'이 그것이다. 고소영은 고려대, 소망교회, 영남권의 준말이고, 강부자란 강남의 땅 부자를 줄인 말이다. 이는 이명박 대통령이 고려대 출신이고, 소망교회 장로라는 점과 정부내각의 각료들이 대부분 강남의 부동산을 많이 소유하고 있어 그것을 빗대어 하는 말이다. 그런 정부가 출범 2년차에 '중도 강화론'을 들고 나선 것이다. 이는 중도가 집토끼(고정 지지층)는 물론 산토끼(유동 지지층)도 잡고 진보 · 보수 간의 갈등 · 대립을 걷어내

13) 조선일보. 2009년 6월 29일 B3.

14) 조선일보. 2009년 6월 29일 A29.

어 사회적 통합을 이끌 수 있는 해법이라 본 것이다. 한마디로 등 돌린 중도층을 재집결시켜서 안정적인 통치를 위한 지지율을 확보하기 위한 정략이 깔린 포석이다.[15] 이런 취지에서 6월 마지막 주말에 이명박 대통령이 이문동 떡볶이 집을 찾아가자 민주당 이강래 원내대표는 “떡볶이 사먹으며 이미지만 바꾸면 중도고 서민이냐”며 이명박 정부(MB)의 중도 강화론을 비판하였다.[16] 조명현 고려대 교수도 “정치적 필요에 따라 정책이 오락가락하면 서민을 끌어안기는커녕 기존 지지층까지 놓칠 수 있다”고 노무현 정부의 분배주의 정책을 따라가려는 이명박 정부의 일관성 없는 정책[17]을 좌우고면(左右顧眄)에 다름 아니라고 질타하였다.

15) 중앙일보. 2009년 6월 25일.

16) 조선일보. 2009년 6월 29일 A33.

17) 조선일보. 2009년 6월 29일 B3.

<노무현 정부와 닮아가는 MB정부>

	MB 공약 및 초기대책	MB 중도 강화론	노무현 정부 정책
서민정책	－트리클 다운(trickle down)정책: 그릇에 넘쳐흐르는 물이 바닥을 적시듯 대기업·고소득층의 성장을 촉진하여 중소기업·서민혜택을 늘여 나가는 정책. －기업규제 완화 및 종부세폐지 등을 통해 경기활성화	－재정·세금·교육 등 전 방위적인 친서민·친중소기업 정책으로 선회. －마이크로크레디트(무보증 소액신용대출) 같은 서민금융지원 강화. －소상공인 경영규제완화 및 서민주거 지원	－양극화 해소 위해 복지와 분배를 강조한 서민·중소기업 위주 정책. －저소득층 임대주택 공급확대 및 서민 전월세자금 지원 강화. －영세자영업자 지원
부동산정책	－부동산 경기활성화: 강남3구 제외한 전국 주택 투기지역 및 투기과열지구 해제. －LTV(주택담보인정비율)·DTI(총부채상환비율) 등 주택담보대출 규제 대폭 완화	－강남3구 이외로 투기지역 확대 또는 －LTV·DTI규제 확대 검토. －개인별 주택담보대출 총액제한 검토	－투기지역 대거 지정으로 부동산 가격 상승 억제. －LTV·DTI 등 강력한 주택담보대출 규제 도입.
세금정책	－감세기조. －종부세 과표 상향조정 및 세율인하→종부세를 재산세에 통합해 폐지 추진. －다주택자 양도세 중도과세 완화. －법인세·소득세 단계적 인하	－감세＋증세. －대기업·고소득층에 대한 비과세 ·감면 대대적 축소. －농어민을 비롯한 서민들을 위한 감세제도는 유지	－고소득층 증세 기조. －종부세 도입으로 고소득층 세부담 중액. －1가구 다주택자 양도세 중과. －비사업용 토지 양도세 중과
투자활성화	－비즈니스 프렌들리. －수도권 규제 등 각종 규제 철폐를 통해 기업 투자환경 대폭 개선	－친(親)기업정서 유지. －경기 불확실해 보수적으로 경영하는 기업들에 투자확대에 나서달라고 요청	－반(反)기업정서. －출자총액제한제 등 반기업 정책 유지하면서 기업에 투자확대 요구
교육정책	－학교 자율에 맡기는 시장주의적 교육정책	－사교육 억제 통한 공교육 강화. －특목고 입시 과목 제한. －내신 축소등 대입제도 전면 개편	－사교육 억제 통한 공교육 강화. －설립목적 맞지 않는 특목고 교과과정 제한. －방과 후 보충학습 도입. －EBS 강의 수능 출제

이명박 정부의 중도 강화론은 “포퓰리즘이 영력하고 중도의 실체가 무엇인지 짐작할 수 없을 정도로 뒤죽박죽된 정책을 성급하게 내놓고 있기”[18] 때문에 “중도 강화의 정치가 자칫 포퓰리즘(대중영합주의)의 덫에 빠지지 않게 경계의 고삐를 늦추지 말아야”[19] 한다. 이제 본문의 중도주의 내용이 독자에게 이런 의미에서 중도 강화론을 사회과학적 시각에서 볼 수 있는 지적 계기를 선사하길 기대한다.

18) 뉴라이트 계열 시민단체 바른사회시민사회의 수장인 서울대 박효종 교수는 더 나아가 이명박 정부가 “중도・친서민 정책이란 이름으로 규제강화나 법치완화를 담은 정책을 내놓고 있다”고 성토하고 있다(한국일보, 2009년 8월 5일).

19) 구민교, “중도적 포퓰리즘의 덫”(조선일보, 2009년 6월 29일 A31).

제1장

한반도 문제에 대한 연구

Ⅰ. 서 론

남북한은 세기말(世紀末)에 일기 시작한 국제 환경 변화에 무풍지대로 남아 있을 수 없으며 따라서 국제환경 변화에 발맞춰서 대응하고 있다. 남한의 경우 가장 두드러진 변화는 김대중 정부의 대북정책에서 찾을 수 있다. 김대중 정부의 대북정책은 국제 환경 변화와 함께 '국제적 문제'로 급부상한 '북한 문제'의 해결적 대안이라는 성격을 동시에 띠고 있기 때문이다. 국제질서 변화에 대응하는 북한의 태도에서 우리는 전율조차 느낀다. 체제존립을 위해 벼랑 끝 외교를 불사하고 있기 때문이다.

국제 환경 변화와 더불어 한반도를 둘러싼 국가 간의 관계도 심하게 변화를 받고 있다. 북 · 미 관계의 진전과 경색이 반복되고 북 · 일 수교를 향한 맑음과 흐림이 교차되고 있는 한편 중 · 러와 북 · 중 · 러의 밀월 관계, 남한의 중 · 러에 대한 짝사랑, 한 · 미 · 일 공조의 흔들림 등이 감지되고 있다.

20세기 한반도 문제는 냉전이란 그물에 갇혀 있었다. 미 · 소 냉전이 사라진 21세기 한반도 문제 역시 크게 달라진 것이 없어 보인다. 한반도 문제는 여전히 국제관계의 그물, 즉 4강의 영향권에서 벗어나지 못하고 있기 때문이다. 그렇다고 남한이 한반도 문제를 4강의 구도에서 탈각시키려는 노력을 기울이지 않았다는 것은 아니다. 남한은 4자 회담(Four Party Talks)을 비롯하여 동북아 다자 안보 · 경제체제인 아세안 지역포럼(ARF), 3자대북정책조정감독그룹(TCOG), 한반도 에너지개발기구(KEDO) 등 다자 회담에 적극적으로 참여하고 있다. 그러나 이와 달리 북한은 북 · 미 간 평화협정 체결, 북 · 일 그리고 북 · 미 간 수교체결을 위해 외교력을 집중시키면서 선택적으로 국제적 협상에 참석하고 있을 뿐이다.

남북을 둘러싼 국제적 협상에서 나름대로 진전이 이루어졌는데 그것은 1996년에 개최된 4자 회담과 범아시아적 차원에서 다각적인 회담 활성화가 모색되고 있다는 점이다.

이 글에서 저자는 한반도 문제를 다루는 국제적 협상 중 4자 회담을 비판적으로 고찰한다. 4자 회담이 성사되기는 했으나, 가시적인 성과가 없는 상태에서 중단되었기 때문이다. 바꾸어 말해서 4자 회담에 대한 평가는 회의적이다. 왜냐하면 한반도에서 '노 윈 시추에이션(No Win Situation)'이 가시화된 지 오래이기 때문이다. 즉 어느 쪽도 한반도 문제의 주도권을 장악하지 못한 상황에서 남 · 북 관계, 북 · 미 관계 그리고 남 · 북 · 미 · 일 · 중 · 러 관계의 정돈상태가 돌파구를 못 찾고 있기 때문이다. 때문에 우리는 'No Win Situation'에서 '윈 시추에이션(Win Situation)'으로의 방향전환을 모색해야 한다. 따라서 이 글의 목적은 'Win Situation'으로의 방향전환을 위한 단서를 4자 회담에 대한 비판적 고찰에서 찾아보겠다는 데 있다.

이를 위한 구체적 작업은 국제적 협상의 발원이 된 남 · 북 문제에 대한 성격을 규명하는 작업에서부터 시작한다. 원론적 수준에서 제기되고 다루어져야 할 주요 의제가 오히려 불분명해져 가고 있기 때문이다. 즉 4자 회담의 주요 의제가 한반도 문제 해결에 있는 것인지 아니면 북한 문제 해결에 있는 것인지 또는 평화를 통한 분단관리를 하자는 것인지 확실하지 않다. 4자 회담 목적이 현재의 정전체제를 평화체제로 대체시키자는 데 있다고 해서 회담의 애매성이 안개 걷히듯 걷히는 것은 아니라고 본다. 바꾸어 말하면 냉전종식의 마스터플랜으로서 4자 회담은 반쪽의 플랜에 지나지 않는다는 것이다. 유럽을 중심으로 한 미·소 간 냉전의 시대가 지나가고 탈냉전 시대에 들어서면서 대립과 갈등 대신 평화를 정책의 목표로 삼는 것은 어려운 일이 아니다. 또한 '통일과정의 중간단계가 평화정착이고 최종단계가 통일이다'는 식의 통일 마스터플랜도 설득력이 높아 보이지 않는다. 박정희 정부의 '선(先) 건설 후(後) 통일'이 '선 평화 후 통일'로 바뀐 후 대북정책은 통일보다 분단관리를 정책의 금과옥조(金科玉條)로 삼고 있다는 점에서 역대정부의 통일정책과 달라진 것이 없어 보인다는 것이다. 그 결과 통일은 공명(空名)에 지나지 않게 되었고 분단은 여전히 지속되고 있다. 김대중 정부의 통일정책은 역대정부와 차별성을 보이는 역사적 사건을 연출시켰으나 그것이 이벤트(event)적 성격만이 농후하다는 이유에서 역대정부의 업적과 다를 바 없다는 것이 대체적인 평가이다.

문제는 김대중 정부가 기회 있을 때마다 차별적인 대북 정책의 당위성을 강조하는 가운데 이를 4자 회담과 연계시키고 있다는 데 있다. 따라서 우리는 4자 회담의 차별성이 무엇인가에 관심을 기울이게 된다. 즉 4자 회담이 누구에 의한 무엇을 위한 평화체제 구축이며 나아가 평화체제 그 뒤를 잇는 청사진을 제시하고 있느냐는 것이다. 아무튼 평가에 가름하면 한반도 평화를 정착시키는 동시에 통일의 길을 모색하겠다는 지배적 통일논리, 즉 '선 평화 후 통일'의 목표는 4자 회담에서 실현되지 못하고 있다. 이런 이유에서 4자 회담에서 다루어지고 있는 회담의 의제, 성격, 당사자 국가들의 입장 그리고 회담의 목적, 진행, 성과를 종합적으로 검토해 보자는 것이다.

검토 과정에서 독일의 2+4 회담에 대한 분석은 4자 회담의 종합적 검토에 대한 가이드라인을 제시하기에 충분하다고 본다. 독일의 2+4 회담은 분단국의 통일과정을 분단국의 시각에서 볼 때 성공적으로 마무리 지은 사례를 남겼기 때문이다. 때문에 4자 회담과 독일의 2+4 회담 사이의 비교·분석은 통일한국으로 가는 국제적 협상의 점검 및 미래에 대한 좌표설정에 시사(示唆)하는 바가 클 것으로 사료된다. 따라서 그 시사점이 무엇인가를 밝히는 작업 역시 이 글에서 다루게 된다.

Ⅱ. 4자 회담의 대상으로서 한반도 및 북한 문제

2.1. 한반도 문제

한반도 문제란 무엇을 의미하는가? 이 문제에 대한 이해는 통일 전 독일의 상황을 상징하고 있는 이른바 '독일 문제'에서 실마리를 찾을 수 있다. 다시 말해 독일 문제는 한반도 문제와 비교 가능한 특징을 지니고 있다. 그렇다면 무엇이 비교를 가능케 하는가? 즉 독일 문제 이면에 숨어 있는 것은 무엇인가? 단순명료하게 대답할 수 있는 성격의 질문이 아니다. 독일 문제는 중첩된 문제로 구성되어 있기 때문이다. 독일 문제의 중첩성은 무엇보다도 역사·정치적 특징에서 비롯된다.

역사·정치적 특징의 핵심은 민족 통일 후 독일이 권력 정치적 대결, 즉 헤게모니 장악을 추구한다는 데 있다. 분단 상태가 아닌 통일 상태의 독일이 두 번에 걸쳐서 세계대전을 일으켰기 때문이다. 문제의 또 다른 특징으로는 독일이 고유한 자기정체성을 추구한다는 점을 들 수 있다. 표현을 달리하면 독일 문제는 유럽 중앙에 위치한 독일의 영토·민족적 통합에 관한 문제로만 국한되지 않으며 독일의 민주주의와 정치·헌법·사회 질서의 확립문제와도 맞물려 있다. 곧 후발 산업국인 독일이 해결해야 했던 정치적 과제를 말한다. 이처럼 독일이 유럽의 중심에 놓여 있다는 점은 다시 독일 문제가 모든 시기에 있어서 유럽 문제이며 유럽문제는 또한 모든 시기에 있어서 독일 문제임을 역사가 웅변하고 있다. 독일 문제와 유럽 문제의 관계는 어디가 독일 문제의 시작인 동시에 유럽 문제가 어디서 끝나는지를 분별할 수 없을 만큼 상호 긴밀하게 연결되어 있다. 양자 간의 상호 긴밀성은 1989－90년 독일통일 과정에서 또다시 극명하게 입증되었다.

전후(1949－1989년) 독일연방공화국(서독)에서 독일 문제에 대한 토론이 상이한 여러 주제를 둘러싸고 격렬하게 벌어졌다. 특히 분단 독일과 관련한 독일 문제가 가장 격렬하게 다루어졌다. 서독정부는 "독일민족이 자유로운 자결의 원칙하에서 독일의 통일과 자유를 달성한다"라고 명시한 기본법의 전문에서 독일 문제에 대한 기본입장을 분명히 밝히고 있다. 전후 제기된 분단국 독일 문제는 1990년 국가통일이 이루어지면서 또다시 해결되었다.[20)]

우리는 이제 독일 문제와 혼용되고 있다는 '독일정책(Deutschlandpolitik)'에 대한 설명을 통해 한반도 문제에 대한 보다 구체적인 이해로 나아갈 수 있게 된다. 그렇다면 독일정책이란 무엇을 의미하는가? 독일정책이란 2차 세계대전에서 승리한 전승 4국이 독일에 대해 실시한 정책을 말한다. 독일정책은 유사한 상황에 놓여 있었던 다른 국가들과 다음과 같은 점에서 대비되는 정책이기도 하다. 여느 패전국들처럼 패전 후 독일은 전승국의 통치대상이 되었다. 이탈리아 그리고 오스트리아와 달리 전·후 정부를 승계할 차기정권 또는 수권정권, 즉 망명정부나 국내에서 활동한 저항세력이 부재했기 때문이다.[21)]

한국과 독일은 1945년 당시 정권을 승계할 차기 수권세력의 부재란 점에서 유사하다. 그러나 한국은 패전국과 점령지에 해당하지 않는 점에서 독일과 다르다. 전승국들이 처음부터 의도한 것은 아니지만 한국에서 일본의 식민지 통치를 종식시켰다. 이와 같은 연장선상에서 한국은 1945－1949년 유엔(UN)의 신탁통치(군정)를 받아들이게 된 것이다. 이때 한반도 문제란 신탁통치하에서 한반도의 정부수립을 의미한다.

독일의 경우 냉전의 시작과 동시에 전승국이 두 진영으로 편성되면서 각각의 세력은 동·서 독일 점령지를 기점으로 충돌하기 시작하는데 이때를 같이하여 한반도 문제도 복잡성을 띠기 시작했다. 초기 독일 연방정부는 분단을 원점으로 돌릴 '통일정책(Widervereinigungspolitik)'을 모색하면서 분단극복에 국가역량을 쏟는다. 휴전협정으로 포성이 사라진 한반도에서도 남북은 각자의 체제논리에 따라 발전하였다. 따라서 전쟁 이후 현재까지 한반도 문제는 분단을 원점으로 돌릴 단일주권 국가로의 복귀, 즉(영토, 민족, 이데

20) Weidenfeld, Werner and Korte Karl－Rudolf(Hg.). 1992. *Handwörterbuch zur drutschen Einheit* (Frankfurt am Main/New York: Campus Verlag), pp.127－128.

21) Weidenfeld and Korte(1992), pp.170－171.

올로기의) 통일을 의미한다.

여기서 주의 깊게 생각해야 할 점은 독일 문제가 독일정책으로 혼용되어 논의되듯이 한반도 문제 역시 '한반도 정책'이란 틀에 담아 논의할 수 있다는 주장이다.[22] 그런데 문제는 한국은 패전국도 점령지도 아니라는 데 있다. 주지하다시피 한국 전쟁이 발발하기 전 유엔은 1948년 12월 12일 유엔총회 결의에 따라 대한민국정부를 한반도에서의 유일한 합법적 정부로 승인했다. 또한 전후 휴전협정 당사자는 전쟁 종결에 대한 권한만을 가지고 있기 때문에[23] 전승국이 점령지를 통치의 대상으로 여긴 독일정책을 두고 한반도 정책이란 개념을 차용하겠다는 주장은 한반도에서 패전국의 지위를 스스로 인정하는 경우에 해당함으로 적용하기 어렵다고 하겠다. 논쟁의 여지는 있겠으나 적용하기 어렵다고 보는 이유는 남한이 휴전협정의 당사자가 될 수 있음은 물론이고 한반도 문제의 주체라는 것을 의미하고 있는 것이다.

분단 이후의 복잡한 문제는 국제사회가 통일에 비협조적이고 비우호적인 데도 있다. 독일의 경우는 물론 한국의 경우도 이와 유사하다고 볼 수 있다. 이 문제의 복잡성은 독일의 경우 전승 4국과 한반도의 경우 주변 강대국들이 독일과 한국의 통일에 대해 우호적인지 아니면 비우호적인지에 따라 가감되었다. 우호적 · 비우호적 태도의 기준은 국제정세에 따른 전승 4국 또는 한반도 주변 강대국의 국익에 있지 분단국의 분단고통경감에 있지 않았음은 자명한 사실이다. 독일은 1990년 10월 통일을 이룩함으로써 비로소 '독일정책'의 굴레에서 해방되게 되었다. 부연하면 독일연방정부는 1989-1990년 초 통일과정과 독일정책의 갈등구조를 2+4 회담의 틀 안에서 지혜롭게 해소시킬 수 있었던 결과 단일 주권국가로의 복귀는 물론 동 · 서독 지역에 주둔하고 있던 점령군을 자국으로 복귀시킬 수 있게 되었다.

한반도 문제와 독일 문제를 비교 · 분석한 지금까지의 논의를 우리는 다음과 같이 정리할 수 있을 뿐만 아니라 발전적인 질문으로 이어갈 수 있다.

22) 김학성. 1995. "한반도 평화정착을 위한 통일외교의 정책과제", 『통일연구논총』, 4권 2호.

23) 김명기. 1994. 『한반도 평화조약의 체결-휴전협정의 평화조약으로의 대체를 위하여』(서울: 국제법출판사), p.91.

먼저 독일의 경우와 유사하게 한반도 주변 4강은 한국의 통일과정에서 경시할 수 없는 영향력을 행사할 것이다. 통일과정은 4자 회담의 성격을 비껴갈 수 없다. 독일의 경우도 2+4 회담이 성공적인 독일 통일의 견인차가 되었다. 그 결과 한국의 통일과정에서도 2+4 회담의 형식이 재현되어야 한다는 주장이 지지를 얻고 있다. 따라서 4자 회담이 2+4 회담의 처녀작에 해당한다고 볼 수 있다. 문제는 '4자 회담이 한국의 통일과정에서 채택되어야 할 이상적인 회담인가?'에 있다.

그런데 위와 같은 논의와 질문이 가능하기 위해서 사전에 확인하고 넘어갈 질문이 있다. 김대중 정부가 들어선 이후 '한반도 문제는 어느 정도 관심의 대상이 되고 있는가?' 하는 점이다. 소위 '북한 문제'에 이목이 집중되면서 또는 북한 문제로 이목을 유인하면서 한반도 문제는 상대적으로 관심 밖으로 밀려나는 것이 아닌가 하는 의구심이 들기 때문이다. 이렇게 볼 때 북한 문제에 대한 실체 파악이 선결조건이라 할 수 있다.

2.2. 북한 문제

먼저 북한 문제란 무엇인가라는 개념과 함께 북한 문제가 대두하게 된 배경을 알아본다. 북한은 구소련의 붕괴와 냉전 종식의 결과로 일어난 일련의 문제와 직면하지 않을 수 없게 되었다. 북한은 이에 따라 새로 대두된 문제를 해결하기 위해서 주변 국가들은 물론 국제사회와 접촉을 다시 시작하고 있는데 그 대표적인 예로 한반도에너지 개발기구, 국제 원자력기구, 4자 회담, 북·미 제네바 회의 등을 들 수 있다. 사실 이와 같은 접촉은 북한의 경제적 위기와 외교적 고립이란 문제와 관계가 있다. 경제적 위기와 외교적 고립에서 벗어나기 위한 생존전략의 일환으로 북한이 주변 국가들을 비롯하여 국제사회와의 관계개선에 나서고 있기 때문이다.

따라서 북한 문제는 국제적 맥락에서 목격되는 문제의 다발에 해당한다고 하겠다. 이런 의미에서 북한 문제는 "탈냉전과 사회주의권의 붕괴라는 외적 환경의 변화 혹은 이 변화와 북한의 내적 상황(=내부자원 고갈)이 결합 작용하여 발생하고 있는 북한과 관련한 문제"[24]라고 정의되고 있다. 요약하면 북한 문제의 발생 원인은 동구권의 붕괴라는 국제적 상황과 총체적인 북한 체제의 심각한 위기인 국내적 상황이 맞물린 것이다. 여기서 특별히 주목해야 할 점이 있다. 그것은 이러한 북한 문제가 국제적 쟁점이 되고 있다는 것이다. 국제적 쟁점이 된 북한 문제가 냉전기에 구축된 한반도 문제와 근본적으로 다른 성격을 띠고 있다는 것이다. 그러므로 "북한 문제의 해소는 궁극적으로 한반도에서 냉전이 종식됨을 의미하며 동아시아에서 국가 간 적대관계를 종식하고 새로운 지역질서(협력체, 공동체) 형성 논의의 중요한 지표가" 된다.[25]

저자는 국제적 쟁점으로서 북한 문제라는 식의 테제와 거리를 둔다. 국제적 쟁점이 된 북한 문제이든 아니면 수식이 없는 북한 문제이든 관계없이 북한을 둘러싼 문제는 "냉전과 탈냉전의 새로운 기류가 교차하면서 발생하고"[26] 있는 것이 아니라 일차적으로 북한사회주의 체제의 본질적 모순 때문에 발생한다고 보기 때문이다. 북한 문제에 대해 갖는 구체적 의문은 '국제적 쟁점'이 된 북한 문제의 내용을 분석하면서 제시될 것이다.

탈냉전기의 국제관계에서 이데올로기 간의 경쟁이 사라져 가는 만큼 적대국가들 사이에서 적대관계도 해체되고 있으며 협력과 경쟁관계가 그 자리를 대신하고 있다. 이 같은 경향이 1990년 이후 지속됨에 따라 한국과 러시아 그리고 한국과 중국의 관계는 정상화되었다. 이와 달리 북한과 일본 그리고 북한과 미국의 외교적 관계는 얼어붙고 있다. 이렇게 볼 때 북한이 북한의 개방과 국제사회와의 관계개선을 지향하게 되면서 북한 문제가 불가피하게 국제적 쟁점이 되고 있다. 더욱이 총체적 경제 위기가 대외관계개선, 즉 국제사회와 관계의 심화로 이어지게 되었다. 때문에 북한은 그 어느 때보다도 국제사회에서 적극적으로 활동해야 하는 중압을 받고 있다.

24) 이종석. 1997. "북한문제의 국제적 쟁점: 발생원인, 양상, 전망", 백학순·진창수 편, 『북한문제의 국제적 쟁점』(성남: 세종연구소), pp.17-18.

25) 이종석(1997), p.18.

26) 이종석(1997), p.18.

국내적 상황이 국제적 상황과 맞물려 발생한 이중 위기는 탈냉전 진행의 비동시성의 산물이다. 냉전의 해체과정이 세계, 동북아, 한반도에서 서로 다른 속도로 진행되었다. 다시 말해서 위의 세 개 층위에서 각 단계는 상호 상이한 시간적 거리를 두고 냉전해체과정에 도달하였다. 냉전은 동유럽에서와 같은 빠르기로 동북아에서 사라졌다. 미국·중국·러시아 그리고 일본은 평화보장을 위한 합의를 신속하게 이끌어 냈다. 합의는 동북아 지역의 평화보장을 내포하고 있다. 반면에 한반도에서 적대적 대결의 종식은 매우 느리게 진행되고 있다. 요약하면 북한 문제는 세 층위의 비동시성으로 인해 국제적 쟁점으로 전화되었으며 이 같은 비동시성이 국가들 간에 활발히 진행되고 있다.

먼저 탈냉전 진행의 비동시성으로 인하여 중국과 북한 사이가 심각하게 멀어지고 있다. 2009년 현재 중국은 탈이데올로기 실용노선에 입각해 30년 이상 개혁·개방정책을 실시해 왔으나 북한은 이와 달리 주체사상이란 이데올로기 기본노선에서 벗어나지 못했다. 그 결과 중국과 북한은 심심찮게 서로 충돌을 하게 되었다.[27] 북한과 미국의 관계에서 탈냉전기 비동시성의 명백한 정황은 양국이 상호 간 평화정책을 채결하지 못했다는 데 있다. 이로 인해 발생하는 부대효과로는 북한 문제를 다루는 협상에서 나타나는 불협화음을 들 수 있다. 남·북 관계는 혼탁하게 엉클어져 있으며 김대중 정부가 추진하고 있는 탈냉전 정책은 김정일 국방위원장이 추구하는 정책과 충돌하고 있다.

그렇다면 북한 문제의 구체적인 쟁점사항은 무엇인가? 두 가지 점을 언급할 수 있다. 첫 번째 쟁점은 북한의 대량살생무기 생산이다. 부시(Georg W. Bush) 대통령은 미국을 위해 불량국가 명단에 북한을 포함시켰다. 미국은 미사일 및 핵무기 확산에 대해 민감하게 반응하고 있으며 특히 장거리 미사일 핵무기실험과 제3세계로 이를 수출하는 것을 금지하고 있다. 이런 이유에서 미국은 1990년대 북한의 미사일 시험 발사를 맹렬히 비난하였다. 미국

27) 이종석(1997), pp.24-32.

은 1993년 노동 1호 미사일의 성공적인 시험발사를 마친 북한을 대량살생무기 생산국가이며 동시에 리비아와 이라크에 비밀리에 무기를 수출하고 하는 무기수출국가임을 나름대로 입증하였다. 북한은 1998년 8월 사정거리 8,000㎞의 대포동 1호 미사일을 시험 발사했다. 미국은 즉각적으로 미사일 위협에 상당하는 반응을[28] 보였다. 부시 대통령은 "21세기의 신종 위협과 불량 국가의 미사일 공격"에 강력 대응하는 정책의 필요성을 강조하였다.[29]

핵무기가 논의의 대상이 될 때 북한의 핵무기 프로그램이 그 중심에 위치한다. 1990년대 초 북한의 핵무기 위협은 문자 그대로 위협적이어서 한국을 공포로 몰아넣었다. 북한이 핵확산금지조약(NPT)에서 탈퇴를 선언하고, '벼랑 끝 외교(brinkmanship diplomacy)'로 선회했을 때 미국에서는 북한의 핵무기 시설에 대한 공습이 논의되었다. 이 위기 상황은 1994년 10월 북한과 미국이 북・미 제네바 합의(Agreed Framework)에 조인하면서 일단락되었다. 북・미 제네바 합의 이후 한반도에너지 개발기구가 결성되었고 국제원자력기구의 북한사찰이 허가되었다.[30]

북한 문제 쟁점에 해당하는 두 번째 구체적인 사항은 대외경제관계의 확장이다. 이 점은 북한의 생존에 관한 문제이기도 하다. 오래전부터 북한이 만성적인 식량난에 허덕이고 있음은 새로운 사실이 아니다. 근자의 식량난은 1995년 홍수 이후 더욱 악화된 것뿐이다. 따라서 외부세계로부터의 식량지원은 국내 식량 공급에서 중요한 비중을 차지하게 되었다. 북한도 이제

28) 미국이 1998년 북한과 이란 등 이른바 불량국가(rogue state)의 탄도미사일 위협을 새로 강조한 배경에는 정치적 요인이 작용했다고 워싱턴포스트가 2002년 1월 14일 보도했다. 포스트는 불량국가들의 위협이 재정의 되는 과정에서 미 공화당 의원들이 위협을 과대 포장한 측면이 있고, 이같이 재정의된 위협론이 미사일방어(MD) 구상으로 이어졌음을 시사했다. 워싱턴포스트에 따르면 러시아와 중국을 제외하면 2010년 이전에 미국을 위협하는 장거리 미사일 기술을 갖출 수 있는 나라는 없다는 것이 1998년까지 미국 정보당국과 정・관계의 공통된 판단이었다. 하지만 MD 추진 명분이 필요했던 공화당은 의회에서의 수적 우위를 활용해 1년여 만에 이 같은 판단을 정반대로 뒤집는 데 성공했다. 이 과정에서 도널드 럼즈펠드 현 국방장관이 이끄는 소위원회가 제출한 보고서가 결정적 작용을 했다. 이어 조지 W 부시 행정부가 출범하면서 이 보고서는 국방정책 가이드라인으로서 권위를 갖게 됐고, 이것은 곧바로 MD구상으로 발전했다(중앙일보/동아일보, 2002/1/16).

29) Park, Hong Suk. "Reinvigorated Northern Triangle: The Implications of Strengthening Ties among Russia, China and North Korea", KAIS International Conference, *Post-Summit Change in Security Dimension*(Seoul, 2001/6/23), pp.13-14.

30) Park(2001), p.11.

스스로 외부세계에 도움을 청하기 시작했다. 한국 · 중국 · 미국 · 일본 그리고 유럽연합이 북한의 식량 지원국 명단에서 상위를 차지하고 있다.

지금까지의 논술을 첫째, 북한 문제의 주체인 북한과 둘째, 국제적 쟁점인 북한 문제의 주요 당사자의 관점에서 요약할 수 있다. 먼저 북한이 '국제적 쟁점'에 임하는 자세는 체제유지라는 생존 전략적 동기에서 비롯되고 있다. 자원부족이 가장 심각한 북한의 현안이기 때문이다. 북한의 생존전략은 외부세계, 즉 서방과의 접촉 또는 관계개선에 있다. 따라서 생존전략의 이면에는 실용주의에 정향된 경제정책과 강화된 군사주의(강성대국)라는 이중전략이 도사리고 있다. 반면에 북한의 이 이중전략이 강대국들과 협상 · 대화에서 마찰을 빚어내는 기본요인으로 기능하고 있다.

끝으로 미국 · 중국 그리고 일본이 국제적 쟁점인 북한 문제들에 대해서 취할 기본적 입장이 아래와 같이 예상되고 있다.

〈표 1-1〉 북한의 대량살상무기 개발문제

북한의 태도	체제유지가 보장되는 한, 경제적 보상으로 해결 시도
미국의 태도	개발은 절대 불용
중국의 태도	개발 반대, 평화적 해결 주장

〈표 1-2〉 생존을 위한 대외경제관계의 확장

북한의 태도	적극적인 대외경제관계 확장 추구
미국의 태도	대량살상무기 협상에 협조적인 한 지원하며, 이 협상에 획기적 국면이 도래하면 대북지원 적극선도

〈표 1-3〉 적대관계의 재조정31)

북한의 태도	수교에 적극적
미국의 태도	대량살상무기 개발문제 해결과 연계
일본의 태도	미사일 개발실험과 연계

31) 이종석(1997), p.58.

위와 같은 분석은 무엇이 북한 문제의 실체인가를 확인시켜 주고 있다. 북한 문제의 실체는 북한의 대량살생무기 생산 여부에 달려 있다고 하겠다. 이 문제에 대해서 미국과 북한의 의견 불일치는 타협의 여지가 없어 보인다. 양자 간 인식 차가 현격하기 때문이다. 한국정부도 탈냉전기에 국제적으로 수용될 수 있는 해결을 의미하는 북한 문제에 대한 해결방안을 제시하고 있다. 한반도에서 냉전 기제를 해체시키기 위해서는 무엇보다도 상호 간 불신을 제거해야 하며, 국가 간 적대적 태도를 종식시켜야 한다. 때문에 한국정부는 북한과 미국 · 일본 관계의 정상화를 적극 지지하고 있다. 정상화는 북한 · 미국 · 일본의 교차승인을 의미한다. 또한 통일 환경을 조성하기 위해서 북한에 대한 경제제재는 해제되어야 하며 남북한 경제협력도 정상궤도에 올라서야 한다. 북한의 핵무기 통제는 물론 미사일 문제에 대한 해결이 이루어져 북 · 미, 북 · 일 간에 평화조약의 체결이 성사되어야 한다고 본다. 이 같은 평화조약 체결의 준비단계는 4자 회담에서 논의될 수 있다.

이 같은 제안의 목적은 냉전 종식 후 발생한 군사 · 정치 · 외교 · 경제 문제 등에 대해서 포괄적으로 접근하자는 데 있다. 그리고 포괄적 접근의 결과 문제해결은 일괄타결 방식으로 하자는 것이다. 일괄타결 방식이 "한반도 냉전구조의 해체를 의미하며 그것은 곧 평화정착의 실현을 의미"하기 때문이다.[32]

이처럼 국제적 쟁점으로서 북한 문제는 냉전이 탈냉전으로 전환되는 과정에서 되었다는 것이다. 그리고 북한 문제 해결의 묘책은 포괄적 접근을 이끌어 내 일괄타결 방식을 택하고 4자 회담을 통해 한반도 냉전구조의 해체는 물론 평화정착의 실현을 가능케 하자는 데 있다. 그러나 이 같은 주장은 다음과 같은 사안을 충분히 고려했다고 보기 어렵다.

첫째, 대량살생무기 생산이 북한 문제의 요체 중 하나였다. 이 점을 우려한 미국 · 중국 · 일본의 입장은 저마다 달랐다. 반면 한국 정부는 북한의 내부붕괴(자원부족문제) 요인을 더욱 우려했다. 아무튼 미사일 생산을 염려하

32) 이종석(1997), p.60.

는 국가 또는 국민과 옥수수생산을 더 염려하는 국가 또는 국민의 관심이 일치할 수 없다.[33] 이들이 모인 원탁회의가 어떤 결과를 가져올 것인가를 묻는 것은 불을 보듯 자명한 것이 아니겠는가!

둘째, 냉전기 때 국제적 쟁점에 해당하는 북한 문제라는 것이 전혀 발생하지 않았는가 하는 점이다. 발생을 했다면 북한 문제는 새로운 것이 못 되고 발생하지 않았다면 북한 문제는 국제적 쟁점의 특징에 해당하지 않는다는 반증이다. 셋째, 국제적 쟁점으로서 북한 문제는 북한의 국내 문제 해결이 냉전의 한반도를 탈냉전으로 인도하는 핵심 고리가 된다는 주장을 하고 있다. 이 문제 해결을 위해 남북관계의 개선과 4자 회담이 개최되어야 한다는 것이다.

그런데 전쟁 이후 냉전이 진행되는 동안에 북한의 국내문제가 오늘날과 같은 국제적 쟁점으로서 '북한 문제' 해결의 핵심 고리로 작용했던 경우가 있었는가? 의심스럽다. 바꾸어 말하면 북한 문제는 탈냉전기에 들어 한반도 문제의 독립변수가 되었고 오히려 한반도 문제는 탈냉전기에 들어 종속변수가 되었다는 테제에 쉽게 동의할 수 없다.[34] 냉전기에는 문제가 되지 않던 것이 탈냉전기로 넘어가는 과도기에 문제가 되고 있다면 이는 북한 문제가 독립변수가 아니라는 반증일 것이기 때문이다. 따라서 냉전기에 발생하여 지금도 유효한 한반도 문제가 독립변수이고 탈냉전기로 넘어가는 과도기에 발생하고 있는 북한 문제는 종속변수이다. 즉 남·북 분단의 본질이 독립변수에 해당하기 때문에 종속변수에 의해 그 본질이 변하지 않는다. 그러므로 본질적 문제 해결책은 독립변수의 해소방안에서 찾아야지 종속변수의 해소방안에서 찾는다면 곤란하지 않을까! 따라서 북한체제의 모순 때문에 발생

---

33) 2002년 1월 29일 개각으로 통일부의 수장이 된 정세현 장관은 2월 3일 새벽 KBS TV토론(심야토론)에 참석하여 본문의 내용을 뒷받침해 주는 발언을 했다. 정세현 장관의 발언요지는 다음과 같다. "북한은 대량살상무기(WMD)를 개발해 체제유지를 위한 군사적 장벽과 큰 나라를 상대로 하는 협상카드로 쓰려고 한다. 북한이 이에 관심을 가지고 있는 것은 사실이지만 그것을 적화통일용으로 쓴다고 보는 것은 다소 논리적인 비약이 있다. 이러한 발언이 국민을 너무 불안하게 할 수 있다"(문화일보. 2002년 2월 4일).

34) "(4자 회담)을 통한 한반도에 항구적인 평화를 정착하게 될 전망은 불투명하다"고, 전망한 백진현은 "한반도 문제의 본질은 결국 남북한 관계이며, 지금까지의 적대적·대결적인 관계에 근본적인 변화가 없이는 한반도의 평화구조는 정착될 수 없다"고 주장하였다. 백진현. 1997. "한국의 4자회담 추진방향", 민족통일연구원, 『4자 회담과 한반도 평화』(학술회의 총서 97-01), (서울: 민족통일연구원), p.96.

한 종속 변수란 병(病)을 독립변수로 오진을 하고 난 뒤 여러 나라의 의사가 한자리에 모여서 공동 진료를 한다고 해서 병이 치료될 수 있겠는가? 공동으로 시술을 하기 전에 철저한 검진이 먼저 이루어져야 한다. 그렇게 되면 집도하는 의사가 많지 않아도 훌륭하게 시술할 수 있으리라!

Ⅲ. 한반도를 둘러싼 4자 회담

1945년 이후 독일 문제에서 국제 정치적 관심사는 독일의 영토 · 이데올로기 그리고 민족 분단에 있다고 볼 수 있다. 한반도 문제는 이 시기의 독일 문제와 유사한 국제 정치적 맥락에서 유래되었다. 즉 한반도 문제란 1945－1950년 이후 한반도에서 영토 · 이데올로기 그리고 민족 분단을 의미한다. 독일의 분단 상황은 1990년 통일로 종결되었다. 독일통일의 간접적 교훈은 한반도 문제가 분단 상황에서 통일로 종결될 수 있도록 통일의 과정 · 방법에서 지혜를 찾을 수 있어야 한다는 데 있다. 그 시작은 한반도가 분단되어 있는 한, 한반도 문제는 아류적 · 속류적 문제에 의해 대체될 수 없다는 인식에서 출발한다. 한반도 문제는 항상 통일의 문제이기 때문이다.

현재 '한반도 문제는 통일'이다 식의 입장을 견지한다는 것은 생각처럼 간단하지 못하다. 탈냉전기에 '통일의 의지'를 불태우는 것은 감상적 통일지상주의에서 벗어나지 못한 소아병적 태도로 환영받지 못하고 있다. 반면에 한반도 문제는 4자 회담과 햇볕정책에 대한 이해도가 높은 자들의 북한 문제에 의해서 대체되고 있다. 북한 문제는 어떻게 냉전구조를 종결시킬 수 있는가에 역점을 두고 있다. 따라서 이들에 따르면 한반도에서 평화의 추구는 국제적 협정을 통해 성공할 수 있을 뿐만 아니라 한반도 문제가 동북아시아의 안보문제[35)]와 맞물려 있어서 동북아시아의 안보문제를 배제시킨 채

35) 그중 가장 논쟁이 활발했던 것은 안보협력의 제도화 문제이다. 대표적인 안보협력 사례는 유럽안보협력회의를 아 · 태 지역에도 적용할 수 있을 것인가 하는 문제였다. Giessmann은 OSCE의 동북아시아에서의 접근 가능성을 발견하고 OSCE는 동북아시아에서 적용 가능한 모델임을 강조하고 있다. Giessmann,

국가의 통일문제를 논의할 수 없게 된다. 평화정착은 한반도 문제 해결의 영순위이기 때문이다.

이제 와서 한반도 또는 북한 문제가 4자 회담의 의제가 되어버렸는가를 개탄하는 것은 지혜롭지 못한 태도이다. 보다 중요한 문제는 어떻게 한반도 문제를 성공적으로 종결시킬 수 있겠는가에 있기에 우리는 이 문제에 매진해야 한다. 김대중 정부가 취한 매진의 한 형태가 4자 회담으로 나타나고 있다. 따라서 우리는 한반도 문제를 다루는 4자 회담 그리고 4자 회담 참석 국가들 특히 남한이 4자 회담에서 한반도 냉전구조해체를 통한 한반도 평화정착에 어느 정도 진지하게 임하고 있는가를 혹은 성과를 거두고 있는가에 대해 질문하게 된다.

3.1. 4자 회담

4자 회담은 김영삼 대통령과 미국의 클린턴 대통령이 1996년 4월 16일 제주도에서 정상회담을 마친 후 제기되었다.[36] 4자 회담의 제의는 1953년

Hans-Joachim. 2001. "Co-operative Security Politics in Europe the OSCE Experience and Its Relevence for Korea", KINU, FES, European Commission, *Change on the korea Peninsula: The Relevence of Europe*(Seoul. 6. 18-19). 이 같은 주장이 제기된 이유는 유럽(안보협력회의)이라는 안보 틀에서 독일 문제가 다루어졌듯이 아・태 지역이라는 안보 틀에서 한반도 문제가 다루어져야 한다는 데 있다. 이석수는 이 점에 대해 다음과 같은 문제점을 지적하고 있다. "첫째, 모든 연구가 안보협력의 필요성을 지나치게 의식하여 당위론에 치우쳤다는 것이다. 경제발전과 민주화 등을 위해 안보가 필수적이며 새로운 안보환경에 적응하기 위해서는 안보협력이 꼭 필요하다는 등의 당위론에서 출발하였고, 그 논리를 단순화하였다. (……) 둘째, 연구자들은 CSCE모델의 환상에 사로잡혀 아・태 지역의 국제적 안보협력에 접근하였다. CSCE에 대한 깊이 있는 이해 없이 안보협력의 가장 이상적인 제도화의 형태가 CSCE이며, CSCE만이 안보에 대한 만병통치약인 것처럼 생각하고 있다. (……) 셋째, 국제적 안보협력과 기존의 안보질서 간의 관계를 조화보다는 선택의 문제로 파악하였다는 점이다. (……) 넷째, 세 번째 지적과 관련하여 모든 논의가 최종목표인 완성된 안보협력에 집중하고 있다"는 것이다. 이석수, 2000, "아・태 질서의 변화와 재조명. 신아시아론을 중심으로"; 김달중・문정인・이석수 외, 『새천년 한반도 평화구축과 신지역질서론』(서울: 도서출판 오름), pp.274-277.

36) 최영관은 "일단 북한의 정전협정 무력화 책동을 저지하고 이로 인해 조성된 긴장국면을 해소할 수 있을 것이라는 기대와 한・미 양국이 한반도평화문제와 미・북 관계개선을 분리함으로써 한・미 관계의 분열을 노리는 북한의 의도를 차단하고 동시에 대북정책과 관련하는 한・미 간의 갈등요인을 사전에 제거할 수 있게 될 것이라는" 데에 4자 회담의 의의를 부여한다. 최영관. 1996. "한반도 평화체제 구축방안 모색-4자회담을 중심으로-", 민족통일연구원, 『4자회담과 한반도 통일전망』, 제6회 국제학술세미나 발표논문(서울: 민족통일연구원), p.112.

이후 한반도에서 평화체제 구축과 관련하여 획기적인 전기를 이루었다는 평가를 받고 있다. 두 번에 걸친 연기 끝에 한 · 미가 제시한 4자 회담에 대한 공동설명회(joint briefing)가 1997년 3월 5일 뉴욕에서 개최되었다.

그렇다면 어떤 이유에서 4자 회담 공동설명회가 성사되었는가? 북한이 공동설명회에 응한 이유는 무엇인가? 공동설명회에 북한이 참석한 이유는 한반도에서 군사적 불안정성의 종결이란 공동의 목적 달성이 저변에 깔려 있었기 때문일 것이다. 따라서 4자 회담에서 북한 문제의 연관성을 다룰 수 있게 된다. 그 밖에 북한이 4자 회담 공동설명회에 참석한 이유를 다음과 같이 설명할 수 있다. 첫째, 국제무대에서 북한의 고립이 북한 스스로가 감당해 낼 수 없는 상태에 도달했다는 데 있다. 그러나 이런 고립에도 불구하고 북한은 정전협정 대신 남한은 배제시킨 채 새로운 평화협정의 체결을 미국에 요구(통미봉남)하고 있다. 둘째, 북한은 북한의 내부문제를 자력으로 감당할 수 없게 되었다는 것이다. 평양은 경제를 개혁하고 시장을 개방시킬 수 있는 능력이 없다. 북한의 경제 상태는 특히, 1990년대 발생한 여러 자연재해 · 인재(홍수피해, 농촌의 구조적 결함, 식량부족, 마이너스 경제 성장 등)로 인해 보다 복잡해졌다. 이런 이유에서 평양은 4자 회담을 수락하게 된 것이다.[37)]

미국 · 중국 그리고 남 · 북한은 4자 회담에서 어떤 입장을 취하고 있는가? 소련 붕괴 이후 미국은 유일한 강대국으로 군림하고 있다. 국제 정치에서 유일한 강대국의 위상을 입증하기 위해 미국은 미국의 리더십을 발휘해야 한다. 한반도 문제의 해결에서도 미국은 동북아시아에서 미국의 문제해결 능력을 과시해야 한다. 반면에 동북아시아에서 미국에 버금가는 중국과 일본은 동북아시아에서 미국의 일방적 역할에 대해 강 건너 불 보듯 침묵으로 일관하지 않을 것임은 자명하다.

미국의 전략적 목적은 4자 회담을 통해 북한에 대한 영향력 행사와 중국에 대한 미국의 지위를 유지하는 데 있다. 무엇보다도 동북아시아에서 미국

37) Robert A. Manning. 1997. “The U. S Position and Policy toward the Four-Party Talks”, 민족통일연구원, 『4자 회담과 한반도 평화』(학술회의 총서 97-01), (서울: 민족 통일연구원), pp.4-5.

의 최고 관심은 중국과 일본을 견제하는 데 있으며 한반도의 영공을 안전하게 확보하기 위해서 미국은 계속해서 이 지역에서 우위를 지속해야 한다. 이러한 목적은 미국이 한국에서 적극적인 통일정책을 실시해야 달성할 수 있다. 즉 미국은 4자 회담에서 국제법에 대한 보증자의 위치를 관철시켜야 하고 평화의 틀 내에서 전략적으로 중요한 역할을 수행해야 한다.[38]

미국의 경우와 달리 4자 회담에서 중국의 입장은 단순하게 정리되지 않는다. 전문가들은 중국이 한반도 문제에서 적극적이기보다는 소극적 역할은 떠맡을 것이라고 대체적으로 평가하고 있다. 미국의 주도권에 대한 중국의 반응은 그다지 공격적이지 않아 보인다. 그러나 한반도의 정전 상태가 평화협정으로 발전하는 과정에서 미국의 영향력이 증대된다면 중국은 이를 묵인하지 않을 것이다. 이렇게 볼 때 중국의 태도는 4자 회담이 성공하느냐 실패하느냐에 있기보다는 어떻게 동북아 지역에서 미국의 영향력의 증대를 제어할 수 있을까에 있다.[39]

4자 회담에 임하는 남한의 기본입장은 어떻게 하면 한반도에서 항구적이고 효과만점인 평화체제를 창출시킬 수 있을까에 대해서 미국과 중국 그리고 북한과 더불어 토론해 보자는 데 있다. 이런 의도는 국제 협상에서 남한을 차단시키려는 북한의 전략을 봉쇄시키는 데서부터 북한과 미국과의 대화를 촉진시키는 데까지 미치고 있다. 남한은 미국 · 중국 · 북한과 함께 평화조약 체결을 원하고 있다. 그러나 무엇보다도 남한의 주목적은 남 · 북 대화의 개시에 있었다. 남한 정부는 평화 체제가 4자 회담의 전개 속에서 이루어질 수 있다고 본 것이다.

지금까지 우리는 4자 회담의 경과에 대해 살폈다. 그 결과 4자 회담에 대해 긍정적인 평가를 내릴 수 없다. 4자 회담은 1999년 8월까지 여섯 차례 개최되었는데 마지막 회담(1998년 8월 5일－8일)이 있은 후 회담은 중지되었다.[40] 그 후 북한은 주한미군의 철수와 북 · 미 평화대화의 개최를 의제로

38) Ulrich Albrecht. 1996. “Significance and Background of Four Power Talks for the Korean Question”, 4th Korea－workshop, FREE UNIVERSITY BERLIN, *Korea－Japanese Co－operation towards the 21th century and German Responses*(1996/6/27). p.3; 김용호(1997), pp.59－60.

39) Albrecht(1996a), p.3; 김용호(1997), pp.61－62.

상정할 것을 요구하고 있다.

주지하다시피 여러 차례 간청에도 불구하고 김정일 국방위원장이 2001년 서울 답방을 하지 않았다. 2002년 새해에 들어 북한은 남북관계를 냉각시키는 고전적인 주제(보안법철폐, 주한미군철수, 북한 주적론 철회 등)들을 들먹이며 대남 통일공세를 강화하고 있다.[41] 이러한 정황은 김대중 정부가 4자 회담에 입각한 통일전략의 기본노선에 변화를 꾀하던가 아니면 대북포용정책에 비판적 입장에 서 있던 세력이 정부에 통일정책에 힘을 실어주든가 하는 택일의 상황을 강요하고 있다. 이도 저도 아니면 어떻게 처신해야 하는가? 질문은 쏟아져도 확실한 대답은 들리지 않는다. 따라서 활로를 찾기 위한 차선의 선택으로 독일의 사례를 다시 한 번 주목해 본다.

3.2. '노 윈 시추에이션'에서 '윈 시추에이션'으로의 전환모색

독일에서 무엇인가를 진정 배우고자 한다면, 우리는 독일 통일 성사의 이유에 대해서 (누구나 다 알고 있어서 진부하기조차 한) 재차 질문[42]을 던져도 무방할 것이다. 다음과 같은 요인이 통일의 밑거름이 되었다.

- 미국지도부의 지속적인 독일통일 지지
- 유럽 연합의 지지
- 소련, 동 · 서독 그리고 미국의 합리적 정책: 그 결과 소련정부는 독일통일을 방해하는 시도가 소용없는 일로 받아들였다.[43]

독일은 통일에 유리한 정황들을 유럽 통합의 심화 · 확장으로 이어 나갔

40) 회담의 구체적 진행과 결과에 대해서는 다음을 참고하기 바란다. 최정. 2000. 『통일로 가는 길』(서울: 서울언론인클럽), pp.470－482.

41) 세계일보. 2002년 1월 10일.

42) 서독은 나토(NATO)가입과 유럽안보협력기구(OSCE)의 협동적 안보정책에 힘입어 통일 기반을 다질 수 있었다. 그 밖에 독일 통일의 성공요인으로 두터운 그물로 얽혀 있는 초유럽적 통합을 들 수 있다.

43) Maul and Harnisch(2001), pp.12－13.

다. 이로써 주변국의 반대와 염려를 불식시킬 수 있었던 것이다. 동시에 독일은 침몰하는 소련과 침몰 속에서 부상하는 러시아와 긴밀한 공조를 이루었다. 미국, 독일 그리고 양국의 협력자들은 소련을 실추한 3류 국가로 취급하기보다는 동등한 협력자로 대우하였다. 그렇다고 해서 독일의 통일과정이 순조로웠던 것만은 아니다.

"－소련 · 러시아의 안보 문제를 비롯하여
－소련의 내부 불안정성(고르바초프에 대한 쿠데타의 위협)
－주변 국가들의 통일독일에 대한 전통적인 두려움과 염려
－서독에 의해 흡수된 것에 반해하는 동독 내부에서의 저항" 등이[44] 장애요인으로 대두되었다.

사실상 독일의 통일은 소련의 강대국으로부터 이탈 · 몰락 그리고 공산주의 붕괴와 연계된 결과의 산물이다. 이런 맥락에서 4강이 독일통일을 허락할 가능성에 대한 문제가 제기되었다. 그러나 협상과정은 비교적 마찰 없이 순조롭게 진행되어 나갔다. 전승국의 권리, 통일을 규정하는 외적 요인들이 풀려 나갔다. 독일 통일의 성공스토리는 다음과 같이 대략적으로 정리할 수 있다.

－1990년 2월 캐나다 오타와(Ottawa)에서 '오픈 스카이 회담(Open－Skies Konferenz)'이 열렸고 '2＋4 회담'이 그 뒤를 이었다. 이 회담에 참석한 외상들 사이에서 촌극이 벌어졌다. 이탈리아 · 네덜란드 외상이 2＋4 회담 참석자 명단에서 제외된 것을 항의하자 서독의 외상 겐셔(Genscher)가 "다른 데 가서 놀아라(You are not part of the game)." 하고 호통치며 이들을 물리쳤던 것이다.[45]

－국제법적 조약에 따라 현재의 독일 폴란드 국경을 최종적으로 확정짓

---

44) Maul and Harnisch(2001), p.13.

45) Elke, Bruck and Peter M. Wagner. 1996a. "Die Einheit－ein Naturereignis?" in Elke Bruck/Peter M. Wagner(Hg.), *Wege zum 2＋4－Vertrag, Die äußeren Aspekte der deutsche Einheit*(München), p.156.

자는 안이 받아들여졌다. 초창기 이 안을 거부했던 수상 콜(Kohl)은 사안의 중대성을 파악하고 있던 겐셔의 권유로 이를 받아들였다.

- 유럽 안보와 관련해서 미국과 소련 사이에 의견의 불일치가 있었다. 1990년 2월 소련은 독일에게 민족통일과 나토, 즉 분단국으로서 나토 잔류 중 택일할 것을 제시하였다.[46] 뿐만 아니라 소련의 외상인 세바르드나제(Schewardnadse)는 통일 절차에서 국내적 측면과 국제적 측면의 분리를 제안하였다. 이는 협상이 소련에게 유리해질 수 있도록 시간을 벌기 위한 계략이었다. 소련 외상의 제안은 독일의 통일을 국내적 통일(형식적 통일: 국내법적 주권회복)과 국제적 통일(실제적 통일: 국제법적 주권회복)로 나눈 후 시간적 차이를 두면서 진행시키자는 것이다. 이는 통일독일의 주권이 상당 기간 제한된다는 것을 의미한다. 독일과 다른 협상참가국들이 이 제안을 거절하였다.[47]
- 영국, 프랑스, 러시아가 초기통일과정에서 독일의 통일을 반대하여 비토연합(Veto-Koalition)을 결성하였다. 그러나 비토연합은 권력 정치적 이유에서만이 아니라 민족자결이란 국제적 원칙에 따라 독일통일을 막을 수 없었다.
- 4강 및 동·서독의 외상은 1990년 9월 12일 모스크바에서 독일 문제에 대한 최종결의서인 소위 2+4 회담을 종결 처리시켰다.

지금까지 알아본 독일의 2+4 회담의 이면을 엿볼 수 있는 선택적 설명에 입각해서 우리는 이미 앞서 언급한 한반도 또는 동북아에서 평화구축을 위한 4자 회담에 대해 의견을 개진할 수 있다. 울리히 알브레히트(Ulrich Albrecht)는 역동적인 독일통일과정을 "무승(無勝) 상황에서 벼락성공으로(No Win Situation zum raschen Erfolg)"란[48] 어법으로 특징화시켰다. 역동적

46) Ulrich Albrecht(1996a), "Significance and Background of Four Power Talks for the Korean Question", 4th Korea-workshop, FREE UNIVERSITY BERLIN, *Korea-Japanese Co-operation towards the 21th century and German Responses*(1996a/6/27), p.9.

47) Bruck and Wagner, 1996b. "Zwei-plus-Vier-intern", in Elke Bruck/Peter M. Wagner(Hg.), *Wege zum 2+4-Vertrag, Die äußeren Aspekte der deutsche Einheit*(München), p.15.

인 통일과정이란 1989년 11월 9일 베를린장벽이 무너진 날부터 1990년 10월 3일 독일이 통일된 날에 해당하는 329일을 말한다. 통일과정 초기에 'No Win Situation'은 전승 4강 중 미국을 제외한 3강의 비토연합에 의해 만들어졌다. 어느 쪽도 주도권을 장악하지 못함으로써 형성된 'No Win Situation'이 현 한반도 상황의 그림자처럼 보인다.

대북포용정책 추종자들은 현 단계가 'No Win Situation'에 버금간다는 상황인식에 공감하는 것 같지 않다. 4자 회담을 비롯하여 햇볕정책이 결실을 거두고 있다는 평가를 내리고 있기 때문이다. 그렇다고 해서 4자 회담 자체의 무용론을 강조하자는 것은 아니다. "평화를 위해 외세를 무제한 도입하여 통일을 희생시킬 수 있고 또 통일을 위해 외세를 배제하여 평화를 이룩할 수 없기"[49] 때문에 발생하는 평화와 통일의 딜레마에서 어느 쪽을 취하느냐는 학문적 선택의 문제이기보다 정치적 선택의 문제이기 때문이다. 따라서 본문에서 저자는 4자 회담을 할 경우 제대로나 했으면 좋겠다는 의미에서, 즉 '벼락성공 또는 이례적 성공'을 위한 정책제시가 아닌 'Win Situation'의 창출을 '시간(Zeit)', '대표교섭인(point man)', '국익 우선주의' 그리고 '정책의 사전조율과 사후관리'에 대한 논구를 통해 함께 생각해 보고 싶다.

김대중 대통령은 중국 인민일보와의 인터뷰에서 "현재 남북 쌍방의 과제는 즉각 통일을 실현하는 것이 아니며 한국이 희망하는 것은 전쟁을 방지하면서 평화체제를 만드는 것"이고 "한반도의 영구적 평화체제 건립은 4자 회담에서 해결될 수 있다"[50]고 했다.

인터뷰 내용은 '선 평화(시기는 묻지 마) 통일'로 요약된다. 분단국에서 평화의 강조는 새삼스러운 것이 아니다. 독일의 통일은 20－30년간 지속된 군사적 긴장완화의 결과라고 미첼은[51] 보고 있다. 같은 맥락에서 김대중 대

48) Ulrich Albrecht. 1996b. "Die internationale Regelung der Wiedervereinigung Von einer No－Win Situation zum raschen Erfolg", *Aus Politik und Zietgeschichte*, B 40. 알브레히트는 저자의 베를린 자유대학교 박사과정 지도교수이다. 그분의 가르침에 감사의 뜻을 전한다.

49) 김명기(1994), p.156

50) 조선일보. 2001년 4월 4일.

51) Gerhard Michels. "Die Behandlung der beiden Armeen im Zuge der deutschen Wiedervere－inigung: The Korean Political Science Association", *Unification Experience of Germany and*

통령은 한국의 통일은 군사적 긴장완화의 결과이어야 한다는 것이다. 그렇기 때문에 언제 통일이 되느냐가 중요한 것이 아니라 어떻게 평화를 구축하느냐가 더 중요하다는 것을 강조하는 것은 지나침이 없다는 것이다. 그런데 화평론에 반대하지 않는다고 해서 누구나 다 4자 회담식 화평론에 견해를 같이하는 것은 아닐 것이다. 또한 화평론에 견해를 같이하지 않는다고 해서 그것이 반사적으로 주전론자를 의미해서도 안 될 것이다. '시기는 묻지 마 통일론'에 대해서 에버슈타트(N. Eberstadt)는 '선 평화(시기는 묻지 마) 통일' 정책이 과연 현실적으로 군사적 긴장해체와 통일 비용을 경감시킬 수 있을까라고 반문하고 있다.[52)]

시간의 제약에 구애받지 않는 '선 평화(시기는 묻지 마) 통일'이란 정책구호가 언제까지나 용인될 수 있을지에 대해서 저자도 회의적이다. 여기서 왜 한국 사람들이 독일 통일에 대해 흥분했던가를 환기시키고 싶다. 그것은 분단국은 두 번 다시 통일하기 어려울 것이라고 믿고 있던 상태에서 독일이 통일을 달성했기 때문만은 아니다. 흥분을 가라앉히면 다른 이유가 보인다. 그것은 아마도 통일의 적기에 통일을 일궈낸 독일인들의 시간관, 역사관에, 알게 모르게 부러워하면서 찬사를 보낸 것은 아닐까! 소련의 몰락이나 동유럽의 붕괴와 같은 절호의 통일기회가 두 번 다시 찾아오지 않을 것이라는 것을 충분히 숙지하고, 이 시기를 자신의 것으로 만들었다는 것이다. "한반도 문제는 민족 내부 문제인 동시에 국제 문제"임을 강조하는 대북포용정책의 지지자들은 통일하기 좋은 시기, 통일의 굳건한 초석을 다질 수 있는 시기는 우리를 언제까지 기다려 주지 않는다는 것을 명심해야 할 것이다. 한반도 문제는 동시에 국제 문제이기 때문이다.

둘째, 겐셔(Hans Dietrich Genscher)라는 탁월한 대표 교섭인이 독일 통일 과정에 있었다. 통일과정에서 겐셔는 영국 · 프랑스 · 러시아가 주장한 4+2 회담 명칭을 2+4 회담으로 명칭을 정정시키면서 통일과정에서 사실상의 주체는 독일임을 분명히 했다. 앞서 언급했듯이 2+4 회담에 파트너의 자격

Search for Desirable Exchanges between South and North Korea, Seoul(1999. 10. 5).

52) Nicholas Eberstadt. 1997. "Hastening Korean Reunification", *Foreign Affairs*, Vol.76, Nr.2 p.80.

을 내세운 이탈리아와 네덜란드의 요구를 단호히 배격시켰다. 겐셔는 2+4 회담의 진행과정에서 소련과의 마찰로 회담이 결렬위기에 처했을 때 개인적인 친분을 십분 발휘하여 미 국무부장관 베이커(Baker)에게 수시로 전화를 걸어 미국의 중재를 요청하였고 받아냈다.[53] 문제는 한국에 겐셔에 버금가는 대표 교섭인이 있느냐는 것이다. 겐셔와 같은 대표 교섭인이 필요한 이유는 전 방위 4자 회담을 통해 통일을 달성하려고 하기 때문이다. 언론에 따르면 4자 회담에 'K－K라인'이란 것이 형성됐다고 한다.[54] 4자 회담에 시종일관 참석한 북한의 김계관(Kim Gei Kwan)과 미국의 수석대표인 카터만(Charles Kartmann)이 K－K라인의 주역이다. 여러 번 얼굴을 상대한 파트너로서 양 K는 그들의 국익을 도모할 수 있었을 것이다. 반면에 한국의 4자 회담 대표교섭인은 세 번이나 바뀌었다. 통일부 장관은 김대중 정부에 들어서만도 여섯 번이나 바뀌었다. 외교관 없는 외교는 곤란하다. '햇볕정책의 전도사'라는 임동원은 외교안보수석(2001년 9월 8일)으로 자리를 옮겼다. "전도사는 갔어도 성경은 남는다"고 하지만 그렇다고 '성경'을 주술사 또는 황장엽[55]의 말대로 '젖비린내 나는 천재'들에게 맡길 수도 없는 것 아닌가?[56]

'Win Situation' 창출을 위한 세 번째 고려사항은 한반도 주변 4강의 국익 우선주의이다. 독일의 경우 2+4 회담 진행 초기에 다소 잡음이 있었지만 4강의 합리적 정책이 독일의 통일에 기여했다. 그렇다면 우리도 4자 회담에서 미국·중국·일본 그리고 러시아로부터 통일에 유리한 합리적 정책을 기대할 수 있는 것인가? 기대할 수 없다면 우리는 이에 대한 복안을 가지고 있는가? 특히 한·미·일 3국 공조체제는 통일과정에서 우리에게 유리한 편에 서 있을 것이라고 어떻게 믿을 수 있는가? 무엇이 이를 확고히 보장할 수 있는가? 아니면 분단이 지속된 10년 후의 미국·중국·일본 그리고 러

53) Albrecht(1996a), p.9.

54) 조선일보. 1999년 9월 13일.

55) 황장엽은 1923년 평안남도 강동출생이다. 김일성 종합대학 총장, 노동당 비서를 지냈고 주체사상의 이데올로그로 유명하다. 그런 그가 1997년 2월 12일 중국에서 한국으로 망명했다. 2005년 이후 북한 민주화 위원회(www.cdnk.co.kr) 위원장을 맡고 있다(동아일보. 2009년 8월 10일).

56) 한국일보. 2001년 7월 24일.

시아와의 관계를 고려한 통일의 마스터플랜은 준비되어 있는가? 앞서 언급했듯이 독일의 경우 통일에 반대하는 거부권 행사 국가가 있었다. 한국의 경우도 예외는 아닐 것이다. 따라서 누가 한반도 통일에서 잠재적인 비토국가에 해당하는가를 연구 · 분석해야 할 것이다. 이들 국가에 대한 특별한 외교적 관리가 요구되기 때문이다. 그렇다고 해서 우리는 "미국은 일본이 우리에게 하지 못한 국토의 분단을 자행했다"[57]고 말한 여운형처럼 주변 국가와의 관계를 극단으로 몰아가길 원하지 않는다. 그렇지만 우리는 시기와 사안에 따라 겐셔의 태도, 즉 "당신은 한반도 문제의 당사자가 아닙니다" 식을 말할 수 있는 통일의 실력을 갖추고 있어야 하지 않겠는가? 이는 "민족의 운명은 다른 사람에게 의탁할 수 없으며 다른 사람의 눈치를 보며 행동할 수 없다", "우리도 때때로 '아니다'라고 말할 수 있어야 한다"와 일맥상통한다.[58] 우리가 통일의 주체라는 것을 보다 분명히 대내 · 외적으로 확실히 해 둘 필요가 있다.

끝으로 지적할 점은 정책의 사전조율과 사후관리가 일사불란하지 못하다는 것이다. 김대중 정부는 통일정책의 대중성 확보를 최대화하는 과정에서 대북정책을 햇볕정책이라고 명명했다가 내홍을 겪었다. 그러다가 통일부는 2000년 11월에 펴낸 소책자『대북 정책 사실은 이렇습니다』에선 햇볕정책이란 단어를 사용하지 않았다. 대북정책의 용어가 대북포용정책으로 굳어져가는 분위기였다. 정책의 사전조율과 사후관리가 일사불란하기 시작하는 듯했다. 그런데 김대중 대통령은 2001년 12월 6일 노벨 평화상 100주년 기념 심포지엄 주제 연설에서 '햇볕정책'을 재차 선택하여 수차례에 걸쳐 사용하였다. 불발로 끝난 서울 답방이 몰아붙인 작은 파장일지 모른다. 물론 2000년 11월부터 2001년 12월 6일 사이에도 언론은 햇볕정책을 대북포용정책보다 선호하였다. 그러나 정책의 입안과 정책의 집행이 일관되지 않는다면 정책의 명암은 외부에서가 아닌 이미 내부에서부터 가려지는 것이 아니겠는가?

57) Warren I. Cohen. 1997. "Compromised in Korea", *Foreign Affairs*, Vol.76, Nr.3, May/June, p.109.

58) 김경일 · 진봉군. 1996. "한반도통일에 대한 분석 및 중국의 정책에 대한 사고", 민족통일연구원,『4자회담과 한반도 통일전망』, 제6회 국제학술세미나 발표논문(서울: 민족통일연구원), p.41.

Ⅳ. 결 론

지금까지의 논의를 정리하기보다는 나름대로 하나의 대안을 모색하면서 본문의 말미를 장식하겠다. 본문에서 저자는 "평화도 이루지 못했는데 통일이 웬 말이냐?"라는 주장에 대해 "탈냉전 시기인 지금 통일을 하겠다는 적극적인 모색이 이루어지지 않는다면 평화도 통일도 물 건너갈 수 있다"는 반론을 폈다. 반론은 'No Win Situation'에서 'Win Situation'으로의 전환을 모색해 보는 데서 시작되었다. 아무튼 대북포용정책의 지지자들은 전환의 형식을 4자 회담과 그 밖에 다자안보체제의 구축을 통해 한반도 냉전구조 해체를 계기로 한반도 평화구축이란 목적을 달성할 수 있다는 데서 보았다. 이들의 관망에도 불구하고 한반도에서 'No Win Situation'은 굳어져 가고 있다. 저자는 이에 대한 이유와 해결의 실마리를 사소한 네 가지 사항에서 찾고 제시해 보았다. 이는 거대한 댐이 바늘구멍만 한 균열이 생기면서 무너지는 것과 같은 이치다. 한 가지 더 추가시키면 급격한 국제 환경의 변화에도 불구하고 한국의 정치구조가 냉전의 틀을 벗어나지 못하고 있다는 데 있다. 야당은 반공산주의 이념에서 집권여당의 대북정책을 비난하고 있다. 집권여당은 냉전은 4자 회담이나 그 밖에 다자안보체제의 구축에 의해서 해체되고 평화로 전환될 수 있음을 철석같이 믿고 있다. 문제는 여(與) · 야(野)가 그렇지 않을 경우에 대한 분석과 그 후에 대한 철두철미한 청사진을 마련하고 있지 못하다는 데 있다.

그렇다면 'No Win Situation'은 어디로 향하고 있는가? 결론부터 말하면 그 어느 곳으로도 나아가고 있지 못하다. 한반도 냉전 구조의 해체는 남한 내부의 냉전구조 해체가 이루어진 이후 가능한 문제로 보이기 때문이다. 즉 '선(先) 남한 내부의 냉전 구조 해체 후(後) 한반도 냉전 구조 해체'라는 역설적 테제가 전환의 중심에서 놓여 있다는 것이다. 북한을 포용하기 위한 이론을 구성하는 것은 어렵지만 남 · 남 간에 서로를 포용하는 것은 훨씬 힘들다는 것을 삼척동자도 알게 되었다. 따라서 햇볕정책은 이 문제를 북한 문제해결과 동시에 가져가야 할 것이다. 다시 말해 김대중 정부는 햇볕정책이 북한을 포용하는 어려운 작업을 감당하는 통일철학이며 누구도 부인할 수 없는 대안이기 때문에 영순위 정책으로 집행되어 마땅하고 남·남 간의 갈등 문제는 시간이 해결해 줄 경미한 사안이라는 식의 독선적 상황설정은 국민들로부터 호감을 사기 어려울 것이다.

그러나 무엇보다도 통일정책 그 자체가 남한 내부의 세력에 의해 당파성을 띠게 되는 한 한반도 문제 해결은 원론적으로 가능하지 않을 것이라는 데 주목해야 할 것이다. 때문에 우리는 이제부터라도 통일문제전담 헌법기관의 창설에 대한 중지를 모을 필요가 있다. 헌법기관은 지금과 같은 민주평통이 아닌 통일문제의 입안에서 집행까지 책임지고 일할 수 있는 통일전담부를 의미한다. 통일전담부는 기존의 통일부를 헌법기관으로 독립 확대시켜 재편성할 수도 있을 것이다. 문제는 초당적·범국민적 지원을 받는 헌법기관을 만들자는 데 있다. 이렇게 되면 통일정책 또는 방안을 두고 벌어지는 난투극과 국론 분열은 상당히 치유되고 4자 회담에서도 소기의 성과를 거둘 수 있으며 한반도 냉전구조 해체나 평화체제의 구축도 앞당겨질 수 있을 것이다.

참고문헌

김경일 · 진봉군. 1996. "한반도통일에 대한 분석 및 중국의 정책에 대한 사고", 민족통일연구원, 『4자회담과 한반도 통일전망』, 제6회 국제학술세미나 발표 논문(서울: 민족통일연구원).

김명기. 1994. 『한반도 평화조약의 체결－휴전협정의 평화조약으로의 대체를 위하여』(서울: 국제법출판사).

김학성. 1995. "한반도 평화정착을 위한 통일외교의 정책과제", 『통일연구논총』, 4권 2호.

엄태암. 1999. "동북아 6자 회담의 실효적 추진방안", 유재건 편, 『21세기 한국의 외교정책』(서울: 나남).

백진현. 1997. "한국의 4자회담 추진방향", 민족통일연구원, 『4자 회담과 한반도 평화』(학술회의 총서 97－01), (서울: 민족통일연구원).

이석수. 2000. "아 · 태 질서의 변화와 재조명. 신아시아론을 중심으로", 김달중 · 문정인 · 이석수 외, 『새천년 한반도 평화구축과 신지역질서론』(서울: 도서출판 오름).

이종석. 1997. "북한문제의 국제적 쟁점: 발생원인, 양상, 전망", 백학순 · 진창수 편, 『북한문제의 국제적 쟁점』(성남: 세종연구소).

최영관. 1996. "한반도 평화체제 구축방안 모색 — 4자회담을 중심으로 — ", 민족통일연구원, 『4자회담과 한반도 통일전망』, 제6회 국제학술세미나 발표논문(서울: 민족통일연구원).

최 정. 2000. 『통일로 가는 길』(서울: 서울언론인클럽).

Albrecht, Ulrich. 1996a. "Significance and Background of Four Power Talks for the Korean Question", 4th Korea－workshop, FREE UNIVERSITY BERLIN, *Korea－Japanese Co－operation towards the 21th century and German Responses*(1996/6/27).

Albrecht, Ulrich. 1996b. "Die internationale Regelung der Wiedervereinigung Von einer No－Win Situation zum raschen Erfolg", *Aus Politik und Zietgeschichte*, B 40.

Bruck, Elke and Wagner, Peter M. 1996a. "Die Einheit－ein Naturereignis?" in Elke Bruck/Peter, M. Wagner(Hg.), *Wege zum 2＋4－Vertrag, Die äußeren Aspekte der deutsche Einheit*(München).

Bruck, Elke and Wagner, Peter M. 1996b. "Zwei－plus－Vier－intern", in Elke

Bruck/Peter M. Wagner(Hg.), *Wege zum 2+4 – Vertrag, Die äußeren Aspekte der deutsche Einheit*(München).

Cohen, Warren I. 1997. "Compromised in Korea", *Foreign Affairs*, Vol.76, Nr.3(May/June).

Eberstadt, Nicholas. 1997. "Hastening Korean Reunification", *Foreign Affairs*, Vol.76, Nr.2(March/April).

Giessmann, Hans–Joachim. 2001. "Co–operative Security Politics in Europe the OSCE Experience and Its Relevence for Korea", KINU, FES, European Commission, *Change on the Korea Peninsula: The Relevence of Europe*, Seoul(2001. 6. 18–19).

Manning, Robert A. 1997. "The U. S Position and Policy toward the Four–Party Talks", 민족통일연구원, 『4자 회담과 한반도 평화』(학술회의 총서 97–01), (서울: 민족통일연구원).

Maull, Hanns W. and Sebatian Harnisch. 2001. "Exploring the German Analogy: the 2+4 process and Its Relevence for Korean Peninsula", 2001 KAIS International Conference, *Post–Summit Change in Security Dimension*(Seoul, 2001/6/23).

Michels, Gerhard. 1999. "Die Behandlung der beiden Armeen im Zuge der detschen Wiedervereinigung: The Korean1 Political Science Association", *Unification Experience of Germany and Search for Desirable Exchangesbetween South and North Korea*, Seoul(1999. 10. 5).

Park, Hong Suk. 2001. "Reinvigorated Northern Triangle: The Implications of Strengthening Ties among Russia, China and North Korea", 2001 KAIS International Conference, Post–*Summit Change in Security Dimension*(Seoul, 2001/6/23).

Weidenfeld, Werner and Korte Karl–Rudolf(Hg.). 1992. *Handwörterbuch zur drutschen Einheit*(Frankfurt am Main/New York: Campus Verlag).

베를린 선언의 분석과 평가

Ⅰ. 서 론

1.1. 연구목적

남북한은 동·서독과 달리 냉전관계 해소와 평화협정 체결이란 이중적 사안에 직면해 있다. 김대중 정부(1998－2002년)는 이 난제를 푸는 해법을 대북포용정책에서 찾았다. 대북포용정책이 실시된 2년이 지난 지금 포용정책은 ① 포용정책이 빚은 상황의 이중성 ② 포용정책을 실시하는 김대중 정부 대북정책의 이중 기준 ③ 북한의 포용정책에 대한 이중(전략)태도란 문제를 발생시켰다.

첫째, '포용정책이 빚은 상황의 이중성'이란 서해에서는 남북 간에 교전이 벌어지고 있는데 동해에서는 금강산 관광객을 실은 배가 북진을 하고 있는 것을 말한다. 이를 통해 국민들은 서해교전[59]에서 사상자가 발생하는 일촉

59) 2차 서해교전은 2002년 6월 29일 서해 북방한계선(NLL) 남쪽 3마일, 연평도 해상에서 일어났다. 3년 전 인 1999년 6월 15일에 제1연평해전이 벌어졌었다. 2차 서해교전은 2008년 4월 '제2연평해전'으로

즉발에 긴장을 늦추지 말아야 하는 법을 터득해야 했고 동시에 금강산 관광을 위해 적금을 들고 어느 시기에 관광을 갈 것인지를 고민해야 했다. 즉 국민들은 이중적 실상 사이를 오가야 했다. 뿐만 아니라 포용정책을 지지하는 세력만큼 포용정책을 반대하는 세력도 적지 않음은 주지의 사실이다. 문제는 지지자와 반대자 사이에 놓인 괴리가 좁혀지지 않는다는 데 있기보다 아직도 타협의 실마리를 찾지 못하고 있다는 데 있다. 통일문제는 민족 전체의 문제임에도 불구하고 정치 세력 간 큰 의견의 차이를 보이고 있다는 점이다. 즉 남남대화를 통한 대북정책의 합의를 창출시켜야 하는 데도 말이다.

둘째, '김대중 정부 대북정책의 이중기준'이란 포용정책과 북한인원에 관한 문제를 말한다. 김대중 정부 출범 이후 새롭게 마련된 해빙분위기에도 불구하고 남북한의 긴장국면은 계속되었다. 정주영 회장의 소몰이 방북 이후 대규모 남북 인적 교류가 성사된 시점에서 북한은 1998년 4차례에 걸쳐 해상도발을 일으켰으며 더욱이 1998년 11월 18일 시작된 금강산 관광 이후에도 1999년 6월 7일 북한군이 서해의 북방한계선을 침범해 끝내 무력상태가 발생했을 뿐만 아니라 북한은 6월 20일 금강산 관광객 민영미 씨를 5일간 북에 감금시켰다. 북한의 이 같은 예측불허의 태도에 대해 김대중 정부는 모처럼 마련된 교류의 기회를 놓치지 않기 위해서 북한을 크게 자극하지 않았다. 그것은 포용정책을 지속적이고 일관되게 실천하기 위한 '고육지책'에서 비롯되었다고 볼 수 있다.

문제의 심각성은 날로 악화되는 북한인권문제에도 있다. 인권문제는 이산가족 상봉, 납북자와 국군포로의 송환문제, 중국 및 러시아에 거주하는 탈북자 문제, 북한의 정치범 수용소에 수감된 사상범 문제 및 북한주민 전체의 인권개선 문제 등 광범위하게 산적해 있다. 이처럼 광범위하게 산적해 있는 북한인권문제에 대해 우리가 외면하고 있는 동안에 국제사회가 앞장서서 북한 인원문제를 제기하고 있다. 요약하면 김대중 정부는 포용정책에 근거해

격상되었다고 한다. 제2연평해전에선 한국군의 인명 피해는 전사 6명 부상 19명이었으며, 해군 고속정 1척이 침몰하였다. 이는 북한 경비정이 갑자기 선제 기습포격을 가한 데 따른 피해였다 (http://100.naver.com. 검색일: 2009-08-13).

인도적 지원을 강조하면서도 북한인권문제에 대해 소극적 입장을 취하는 이중기준으로 인해 비판을 모면하기 어려운 것이다.

셋째, '북한의 포용정책에 대한 이중태도'란 햇볕정책을 북한이 어떻게 받아들이고 있는가의 문제를 말한다. 햇볕정책에 대한 북한의 대응은 두 마리 토끼를 다 잡겠다는 식이다. 한편으로 ① 햇볕정책이 체제 내부에 침투하지 못하도록 내부주민 통제, 통미봉남 유지 등 폐쇄정책 강화 ② 한국정부가 햇볕정책을 포기토록 강요하기 위해 의도적인 군사위협행동을 자행함으로써 한국 내 여론을 보수 강화로 몰아가 한국정부가 대북 강경정책을 쓰도록 유인 ③ 햇볕정책을 한국 내부의 대북 경계심과 안보의식을 이완시키는 데 역이용함으로써 한국국민들의 대정부 불신감을 조장하여 정부와 국민을 이간시키고 다른 한편으로 ④ 조선아시아·태평양 위원회 등 민간기구(?)들을 내세워 김대중 정부의 정경분리 원칙을 수용한다는 명분하에 한국의 대기업이나 개별적 민간 기업을 상대로 한 잇속 챙기기에 혈안이 되어 있기 때문이다. 이 같은 북한의 이중태도를 단적으로 표현하고 있는 것이 소위 '모기장 이론'이다.[60] 개방에 따른 부작용, 즉 모기가 들어오지 못하게 모기장을 치고 자신들이 필요한 것만 받아들이겠다는 것이다. 이 이론에 따라 북한이 주도권을 쥐고 선별적인 방북과 남북경협 사업을 허용하고 있는 것이다. 요약하면 필요한 것만 선별적으로 받아들여 정권을 유지하고 체제 변화를 차단하겠다는 것이다.

이와 같은 이중성으로 인해 대북포용정책이 국제적으로 많은 지지를 받고 있음에도 국내적으로 정파 간 계층 간 합의를 창출시키지 못했다는 비판을 받고 있는 것이다. 이런 상황에서 김대중 대통령은 2000년 3월 10일 베를린 자유 대학교 대강당에서 새로운 대북정책을 발표하였다. 베를린 선언이 바로 그것이다.

베를린 선언의 의미는 무엇보다도 햇볕정책으로 불리는 대북포용정책 실시 2년에 대한 환류(feedback) 과정을 거쳤다는 데 있다. 여기서 제기되는 질

60) 한영진. 2007. "모기장식 개혁·개방", 『북한』.

문은 환류가 무엇을 담고 산출(output)되었냐 하는 점이다. 다시 말해서 앞서 언급한 이중성의 문제를 어떻게 받아들였고 정책화했냐는 것이다. 이런 점에 입각해서 베를린 선언을 분석 및 평가할 수 있다. 베를린 선언이 이런 환류의 결과이기 때문이다. 따라서 베를린 선언에 대한 평가는 햇볕정책에 대한 평가와 연계된다. 그렇다면 베를린 선언은 햇볕정책의 높은 버전인가? 아니면 햇볕정책의 낮은 버전인가? 즉 베를린 선언은 새로운 것인가? 동·서독 통일교훈의 시각에서 베를린 선언을 어떻게 평가할 수 있을까? 북한은 베를린 선언에 대해 어떤 반응을 보일까? 이 글은 이런 점들에 대해 심도 깊게 다룬다.

1.2. 연구 대상

한국의 대북정책에 대한 연구 분석틀로써 북한연구 방법론 또는 공산주의 연구 방법론에 대한 이해는 필요하다. 왜냐하면 분단체제하의 적대적 관계는 이론적 측면에서도 대응관계에 있기 때문이다. 이런 의미에서 북한연구 방법론에 대해 알아본다.

먼저 최성은 새로운 북한연구 방법론을 제시하기에 앞서 기존방법론을 재검토하고 있다. 기존 북한 연구방법론은 다음과 같은 네 개 시각이 있다고 한다. 첫째, 전체주의적 시각: 이 접근법은 반공주의적 시각에서 북한 사회의 성격을 분석하고 있다. 이러한 입장은 북한체계가 가지고 있는 사회주의적 성격을 전면 부정함은 물론 사회주의체제를 연구하는 데 있어서 사회주의 일반의 논의와 현실에 대한 편협한 이해 속에서 교조적인 반공적 접근이 주종을 이룬다는 점에서 커다란 한계점을 안고 있다고 한다.

둘째, 자유주의적 시각: 이 접근법은 반공주의적 차원의 이데올로기적·정책적 접근과는 달리 서구 자유주의적 시각에서 다원성과 자본주의체제의 합리적 우월성을 바탕 삼은 채 학문적으로 접근하고 있다. 따라서 이들은 체제론적 접근, 다원주의적 접근, 정치 문화적 접근 등 서구의 경험적인 연구를 시도하고 있다. 그러나 자유주의적 접근은 학문적 체계성과 나름대로의 논리성을 가지고 있음에도 불구하고 사회주의적 내적 논리와 분단 상황의 특수성 그리고 통일 지향적인 접근 등에 있어서 많은 한계를 지니고 있다고 한다.

셋째, 주체주의적 시각: 이 접근법은 북한체제에 대한 반공주의적 혹은 자유주의적 차원에서의 비판적 접근과는 상반되게 북한의 내적 논리를 수용하면서 사회주의 일반의 논리와 북한의 특수성을 결합하여 긍정적으로 평가하는 것을 말한다. 따라서 이 접근법은 북한 정권의 생리적 · 정통성(항일무장투쟁)과 자주적이고 주체적인 사회개혁의 추진과 유일사상체계의 확립을 높이 평가하고 있음을 알 수 있다.

넷째, 내재적 · 비판적 시각: 이 접근법은 북한사회의 내적 논리를 인정하면서도 비교 사회적 접근을 시도하는 것으로 북한 사회를 주체형 사회주의 국가로서의 역사적 특수성을 인정하면서도 사회주의 일반의 모순이라 할 수 있는 스탈린주의적 편향을 안고 있는 관료주의적 당 · 국가체제로 규정하고 있는 것을 말한다.

하지만 이와 같은 북한연구 방법론들은 수령의 유일적 영도체계를 구성하는 수령, 당, 대중의 관계를 총체적이고 역동적으로 분석하지 못할 뿐만 아니라 반공주의적 비판 혹은 무비판적 수용에 그치고 있거나 북한의 주장을 이론적 수준에서만 평가하고 있어서 구체적인 근거가 빈약한 이론주의적 편향이란 문제점을 갖고 있다고 최성은 평가한다. 이와 같은 비판을 통해 최성은 '비교사회주의 접근법'을 북한 연구의 새 방법론으로 제시한다.[61] 다시 말해서 수령체계로 분별되는 현 북한사회주의 체제의 성격을 규명하는 데 비교사회주의 접근법이 가장 적합하다는 것이다. 그 이유는 북한이 자주성과 주체성을 표방하면서 수령체제를 비롯하여 독자적인 사회주의 노선을 천명하고 있지만 그 뿌리는 마르크스 · 레닌주의적 전통이며 사회주의 국가 일반의 혁명정권과 공유되는 측면이 매우 크다는 데 있다.

61) 최성. 1997. 『북한학 개론』(서울: 풀빛), pp.29-47.

그런데 최성이 말하는 북한 연구의 새 방법론이란 것도 크게 봐서 공산주의 연구 방법론에서 파생된 것임을 알 수 있다. 따라서 공산주의 연구 방법론을 살펴봐야 하겠다.

동구연구의 기제를 연구한 폴커 그란소우(Volker Gransow)에 따르면 동구연구의 방법론적 추이는 전체주의에서 출발하여 내재적 접근으로 이동하였다. 1940년 중반부터 1950년대 말 1960년 초반까지 동구연구의 중심 기제였던 전체주의론은 소련식 사회주의(이데올로기 독점, 일당독재, 무기독점, 정보독점, 폭력적 경찰, 중앙경제)를 부각시킨 장점에도 불구하고 사회를 '전체'라는 틀로 고정시켰기 때문에 1950년대 중반 이후 동구사회 자체에서 일어나는 변화를 설명할 수 없었다. 전체주의론이 갖는 한계를 지적하면서 대두되 것이 1960년대 산업사회론이다. 수렴이론, 근대화 이론, 그리고 복합체 이론(사회적 충돌영역의 세분화를 통한 특수한 영역연구: 관료기구의 비대화, 이익집단, 정치문화)으로 세분화시킬 수 있는 산업사회론은 사회주의를 산업화과정과 연계시켜 연구하고 있다. 그러나 산업사회론은 지극히 서구중심의 제3세계 분석틀과 이해를 같이한다는 비판을 받게 되었다. 이 같은 비판에 가담한 좌파성향의 유럽학자들이 중심이 되어 1970년대 초 내재적 접근법을 개발시켰다.[62] 이 내재적 접근은 재독학자 송두율에 의해 이미 북한 연구 방법론으로 국내학계에 소개되었다.[63]

베를린 선언에 대한 분석과 평가에 대한 착상은 내재적 접근에서 얻었다. 다시 말해 이 글이 김대중 정부의 대북포용정책에 대한 분석과 평가이기 때

62) Volker Gransow. 1980. *Konzeptionelle Wandlungen der Kommunismusforshung: von Totalitarsmus zur Immanenz*(Frankfurt/ New York). p.158ff. 송두율 교수가 이 이론을 국내에 소개한 것이지 송 교수가 고안한 이론이 아니다. 정흥모. 2002. "동유럽연구 새 개념도구로서의 전환: 독일·미국 학계의 비교 관점에서", 『국제지역연구』, 제6권 제3호, 가을호(통권22호), p.9 참고.

63) 내재적 접근법은 공산주의 연구의 한 방법으로 1971년 페터 크리스티안 루쯔(Peter Christian Ludz)가 제시하였다. 루쯔는 이데올로기 체제의 내재적 논리를 추적하여 공산주의 체제의 확장적인 특징들을 정치 및 역사적 맥락에서 정리하였다. 루쯔에 의해서 시도된 내재적 접근법이란 연구대상 자체를 연구 분석의 기준으로 삼는 것을 말한다. 이때 '내재적(immanent)'이란 구체적으로 지도자가 제시한 과제의 중·단기 현실화에 대한 평가를 말한다. 다시 말해서 내재적 접근은 경험적으로 나타난 사회체제를 비판적으로 관찰하는 것을 말한다. 여기서 '비판적'이란 체제능력을 체제 자체가 설정한 계획과 비교함으로써 담보되는 것을 말한다. 요약하면 내재적 접근이란 사회주의 체제 성과의 평가기준은 외부에서 유입된 이론들이 분석대상에 적용되는 것이 아니라 사회주의 이데올로기 목적 그 자체를 평가의 기준으로 삼는 것을 말한다.

문에 김대중 대통령 자신의 대북정책 견해, 김대중 정부의 대북정책, 대북정책의 최고부서 및 담당자의 공식적인 대북정책 관련 문건 및 견해 그 자체를 베를린 선언의 분석 및 평가의 기준으로 삼는다는 것이다.

이런 의미에서 분석과 평가의 대상은 ① 통일부가 1998년 3월 26일에 확정한 일목표(一目標), 삼원칙(三原則), 육기조(六基調), 육방향(六方向)과 ② 임동원 전 통일부 장관의 외교안보수석 때 1998년 4월 23일 "한반도 냉전종식의 길"이란 공식연설문 ③ 1999년 5월 5일 김대중 대통령의 CNN과의 회견 ④ 1998년, 1999년 통일정책 관련 대통령 주요 연설 및 2000년 3월 10일 베를린 자유대학교 연설 등이다.

Ⅱ. 김대중 정부의 대북정책

2.1. 대북정책의 기본 틀

김대중 정부의 대북정책의 기본 틀은 통일부가 1998년 3월 26일에 확정한「1목표, 3원칙, 6기조, 6방향」을 말한다. 김대중 정부는 평화 · 화해 · 협력의 실현을 통한 남북한 관계개선을 대북정책의 목표로 설정하였다. 현 단계에서 당장 통일을 이룩하는 데 주력하기보다는 평화정착을 통해 남북한 간의 평화공존을 실현하는 것이 시급하다는 인식하에 평화정착의 기반 위에서 남북한 간에 화해를 도모하고 협력을 추진해 나간다는 것이다. 이렇게 볼 때 김대중 정부의 대북정책의 목표는 첫째, 남북분단의 평화적 관리 둘째, 북한의 변화 여건조성에 있다.

대북정책의 목표를 지탱시키는 김대중 정부의 대북정책의 3대 원칙은 첫째, 북한의 무력도발 불용 둘째, 흡수통일 배재 셋째, 기본합의서 이행을 통한 남북한 평화공존을 달성하는 데 있다.

김대중 정부는 이상과 같은 일 목표, 3원칙에 입각해 다음과 같은 대북정책의 여섯 가지 기조를 제시하였다. 첫째, 안보와 협력을 병행 추진한다. 이는 굳건한 안보를 바탕으로 대북정책을 추진할 것이며 동시에 자주적 안보태세를 강화하면서 한 · 미 동맹체제의 강화 등 주변국들과의 집단안보체제를 구축해 나감으로써 남북한 교류 · 협력을 유연성 있게 실질적으로 개선하겠다는 것이다. 둘째, 평화공존과 평화 교류를 우선 실천한다. 이는 서둘러서 통일을 달성하려 하기보다 평화공존을 달성하는 것이 무엇보다도 시급한 과제로 보고 남북이 상호 체제를 인정하고 존중하는 토대 위에서 남북간의 교류와 협력을 활성화함으로써 통일 지향적 남북관계의 발전을 이룩하겠다는 것이다. 셋째, 화해 · 협력으로 북한의 변화여건 조성한다. 이는 북한 스스로가 변할 수 있도록 하는 남북관계 개선의 현실적 대안으로 '보다 많은 접촉', '보다 많은 대화', '보다 많은 협력'을 추진하겠다는 것이다. 넷째, 남북한 상호이익 도모한다. 시혜의 차원이 아닌 대승적 차원에서 민족 전체의 공동발전과 번영을 꾀하는 남북협력을 경제공동체에 기초하여 추진하겠다는 것이다. 다섯째, 남북당사자 해결원칙하에 국제적 지지를 확보한다. 이는 남과 북이 주도하는 통일논의를 이끌어 가겠으나 한반도 평화정착과 긴장완화 문제에 대한 국제사회의 협력을 확보하겠다는 것이다. 여섯 번째, 국민적 합의에 기존한 대북정책을 추진하겠다는 것이다.

김대중 정부는 이상과 같은 1목표, 3원칙, 6기조를 구현시키기 위해서 여섯 개의 정책추진 방향을 다음과 같이 제시하였다. 첫째, 남북한 대화를 통한 남북기본합의서 이행 및 실천한다. '남북기본합의서'가 남북한 당국 간 화해와 불가침, 교류 · 협력에 관한 공식 문건인 만큼 남북관계 개선을 위해서는 이를 착실히 이행 · 준수하는 일부터 시작하겠다는 것이다. 둘째, 정경분리 원칙에 입각한 남북경협을 활성화시킨다. 정치논리 우선에서 벗어나 남북경협은 경제논리에 따라 기업을 자율적 판단을 존중하는 방향에서 추진하겠다는 것이다. 구체적으로 기업인 방북 확대, 투자규모 상향 조정, 경협절차 간소화 등 남북경협 활성화를 위한 제반 조치를 시행하겠다고 한다. 셋째, 남북이산가족 문제의 우선 해결을 위해 노력한다. 분단 50년이 넘어가면서 이산가족 1세대의 생존자가 줄어듦에 따라 국민의 정부는 남북 이산가족 문제의 해결을 최우선적 과제로 추진하겠다는 것이다. 구체적으로는 고령 이산가족에 대해서는 방북절차를 대폭 간소화시키고 필요한 경비 일부도 지원할 것이며 더 나아가서 '이산가족면회소', '우편물교환소' 설치 및 '고향방문단' 교환도 적극 추진하겠다고 한다. 넷째, 북한식량문제 해결을 위한 대북지원을 탄력적으로 제공한다. 이는 인도적 차원에서 식량난을 겪고 있는 북한 동포들에게 식량지원을 계속하겠다는 것이다. 구체적으로 민간차원의 대북지원 활성화를 위한 조치도 시행하겠다고 한다. 뿐만 아니라 남북 농업개발 협력 및 경협 활성화 등을 통해 북한식량문제를 근원적으로 해결하는 노력도 지원하겠다고 한다. 다섯째, 대북경수로 지원 사업을 차질 없이 추진한다. 경수로 건설은 북한 핵동결의 대가로 지원하는 사업인 동시에 중·장기적 차원의 민족발전 공동계획의 일환으로 추진하겠다는 것이다. 구체적으로 현재 진행 중인 한·미·일 간 재원분담협상을 원만히 타결하여 공사에 차질이 없도록 하겠다고 한다. 이와 함께 국내 경제사정 등을 감안하여 국민의 부담을 최소화할 수 있는 합리적 재원조달방안을 강구할 것이라고 한다. 여섯째, 한반도의 평화환경을 조성한다. 즉 한반도 문제는 남북문제인 동시에 국제문제라는 인식에서 한반도 평화체제구축노력을 주도해 나가겠다는 것이다. 더 나아가서 동북아의 평화와 협력을 위해 주변국이 참여하는 '지역안보협력체' 구성도 추진하겠다고 한다.

2.2. 대북정책의 의의

대북정책의 의의는 역대정부의 통일정책과의 비교를 통해 알아볼 수 있다. 먼저 이승만 정부의 통일정책은 실질적인 통일방안을 모색하고 제기했다기보다 선언적이고 상징적인 통일정책이라 할 수 있다. 다시 말해서 이승만 정부 통일정책의 특징은 정부수립 당시의 국제법적, 도덕적 우월성에 기초하였다. 이는 북한당국을 철저히 부정하는 인식에서 출발하였으며 방법론적으로는 한반도 문제 해결의 국제화 특히 유엔을 통한 해결방법을 모색하였다. 특히 그 방법으로 북한 지역에서 자유선거 실시를 가장 중요한 수단으로 보았다는 데 있다. 따라서 북한당국을 남한 당국과 대등한 지위로 두고 출발하였던 모든 논의를 배제시켰으며 일방적으로 남쪽의 정당성과 정통성만 주장하였다.

박정희 정부(1961－1979년)의 통일정책은 7 · 4 남북공동성명을 기준으로 하여 전 · 후기로 나누어 볼 수 있다. 박정희 정부의 전기 통일정책은 다시 1960년대 선(先) 건설 후(後) 통일 정책과 1972년 초 평화통일정책으로 나누어 볼 수 있다. 박정희 대통령은 1966년 1월 18일 국회에 보낸 연두교서에서 "우리가 지향하는 조국 근대화야말로 남북통일을 위한 대전제요 중간목표이다. 통일의 길이 근대화에 있고 근대화의 길이 경제자립에 있는 것이라면 자립은 통일의 첫 단계가 된다"고 말함으로써 통일보다 선 건설의 중요성을 강조하였다. 박정희 대통령의 평화통일 구상은 남북 간의 선의의 경쟁을 추구하는 1970년 8월 15일 광복절 경축사에서 나타났다.

박정희 정부의 후기 통일정책은 1972년 10월 17일 유신 쿠데타 계기로 보다 분명해졌는데 그것은 형식적으로는 평화통일에 대한 의지를 천명하지만 실질적으로는 장기 집권을 위해서 분단고착화의 길을 택했다는 데 있다. 다시 말해서 박정희 정부의 후기통일정책은 1973년 6월 23일 평화통일 외교정책 선언, 1974년 1월 18일 남북한 불가침협정 체결 제의, 1974년 8월 15일 평화통일 3대원칙 천명, 1971년 1월 19일 남북한 당국 간 무조건 대화 제의 등 가시적 성과를 나타냈다. 그러나 당시 박정희 정부하의 남쪽의 사회실현과 더욱이 북한의 물진 · 삼척지역 무장공비 침투, 판문점 도끼만행 사건을 비롯해 제1, 2, 3차 땅굴 발견으로 미루어 볼 때 박정희 정부의 통일의지가 진정한 의미에서 통일에의 의지였는가는 의심의 여지가 있다고 하겠다.

전두환 정부(1980－1987년)의 통일정책은 통일되고 독립된 근대적 민족국가의 건설에 있다. 이를 위한 전두환 정부의 평화통일 노력은 첫째, 남북당국 최고책임자 상호 방문과 남북정상회담의 개최 제의 둘째, 통일문제와 남북관계 정상화 문제를 포괄적으로 해결하기 위한 민족화합 민주통일방안의 제시 셋째, 민족적 화해와 신뢰를 조성하기 위한 20개 시범실천사업 등으로 구체화되었다. 위의 세 가지 제안 중 북한의 구체적 지지행동이 요구되는 첫째와 셋째가 북한에 의해 거부당했다.

때문에 전두환 정부의 통일정책의 의의는 민족화합 민주통일 방안에 있다. 민족화합 민주통일 방안은 1982년 1월 22일 국정연설을 통하여 국·내외에 천명되었다. 민족화합 민주통일이 민족자결의 원칙에 의거하여 겨레 전체의 자유의사가 고루 반영되는 민주적 절차와 평화적 방법으로 설치되어야 한다는 기본원칙에 입각하여 평화통일을 성취하는 가장 합리적인 길로서 통일헌법을 채택하고 이 헌법에 따라 통일된 단일주권국가를 완성시킨다는 것을 말한다. 요약하면 전두환 정부의 통일정책은 민족화합 민주통일방안이라는 구체적 통일방안을 제시하였으나 실질적으로는 지엽적 성과를 이루는데 그치고 말았다.

노태우 정부(1988－1992년)의 통일정책은 북방외교에 주력함과 동시에 통일문제에 대해서도 빠른 움직임을 보였다는 점에서 괄목할 만하다. 다시 말해서 노태우 정부의 통일정책은 1988년 9월 7일 민족자존과 통일번영을 위한 특별선언과 1989년 9월 11일 한민족 공동체 방안 발표로 평가받을 수 있다. 7·7특별선언은 자주·평화·민주·복지의 통일이념과 원칙에 입각하여 민족구성원 전체가 참여하는 민족공동체를 이룩함으로써 민족자존과 통일번영의 새 시대를 열어 나가야 한다는 기본정신을 밝히고 있으며 한민족 공동체 통일방안은 민족화합민주통일방안을 보안·발전시킨 것이다.

김영삼 정부(1993－1997년)의 통일정책은 이른바 3단계 3기조 통일정책으로 알려져 있다. 3단계 3기조 통일 정책이란 화해협력단계, 남북연합단계, 통일국가단계로 3단계 통일과정을 설정하고, 이러한 3단계 통일과정은 추진해 나가기 위한 정신으로 민주적 국민합의, 공존공영, 민족 복리의 3기조 제시를 말한다. 그러나 김영삼 정부는 구체적인 후속적 통일정책을 국민 앞에 제시하지 못했다. 임기응변식으로 그때그때 상황에 대처하는 형편이었다. 때문에 김영삼 정부는 현실적으로 문제가 된 북한 핵 문제의 원만한 해결에 대한 기대와 눈치 속에 대북관계 전반을 뒤트는 어려움을 당했다.[64]

이승만 정부와 장편 정부를 제외한 박정희 정부부터 김영삼 정부까지 통일정책에 대한 평가는 통일정책 자체에 대한 평가보다는 통일노력업적에 대한 평가는 통일정책 자체에 대한 평가보다는 통일노력 업적에 대한 평가에 집중되었다. 왜냐하면 통일에 대한 노력의 업적은 있었으나 실제적 업적은 극히 미미했기 때문이다. 다시 말해서 박정히 정부시대 통일노력업적은 평화통일구상과, 평화통일 3대원칙천명, 전두환 정부시대 통일노력 업적은 민족통일협의회의 구성, 통일헌법제정, 남북한 기본관계에 관한 잠정협정 체결 제시, 노태우 정부시대 통일노력업적은 7 · 7특별선언과 그 조치로 취해진 6개 항 정책선언 그리고 김영삼 정부시대의 통일노력 업적은 한국 입장만을 일방적으로 강조한 노태우 정부의 통일정책을 민주적으로 각색했다는 데 있다.

다른 한편 역대정부 통일정책의 실제적 성과는 예를 들면 남북이산가족 고향방문 및 예술 공연단 서울, 평양 동시 방문과 같은 한시적이고 일회적인 지엽적 차원에 머문다. 물론 1991년 남북한 UN동시가입과 남북기본 합의서 채택은 7 · 7특별 선언의 실제적 성과일 수 있으나 남북기본 합의서는 1992년 발표된 이후 지금(여기서는 이 글을 쓴 시점이나 결과적으로는 책이 탈고된 시점인 2009년 10월)까지 휴지상태로 남아 있다. 그렇다면 통일정책이 실제적 성과로 이어지지 않은 이유는 무엇인가? 그 이유는 역대정부의 통일정책이 시대 상황에 비해 앞서 갔다는 데 있다. 다시 말해서 통일정책이 지나치게 선언적 성격을 띠었으며 구체적 실무 작업이 동시에 수반되지 않았다는 것이다. 통일은 지극히 감상적 차원에서 국민에게 통일의 환상만을 심어주는 수준에 머물러 있었다고 볼 수 있다. 그러나 보다 근본적 이유는 이들 역대정부의 지도자들이 과연 진정한 통일의지 또는 통일철학을 갖고 있었냐는 것이다. 다시 말해서 반공법, 국가보안법에 의해 통일논의가 차단되었고 독재정권 유지수단으로 통일논의가 전용되었다는 것이다. 즉 평화통일을 내세우면서 군비증강을 가속화시켰다든지 자주통일을 이야기하면서 미군철수불가를 정책기조로 삼았다든지 민주통일을 제시하면서 스스로 강력

---

64) 김동한. 1994. "남북통일방안과 통일시대의 권력구조에 대한 법적 접근", 김동한·박병석. 1994. 『통일방식과 통일시대의 권력구조』, 통일시대연구소 축계 통일시대 학술토론회 자료집, pp.1－27 정리.

한 독재체제를 구축하였다는 것들이 지도자들의 통일의지 또는 통일철학을 의심케 한다는 것이다.

지금까지의 논의에 입각해 각 정부마다 한두 번의 예의적 상황은 있지만 역대정부의 대북정책을 다음과 같은 범주로 분류시킬 수 있다: 대결정책(a confrontational policy), 봉쇄정책(a containment policy), 당근과 채찍정책(a carrot and stick policy). 이승만 정부와 초반부 박정희 정부의 대북정책(1953－1972)은 대결 정책을 추구했다. 후반부 박정희 정부와 전두환 정부(1972－1988)는 봉쇄정책을 추구했다. 그리고 노태우 정부 및 김영삼 정부의 대북정책은 당근과 채찍 정책을 추구했다고 볼 수 있다.

그런데 햇볕정책(a sunshine policy)은 이들 역대정부가 시도하지 않은 유일한 정책이다. 바꾸어 말하면 국민의 정부의 대북정책은 역대정부의 대북정책과 다르다는 것이다. 그 이유는 김대중 대통령이 햇볕정책의 중심에 서 있기 때문이다. 김대중 대통령은 재야시절 때나 대통령 당선 때나 2년이 지난 지금까지 일관되게 햇볕정책을 견지하고 실천하고 있다고 한다. 그렇다면 김대중 정부의 대북정책은 역대 정부의 대북정책과 어떻게 다른가? 이 질문에 대한 대답을 통해 김대중 정부의 대북정책의 의의[65]를 찾아볼 수 있다.

김대중 대통령은 재야시절부터 일관되게 밝힌 자신의 통일철학이 있다. 김대중의 통일론은 30여 년간의 한국정치의 변화와 더불어 그 내용의 깊이를 더하면서 보다 체계화되고 발전된 형태로 다듬어졌다고 볼 수 있다. 그것이 김대중의 3단계 통일론이다. 3단계 통일방안의 토대를 이루는 김대중 통일의식의 기반은 첫째, 통일은 전 민족적 과제라는 것 둘째, 외교는 민족자주와 실리의 원칙에 입각해야 한다는 것 셋째, 민주화야말로 통일의 지름길이요, 구체적 내용이라는 것에 있다. 1990년대에 통일론 완성기에 접어든 김대중의 3단계 통일론은 정권교체를 이루어 내면서 국민의 정부 대북정책으로써 실천단계로 옮겨지게 되었다.[66]

김대중 정부(1998－2002년)의 대북 · 통일 정책이 역대 정부의 대북 · 통

65) 조순구. 2002. “햇볕정책과 한국”. 『국제관계와 한국』(서울: 법문사). pp.443－472 참조.

66) 아태평화재단. 1995. 『김대중의 3단계 통일론: 남북연합을 중심으로』. 아태평화재단 정리.

일정책과 다른 점은 재야시절 김대중의 3원칙 3단계 통일방안, 대통령 후보 당시 대북 · 통일 정책공약, 대통령 인수위원회가 밝힌 국정 100대 과제 속의 대북 · 통일 정책, 통일부의 1998년 3월 17일 김대중 대통령에게 주요 업무 계획을 보고한 데서 드러난 대북 · 통일정책의 일관된 점에 있다.

첫 번째 일관된 점은 '북한을 해치거나 강제적으로 흡수 통일하지 않을 것이며', '보다 많은 접촉, 보다 많은 대화, 보다 많은 협력'을 추진하여 북한의 변화 여건을 조성하기 위해서 '정경분리 원칙에 입각한 남북경협 활성화'를 하겠다는 데 있다. 한마디로 정경분리 원칙이다. 이는 정경연계 원칙을 고수한 역대정부의 통일정책과 확연히 구별되는 점이다.

두 번째 차이점은 전 강인덕 통일부 장관[67]이 밝힌 대북정책의 추진기조와 방향, 즉 "실사구시(實事求是)적 차원에서 신중하고 유연하게 대북정책을 추진해 나갈 것"이란 점이 1998년 4월 베이징에서 열린 남북당국자 대표회담에서 가시화된 상호주의를 들 수 있다. 요약하면 김대중 정부의 대북정책은 '평화 · 화해 · 협력의 실현을 통한 남북관계 개선'이란 대북정책의 목표를 실현하기 위해서 정경분리원칙과 상호주의에 입각해 평화공존과 평화교류를 우선적으로 실현하겠다고 천명한 데 있다.

그런데 김대중 정부와 역대 정부 통일정책의 실제적인 차이는 김대중 정부가 보여준 정책의 일관성을 잃지 않고자 하는 철석같은 의지에 있다. '평화 · 화해 · 협력의 실현을 통한 남북관계 개선'을 대북정책의 목표로 삼고 적극적인 대북 포용정책을 추진할 것을 천명하면서 평화공전과 평화교류를 실현하겠다는 기조하에 일관성 있게 정책을 수행하겠다는 다짐도 동해 잠수함 발견, 간첩선 침투, 서해교전, 금강산 관광객 억류사건 등을 경험하게 되면 통일정책은 근본적 수정을 면키 어려웠을 것이다. 즉 예상치 못한 사정을 계기로 정책은 꼬리를 감추고 말았을 것이다. 그러나 김대중 정부는 악화된 국내 대북 여론의 반발을 견디어 내며 대북정책의 일관성을 보이고 있다는 점에서 역대 정부와 크게 다르다고 할 것이다.

67) 김대중 정부 초반 통일부장관으로는 강인덕(1998. 3. 4), 임동원(1999. 5. 24), 박재규(19999. 12. 24), 임동원(2001. 3. 26), 홍순영(2001. 9. 8) 순으로 이어졌다.

결론적으로 역대 정부의 대북정책과의 비교를 통해서 드러난 김대중 정부의 대북정책 곧 햇볕정책의 역사적 의미는 "구(舊)정책들은 국내 정치적 조작과 뗄 수 없이 서로 결합되어 있던 반면 햇볕정책은 남북관계를 국내 정치적인 목적에서 도구적으로 이용하는 것을 거부한다"에 있다.

Ⅲ. 김대중 정부의 대북정책 성과

여기서는 김대중 정부의 대북정책의 긍정적 측면과 부정적 측면에 대해 간략히 짚어 본다.

3.1. 긍정적 측면

긍정적 측면은 다시 국내적 효과와 국제적 효과로 나누어 볼 수 있다. 먼저 국내적 효과로 생각해 볼 수 있는 측면은 확고한 안보 태세 확립과 남북교류 · 협력 확대이다. 국제적 효과로 생각해 볼 수 있는 측면은 국제사회가 햇볕정책을 지지하고 있다는 점이다.

'확고한 안보 태세 확립'은 "북한의 어떠한 무력도발도 용납하지 않는다"는 대북정책의 3대원칙 중 첫 번째 원칙에 입각해 서해교전에서 북한 쾌속정을 격침시키며 승리를 거뒀다는 점에 역대 정부의 북한 무력도발의 태도와는 확연히 구별되는 성과라고 말할 수 있다. '남북교류 · 협력 확대'는 김대중 정부 출범 이후 사회 · 경제 · 문화 및 인적 교류에서도 두드러졌다. 남북교류 및 협력 확대는 정경분리 원칙이 거둔 최고의 결실이라 할 수 있다. 인적 교류는 금강산 관광[68]을 계기로 관광객 수가 2000년 1월 31일 현재 17만 명에 달했다. 교류협력 방식이 다양화되고 있다. 교류 품목 수는 1999

68) 2008년 7월 금강산 관광객 박왕자 씨 피격 사망 사건으로 1998년 시작된 금강산 관광은 7월 12일부터 중단되었다. 관광객 수는 2003년 53만 명을 넘어 중단 전까지 매년 증가 추세에 있었다.

년 10월 말 현재 1백69개로 증가했다. 뿐만 아니라 총 교역도 1997년 이전 수준을 능가하고 있다. 음악 및 체육 분야에서도 교류가 꾸준히[69] 증가하고 있다.

국제적 긍정효과도 국내적 긍정효과만큼 크다고 하겠다. 국제사회가 국민의 정부의 대북포용정책을 인식함으로써 한반도를 둘러싼 주변정세도 한반도 평화정착을 위한 긍정적 분위기로 전환되어 가고 있다. 특히 간첩선 침투, 서해교전, 민영미 씨 억류 사건에도 불구하고 김대중 정부가 정 · 경 분리원칙을 파기시키지 않고 일관되게 햇볕정책을 추진하고 있는 점을 국제사회가 높이 평가하고 있는 것이다.

이상과 같은 성과의 의의는 국민정부의 대북정책이 국 · 내외적 지지기반이 강해지고 있다는 것이며 남북한 교류협력의 확대에 대한 국민의 이해 역시 부응하고 있고 초기와는 달리 지식인들과 (일부)여론으로부터도 대북포용정책의 지지를 받고 있다는 데 있다.

3.2. 부정적 측면

부정적 측면으로 생각해 볼 수 있는 점은 대북포용정책이 갖는 폭넓은 지지와 그 역사적 의의에도 불구하고 범국민적 합의를 도출하지 못하고 있다는 현실에 있다. 다시 말해서 냉전시대를 경험하면서 냉전논리를 기득권논리로 변질시켜 50여 년 동안 권력과 부를 누린 집단들이 햇볕정책을 거세게 반발하고 있는 점은 충분히 예상할 수 있었던 점이다. 그러나 김대중 대통령 자신이 누차에 걸쳐 강조했듯이 통일은 민족 전체의 중대사다. 때문에 분단과 냉전은 외세에 의해 강요되었지만 냉전종식과 평화통일은 먼저 범국민적 민족적 합의를 통해 우리가 주도해야만 한다는 것이다 이런 이유에서 보수언론과 보수 또는 수구 정치세력을 대화의 장, 통일논의 합의의 장으로 불러들여야만 했다. 다시 말해 남남대화로 대북포용정책의 족쇄를 풀었어야

69) 『통일백서』(2000), 정리.

만 했다.

결과적으로 남남대화의 단절은 심화되어 갔고 극적으로 노무현 정부(2003－07년)가 그 뒤를 있기는 했으나 이 점이 개선되지 않았다는 점은 이명박 정부(2008－12년)의 대북정책으로 분명해졌다.

Ⅳ. 베를린 선언에 대한 평가

4.1. 베를린 4대 선언

김대중 대통령은 2000년 3월 9일 "우리 대한민국 정부는 북한의 어려움을 도와줄 수 있는 준비가 돼 있다"면서 '한반도 냉전구조 해체와 항구적인 평화 및 남북한 화해 협력'을 이루고자 베를린 자유대학교에서 일방적으로 선언하였다. 베를린 자유대학교를 선언장소로 택한 이유는 '독일이 먼저 성공적으로 이룩한 동서독 관계와 통일의 경험'이 '우리가 대북정책을 추진하는 데 있어서 매우 소중한 교훈이 되고' 있기 때문이다. 김대중 정부는 역사적 교훈에 바탕을 둔 현실적 통일정책을 베를린 선언에 담아 다음과 같이 발표하였다:

"첫째, 우리 대한민국 정부는 북한이 경제적 어려움을 극복할 수 있도록 도와줄 수 있는 준비가 되어 있다. 지금까지 남북한 간에는 정경분리 원칙에 의한 민간경협이 이루어지고 있다. 그러나 본격적인 경제 협력을 실현하기 위해서는 도로, 항만, 철도, 전략, 통신 등 사회간접자본이 확충되어야 한다. 둘째, 현 단계에서 우리의 당면목표는 통일보다는 냉전종식과 평화정착이다. 따라서 우리 정부는 진정한 화해와 협력의 정신으로 힘이 닿는 데로 북한을 도와주려고 한다. 북한은 우리의 참뜻을 조금도 의심하지 말고 우리의 화해와 협력 제안에 적극 호응하기를 바란다. 셋째, 북한은 무엇보다도 인도적 차원의 이산가족 문제해결에 적극 호응해야 한다. 넷째, 이러한 모든 문제를 효과적으로 해결하기 위하여 남북한 당국 간의 대화가 필요하다. 나는 이미 2년 전 대통령 취임사에서 1991년 체결된 남북기본합의서의 이행을 위해 특사를 교환할 것을 제의한 바 있다. 북한이 우리의 특사교환 제의를 수락할 것을 촉구한다"[70)]

김대중 정부가 베를린 선언을 통해 햇볕정책을 일관되게 실천하겠다는 의지를 다시 한 번 밝힌 것이라 할 수 있다. 굳이 요약하면 김대중 대통령이 밝힌 베를린 선언은 국민의 정부가 추구하고 있는 냉전구조해체, 즉 지구상에서 유일하게 한반도에만 잔존하는 소모적인 갈등구조를 해소시키기 위해서 남한이 앞장서서 북한이 개혁 · 개방의 길로 나아가는 데 확실한 보증을 서 주겠다는 것이다. 다시 말해서 국민의 정부가 대북정책의 주요 추진방향 중에 하나인 정경분리원칙을 정경연계원칙으로 바꾸는 대신 상호주의 엄격한 적용을 탄력적 상호 주의로 변경하겠으니 북한은 한반도 냉전구조 해체를 위해서 이산가족 문제 해결과 남북한 당국 간의 대화에 적극 호응하라는 것이다. 여기서 '적극 호응'이란 표현은 마치 준(準) 최후통첩(Semi－Ultimatum)과 같은 뉘앙스를 풍긴다.

4.2. 베를린 선언의 보완점

이와 같은 베를린 선언에 대해 저자는 다음과 같은 문제를 제기한다. 문제제기에 대한 논의를 통해 김대중 정부의 대북포용정책, 즉 베를린 선언의 향후 전망을 할 수 있다고 생각하기 때문이다. 문제제기는 '베를린 선언의 배경, 즉 전제의 문제점', '베를린 선언 내용의 문제점', '동 · 서독 통일교훈과 베를린 선언의 문제점'으로 세분화시킬 수 있다.

먼저 '전제의 문제점'이란 베를린 선언의 배경은 경제적 어려움과 정치실

70) 중앙일보. 2000년 3월 10일; 대한매일. 2200년 3월 14일.

패 사이에 결정적인 연결점이 있다는 전제에 있다. 바꾸어 말하면 경제 실정을 하고 있는 북한은 정치실패를 만회하기 위해서 남한과 당국자 회의 및 정경 연계원칙의 길로 나올 수밖에 없다는 것이다. 한마디로 북한의 선택은 이미 주어져 있는데 그것은 개방 · 개혁의 길이란 것이다.

이 같은 전제는 무엇보다도 국민의 정부의 대북인식에 잘 반영돼 있다. 김대중 정부는 다음과 같은 3가지 북한에 대한 현실적 인식을 근거로 대북포용정책을 추진하고 있다. 첫째, "북한체제는 이미 실패했고 변화 없이는 희생이 불가능하지만 북한이 조만간 붕괴할 가능성은 희박하다는 것이다. (……) 북한은 탈냉전의 정세변화에 합류하지 못한 채, 폐쇄와 통제의 길을 택함으로써 냉전종식 이후 국제적으로 고립이 심화되고 경제적으로도 이른바 식량난, 에너지난, 외화난 등 심각한 파탄상태에 있다." 둘째, "북한은 중국이나 베트남과 같이 점진적 변화의 길을 걷을 수밖에 없으며 이미 그 같은 변화가 시작되고 있다는 것이다. (……) 북한이 현재 보이고 있는 변화가 본질적인 것이라고 할 수 없으나 일단 그 흐름이 시작된 만큼 앞으로 변화의 속도와 폭이 더욱 커질 것으로 보이며 또한 이러한 양적 변화가 축적되면 결국 질적 변화가 불가피하게 될 것이다." 셋째, "북한이 근본적인 체제개혁을 할 때까지는 대남 혁명 전략과 군사노선을 포기할 가능성이 매우 적다는 점이다."[71)]

이와 같은 대북인식에 바탕을 둔 대북포용정책, 즉 베를린선언은 북한의 변화는 불가피하기 때문에 북한의 변화를 촉진시켜 나아가겠다는 것이다. 희생이 불가능해 보이는 실패한 북한체제가 현재 미국과 일본과의 관계개선을 추구하고 있기 때문에 결국 국민의 정부가 베를린 선언에서 재차 제시한 정부 간 대화에 응하지 않을 수 없다는 것이다. 많은 학자들이 이 점에 동조하고 있다.

그러나 엄밀히 말해서 경제적 재난 또는 식량난(그것이 구조적 원인에서 기인한 것이라 하더라도)이 정치적 변화 또는 체제변화로 이어진다는 가설

71) 통일부(1998, 1999a, 1999b, 2000).

은 이를 뒷받침해 줄 수 있는 이론적 근거가 충분한 것이 아니다. 그런데 보다 신중히 논의해야 할 점은 통일부가 "이미 구소련과 동구권의 붕괴로 사회주의 체제의 구조적 한계와 문제점은 역사적으로 입증되었기" 때문에 "북한체제도 이미 실패했다"고 단정하고 있는 점이다. 김대중 정부는 이 점에서 북한의 변화에 확신하고 있는 것이다. 북한이 선택할 대안이 없다는 것이다.

사회주의 체제의 변동을 북한체제에 적용시킨 북한의 변화에 대한 확신은 먼저 북한체제의 경우 기존의 정치변동이론과 사회주의 체제 전환이론을 여과 없이 적용하기 힘들게 하는 특징들을 고려하지 못한 결과라고 볼 수 있다.

북한체제의 변화 불가피성을 역설하는 김대중 정부의 보다 구체적인 예를 현실적 대내 · 외적 환경에서 찾아볼 수 있다. 대내적 요인은 이미 잘 알려진 식량난과 경제난이다. 그러나 북한사람은 두 세대에 걸쳐 단체생활에 잘 길들여져 있음을 염두에 둘 필요가 있다. 그리고 기아는 상대적으로 지역화되어 있고 시골의 큰 비농가 근로자에게 해당한다. 대외적 요인은 미국의 대북정책변화와 북 · 일 관계 개선이다. 여하튼 현시점에서 볼 때 북한의 사회주의체제는 변화의 필요조건이 어느 정도 갖추어져 있음은 누구도 부인하기 어려울 것이다. 문제는 이런 요인들이 현재화될 수 있는 길이 아직은 충분치 못한 상태라는 데 있다. 그런데도 김대중 대통령의 베를린 선언은 북한의 변화를 인위적으로 유도하겠다는 것 아닌가?

김대중 정부가 단정적으로 판단하고 있는 북한의 선택과 달리 놀란드(M. Noland)는 북한이 선택할 수 있는 또 다른 길을 제시하고 있다. 놀란드에 따르면 북한의 지도자들은 첫째, 근본적 경제개혁 둘째, 아무것도 하지 않고 완강히 버티기 셋째, 개혁과 붕괴 사이에서 'muddling through', 즉 그럭저럭 살아남기란 선택에 직면해 있다고 한다. 이 세 가지 선택 사항 중에서 가장 가시화될 수 있는 전략이 '그럭저럭 살아남기'란 것이다.[72] 이 점은 김대중 정부의 대북체제인식과 거리가 있다. 다시 말해서 베를린 선언의 전제

72) M. Noland. 1999. "Why North Korea will Muddle Through", *Foreign Affairs*(July/August).

는 북한체제는 실패한 체제이어서 개방 · 개혁의 길로 나올 수밖에 없다이지만 놀란드는 '그럭저럭 살아남기'가 북한체제의 선택이 될 수 있다고 주장하기 때문이다. 여기서 베를린 선언과 그럭저럭 살아남기와의 관계 정립이 요구된다. 즉 김대중 정부의 베를린 선언이 그럭저럭 살아남기 전략을 어느 정도 언제까지 포용할 것인지에 대해 기준선(guideline)을 설정해야 한다는 것이다. 왜냐하면 정치실패와 경제적 재난은 다르기 때문이다. 경제적 재난이 정치체제 변화로 이어지는 것은 아니기 때문이다. 쿠바, 이라크 등을 예로 들 수 있다. 바꾸어 말해서 1989년 이후 사회주의 체제의 변동이라는 관점에서 볼 때 북한이 변할 것인가 또는 변화하지 않을 것인가가 문제가 되는 것이 아니라 문제는 북한이 어느 형태로 변화할 것인가에 있다. 다시 말해서 북한에서의 변화는 사회주의를 포기하는 체제의 변화 · 개혁이 아니라 사회주의 이념을 고수하는 체제 내 변화의 성격을 띠게 될 가능성이 높기 때문이다.

'내용의 문제점'은 베를린 4대 선언의 내용분석과 관계가 있다. 다음과 같이 4대 선언을 분석 및 평가할 수 있다. 먼저 첫 번째 선언을 다음과 같이 요약할 수 있겠다. 지금까지 남북한 간에는 정경분리 원칙이 존중되었으나 민간경협의 확대를 원활히 하기 위해서 북한의 사회간접자본에 시설지원을 하겠다. 즉 정경연계로 나아가자. 이 점에 대한 평가는 다음과 같다. 사회간접자본에 지원하는 대가로 정부 간 접촉을 하자. 즉 상호주의에 입각한 정경연계를 하자는 것이다. 그런데 주지하다시피 북한은 상호주의 원칙을 반대하고 있다. 이 점은 1998년 4월 북경에서 열린 남북차관급 회담의 결렬이 이미 입증하고 있다. 비상호주의로 방향을 선회하겠다던 강인덕 전 장관의 발언파문이 있었던 것을 제외하곤 북한이 상호주의 원칙에 응하지 않고 있는 점은 변함이 없다. 때문에 첫 번째 선언이 일방적 선언이란 점에서 선지원적 성격을 내포하고 있으나 기본적으로 상호주의를 재천명한 것이라면 새로운 것이 아니다. 바꾸어 말하면 북한이 베를린 선언을 호의적으로 받아들이기가 쉽지 않다는 것이다.

두 번째 선언은 남한이 북한을 도울 테니 화해와 협력의 정신에 입각해 냉전종식과 평화정착을 공고히 하자는 것으로 요약할 수 있다. 서로 다른 집단이 공동의 목적을 달성하기 위해서는 대등한 지위에서 파트너십(partership)에 입각해야 가능할 수 있다. 그런데 두 번째 선언을 잘 분석하면 냉전종식과 평화정착이란 공동의 목적을 화해와 협력정식, 즉 대등한 지위에서 달성하기보다는 남한이 북한을 도움으로써 달성할 수 있다는 것이다. 여기서 문제가 되는 점은 김대중 정부가 북한은 원조의 대상으로만 보고 있는 것인지 아니면 진정한 협력자고 보고 있는지 하는 점이다. 물론 북한의 태도에 문제가 없다는 것이 아니다. 그렇다고 저자의 입장이 대등주의에 입각해 상호주의를 주장하자는 것은 더욱 아니다. 불필요하게 우열관계의 뉘앙스를 전달해 필요가 없다는 것이다. 김영삼 정부 때 힘의 우세에 입각한 흡수통일론의 등장이 남북관계를 극도로 자극한 사실을 교훈으로 삼아야 한다는 것이다.

세 번째 선언은 이산가족 해결 문제이다. 이산가족 해결 문제는 역대정부부터 김대중 정부에 이르기까지 통일 관련 성과 중에서 제일 미진한 영역이다. 왜냐하면 남한은 이산가족 문제를 인도주의 또는 상호주의의 1순위에 올려놓는 데 반해 북한은 민감한 정치 현안 문제 1순위에 올려놓고 있기 때문이다. 그렇다면 햇볕정책을 표방하는 김대중 정부가 이산가족 문제로 북한과의 접촉에서 덜미를 잡힌 이유는 어디에 있는가? 그 이유는 김대중 정부의 지나친 여론 눈치 보기에 있다. 물론 이산가족 해결문제는 통일논의에서 중요한 의제이며 시급히 해결돼야 할 문제임에는 틀림없다. 그러나 햇볕정책에 대한 전 국민의 전통적인 지지가 여론에 밀려서는 곤란하다는 것이다.

'동 · 서독 통일 교훈과 베를린 선언과의 문제점'은 네 번째 베를린 선언과 관계가 있다. 네 번째 선언의 내용도 세 번째 선언의 내용처럼 성사된 적은 없지만 정권마다 기회 있을 때마다 등장하는 남북한 당국 간의 대화 촉구이다. 이 점에서 동 · 서독 통일은 우리에게 분명한 교훈을 준다고 생각한다.

분단 이후 동 · 서독 정상들은 4차례에 걸쳐 대화를 가졌다. 1970년 3월 19일 서독수상 빌리 브란트(W. Brandt)와 동독수상 빌리 스포트(W. Stoph)가 동독의 도시 에르푸르트(Erfurt)에서 처음 만났고 스토프가 동년 5월 21일 서독의 도시 카셀(Kassel)을 답방하였다. 1981년 12월 11일부터 13일까지 동독의 베르벨린 호수(Werbellinsee)와 될른 호수(Döllnsee)에서 서독수상 슈미트(H. Schmidt)나 동독의 1인자 호네커(E. Honecker)가 만났다. 그 후 호네커는 1987년 9월 7일부터 11일까지 서독의 임시수도 본(Bonn)에서 서독수상 콜(H. Kohl)을 만났다.

4차례에 거친 동·서독 정상회담이 동·서독 간의 긴장완화와 통일의 기반을 튼튼히 했다는 점을 부인할 사람은 거의 없을 것이다. 왜냐하면 통일로 가기 위한 기본조약이 정상회담을 통해 마련되었기 때문이다. 그런데 여기서 우리가 눈여겨볼 점은 독일통일 과정에서 서독과 동독은 최초 정상회담 이전과 그 후 오랫동안 협조적 관계를 발전시키고 있었기에 정상회담이 성공적으로 이루어졌던 것이다.

독일통일 과정에서 정상회담이 의미하는 동·서독 통일교훈의 실질적 내용은 5단계로 나누어 볼 수 있다. 독일통일은 아데나워(K. Adenauer)의 힘에 의한 우위정책 추진기인 제1단계(1949－1965년)를 지나 브란트가 동방정책을 추진한 제2단계(1966－1969년) 시기와 교류협력(통행협정 체결＝1972년 5월, 기본조약 체결＝1972년 12월, 신문방송사 특파원의 취재활동 허용＝1979년 3월)의 법적 제도적 마련기의 제3단계(1970－1974년)를 거쳐 동·서독 관계가 비정치 분야 조약 체결(체육, 보건, 우편, 전화, 문화, 환경보고, 과학기술 그리고 양 독 62개 도시 간 자매결연)을 통한 접촉 확대기인 제4단계(1974－1989년)를 거쳐 통일과정의 구체화 시기인 제5단계(1989－1990년)를 맞이했던 것이다.[73)]

독일통일은 브란트의 동방정책 및 독일정책 실시 그리고 슈토프와의 정상회담이 있고 난 후 20년 뒤에 이루어졌다. 20년이 중요한 것이 아니라 통일정책이 독일인이 통일의 주체란 주체의식에 입각해 장기적이며 일관되게 20년 동안 추진되었다는 것이 중요한 것이다. 김대중 정부의 대북포용정책은 브란트 정부 때 '접근을 통한 변화'(Wandel durch Annäherung)란 독일정책, 즉 독일식 통일정책과 맥을 같이한다고 볼 수 있다. 그런데 '접근을 통한

---

73) Lehmann. 1995. "Deutschland－Chronik 1945 bis 1995", Bonn: Bundeszentrale für politische Bildung 정리.

변화'란 서독이 변화된 자세로 동독에 접근한다는 것을 전제한다. 할슈타인 원칙파기가 그 좋은 예다. 그렇다면 우리는 북한과의 접근에 앞서 우리 스스로가 변화된 점은 무엇인가? 그 대답이 백퍼센트 만족스러울 수는 없지만 햇볕정책에 있는 것이다. 브란트의 독일정책이 장벽(Mauer)을 그대로 둔 채 장벽을 자유롭게 왕래하자는 데 있듯이 김대중 대통령의 햇볕정책도 3 · 8선을 그대로 두고 3 · 8선을 왕래하자는 것으로 볼 수 있다. 이 점은 이미 금강산 여행으로 부분적으로 실현되었다. 이런 의미에서 햇볕정책은 "현 단계에서 우리의 당면목표는 통일보다는 냉전종식과 평화정착이다"는 사실을 잘 대변하고 있다. 따라서 햇볕정책의 성공 여부는 브란트가 장벽을 철거하기 위해서 서두르지 않았듯이 김대중 대통령도 3 · 8선을 철거하기 위해서 서두르기보다 3 · 8선이 부식되기를 기다리는 데 달려 있다고 하겠다. 브란트 이후 독일이 원조 격인 한국식 대동독 포용정책을 20여 년 동안 인내심으로 일관되게 추진했기 때문에 "독일국민이 통일을 만들어 낸 것이 아니다. 통일은 갑자기 들이닥쳤다"란 말이 회자될 수 있는 것이다.

종합해 보면 햇볕정책에 대한 보다 결연한 정책집행의지가 없는 상태에서 단순한(?) 당국자 대화 강조는 한편으로 국민의 정부 출범 이후 2년 동안 빚은 대북정책의 부정적 측면, 즉 정부와 민간 사이의 부조화 문제의 해결과 다른 한편으로 북한의 이중적 태도, 즉 민간선호와 정부배척이란 고리를 끊음으로써 언론 및 정치권의 비난을 피하기 위해서 선언을 위한 선언을 했다는 질책을 면하기 어려울 것이다. 결론적으로 남북정상회담은 정부차원에서 재촉함으로써 성사되기를 열망하기보다는 설사 민간 위주로 진행된 것이라 하더라도 '보다 많은 접촉', '보다 많은 대화', '보다 많은 협력'의 결과 자연스럽게 마련된 시간과 장소에서 회동하는 것이 바람직할 것이다. 이런 것이 바로 햇볕정책이 진정으로 의도한 남북정상회담 방식이 될 것이기 때문이다.

4.3. 북한의 대응

북한의 대응은 베를린 선언에 대해 북한이 표명할 태도와 관계가 있다. 김대중 대통령은 신년사에서 '남북경제 공동체 결성'을 제안했다. 이런 맥락에서 볼 때 북한에 사회간접 자본을 지원할 준비가 돼 있다는 베를린 선언은 정부의 대북정책 일관성을 반영하고 있다고 볼 수 있다. 때문에 김대중 정부는 북한이 베를린 선언에 적극 호응할 것이라 예상하고 있다. 포용정책이 추구하는 화해와 교류의 정신이 사회간접자본의 대북투자를 통해서 남북한 모두의 승리(win－win－strategy)를 추구할 수 있다고 믿고 있기 때문인 듯싶다.

베를린 선언에 대한 북한의 태도는 김대중 정부의 예상과는 달리 적극적이지도 호응적이지도 않다. 새로운 것이 없다는 정도다. 그러나 더 심각한 문제는 햇볕정책이 대북정책의 공식적 정책기조가 된 이후부터 2년이 지난 시점에 이르기까지 북한의 햇볕정책에 대한 반응이 호의적이지 않았다는 데 있다. 1997－1999년까지 로동신문의 논평을 중심으로 대북포용정책에 대한 북한의 반응을 분석한 이항동의 연구결과에 따르면 북한은 대북포용정책의 원칙과 목표 모두를 인정하지 않고 비판하고 있다는 것이다.

첫째, 북한은 대북포용정책이 사용하고 있는 주요 개념에 대해 전면적으로 부인하고 있다. 즉 화해와 협력, 햇볕과 포용, 상호주의를 '실천 없는 공염불, 말장난 또는 장사꾼의 논리'로 간주함으로써 대북포용정책의 출발점 자체를 인정하지 않고 있다. 둘째, 대북포용정책의 최상위 목표인 '평화 통일' 비가시성을 들어 포용정책을 통일정책이 아닌 반통일 정책, 통일거부 정책으로 격하시키고 있다는 점이다. 현재 북한은 대북포용정책에서 통일 목표가 결여된 것을 이유로 대북포용정책을 반일정책으로 간주하고 있는 것이다. 셋째, 대북포용정책의 상위목표인 '북한 변화'에 대해 북한은 의심과 강한 적대감을 나타내고 있다는 점이다. 남한이 포용정책이라는 이름하에 북한을 벗게 해 놓고 결국 북한을 무장 해제시키는 것이 아니냐 하는 것이다. 즉 북한은 남한이 추구하고 있는 '북한 변화'를 북한 변질 내지는 북한의 자본주의화를 의미하는 것으로 이해하면서 대북포용정책에 대해 '반민족적이고 침략적인 것이 본질'로서 북한 내부를 와해시켜 보려는 '악랄성과 교활성을 겸비'한 정책이라고 비난하고 있는 것이다. 넷째, 대북포용정책의 3대 수행 방침인 '정경분리', '상호주의', '안보 · 협력병행 추진' 방침에 대해 이들 방침이 북한을 내부 교란시키거나 아니면 남북관계를 단절시키는 분열적 대립전쟁 책동이라는 것이다. 즉 북한은 정경분리를 '빛 좋은 개살구, 기만적인 말장난'으로 상호주의를 원칙 없는 황당무계한 말장난으로서 몇 푼의 돈으로 북한 내부를 흔들어 보고자 하는 반통일적 방침이라고 비난하고 있으며 아울러 '안보 · 협력 병행 추진' 방침 역시 화해와 협력을 바라지 않는 명백한 증거이자 전쟁도발을 유도하는 이중적 작태로 해석하고 있는 것이다.[74]

베를린 선언이 갖는 중요한 의미 중 하나는 모두에서 언급했듯이 햇볕정책 2년에 대한 정책적 환류를 반영하고 있다는 점에 있다. 포용정책의 정책적 환류로서 베를린 선언의 당위성은 인정할 수 있겠으나 정책선언과 집행이 현실성을 어느 정도 감안하고 있는 것인지에 대해서는 의구심을 갖게 한다.

Ⅴ. 결 론

전체적인 논의를 통해서 저자의 뇌리를 떠나지 않는 문제는 베를린 선언은 환류과정을 거쳤는가에 있다. 다시 말해서 베를린 선언을 높은 버전의 햇볕정책인가? 베를린 선언에 대한 분석을 통해 볼 때 베를린 선언을 새로운 대북정책이라 평가하기가 용이하지 않다. 오히려 베를린 선언은 햇볕정책의 낮은 버전이 아닌가 하는 의구심을 불러일으키는 점도 있다. 4대 선언

74) 이항동. 2000. "대북포용정책에 대한 북한의 반응: 1997－1999, 로동신문 논평을 중심으로", 한국 정치학회 춘계학술회의 발표논문집. 정리.

에서는 주변강국의 책임론에 입각해 냉전구조해제를 강조하던 김대중 대통령의 특유한 자신감이 나타나 있지 않기 때문이다.

또 다른 베를린 선언의 문제점은 햇볕정책의 기조자체보다는 햇볕정책의 양대 원칙, 즉 상호주의 원칙과 정경분리 원칙의 '계란 춤(Eier Tanz)'에 있다.[75] 즉 집권 초기 때 상호주의 원칙이 강인덕 전 장관의 비상호주의 채택 발언 파동을 거친 후 상호주의로 복귀하더니 베를린 선언 이후 선(先) 지원을 표방하는 상호주의 채택이란 범주를 크게 못 벗어나는 듯한 인상을 풍기고 있을 뿐만 아니라 정경분리 원칙을 버리고 정경연계 원칙이란 역대정부의 대북정책으로 선회라는 듯한 인상을 주고 있다는 것이다. 물론 정책에는 불변의 금과옥조가 없음을 인정한다 하여도 이 같은 선회는 햇볕정책 시행이 지나치게 유연성과 탄력성을 의식하는 것은 아닌지 모르겠다. 김대중 정부는 햇볕정책이 시행되는 과정에서 간첩선침투, 서해교전, 민영미 씨 억류사건으로 국내의 숱한 반대여론으로 어려움을 당했다. 베를린 선언이란 것이 이런 점을 만회하기 위해서 성과주의에 쫓기는 듯한 여운을 남기고 있다는 것이다. 3월 13일 김대중 대통령은 언론인들은 청와대에 초청한 자리에서 "결국 북한이 베를린 선언을 수용할 것으로 본다"고 말했으면 2000년 3월 31일 동아일보 80주년 창간특집 인터뷰에선 "선거 후에는 중동특수와 비교할 수 없을 정도의 대규모 북한특수가 있을 것입니다"라고 언급했다. 2000년 4월 1일 서영훈 민주당 대표는 연내 정상회담 개최를 기정사실화하는 듯한 발언을 하였다.

그런데 대북포용정책의 접촉을 통한 북한변화 유도란 점은 브란트의 독일정책 구체적으로 에곤 바르(Egon Bahr)의 '접근을 통한 변화'란 정책이 보여주었듯이 단기적 효과를 거둘 수 없다는 점에서 고비용 저효율일 수밖에 없는 정책이다. 다시 말해서 대북포용정책은 장기적 효과를 기대하기 때문에 높은 비용을 지불하면서 저효율밖에 못 올린다는 반대 여론과 비난을 대화로 설득하여 합의를 도출해야 하는 상황에 직면해 있는 것이다. 이런 상황

75) Werner Weidenfeld/Karl-Rudolf Korte(Ed.), 1992.

에서 "북한도 이제 우리의 진심을 알기 시작했다는 것입니다" 식의 단정적 발언과 선거 후 대규모 북한 특수 발언은 "현재 여러 경로를 통해 비공식 접촉이 진행 중"인 시점에서[76] 너무 앞서 가는 느낌을 지울 수 없다.

김대중 정부의 대북포용정책은 대한민국 건국 이래 김영삼 정부까지 이어진 통일정책, 즉 정경연계 원칙의 끝의 시작이며 2년생 햇볕정책은 대북포용정책의 시각의 끝에 위치하고 있음을 주지시키고 싶다. 한마디로 대북포용정책의 본격적인 시작은 이제부터라는 것이다. "우리는 인내심과 일관성, 원칙을 가지고 햇볕정책을 추진"하면 된다. 김대중 정부가 반대여론과 비난을 지나치게 의식해 인기주의와 성과주의에 초연하지 못한다면 대승적 차원에서 대북포용정책을 초지일관 추구할 수 없을 것이다.

76) 이 책을 탈고하는 현시점(2009년 8월)에서 다시 보니 저자의 예단은 빗나간 듯하나 배운 점은 있다. "아니 땐 굴뚝에선 연기가 나지 않는다"는 것이다. 왜냐하면 당시 곧바로 6·15 정상회담이 성사되었기 때문이다.

참고문헌

김동한. 1994. "남북통일방안과 통일시대의 권력구조에 대한 법적 접근", 김동한·박병석. 1994.「통일방식과 통일시대의 권력구조」, 통일시대 연구소 축계 통일시대 학술토론회 자료집.

김성윤·강석승. 1994, "독일통일과 한반도 통일정책",「정책 과학 연구, 6집」.

김학성. 2000. "대북포용정책 추진 2년의 평가", 통일연구원,「대북포용정책의 중간평가와 향후과제」, 제35차 국내학술회의 발표논문집(2000. 2, 10 – 11).

남만권. 1998. "햇볕정책에 대한 북한의 전략과 우리의 대응방향",「주간국방논단」(1998. 8. 31).

박영호. 2000. "북한의 변화 전망: 사회주의 체제 변동의 관점",「계간외교」 제52호(2000. 1).

백진현. 2000. "21세기 한반도 문제와 대북포용정책", 한국정치학회,「21세기 한반도 문제와 통일 논의: 평화, 변화, 그리고 통일」, 기획학술회의 발표논문집(2000. 2).

이항동. 2000. "대북포용정책에 대한 북한의 반응: 1997 – 1999, 로동신문 논평을 중심으로", 한국 정치학회 춘계학술회의 발표논문집(2000. 3).

임동원. 1999. "포용정책은 싸우지 않고 우리 목표를 달성하자는 전략",「월간조선」(1999년 6월).

이재봉. 1998. "김대중 정부의 대북 · 통일정책에 대한 진단과 제언", 한국국제정치학회 추계학술회 발표논문(1998. 10. 17).

오일환. 2000. "대북정책 2년 총점검",「북한」 통권 338호(2000. 2).

아태평화재단. 1995.「김대중의 3단계 통일론: 남북연합을 중심으로」, 아태평화재단.

이영기. 1990.「독일통일의 해부」(서울: 국제언론문화사).

이종석. 1998.「분단시대의 통일학」(서울: 한울 아카데미).

이종석. 1999. "북핵미사일 문제의 해법: 한반도 냉전구조의 해체를 위한 제언",「당대비평」(1999. 여름호).

양호민 외. 1992.「남과 북 어떻게 하나가 되나 "한반도 통일의 현실과 전망"」(서울: 나남).

정용석. 1999.「햇볕정책: 기대와 좌절」(서울: 전예원).

정흥모. 2002. "동유럽연구 새 개념도구로서의 전환: 독일 · 미국학계의 비교 관점에서",「국제지역연구」 제6권 제3호 가을호(통권 22호).

진영재. 1999. "남북한 정상회담의 가능성과 실현방안: 주요협상 변수들을 통한 시나리오의 구성", 「'99 신진연구자 북한 및 통일관련 논문집」(서울: 통일부).

전경만. 1999. "한반도 냉전구조 해체의 기본적 과제", 「주간국방논단」(1999. 8. 23).

전득주. 1989. 「분단국통일의 재인식」(서울: 대왕사).

조순구. 2002. "햇볕정책과 한국", 「국제관계와 한국」(서울: 법문사).

최성. 1997. 『북한학 개론』(서울: 풀빛).

통일부. 1998. 「해설자료: 국민의 정부 대북정책」, 통일부.

통일부. 1999a. 「평화와 화해 · 협력을 위한 대북정책과 남북현안에 대한 입장」, 통일부.

통일부. 1999b. 『통일백서』.

통일부. 2000. 『통일백서』.

홍규덕. 1999. "김대중 정부의 외교 · 안보정책의 중간평가", 「국가개혁과 시민사회」, 한국정치학회, 국가개혁특별 학술회의(1999. 7. 1).

한영진. 2007. "북한의 모기장식 개혁 · 개방", 「북한」.

한완상. 2000. "대북포용정책의 평가와 과제", 통일연구원, 「대북포용정책의 중간평가와 향후과제」, 제35차 국내학술회의 발표논문집(2000. 2. 10－11).

Hans Georg Lehmann. 1995. "Deutschland－Chronik 1945 bis 1995", Bonn: Bundeszentrale für politische Bildung.

Marcus Noland. 1999. "Why North Korea will Muddle Through", *Foreign Affairs* (1999, July/August).

Park Sang－Seek. 1999. "The Sunshine Policy: Why Should We Pursue it", 한국정치학회, 「전환기의 남북한과 미국: 새로운 진로의 모색」, 발표논문집(1999. 3. 26－27).

Volker Gransow. 1980. *Konzeptionelle Wandlungen der Kommunismusforshung: von Totalitarsmus zur Immanenzt*(Frankfurt/New York).

Werner Weidenfeld and Karl－Rudolf Korte(Ed.). 1992. *Handwörterbuch zur deutschen Einheit*(Frankfart am Main).

세계일보. 1999년 3월 10일.

조선일보. 2000년 4월 1일.

세계일보. 1999년 6월 10일.

중앙일보. 2000년 3월 10일.

대한매일. 2000년 3월 14일.

동아일보. 2000년 4월 1일.

제3장

신동방정책과 대북포용정책

대북포용정책은 폭넓은 지지와 그 역사적 의의에도 불구하고 범국민적 합의를 도출하지 못하는 안타까운 상황에 처했다. 대북포용정책의 지지자들은 냉전시대를 경험하면서 냉전논리를 기득권 논리로 변질시켜 50여 년 동안 권력과 부를 누린 집단들이 햇볕정책을 거세게 반발하는 데서 그 이유를 찾았다. 이처럼 김대중 정부의 초기 대북정책은 국내 · 외에서 '이해부족'의 어려움에 맞닥쳤다. 첫째, 국외에서 제기된 '이해부족'에 대해 알아보자. 2000년 3월 9일 김대중 대통령의 베를린 선언이 있은 후 김대중 대통령은 청중과의 대화를 가졌다. 사회를 본 베를린 자유대 정치학과 교수 리틀렙스키를 비롯해 청중 3명이 질문을 던졌다. 독일 학생이 던진 질문(달라이 라마 입국허가 문제)을 제외한 3명의 질문이 김대중 정부의 대북정책과 관련된 것이었다. 먼저 리틀렙스키 교수의 질문은 브란트 이후 계속된 동 · 서독 교역을 내독관계라 할 수 있을 때 현재 남 · 북한 교역은 이에 상응한 관계인지 또한 남 · 북한 교역의 향후 발전 계획에 관한 것이었다. 세 번째로 나선 베를린 자유대 정치학과 클링게만 교수의 질문은 베를린 4대 선언 중 첫 번째에 해당한다. 요지는 한국정부가 북한의 경제적 어려움을 돕기 위한 한 방책으로 사회간접자본에 투자를 하겠다는 발표는 발표에 앞서 대통령이 국민의 동의를 얻었냐는 것이다. 통일비용은 생각보다 엄청난 돈을 필요로 하기 때문에 전폭적인 국민의 지지와 성원을 요구한다는 것이다. 마지막 질문자는 사회를 본 리틀렙스키 교수 지도하에 '동방정책'이란 주제를 갖고 박사논문을 쓰고 있는 한국 유학생이었다. 김희정 씨는 햇볕정책에 대한 북한의 이중적 태도와 관련해 햇볕정책의 딜레마에 대해 질문을 했다.

둘째, 국내에서 제기된 '이해부족'에 대해 알아보자. 6 · 15 정상회담 이후 나라 안이 온통 어수선했다. 한편에선 지금의 경제상황은 1997년 IMF 전야를 방불케 한다고 야단이었다. 그렇다고 정치상황이 좋은 것도 아니었다. '민주당은 조선노동당의 2중대' 발언과 황장엽 파문을 계기로 햇볕정책의 실상이 드러났다며 햇볕정책의 근간을 의심하는 목소리가 또다시 높아지고 있는 가운데 6 · 15 선언의 '낮은 단계 연방제'에 대한 수긍은 위헌이며 김대중 정부의 통일정책은 위험수위를 넘어서고 있다는 논의가 제기되는 국면이었다. 정치 환경도 악화될 대로 악화된 상황이었다.

악화된 상황의 중심을 자세히 들여다보면 정부의 대북 정책에 대한 불신이 자리 잡고 있음을 쉽게 알 수 있다. 때문에 국내에서 제기된 대북 정책의 무엇이 문제인지, 즉 이해부족의 이해를 돕기 위해서 다시 한 번 냉정히 되짚어 본다. 먼저 김대중 정부의 대북 정책, 즉 통상적으로 지칭되는 햇볕정책은 햇볕정책이 의도하지 않은 연상(聯想)작용으로 반작용을 스스로 유발하고 있는 점은 없는가에 대해서 물어야 하겠다. 왜냐하면 냉전에 길들여진 보수주의자들이 햇볕정책에 반대의견을 갖고 있으며 그들의 신조를 쉽게 포기하지 않을 것임은 새삼스러운 것이 아니기 때문이다. 문제는 대북 정책이 입안되고 집행되는 과정에서 얼마나 손발이 잘 맞아떨어졌는가 하는 점이다. 즉 정책의 사전조율과 사후관리가 정책입안과정에서 일사불란하게 관철되고 있냐는 것이다. 정책의 명암이 여기서부터 가려지기 때문이다.

저자는 기술적 용어의 사용을 최대화하는 과정에서 이미 문제점들이 발생했다고 본다. 이런 맥락에서 생각해 볼 수 있는 것이 김대중 정부의 대북 정책을 '햇볕정책'이라고 불러야 맞는 것인지 아니면 '대북 포용정책'이라고 불러야 옳은 것인지가 문제가 되었다. 여기서 두 가지를 생각해 볼 수 있다.

하나는 기술적 언어사용으로 홍역을 치른 후 내부결속이 잘되고 있냐는 점이다. 다른 하나는 그 여파다. 6 · 15정상회담을 계기로 대북 포용정책을 전 · 후로 나눌 수 있다고 했을 때 전자의 문제는 전 · 후반기가 뚜렷한 대조를 보이고 있다. 전반기에 해당하는 구체적 예를 동북아평화연구소가 1999년 9월에 펴낸 "문답으로 풀어 본 대북 포용정책"이란 책에서 찾을 수 있다. 100문 100답의 내용전개에 문제가 있기보다는 영문판 책제목을 "The Sunshine Policy"로 표기했다는 것이 문제라 할 수 있다. 한글판 책제목에 맞는 영어제목은 "The Engagement Policy"라야 맞다. 반면에 통일부가 2000년 11월에 펴낸 소책자 "대북 정책 사실은 이렇습니다"에선 햇볕정책이란 단어를 찾을 수 없었다. 정책의 사전조율과 사후관리가 보조를 잘 맞추고 있는 듯한 느낌을 주고 있다. 표현을 달리하면 정책에 금과옥조가 있다는 자세에서 한 발 물러난 것이다. 그러나 문제는 후자, 즉 심각한 남남대화의 단절이 계속되고 있는 그 여파다. 남남대화가 단절되고 있는 한 6 · 15 정상회담 이후 숨 돌릴 사이 없이 진행된 이산가족상봉, 세 차례의 장관급회담, 국방장관급회담, 경의선 철도연결 기공식, 남북경협기본합의서 채택 등등에 대한 성과는 그것이 대북 포용정책의 순수한 결실임에도 불구하고 제값대로 평가되기 어렵다는 것이다. 교류협력의 물꼬를 트기 위해서 그리고 경제협력을 촉진시키기 위해서 막대한 돈이 남에서 북으로 흘러들어 가고 있다는 지적이다. 문제는 이 점이 이제 겨우 시작에 불과하다는 것이다. 햇볕정책에 대한 원론적 수준에서 의견 차이를 좁히지 못했기 때문에 발생했던 남남대화의 단절이 현재 교류협력과 경제협력을 위한 고비용과 재원조달에 대한 견해 차이로 남남대화가 또다시 심각하게 단절되고 있다.[77]

이처럼 국내 · 외에서 제기된 햇볕정책에 대한 '이해부족'을 해소시키기 위해서 본서가[78] 출판되었다. 이 책은 통일연구원에 근무하면서 독일통일과 한반도 통일문제를 다년간 비교 · 연구해 온 정치학자 4명이 공동 집필한

77) 정흥모. 2001. "연상의 허와 실", 『2001 통일논총』, 민주평화통일자문회의사무처. pp.315－318.

78) 이 글은 황병덕 · 김학성 · 박형중 · 손기웅 공저의 『신동방정책과 대북포용정책－브란트와 김대중의 민족통일 대구상』(서울: 두리, 2000)에 대한 서평이다.

것으로 김대중 정부의 햇볕정책을 독일통일의 경험에 비추어 학술적으로 분석한 연구 성과물이다. 이들의 연구 목적은 국민의 정부가 남북한 간에 평화, 화해 및 협력을 정착시키기 위해 햇볕정책(대북포용정책)을 추진하여 새로운 남북관계를 모색하고 있다는 데서 출발한다. 필자들은 신동방정책과 햇볕정책은 독일과 한반도의 국내외적 환경의 차이에도 불구하고 분단 및 통일문제 해결과 관련하여 정책적 유사성을 가진다고 본다. 분단의 평화적 관리 추진, 교류 · 협력의 활성화 추구, 정책방향을 둘러싼 국내적 논쟁 등에서 서독의 신동방정책 및 독일정책과 한국의 햇볕정책은 상호 유사성을 보이고 있다. 따라서 서독의 경험은 한국의 단기적 및 중 · 장기적 햇볕정책의 입안과 추진에 중요한 시사점을 제공할 수 있다고 보았다. 이러한 맥락에서 서독의 신동방정책 및 독일정책과 한국의 햇볕정책을 비교 · 분석하여 서독의 경험을 우리의 상황에 창조적으로 응용하고자 하였다. 이를 통해 향후 이론적 · 실천적 차원에서 햇볕정책의 내실을 기하고, 국내외적으로 지지를 얻어 성공적으로 추진될 수 있는 세부적 정책방향을 정립하는 데 있다.

이 같은 연구 목적에 따라 본서는 6장으로 구성되어 있다. 제1장에서 김학성은 문제제기와 비교연구의 방법에 대해 논의하고 있다. 그는 문제제기에서 앞서 제기된 오해와 이해 부족을 불식시키고 대북포용정책에 대한 이해를 증진시키기 위해 추진배경과 기본발상 및 목표를 보다 명확하게 밝히는 한편 정책추진 과정의 문제점과 향후 추진방향 및 과제를 제시하는 데 초점을 맞추고 있다. 때문에 한반도 현 상황과 연관시켜 대북포용정책의 기본발상과 정책목표가 무엇인지를 재확인하는 작업은 의미를 가지며 1960년대 후반기부터 추진된 서독의 신동방정책 및 독일정책은 하나의 모델로서 연구해 볼 가치가 충분히 있다고 본다.[79] 비교연구의 범위 문제와 관련해 공간적 범위와 시간적 범위로 범위를 설정하였다. 공간적 범위에는 국내환경, 국제환경, 분단국 관계를 시간적 범위는 원칙적으로 신동방정책 및 독일정책과 대북포용정책의 시차를 고려하여 설정하고 있다.[80]

79) 황병덕 · 김학성 · 박형중 · 손기웅(2000), p.26 이하 페이지만 표시함.

80) p.38.

제2장에서 황병덕은 신동방정책 · 독일정책과 대북포용정책을 개관하고 있다. 그가 지적한 "신동방정책의 핵심사항은 서독의 유럽 평화의 유지 · 발전에 기여해야 한다는 점이다. 독일은 제2차 세계대전의 책임국으로서 유럽 긴장완화에 책임이 있다. 이러한 유럽평화의 유지 · 발전 차원에서 동독 불인정정책은 사실상의 국가로 인정하는 정책으로 변화를 꾀해야 한다는 것도 신동방정책의 핵심명제이다. 그러나 브란트정부는 동독을 국제법적인 주권국가로서 인정하는 것이 아니라 사실상의 국가로서만 인정함으로써 독일통일을 위한 국제적 여건이 유리하게 조성될 경우 민족자결권 행사를 통한 독일통일을 추진할 수 있는 길을 국제적으로 열어 놓았다"[81]는 데 있다. 그리고 서독이 취한 통일로의 접근방법은 우선 첫 번째 단계로 유럽의 긴장완화와 평화구축을 위한 환경을 조성하고 두 번째 단계로는 이러한 유럽평화가 유지되는 외적 조건하에서 양 독 간의 관계를 정상화시키고 마지막 단계로는 독일민족으로 하여금 체제비교를 통하여 통일독일의 정치경제체제를 자유롭게 선택하게 하는 것이었다. 이러한 측면에서 신동방정책 · 독일정책은 선 평화 후 통일정책이라고 평가하고 있다.[82] 결론적으로 황병덕은 "서독이 신동방정책을 추진함으로써 유럽의 긴장완화를 도모하여 동서독의 관계를 정상화시켰으며 내독교역은 이것을 토대로 폭발적으로 발전하여 동독경제의 재생산구조가 서독경제 의존적으로 되는 결과를 가져왔다. 물론 이러한 결과는 서독정부가 동서 간의 교역을 외국무역이 아니라 내독교역으로 간주하여 파격적인 조치와 혜택을 동독 측에 부여함으로써 가능하였는바 서독은 내독교역으로부터 경제적 실리를 추구하기보다는 통일로 접근하기 위한 정치적 매개수단으로 파악한 반면 동독은 내독교역으로부터 생산기술도입, 자본도입, 수출 시장 확보 등의 경제적 실리를 추구하였다"[83]고 본다.

제3장에서 박형중은 "국내적 차원에서 신동방정책 · 독일정책과 대북포용정책"을 비교하고 있다. 구체적으로 박 박사는 독일 주요 정당의 독일정책

---

81) p.52.

82) p.59.

83) p.67.

을 2차 대전 이후부터 시작하여 1989년까지 분석하고 있다. 이 같은 분석을 통해 독일정책이 한편으로 사민당의 독일정책 추이를 밝히고 다른 한편으로 1970년대 초 신동방정책 및 독일정책에 대한 국내 정치적 대결을 브란트 연립정부의 본(Bonn) 입성 후 독일정책의 전환 기민당 · 기사당의 신동방정책 · 독일정책에 대한 비판, 신동방정책 · 독일정책과 자유민주주의 체제, 국가통일론과 민족통일론의 대결, 기본조약의 기본법 합치성 문제를 중심으로 다루고 있다. 그는 독일을 중심으로 한 신동방정책 · 독일정책에 대한 논의에 이어서 한국의 통일 · 대북정책과 국내 정치적 성격에 대해 분석하고 있다. 이 과정을 권위주의 정부 시기, 민주화 시기, 그리고 김대중 정부 시기로 나누어 설명하고 있다. 이상에서[84] 박형중은 서독과 남한의 분단 · 통일 문제와 관련한 의사형성 과정이 상이하게 나타나는 조건과 원인을 종합적으로 비교 검토하고 있다.

제4장에서 황 박사와 손기웅은 "교류협력 차원에서 신동방정책 · 독일정책과 대북포용정책"에 대해 논의하면서 황병덕은 '경제 분야 교류협력' 문제를 손기웅은 '사회 · 문화 분야 교류협력'에 대해 분석하고 있다. 먼저 황병덕은 신동방정책이 동서독 경제 교류협력에 미친 영향과 대북포용정책이 남북한 경제 교류협력에 미친 영향을 비교 분석하고 서독의 신동방정책 차원에서의 대동독 경제 교류협력이 차지하는 의미와 대북포용정책에서의 대북 경제 교류협력의 의미를 상호 비교 분석하였다.[85] 황병덕의 분석의 결과 동서독 및 남북한의 경제 교류협력 사례가 주는 시사점은 우선 분단국 간의 교류협력이 이루어지기 위해서는 당사국들이 교류협력을 통해 흡수 통일되지 않는다는 전제조건으로 충족되어야 한다는 점이다.[86] 그러므로 남북한 경제 교류협력을 활성화시키기 위해서는 무엇보다도 한반도 냉전구조 해체가 필요 불가결한 전제조건이다. 한반도 냉전구조 해체는 독일의 경우와는 달리 전쟁까지도 치른 남북 간에는 불신의 정도가 깊기 때문에 쉽지 않을

84) p.167.
85) p.209.
86) p.281.

것처럼 보이나 4자 회담, 동아시아 다자간 안보체제 구축 등의 노력을 통해 남북한 간의 평화체제를 구축해야 할 것이다. 한반도 평화문제가 어느 정도 해결되면 북한도 경제적 실리확보 차원에서 체제가 위협받지 않는 수준에서 남북한 간 경제 교류협력을 진척시킬 것으로 황 박사는 판단하고 있다.[87] 손기웅은 무엇보다도 사회 · 문화통합의 중요성을 강조하고 있다. 그 이유는 여타의 제도적 통합에 비하여 사회 · 문화통합은 장시간에 걸친 노력을 필요로 한다는 점 때문이다.[88] 다른 한편 손기웅은 '적대적 대립' 국면으로 특징되던 남북한 관계가 김대중 정부 출범 이후 남북한 경제 · 사회 · 문화적 교류협력이 활성화되어 현재 '적대적 협력'의 초입 단계에 들어섰으며 정치 군사적 측면에서도 부분적으로 협력관계를 형성하는 '평화적 공존'의 시기로 진전될 것이라 전망하고 있다. '평화적 공존'의 차원으로 진전되기 위해서는 여러 가지 노력이 필요한데 먼저 국내적 수준에서는 대북포용정책에 대한 국민적 합의가 폭넓게 조성 지지될 수 있도록 노력이 전개되어야 하며 남북관계 수준에서는 무력도발에 대한 단호한 조치와 더불어 대북포용정책이 다양한 폭과 내용을 가지되 일관성 있게 추진될 수 있어야 한다. 아울러 국제적 수준에서는 대북포용정책의 적실성에 대한 국제적 이해 · 지지를 확산시킬 수 있는 노력이 경주되어야 한다고 손 박사는 논술하고 있다.[89]

제5장에서 김학성은 '국내적 차원에서 신동방정책과 대북포용정책'을 비교하고 있다. 김학성은 먼저 동 · 서유럽국가들이 독일 문제에 대한 우려는 매우 복합적 성격을 띠고 있다고 지적한다. 서유럽국가들의 경우 독일이 통일되어 다시금 중부유럽의 맹주가 되는 데 대한 두려움과 함께 동맹의 일원으로서 서방블록의 최전선을 맡고 있는 서독의 안보적 이익 보장도 필요했기 때문에 긴장완화 상태 속에서 현상유지를 선호했으며 동유럽국가들 역시 독일의 재발흥에 불안감을 가지고 있었으며 이를 구조적으로 방지하기 위한 현실적 방법으로서 서독의 국경선 및 동독 인정을 요구했다. 이러한 상황하

87) p.282.

88) p.374.

89) pp.365－6.

에 사민당 · 자민당 정부는 신동방정책을 통해 독일 문제를 유럽화함으로써 주변 국가들의 우려를 불식시키고자 했다고 본다.[90] 따라서 신동방정책은 독일 문제 해결을 위한 목표를 이원적으로 설정해야 했다. 즉 잠정적으로는 분단의 평화적 관리 그리고 최종적으로는 유럽분단 극복을 통한 독일분단의 극복이다.[91] 한마디로 사민당 · 자민당 정부의 현상유지 인정은 긴장완화 및 평화정착을 통해 궁극적으로 동서관계 및 내독관계의 변화를 유도하려는 보다 큰 목표 아래 이루어졌다는 것이다.[92] 그 결과 신동방정책의 성과들은 여러 측면에서 찾을 수 있다고 한다. "구체적인 예를 들면 전승 4대국의 베를린 협정에 따른 베를린 문제의 안정화, 내독관계의 긴장완화 및 제도화에 따른 관계 개선, 동 · 서독의 유엔 동시 가입, 서독외교정책의 활동 공간 확대, 유럽공동체의 결속 강화, 서독에 대한 소련 및 동유럽 국가들의 불신 감소, 유럽지역 군축협상 촉진, 동서유럽 간 경제협력 강화, 유럽안보의 안정화 등이 가시적 성과로 손꼽힌다. 이것들은 따지고 보면 유럽평화질서 구축을 위한 서독의 기여와 유럽차원에서 분단의 평화적 관리 기반 확보 및 서독의 관리능력 확충이라는 보다 큰 틀을 구성하는 가시적 성과였다는 것이다"[93] 김학성은 이처럼 국제적 차원에서 브란트의 신동방정책을 분석한 후 탈냉전기에 접어든 한반도 문제를 새롭게 조명하고 있다. 그는 탈냉전 시기 세계적 질서변화의 특징[94]들이 대체로 동북아 지역에도 적용된다고 전제하면서 동북아 국가 간 관계[95]의 다원성과 복잡성이 역내질서의 변화과정에서 표출된 새로운 갈등들의 통제와 조절능력에 대한 불확실성을 증대시킨다고 보고 있다. 이 같은 불확실한 상황에서 세계 및 동북아 지역정세의 변화 속에서 한반도는 지리정치학적 위상과 북한의 불투명한 장래로 말미암아 주목을 받고 있다는 것이다. 여기서 문제는 강대국들의 한반도 문제에 대한 이

90) p.409.
91) p.415.
92) p.397.
93) p.406.
94) p.428.
95) p.429.

해관계가 냉전 시기보다 훨씬 복잡하게 얽히고 있다는 것이다.[96] 따라서 대북포용정책은 북한의 생존전략을 충분히 감안하여 북한의 요구를 수용하되 이것이 냉전구조 해체를 통한 한반도 평화체제 구축의 틀 속에서 이루어질 수 있게 만드는 데 주력한다는 것이다.[97] 김학성은 신동방정책과 대북포용정책의 비교를 통해서 얻을 수 있는 시사점은 신동방정책이 1960년대 국제환경변화 속에서 서독의 국제적 위상, 국제적 역학관계, 분단문제의 전망 등에 대한 현실주의적 인식을 바탕으로 변화하는 환경에 능동적으로 대응함으로써 성공했듯이 한국정부도 더욱 현실주의적이고 능동적인 대북포용정책을 추진함으로써 통일지향적인 국제환경을 조성하는 데 주력해야 하는 데 있다고 한다.[98]

끝으로 제6장 결론에서 황병덕은 한국의 대북포용정책이 기본적으로 서독의 신동방정책 · 독일정책에서 기본발상을 가져온 것으로 본다. 왜냐하면 한국의 대북포용정책은 북한의 정치 · 군사적 체제안보를 어느 정도 보장하면서 남북한 교류협력을 전면적으로 추진하는 개입정책의 일환으로 추진되고 있기 때문이다. 다른 한편 서독의 접근을 통한 변화전략이란 우선 동 · 서 양 진영의 긴장완화를 통한 유럽 평화정착, 동독의 실체 인정 등의 현상유지정책을 추진하되, 중장기적으로는 교류협력의 활성화를 통하여 현상유지를 타파하고 동독의 변화를 이끌어 낸다는 내용을 담고 있다. 서독의 신동방정책은 유럽 및 독일의 평화안보적 차원과 더불어 동서독 간 교류 협력적 차원에서도 적극적 역할을 수행하였기 때문에 우리 정부의 대북포용정책은 과거 서독의 신동방정책의 추진기조인 '접근을 통한 변화' 전략과 비견할 만하다는 것이다.[99] 그러나 대북포용정책은 기본발상이 신동방정책과 유사하지만 대북포용정책 추진을 위한 주변여건들은 신동방정책 추진 여건과는 상당 부분 상이한 것으로 황병덕은 분석한다. 왜냐하면 독일 냉전구조는

96) p.431.

97) p.447.

98) p.498.

99) p.530.

서독정부의 동방정책 · 독일정책을 전화시키면 쉽게 해결될 수 있는 성격을 지니고 있으나 한반도를 둘러싼 국제환경은 단순한 진영논리가 아니라 부분적으로 남아 있는 이념적인 대결구도, 국익을 우선시하는 국민 국가적 갈등구조, 향후 세계 주도권 쟁탈 목적의 헤게모니 쟁투 등 다양한 요인들이 서로 얽혀져 있기 때문이란다.[100] 뿐만 아니라 대북포용정책의 교류 협력적 측면도 신동방정책과는 다르게 북한에 의해 쉽사리 수용될 수 없는 것으로 평가된다. 그 이유는 1990년대 소련의 붕괴와 중국의 사회주의적 시장경제 체제 채택으로 소련 · 중국 · 북한의 사회주의 3각 동맹체제가 상당 정도 해체된 반면 미국 · 일본 · 한국의 자유민주주의 3각 동맹체제는 여전히 유지되고 있는 데 반해 북한의 국민 총생산 규모는 남한의 1/25밖에 되지 않는 등 체제비교상의 힘의 균형은 이미 파괴되었기 때문이다. 따라서 국제적 세력균형의 와해, 체제비교상의 열위 등의 요인이 존재하는 한 교류협력을 강화하는 남북한 간의 사실상의 통일 상태는 북한체제의 와해를 야기할 수 있으므로 결코 북한이 응할 리 만무하다는 것이다.[101] 따라서 우리 정부의 대북정책은 교류협력 위주의 접근을 통해 북한의 체제변화를 유도하기보다는 북한 스스로 변화 · 발전할 수 있도록 환경을 조성해 주는 발전을 통한 변화 전략을 구사해야 한다고 황병덕은 주장한다. 발전을 통한 변화 전략이란 북한의 체제변화를 가로막고 있는 대북한 외적 압력과 제한을 철폐함으로써 유교적 스탈린주의를 변화시켜야 하는 북한 내적 요구가 자연적으로 분출할 수 있도록 주변여건을 조성해 주는 전략을 말하는데 이 전략이 한반도 평화 · 안보문제 해결과 함께 남북 교류협력을 급진적으로 추진하는 접근을 통한 변화 전략보다 오히려 북한변화를 빨리 가져오는 첩경일 수 있다는 것이다.[102]

이 책은 본문만 560쪽으로 구성된 장서이나 곳곳에 책 속에 책에 해당하는 요약된 표가 제시되고 있어서 독자는 보다 쉽게 독서에 임할 수 있다.

100) p.532.

101) p.543.

102) p.538.

또한 이 책의 필자들은 신동방정책에 대한 면밀한 분석을 토대로 각 장의 끝에서 김대중 정부의 발전적 대북포용정책을 염두에 둔 시사점을 제시하고 있다. 때문에 독자는 다시 한 번 학문적 논의에만 함몰되지 않으면서 말 그대로 현시점에서 유용한 시사점을 얻을 수 있다. 이런 점들은 이 책이 독일 유학과 귀국 후 통일 분야에서 다년간 연구를 하고 있는 중견학자들에 의해서 집필되었기 때문일 것이다. 이 같은 필자들의 탁월한 분석에도 불구하고 이 책의 발전적 논의를 위해서 한 가지 견해를 첨부하고 싶다. 동북아 다자협력국체제에 관한 점이다. 이 책의 필자들은 한반도 문제의 국제적 성격을 잘 부각시킴으로써 한반도 평화체제구축과정에서 한국정부의 현실주의적이고 능동적인 대북포용정책의 추진을 권고하고 있다. 이 논의 선상에서 동북아 6개국의 안보협력협의체구성이 거론되고 있다. 그런데 필자들이 밝히고 있다시피 독일의 경우 신동방정책은 잠정적으로는 분단의 평화적 관리 그리고 최종적으로는 유럽분단 극복을 통한 독일분단의 극복이란 이원적 목표를 갖고 있었다. 한국의 경우 대북포용정책의 기본 발상은 '분단의 평화적 관리'[103]에 있다는 것이다. 김대중 정부의 시각과 일치하는 것 같다. 이 점에서 필자들은 유럽분단 극복을 통한 독일분단의 극복이란 신동방정책의 이원적 목표 중 한 축이 한국의 경우 동북아 다자협력국체제 구축이 아닌가 하는 생각을 하게 된다. 그런데 문제는 동북아시아 지역의 안보협력 문제가 한반도 문제 때문에 중요한 것인지 아니면 동북아시아에 포진하고 있는 4대 강국이 탈냉전 시기 세계적 질서변화를 모색하는 과정에서 동북아시아 지역의 안보문제가 화두가 되고 있는 것인지가 분명하지 않다. 한반도 분단문제 해결의 당사자의 주객이 전도될 수 있다는 것이다. 바꾸어 말하면 동북아 다자협력국체제가 한반도 냉전구도 해체 안에 힘을 실어 주어서 한국문제를 해결할 수 있는 정책이 될 수 있냐는 것이다. 즉 한반도 문제의 확대 동북아시아화가 얼마나 실효성 있는 논의일 수 있겠냐는 것이다. 소련이 서독과의 모스크바조약 체결 이후 동서독 간 협상의 진전을 위해 울브리히트를 실

103) p.444.

각시킨[104] 것에 비견되는 실제적 동북아 다자협력국체제의 구성을 한국정부가 주체적으로 이루어 낼 수 있냐는 것이다.

저자의 시각에서 본 이 같은 모호성은 신동방정책과 독일정책에 대한 분명한 경계설정을 하지 않았기 때문이 아닌가 싶다. 이와 관련해 사소한 점을 지적하면 필자들이 인용한 많은 참고문헌 중에 '신동방정책'(Die neue Ostpolitik)이란 표제어는 "피터 벤더"(Peter Bender)의 문헌에서만 발견된다. 다른 한편 필자들의 논지에 따르면 신동방정책의 산물인 '동방조약'(Ostverträge)은 '신동방조약'(Die neue Ostverträge)이 돼야 한다. 반면에 신동방정책이란 개념의 강조점은 독일정책이 신동방정책의 하나의 변수[105]임을 말하는 데 있기보다 분단당사국인 동서독의 특수한 내독관계, 즉 독일정책(Deutschlandpolitik)과 차이점을 강조하는 데 있어야 할 것이다. 이 같은 지적이 필요한 이유는 필자들은 한편으로 브란트의 신동방정책을 주 분석범주로 취급하면서 다른 한편 브란트 이후, 즉 슈미트나 콜의 정책을 다루었는데 이때 신동방정책과 독일정책이 서독의 외교정책, 동방정책, 동서독 간 내독관계, 연합전승국의 동일정책 중 무엇에 해당하는 것인지 알기 위해서 긴장을 해야 하기 때문이다.

저자가 동북아 다자협력국체제의 구성에 대해 견해를 첨부하는 또 다른 이유는 동북아 다자협력국체제 구축의 강조점이 신동방정책＋독일정책＝대북포용정책[106]이란 비교분석의 기본 틀과 관계가 있다고 보기 때문이다. 이 구도에 따르면 국제 환경 차원에서 대북포용정책의 다자간 관계는(평화체제가 구축되어 있지 않다 하더라도) 2＋2이면 된다. 그런데 4자 회담에서 6자 회담의 개최를 지지 및 역설하고 있다. 국제 환경 차원에서 이웃 국가의 지지와 협력을 필요로 한다는 것과 한국문제해결에 직접 당사자가 된다는 것은 별개의 문제라고 저자는 생각한다. 즉 이웃 국가와의 공조나 협조는 분단문제 해결을 위한 독일식 '동방조약'이 아니라는 것이다. 대북포용정책은

104) p.471.

105) p.42.

106) p.34.

이 점에 대한 분명한 기준선(guideline)을 제시할 필요가 있다고 생각한다. 다행히 필자들도 개선되어야 할 대북포용정책의 일면을 지적하고 있다.

저자의 시각에서 볼 때 기준선(guideline)의 일면에 해당하는 적극적 정책 모색이 바로 '발전을 통한 변화'[107]라 할 수 있다. '발전을 통한 변화'란 북한 스스로 체제변혁의 역사적 길을 걷도록 주변여건을 조성해 주는 전략[108]을 말하는데 대북포용정책이 이 점을 받아들여 부분수정을 해야 한다는 것이다. '발전을 통한 변화'는 정경분리원칙과 (탄력적) 상호주의의 고수란 점에서 대북포용정책과 맥을 같이한다고 볼 수 있으나 '적극적 평화'를 구축하기 위해서 미 · 북 · 한 · 중 간 교차불가침조약체결[109]이 추진돼야 하고 이산가족문제, 기본합의서 이행문제 등을 남북대화의제로 삼는 것은 가능하면 자제하고 북한이 실리획득차원에서 요구하는 비료 · 식량지원 등을 비정치적 의제로서 남북한 간 민족동질성 중대 문제 관련 사업(예: 역사 찾기, 체육교류, 문화행사 공동개최 등)과 연계 추진할 것을 논의하는 당국 간 대화를 제안할 필요가 있다[110]는 지적은 대북포용정책이 수정할 부분에 해당한다고 하겠다. '접근을 통한 변화' 정책이 이제 막 성과를 거두고 있는 시점에서 '발전을 통한 변화'란 정책 대안은 앞서 필자들이 지적한 것처럼 '접근을 통한 변화'에 대해 아직도 이해부족이 가시지 않은 상황에서 지나치게 앞서 가는 것은 아닌가 하는 생각이 든다. '발전을 통한 변화'는 차기 정부가 진지하게 고민해야 될 과제로 남겨두는 것도 하나의 '통일정책'일 듯싶다.

107) p.538.

108) p.538.

109) p.544.

110) p.559.

제4장

21세기 통일 친화적 이념에 대한 연구

Ⅰ. 서 론

통일한국의 이념을 둘러싼 논의의 의의는 통일이 되었을 때 통일한국이 한민족 구성원들이 살고 싶어 하는 삶을 위해서 지향해 가야 할 이상적 가치를 모색해 보자는 데 있다. 이상적 가치를 모색한다는 것은 통일 후 통일정부가 추구해야 할 이념 설정을 의미한다. 따라서 이 글에서는 통일에 수반되는 통합과정의 문제점, 한반도의 통일정책이나 통일방식, 통일 비용 조달[111) 등을 직접 분석하지는 않는다. 이들에 대한 분석은 통일과정에 대한 연구를 의미하기 때문이다. 이와 관련된 연구들에 대해서 한두 가지 언급하

111) 미국 랜드연구소(www.rand.org)의 분석에 따르면 남북한의 통일비용은 최소 500억 달러(약 50조 원)에서 최대 6,700억 달러(약 670조 원)가 들 것이라고 한다(조선일보, 2005년 6월 22일). 독일 통일의 비용은 1.5조 유로(1,800조 원)로 추정되고 있다. 지금도 독일의 동쪽 지역 재건을 위해 1,000억 유로가 매년 특별 이전되고 있다(위키 백과, 독일의 재통일 참조). 또한 2007년 국회예산결산위원회가 한우리 연구원에 의뢰한 통일비용 및 통일편익 자료에 따르면 남북통일 비용은 최소 8천억달러에서 최대 1조3천억달러에 이를 것으로 추산하고 있다. http://news. empas.com/show.tsp/20071028n00748. 한편 9월 21일 보도에 의하면 남북이 통일되면 GDP(국내총생산) 규모가 30~40년 내에 프랑스와 독일, 일본 등 선진 7개국(G7)을 웃돌 것으로 골드만삭스가 전망했다고 한다.

면 다음과 같다.

첫째, 통일에 이르는 과정에서 남·북한의 체제개혁이 선결되어야 한다는 논의가 있다. 남북한 양 체제에서 정치·경제적 민주주의의 확대－심화가 이루어질 때 비로소 통일과정의 정당성이 확보된다는 주장은 필요조건이긴 하나 충분조건이라 보긴 어렵다. 통일과정은 6·15 정상회담과 같은 역사적 사건에 의해서 확보될 수 있기 때문이다.[112] 둘째, 저비용의 통제된 평화통일을 위해서 북한의 변화가 통일의 출발점이라는 전제에 입각한 논의가 있다. 이 같은 견해에 따라 학자들이[113] 북한체제의 개방·개혁을 의미하는 체제전환의 가능성을 언급하고 있다. 그리고 동유럽의 체제전환이나 중국의 체제개혁을 비교하는 시각에 터 잡은 논의가 자연스럽게 이루어지고 있다. 따라서 이들의 통일에 대한 시각은 북한 체제전환의 긍정적·부정적 결과의 산물이 된다. 즉 이들에게 있어서 체제전환은 통일 과정을 의미한다. 이 점에 대한 저자의 견해는 남북한 간의 체제통합은 북한이 부분적으로 개방하거나 부분적으로 시장요소를 도입하는 것이 아니라 전면적인 체제전환을 통해서만 가능할 수 있다는 데 있다. 즉 북한의 체제전환이란 남북한 통일의 결과에 따른 것이고 그 실제적 내용은 자유민주주의적 자본주의로의 복귀에 있다는 것이다. '실제적 내용'을 통해서 통일에서 주체, 통일국가의 헌법질서 등에 대한 논의는 일단 접어둘 수 있으리라 사료된다.

한편 이 글은 통일의 뿌리내리기를 촉진시킬 수 있는 이념을 모색한다는 의미에서 '통일 친화적 이념'을 이해하고 있으며 이를 분석대상으로 삼는다. 즉 이 글이 지향하는 논의의 출발점은 통일 후 체제전환에 있다. 따라서 이 글의 목적은 이념적 분단국가에서 하나의 이념으로 통일된 통일국가의 체제전환 과정을 성공적으로 이끌어 낼 수 있는 이념을 모색하는 데 있다. 논증을 위한 선행 작업으로 부분적 사회통합 프로젝트에 대해 언급하고 이를 바

112) 김세균. 1993. "통일과정의 정당성과 남북한의 체제개혁", 한국정치학회 편, 『통일한국의 새로운 이념과 질서의 모색』, 제3회 한국정치세계학술대회. p.31.

113) 박제훈. 1996. "북한 경제의 체제 동학적 분석", 현대경제사회연구원 편, 『북한 경제의 오늘과 내일』(서울: 서울컴퓨터인쇄사); 정중재. 1997. "통일이후의 경제체제", 이원종 외 지음, 『통일 경제론』(서울: 도서출판 해남); 한종만. 1998. "북한의 경제. 북한 경제체제의 생성·발전·소멸(?)", 조찬래 편, 『북한과 통일 문제』(서울: 담론사).

탕으로 저자가 제시한 '종합적 사회통합 프로젝트'로서 제시된 이념에 대한 논의를 시작한다. 이를 통해 진정한 통일 친화적 이념[114]은 무엇인가에 관해 고민하고자 한다.

Ⅱ. 통일한국체제이념 논의에 대한 발전적 고찰

2.1. 부분적 사회통합 프로젝트

민족주의, 자유민주주의, 복지국가, 시민사회, 사회적 시장경제 등이 부분적 사회통합 프로젝트에 해당하는 통일 한국의 이념이다. 첫째, 민족주의의 경우 통일은 분단된 민족 간의 결합으로 민족주권국가의 건설을 의미하기 때문에, 민족주의에 입각해야 한다는 것이다. 권만학은 21세기 통일을 상정할 때 타국의 의존을 줄여 나아가기 위해서 그 어느 때보다도 민족주의적 시각의 필요성을 절감한다는 의미에서 '탈민족적 이념주의'에 대조되는 '한민족 현실주의'를[115] 주장하고 있다. 반면에 박종철은 통일이념으로서 한국민족주의는 언어 · 혈연 · 문화를 바탕으로 한 게마인샤프트적인 겨레라는 개념이 적절하다고 보기보다는 계급 연합적이고 초계급적인 시민연합이 한국민족주의의 담당세력이 돼야 된다고 보고 있다.[116]

둘째, 자유민주주의는 현 남한의 국시이듯이 통일한국의 국시가 돼야 한다는 것이다. 노태우 정부가 밝힌 한민족공동체통일방안의 통일 3원칙은 자

---

114) 이념에 대한 이해는 다음에 준한다: "이념(Ideologie)이란 사념(Idee)의 논리(Ligik)적 체계를 의미하기 때문에 항상 실재(Realitat)를 반영하는 것은 아니다. 따라서…… 정치이념이란 램베르크(Eugen Lemberg)의 개념에 따라 현존사회나 미래사회를 위해 선호하는 정치질서를 설명하고 정당화하며, 그러한 정치질서를 획득하기 위해 전략을 제공하는 신념체계로 정의한다" 재인용, 황병덕. 1994.『통일한국의 정치이념』(서울: 민족통일연구원), p.1.

115) 권만학. 2000.『분단과 통일의 변증법』(서울: 도서출판 양지), pp.207－212.

116) 박종철. 1993. "민족주의개념 및 한국민족주의의 특성", 민족통일원 편,『통일이념으로서의 민족주의』(서울: 민족통일연구원), p.75.

주 · 평화 · 민주이다. 통일은 자유민주주의 이념의 구현이어야 된다는 것이다. 즉 통일한국의 이념은 자유민주주의라는 것이다. 같은 맥락에서 자유 · 평등 · 민주 · 복지 · 정의 등이 통일국가이념의 기본가치로 거론되고 있다.[117] 이 같은 기본가치가 통일한국이념의 내포에 해당하고 자유민주주의 · 민주사회주의가 통일한국이념의 외연에 해당한다고 볼 수 있겠다. 복지국가에 대한 논의는 자유민주주의체제가 지향하는 기본가치를 실현시켜야 한다는 취지에서 논의되고 있다.[118]

셋째, 민주주의 이념의 내면화를 위해서는 민주주의가 제도적으로 정착되어야 한다는 것이 시민사회의 논지이다. 그런데 민주주의의 정착은 시민사회 자율화 확보와 국가와 시민 사회 간의 균형에 의해서 가능하게 된다. 이런 의미에서 통일한국의 이념으로 시민사회[119]가 강조되고 있다.

넷째, 통일한국의 경제제도는 사회적 시장경제가 되어야 한다고 주장하는 이들이 있다. 장원석은 제3의 체제인 독일식 시장경제, 즉 사회적 시장경제가 통일경제제도로서 적합하다고 본다.[120] 김대중 정부가 추진하고 있는 '민주주의 시장경제'도 독일의 사회적 시장경제에 근원을 두고 있다고 한다. 민주주의 시장경제는 경제운영에 있어서 철저히 시장경제경쟁원리를 따르되 그에 따른 사회적 불균형은 정부가 조세정책 · 사회보장정책 등을 통한 개선을 목표로 하고 있다.[121] 임현진은 통일한국의 이념으로 민주사회주의를 설정하고 민주주의 사회의 경제는 사회적 시장경제제도이어야 한다고 주장한다.[122]

117) 이봉철. 1994. "통일국가 이념의 모색", 한국정치학회 편, 『세계질서의 변화와 한반도통일』, 제4회 한국정치세계학술대회, 7월.

118) 성경륭. 1993. "통일한국의 사회통합을 사회복지정책의 방향", 한국정치학회 편, 『통일한국의 새로운 이념과 질서의 모색』, 제3회 한국정치세계학술대회.

119) 박영호. 1994. "통일한국의 정치 · 사회적 갈등양태와 최소방안: 신정치문화의 구축을 위하여", 한국정치학회 편, 『세계질서의 변화와 한반도통일』, 제4회 한국정치세계학술대회, 7월.

120) 장원석. 1995. "통일 이후의 정치 · 사회경제", 장원석 외 지음, 『통일경제와 북한농업』(서울: 한울아카데미), p.14.

121) 김영윤. 2000. 『사회적 시장경제와 독일 통일』(서울: 프리드리히 에베르트 재단), pp.203-204.

122) 임현진. 1998. "통일한국의 이념과 체제: 자본주의와 사회주의를 넘어", 김재한 편, 『북한체제의 변화와 통합한국』(서울: 소화), pp.306-325.

그런데 설득력 높은 이러한 분석들은 체제전환의 관점에서 통일한국의 이념을 다루고 있지 않다는 공통점이 있다. 통일한국의 이념에 대한 출발점은 남북한 정치·경제 제도의 이질감의 극복이 아닌 체제 간의 대립을 극복해야 한다는 전제에 있음을 아래의 <표 4－1>과 <표 4－2>가 암시하고 있다. 남북의 50년 대립은 적대적 체제 사이의 대립이라는 데 그 본질이 있기 때문이다.

〈표 4－1〉 남북한 정치이념 체계의 비교[123]

	남 한	북 한
체제 목표	· 자유민주주의	· 마르크스·레닌의 공산주의에 기초한 주체사상
기본가치	· 개인의 자유 · 인간의 존엄성 · 국민복지	· 집단주의 원칙 · 김정일에 대한 충성·효성
이념체제의 형성	· 자유민주주의 원칙에 의한 복지국가 건설	· 주체사상에 따른 '우리식 사회주의' 건설
이념의 침투	· 자율적인 내면화 과정을 통해 점진적 확산(다원적 가치추구)	· 철저한 사상 교양으로 획일화된 인간 개조(사상 무장 고수)

〈표 4－2〉 남북한 경제체제의 비교[124]

	남 한	북 한
재산소유	사적 재산제도를 광범위하게 인정	사유재산제도 배제 중앙집중의 관리
경제조정기구	시장기구 관료기구(보완적)	중앙계획 관료기구
의사결정기구	집중 및 분산이 혼재 점차 분산화하는 경향이 있음	집중
개인의 창의와 능력	신뢰	신뢰를 주지 않음
경제질서	시장질서 관료질서(보완적) 사회질서(보완적이나 미흡)	중앙계획 관료질서
생산과 소비	민간에 일임 공공생산(최소한에 그침)	정부관리 개인생산(최소한에 그침)
국가의 규제와 조정	필요하지만 적당한 한도 내	전 부문
국가개입의 한계	사적 경쟁 유지 법률에 따른 규제와 조정	한계 없음
대외경제	개방경제	폐쇄경제

123) 정석홍. 1997. 『남북한 비교론』(서울: 사람과 사람), p.27.

124) 정중재. 1997. "통일이후의 경제체제", 이원종 외 지음. 『통일 경제론』(서울: 도서출판 해남), p.118.

다시 말해 통일한국의 이념에 대한 논의의 출발점은 북한의 정치·경제는 실패한 체제라는 데 있게 된다. 김대중 정부도 북한을 '실패한 체제'로 보고 있다. 이런 면에서 실패한 체제에 대한 대안은 자유민주주의적 자본주의일 것이다. 그러므로 통일한국의 최대과제는 북한체제의 자유민주주의적 자본주의로의 전환에 있게 된다. 따라서 부분적 사회통합 프로젝트에 대한 고려보다는 성공적인 체제전환을 위한 종합적 사회통합 프로젝트에 대한 고려가 통일한국이념 논의에서 비중 있게 다루어져야 할 것이다.

이제 위에서 언급한 부분적 사회통합 프로젝트의 이념에 대한 논의들을 다음과 같이 평가할 수 있다. 첫째, 통일한국의 이념은 '종합적 사회통합 프로젝트'이어야 하는데 일면적·부분적 수준에 머물러 있다. 둘째, 이 같은 통일한국의 이념에 대한 공통적 인식의 뿌리는 6·15 정상회담 이전까지 획기적인 남북관계 개선이 없는 상태에서 통일을 준비하고 그 대안을 모색한 남한의 학자들이 통일을 먼저 달성한 독일의 통일 이후가 아닌 통일 이전 사례를 집중적으로 연구한 결과에 있다고 볼 수 있다.

2.2. 종합적 사회통합 프로젝트

그렇다면 저자가 말하려는 '종합적 사회통합 프로젝트'의 형식과 내용은 무엇인가? 논의에 앞서 먼저 그 의미를 알아보자. 남북한 통일은 정치, 경제, 사회, 문화 등 사회 전 분야의 통합의 완성이기 때문에 이들 중 한 영역만 논의하게 될 때 통일논의는 근본적인 지적, 구조적 제약을 수반하게 된다. 따라서 남북의 통일논의는 종합적 사회통합 프로젝트이라는 틀에서 고려되어야 한다는 것이다.[125] 통일한국의 이념제시도 예외는 아니다.

종합적 사회통합 프로젝트의 형식은 대내·외적 이념이고 그 내용은 헌법애국주의와 제4의 길이다. 형식과 내용이 어우러지게 되면 통일한국의 대

125) 양운철·한태준. 1998. "통일의 경제적 부담과 북한체제의 이행", 김재한 편, 『북한체제의 변화와 통합한국』(서울: 소화), p.183.

내적 이념은 체제전환을 염두에 둔 제4의 길이 된다. 그리고 통일한국의 대외적 이념은 하나가 된 주권국가의 외부로의 영향력 팽창과 이를 견제하려는 주변 국가의 영향력이 부딪쳐서 생기는 통일의 외적 역학관계를 염두에 둔 헌법애국주의가 된다.

통일독일에 터 잡아 통일한국의 이념을 체계적이고 논리적으로 제시하고 있는 황병덕이 '종합적 사회통합 프로젝트'의[126] 대표 주자에 해당한다. 그는 자신의 글에서 "통일한국의 체제이념은 실질적으로 기능할 수 있는 체제가 모색됨으로써 구체적으로 구현될" 수 있음을[127] 언급하고 있다. 통일을 위한 체제구상이 기능할 수 있는 새로운 형태의 이념이란 구체적으로 무엇을 말하는가? 구체적으로 말해서 통일한국의 이념의 대내적 성격은 신조합주의여야 하고 대외적 성격은 열린 민족주의여야 한다는 것이다. 신조합주의는 국가와 시민사회의 이중적 민주화를 통한 참여적 자유민주주의와 국가와 시민사회의 조직 원리로 제시된 이념이고 열린 민족주의는 국제협력을 축으로 하면서 민족주권을 제고하는 이념을 말한다. 이에 대한 구체적 · 비판적 논의를 통해 저자의 '종합적 사회통합 프로젝트'가 비교적으로 제시될 것이다.

황병덕은 문화민족과 국가민족의 방식으로 민족이 형성된다는 견해를 따르고 있다. 문화민족과 국가민족 그리고 문화민족과 국가민족의 분류에 따른 남 · 북한 민족주의에 대한 이해를 표로 작성하면 다음과 같다.[128]

126) 그 밖에 고범서는 통일한국의 사회상에 대한 탐색에서 정치적 이념으로는 자유민주주의, 경제적 이념으로는 자유시장경제 그리고 사회적 이념으로는 다원주의를 거론하고 있다. 장원석은 바람직한 통일한국의 정치이념으로 참여 민주주의, 통일한국의 경제이념으로 사회적 시장경제 그리고 체제통합의 촉매제로 개방적 민족주의를 주장하고 있다. 고범서. 1993. "통일한국의 삶의 양식", 한국정신문화연구원 편, 『통일한국의 삶의 양식과 가치체계 탐색』(성남: 한국정신문화연구원); 장원석. 1995. "통일 이후의 정치 · 사회경제", 장원석 외 지음, 『통일경제와 북한농업』(서울: 한울아카데미).

127) 황병덕. 1994. 『통일한국의 정치이념』(서울: 민족통일연구원), p.17.

128) 황병덕(1994), pp.43-52.l

〈표 4-3〉 문화민족 대 국가민족

	문화민족	국가민족
구성원의 특징	역사적 · 자연적 발생으로 결정되는 운명공동체	사회 · 경제적 위상, 인종적 기원, 종교적 신념 등과 관계없이 법적으로 평등한 국가시민으로 구성된 정치공동체
내적 특징	인종주의적 문화적 · 언어적 동질성 강조	시민이 신분제사회 해체→사회의 동질성, 보편성 추구
외적 특징	문화민족에 입각한 타민족에 대한 차별성 강조	시민이 타민족과의 차별성, 분리주의 강조
의미	역사적 공유의식, 언어, 종족의 동질성	국가의 제도적 공간

〈표 4-4〉 남북한 및 통일한국의 민족주의 비교

	남 한	북 한	통일한국
문화민족	일치	일치	일치
국가민족	자유민주주의; 자본주의	마르크스레닌주의, 당 · 국가체제, 사회주의 경제	불일치
대외적 성격	민족분리주의를 국가이념으로 채택하지 않음	폐쇄적 저항적	헌법애국주의(저자)
보편적 이념의 확산	국가민족>문화민족	국가민족<문화민족	열린민족주의

위의 <표 4-4>에서 알 수 있듯이 남 · 북이 문화민족의 측면에서는 동질성을 갖고 있으나 국가민족의 측면에서는 체제갈등이 존재하고 있다. 따라서 통일한국의 민족주의는 문화민족과 국가민족을 일치시켜야 하는 함의를 갖게 된다. 다시 말해 문화민족의 측면에서 볼 때 통일한국의 이념적 좌표는 남 · 북한의 문화 민족적 동질성에 민족주의를 바탕으로 통일 민족국가의 수립이 기대된다. 그러나 국가 민족적 측면에서 볼 때 통일이념으로서 민족주의는 극히 제한적 의미를 지닐 수밖에 없다는 것이다.[129)]

민족주의와 국제주의와의 관계설정은 탈냉전 이후 신국제질서와 민족주의 문제로 생각해 볼 수 있다. 새로운 국제질서의 창출과정에서 통일 환경조성 문제에 대한 고려다. 탈냉전 이후 신국제질서와 민족주의의 관계는 '단극구조하의 다극화 체제'에서 통일 환경 조성의 문제를 의미한다. 소련의 붕괴로 냉전시대를 규정하던 양극체제가 해체되면서 향후 국제질서는 초강대

129) 황병덕(1994), p.51; Berdhard Sutor. 1993. "Verfassungspatriotimus-Brücke zwischen Nationbewußtsein und universaler politischer Ethik?", Günter C. Behrmann, Siegftied Schiele, eds. *Verfassungspatriotimus als Ziel politischer Bildung?*(Schwalbach:Wochenschau Verlag) pp.38-39.

국 미국과 러시아 · 일본 · 중국 · 유럽연합이 다극을 이룰 것으로 전망되기 때문이다. 동북아시아도 이 단극 구조하의 다극화 체제로 발전될 것으로 예측된다. 즉 향후 동북아시아의 신국제질서는 1(미국)+3(러시아 · 일본 · 중국) 체제로 구축될 전망이기 때문에 주변 4개국과의 선린우호관계를 계속해서 유지 · 발전시켜야 한다는 것이다. 따라서 통일 한국이 국제주의 지향적인 민족주의, 즉 열린 민족주의에 입각할 때 비로소 "새로운 국제질서의 창출과정에서 발생할 수 있는 민족국가 간의 갈등을 창조적으로 소화 · 극복하고 민족국가 간의 이해관계를 국제주의적 시각에서 합리적으로 조정해"[130] 나갈 수 있다는 것이다.

지금까지의 논술을 토대로 한두 가지만을 비판적으로 검토한다. 첫째, 어떻게 세계사회의 보편성을 발전시키자는 국제주의적 민족주의 곧 열린 민족주의가 한국의 '문화민족이기보다 국가민족', 즉 발전된 민족의 민족주의와 북한의 '국가민족이기보다 문화민족', 즉 미발전된 민족의 민족주의가 결합되면서 대두될 민족 간 갈등 해소의 대안이 될 수 있겠냐는 점이다. 바꾸어 말해 저자의 의구심은 열린 민족주의가 적대적 체제에서 각기 살던 한 뿌리의 민족을 서로 융합시킬 수 있는 정당성의 기제가 될 수 있다는 데 있다. 신국제질서의 구축과정에서 주변 국가와 선린우호관계를 유지해야 한다는 것과 선린우호관계가 통일 후 남북의 민족적 상처와 사회적 통합을 이루어낼 수 있다는 것은 별개의 문제라고 생각한다.

둘째, 남 · 북한의 경우와 유사하게 동 · 서독의 경우를 보면 역사적으로 독일은 문화민족이나 분단 이후를 상정할 때 서독은 '문화민족이기보다 국가민족'이 우세하고 동독은 '국가민족이기보다 문화민족'이 우세하다고 볼 수 있다. 동 · 서독이 보여준 국가민족 · 문화민족 간의 모순에도 불구하고 1949 – 1990년 사이에 동 · 서독의 일체감을 형성시켜 준 것은 바로 언어 · 문화적 가치 그리고 전통이다. 이 점에서 우리는 1990년을 전 · 후하여 대두된 현상을 설명할 수 있게 된다. 즉 통일 후 통일독일은 구(舊)동 · 서독 가릴

130) 황병덕(1994), p.175.

것 없이 일반적으로 배타적 민족주의가 부상하기 시작했으며 특히 구동독 지역의 배타성이 강한 폐쇄적 민족주의가 신나치의 향수를 불러일으키면서 백색테러를 자행하고 있다. 동·서독 분단의 경우처럼 남북한의 정체성은 문화 민족적 요인들에 달려 있다. 그러므로 통일한국도 문화민족이 갖는 배타적 속성으로부터 자유롭다고 말할 수 없을 것이다. 다시 말해 "체계적 이론이라는 측면보다도 규범적 행동원리로서의 양상을 짙게 가지는 민족주의는 특정한 시대와 국가 및 주도세력의 특유한 현실적 요구를 반영하여 제시되고 현실화하는 이데올로기 내지는 정책이기 때문에 민족주의에 대해서는 특정시대의 민족주의에 대한 구체적·역사적 고찰을 통해서 그 특정 성격을 이해해야만"131) 한다. 한마디로 통일 후 한국민족주의 발전방향에 대해서는 그 누구도 예단하기가 어렵다. 김영삼 전 대통령이 취임사에서 "어느 동맹국도 민족보다 나을 수 없다"고 하지 않았던가? 김정일 국방위원장이 치켜세우는 북한의 국시 가운데 하나인 '조선민족제일주의'도 이에 버금가는 민족주의 경향을 띠고 있다.

황병덕은 통일한국의 대내적 이념으로 신조합주의를 제시하고 있다. 신조합주의는 "국가와 시민사회의 조직방법으로 조직적 협조의 조직 원리를 바탕으로 교섭을 통한 이익조직 간의 조정과 정책적 합의를 도출해"132) 내는 것을 말한다. 결사체 모델로 지칭되는 이 대안은 "자발적 협조를 기본으로 하는 공동체적 삶의 원리로서 개인적 자유와 경제적 평등 간의 모순관계를 해결하고자 하는 이념"133)을 의미한다. 개인적 자유와 경제적 평등 간의 모순관계를 해결하겠다고 하는 것은 한편으로 자유주의와 민주주의의 이념적 갈등관계를 해결하고자 하는 것과 다른 한편으로 남한의 자본주의와 북한의 사회주의 모순을 지향하자는 것으로 볼 수 있다. 이 모순 관계를 지향시킨 것이 자유민주주의다. 자유민주주의는 자유와 평등을 결합시켜서 상호보완적인 관계를 이루고 있다. 다시 말해 자유민주주의는 "국가가 절대적 자유

131) 박성옥. 1997. 『신민족주의』(서울: 사림터), p.79.

132) 황병덕(1994), p.146.

133) 황병덕(1994), p.147.

의 체계가 야기하는 사회적 불평등의 결과를 완화하기 위해 사회정의의 이름으로 자유의 이상을 평등의 이상과 재결합시키는 것"이다.[134] 그러므로 통일한국의 이념은 자유민주주의가 적합하다는 것이다. 즉 자유민주주의가 자유와 평등을 촉진시키고 극대화하기 위해서 국가와 시민사회의 이중적 민주화와 국가와 시민사회의 결합 형태인 조합주의 이념이 뒷받침되어야 한다.

통일한국이 국가와 시민사회를 결속하는 신조합주의 원칙에 따라 조직될 경우 통일과정과 통일 후 다음과 같은 긍정적 효과가 기대된다. 먼저 통일과정에서 한국은 정치 · 경제 · 사회 측면에서의 체제개혁을 통해 자본주의 체제의 폐해를 최소화하면서 북한에 대해 체제의 절대 우위를 확보할 수 있게 될 것이라는 것이다. 그리고 "통일 후 경제통합과정에서 경제적 위기에 직면하였을 경우 조합주의에 입각한 사회적 동반자 관계는 이익을 분배하는 원리로서가 아니라 손해를 흡수 · 배분하는 원리로 작용할 수 있기 때문에 조합주의적 조직 원리는 통일 후 체제통합과정에서 나타날 수 있는 정치 · 경제 · 사회적 후유증의 최소화를 통해 국민통합을 도모할 수 있을 것"[135]이라는 것이다.

저자는 자유민주주의에 대한 논술에 견해를 같이하나 통일한국의 대내적 이념으로서 신조합주의는 보완의 여지가 있다고 생각한다. 그 이유는 조합주의의 일반적 조직 원리인 이익집단의 중앙 집중화가 통일한국의 북쪽 지역에 적용하기 어렵다고 보기 때문이다. 이익집단의 중앙 집중화란 "지배계급과 피지배계급 등 자본주의 사회의 계급적 대립과 갈등으로 인해 수평적 사회구조를 기능적 조직으로 통합하여 상호의존적 계급협동이 사회조직의 중심원리가 되도록 사회구조를 수직적으로 재구성하는 것을"[136] 의미하는데 문제는 한국통일 후 북쪽의 상황이 자본주의의 타블라 라사(Tabula rasa)와 유사하다는 데 있다.

통일 후 북쪽에서 근로자가 아닌 노동자 계급, 노동조합, 이익단체, 사용

134) 황병덕(1994), p.91.

135) 황병덕(1994), p.157.

136) 황병덕(1994), p.149.

자 단체와 같은 자본주의 구조가 새롭게 자리 잡아야 하며 민주주의 원리 및 시장경제의 원리를 학습하는 과정이 그 무엇보다도 선행돼야 한다. 민주주의 원리도 그렇지만[137] 시장경제의 기본원리 가운데 가장 중요한 것은 사유재산 보장에 있다. 그런데 통일 후 북쪽에서는 사유재산권의 보장이 아닌 사유재산의 창출이 관건이 된다. 당겨 말한다면 북쪽 지역에서 통일 후 과정은 체제전환 과정에 해당한다고 볼 수 있다. 체제전환 과정에선 동유럽과 통일독일이 보여주듯이 강력한 국가의 역할이 요구되는데 그것은 계획경제에서 시장경제로의 체제전환을 성공적으로 추진시키기 위해서이며 새로운 사회문화를 정착시키기 위해서이고 뿐만 아니라 과거를 조속하게 청산하기 위해서이다. 그런데 신조합주의는 이런 점들을 고려하지 않고 있다. 독일의 신조합주의를 보면 자본주의 신고식을 치르는 동독사람들이 조합주의적 의미에서 동반자 관계로 순순히 응했다고 보기 어렵다. 이 과정에서 오씨(ossi) 베씨(wessi) 그리고 게으른 동독인과 거만한 서독인을 비롯하여 거만한 실업자(fauler ossi + aroganter wessi = aroganter arbeitsloser) 등의 불협화음이 난무했다. 때문에 빠른 시간 내에 국민통합을 달성하기 위해서 선결해야 할 문제는 무엇인가? 즉 체제전환 신고식에 대해 묻는 것이 통일 후 국민통합을 이루기 위해서 먼저 고민해야 될 부분이며 신조합주의의 논의는 그 다음에 이루어져야 하리라고 생각된다. 신조합주의 논의는 통일과정 및 통일 후 남쪽에만 국한되는 테마인 듯하다는 생각을 떨쳐버리기 어렵다. 체제전환의 현장은 북쪽이기 때문이다.

137) 박영호는 통일 후 통일한국의 사회는 정치적 차원, 경제적 차원 그리고 사회·문화적 차원에서 새로운 갈등이 대두될 것이라고 보고 있다. 정치적 차원의 갈등은 남한의 민주주의와 탈피하지 못한 사회주의의 북한이 합쳐진다는 데서 발생하게 된다. 이로 인해 통일한국의 민주주의 제도 운영차원에서 갈등이 촉발될 수 있다는 것이다. 경제적 차원에서의 갈등은 북한경제구조의 자본주의로의 전면적인 개편과정에서 대두될 것으로 본다. 통일 후 북한 지역의 재산소유 및 처리방식이 갈등의 주요인이 될 것이며, 남북한 간 산업구조재편과정에서 북한 지역의 기업의 도산에 따른 대량실업자가 새로운 갈등을 조성할 수 있다는 것이다. 사회·문화적 차원에서도 갈등이 등장할 것으로 보인다. 산업화 정도의 차이 때문에 남북한 간에 지역감정이 발생할 수 있으며, 체제전환 과정에서 적응하지 못한 북한 지역의 주민들이 2등 시민으로 전락할 수 있으며, 생활문화의 차이로 북한주민들이 열등감 및 모멸감을 느낄 수 있기 때문에 갈등이 나타나게 될 것이라는 지적이다(1994). pp.75-82. 이러한 점들이 통일 후 체제전환 과정에서 고려되어야만 성공적인 사회통합을 이루어 낼 수 있을 것이다.

Ⅲ. 통일 후 체제전환을 위한 이념 모색

위와 같은 이유에서 통일 후 문제를 논의한다는 것은 과정으로서의 통일을 분석대상으로 삼기보다는 통일 후를 분석대상으로 삼는다는 것을 의미한다. 그렇다고 이 같은 문제의식이 '통일 후 연구'의 모든 장애를 일거에 척결할 것으로 보지 않는다. 그 이유는 여전히 통일이라는 것이 실현되어 있지 않은 현상에 대한 예측적 분석이기 때문이라 볼 수 있다. 다시 말해 통일 후 바람직한 대내 · 대외적 이념에 대한 고찰은 애초부터 난관에 봉착할 수밖에 없다는 것이다. 그 이유는 "첫째, 아직 통일방식이나 통일의 주도적인 역할 담당자에 대해 결정된 사항이 없고 둘째, 사회주의 계획경제와 자본주의적 시장경제를 하나로 통합시키는 데 적용시킬 이론이 없을 뿐만 아니라 실무적인 경험도 독일식 통일의 예 외에는 아직 없다. 셋째, 현재 진행중인 구소련과 동구권 및 중국의 체제전환 내지는 개혁과정이나 그 결과의 성패에 대한 평가가 아직 빠르며 넷째, 만약 당장에 체제에 대한 구체적인 제안을 하면 이것이 오히려 통일논의에 부담이 될 수도 있기 때문이다."[138) 예측 분석에 따르는 어려움에 십분 공감하나 지적 호기심에서 저자는 통일 후 체제전환의 성공적 초기이행을 위한 이념에 대해서 헌법애국주의와 제4의 길이란 이념을 중심으로 논구해 보고자 한다.

3.1. 헌법애국주의

탈계급적 민족주의, 한민족 현실주의를 비롯하여 열린 민족주의 통일관을 발전적으로 지향하기 위한 문제의식은 통일 친화적 민족주의 이념에 대해 논구하는 데 있다. 따라서 인류의 보편성이 증대하는 방향으로 나아가 세계평화와 인류복지 향상에 기여한다는 국제주의와 민족구성원 모두가 공통적

138) 안두순. 1994. "한반도 통일국가의 경제체제", 한국정치학회, 『세계질서의 변화와 한반도 통일』, 제4회 한국정치세계학술대회, p.12.

으로 추구하는 가장 일차적인 정치이념으로서 민족국가의 이념인 민족주의가 어떻게 통일한국의 남 · 북한 사람들로부터 정당성을 확보할 수 있는 문제에 대해 보다 상세한 논의가 이루어져야 하겠다.

그렇다면 통일한국의 민족주의 통일관이 통일한국의 남 · 북한사람들로부터 정당성을 확보해야 한다는 것이 왜 중요한가? 그것은 민족적 정체성을 회복하고 민족적 연대성을 일구어 낼 수 있다는 문제와 연결되어 있기 때문이다. 전자는 분단으로 민족의 정체성이 이분된 것을 반영한 것이다. 후자는 통일을 계기로 민족이 화합을 이루어 내야 하는 것을 의미한다. 그런데 민족적 정체성 회복과 민족적 연대성 창궐문제를 두고 이미 격론이 벌어진 곳은 한국이 아니고 독일이다. 격론을 거치면서 하나의 대안으로 제시된 것이 바로 헌법애국주의(Verfassungspatriotismus)이다. 그렇다면 헌법애국주의는 어떠한 독일의 역사적 상황에서 논의되고 있는가? 헌법애국주의는 통일한국에 적용 가능한 모델이겠는가?

2차 세계대전의 발발과 유태인 학살의 주범인 나치독일의 만행이 헌법애국주의와 독일역사를 잇는 가교이다. 나치독일이 갖는 특수성에서 헌법애국주의의 논의가 시작된다. 즉 나치독일과의 단절을 동 · 서독이 공언했기 때문에 민족적 정체성의 문제가 대두되었던 것이다. 헌법애국주의의 두 번째 논의는 통일독일의 민족적 연대를 실제적으로 이루어 낼 수 있는 메커니즘에 대한 숙고에서 비롯되었다. 분단 40년 동안 동 · 서독이 취한 국가발전의 경로는 상당히 달랐다. 동독은 사회주의를 최고의 가치이념으로 삼았고 서독은 자본주의를 최고의 가치이념으로 기렸다. 그 결과는 양자를 아우를 수 있는 민족적 정당성이 부재하게 되었다. 따라서 민족적 정당성 회복의 기점을 찾고 민족적 연대의 가능성을 열어 보자는 대안이 헌법애국주의라 볼 수 있다. 이상과 같은 헌법애국주의의 독일역사와의 관계에 대한 설명은 독일이란 특수한 역사적 맥락에서 논의된 헌법애국주의가 왜 한국적 상황에서 언급돼야 하는 회의적 질문을 어느 정도 불식시켜 준다고 하겠다. 한국의 경우도 어떻게 민족적 정체성과 민족적 연대성을 회복시킬 것인가가 지상과제 중 하나이기 때문이다.

그렇다면 헌법애국주의란 무엇인가? 헌법애국주의는 헌법(Verfassung)과 애국주의(Patriotismus)의 합성어이다. 즉 헌법에 터 잡은 애국주의를 말한다. 여기서 헌법과 애국주의에 대한 이해에 세심한 주의가 요구된다. 1859년판 마이어(Meyer)사전에 따르면 애국주의란 "조국에 대한 사랑을 의미한다. 조국에 대한 사랑은 출생지에 속한 민족 · 영토에 대한 사랑과 동시에 그 정서를 뜻한다. 개인은 자신의 사적 이익을 전체 이익에 복종시키고 희생시킬 수 있어야 한다. 또는 최소한 전체 이익에 저항하지 않아야 한다. ……본질상 애국주의는 민족공동체이다. 민족공통체가 국가의 형태를 이루고 개인이 국가의 구성원으로 간주될 때 애국주의는 비로소 온전한 의미를 부여받는다. 애국주의는 국가헌법이 개인으로 하여금 공적 사안에 참여하는 것을 강제할 때, 진정한 애국심의 면모를 드러낸다. 그렇지만 이 같은 애국주의에 대한 신념과 의무는 어느 특정한 헌법에 기초한 것이 아니다. 공적 사안이든 사적 사안이든 권력을 다루는 정치적 상황은 민족의 복지 · 자주 그리고 명예를 위할 때에만 의미를 가질 수 있기 때문이다. 국가의 통일을 수반하지 않은 민족의 통일이 우세한 곳에서 애국주의는 쉽게 쇠약해질 수 있다……."[139] 헌법애국주의에 대한 이해의 요체가 애국주의에 대한 이해에서 시작됨을 시사하였다. 구체적인 시사점을 다음과 같이 정리할 수 있다. 첫째, 애국주의는 국가에 터 잡고 있으나 민족주의는 민족에 터 잡고 있다. 둘째, 애국주의는 특정한 헌법에 입각하지 않는다. 셋째, 헌법의 가치를 긍정하는 헌법애국주의는 인류사회의 평화적 공존에 기여한다. 넷째, 헌법과 헌법에 명기된 보편주의적 기본이념이 현대 국가를 규정한다.

마이어 사전이 설명한 애국주의에 입각하여 헌법애국주의 논의에 생기를 불어넣은 학자가 바로 스테른베르거(D. Sternberger)이다. 그리고 하버마스(J. Habermas)가 1980년대의 문턱에서 스테른베르거의 화두를 공론화시켰다. 헌법애국주의에 대한 양자의 견해는 다음과 같이 표로 만들어 볼 수 있다.

스테른베르거는 민족에 기반을 둔 애국주의가 아닌 헌법에 기반을 둔 새

139) http://www.humanistische-union.de(검색일: 2001년 7월 28일)

로운 제2의 애국주의를 제기하면서 헌법애국주의를 주장하였다. 여기서 헌법은 민족국가의 헌법, 즉 헌법국가를 의미하면서 동시에 헌법의 기본이념에 바탕을 둔 보편적 헌법을 의미한다. 다시 말해 스테른베르거의 헌법애국주의는 기본권, 민족주의, 다원주의, 권력분립, 국가의 권력독점, 인권 등의 기본이념에 바탕을 둔 헌법국가의 보편적 · 공화적 · 민주적 원칙에 터 잡고 있다.[140] 이런 의미에서 볼 때 헌법애국주의는 한편으로 보편성과 다른 한편으로 어느 민족의 정치 · 사회 · 문화적 맥락에서 구성된 헌법이념의 적용력, 즉 특수성을 동시에 취합하고 있다.[141]

〈표 4-5〉 스테른베르거와 하버마스의 헌법애국주의 비교

	스테른베르거	하버마스
전개시점	기본법(GG)공포 30년 기념에 즈음한 1979년 신문(FAZ)기고	1982년좌파(사민당 · 자민련)에서우파(기민당 · 자민련)로정권교체
등장배경	제2의 애국주의 주창	역사 인식에 침투한 인종적 민족주의 부활에 대한 경계
보편성	비민족귀속적 조국에 대한 사랑	국가 초월적 공동체
보편성의 발판	민족(비귀속:非歸屬), 영토(귀속)	민족(비귀속), 영토(비귀속)
정체성	민족정체성	탈민족 정체성
정체성의 발판	국가헌법: 헌법의 기본 이념	전통에 대한 비판적 반성
평가(저자)	현실적 헌법애국주의	비현실적 헌법애국주의

이렇게 헌법이 자유 · 민주적 공화국의 보편적 지도이념을 지지하는 것과 달리 자신의 역사와 문화가 있는 조국에 대한 사랑을 의미하는 애국주의는 국가영역과 국가민족을 전제한다. 즉 애국주의는 국가와 민족공동체를 전제한다.[142] 국가와 민족공동체를 전제한 애국주의는 다음과 같은 경우 위험에 쉽게 노출된다. 예를 들어 독일의 경우 시민이 풍요로운 삶을 더 이상 누릴 수 없게 되었을 때 애국적 참여에 반대급부를 주던 공동체의 역량은 시험대

140) 독일은 헌법이 수정될 때, 수정되거나 폐지될 수 없는 이른바 '영구헌법조항'을 두고 있다.

141) Lutz-Rainer Reuter. 1993. "Verfassungspatriotimus und Verfassungsreform", Günter C. Behrmann, Siegftied Schiele, eds. *Verfassungspatriotimus als Ziel politischer Bildung?*(Schwalbach: Wochenschau Verlag) pp.79-80.

142) Dolf Sternberger. 1990. *Verfassungspatriotimus*, Dolf Sternberger Schriften X. (Frankfurt am Main: Insel Verlag), p.17.

에 오르게 된다. 이럴 경우 사회적 소외계층이 위탁한 삶의 조건을 기반으로 한 애국주의와 민족감정이 하나의 체제를 이룬다. 민족이 조국 그 자체가 된다. 그 결과 애국적 충정 그 자체가 도덕적으로 인정되면서 불법정권을 지지하거나 나치의 만행과 같은 반인륜적 행위를 비호하게 된다. 조국을 위한 애국주의적 발로로 쉽게 정당화되기 때문이다.[143] 이처럼 민족에 기반을 둔 애국주의는 민족주의로 쉽게 빠지는 경향이 있기 때문에 경계를 해야 한다는 것이다.

제2의 애국주의는 민족주의나 독재에 대한 충정을 의미하는 제1의 애국주의와 결별을 의미한다. 제2의 애국주의는 제도 곧 헌법에 근거하며 동시에 공화제를 지지하는 것을 말한다. 제2의 애국주의의 대상인 조국은 헌법정치적 맥락에 있는 조국을 의미하게 된다. 헌법 정치적 맥락에서 조국은 민족과 국가보다는 국가의 법과 개인의 자유로 표현된다. 이런 의미에서 조국의 개념이 이해된다면 오늘날에도 조국(Vaterland)에 관한 논의는 유의미하지 않겠냐고 스테른베르거는 역설한다. 헌법국가의 요체가 헌법과 자유에 있기 때문이다.[144] 그런데 현대의 헌법국가는 복잡한 하부구조로 이루어졌을 뿐만 아니라 투명하다. 이런 이유에서 스테른베르거는 민주적 공동체의 자기 정체성을 인종적·문화적 공통에서 찾기보다는 적극적인 민주적 참여 활동을 하고 있는 시민의 실천에서 찾고 있다.[145] 결국 스테른베르거의 헌법애국주의는 시민의 자유를 동반한 애국주의를 헌법과 연결시키는 데 그 요체가 있다고 하겠다.

지금까지의 논의를 다음과 같이 요약할 수 있다. 제1의 애국주의가 민족

143) Donate Kluxen-Pyta. 1990. “Verfassungspatriotismus und Nationle Identität”, *Zeitschrift für Politik*, Jahrgang 37, Heft 2. p.121.

144) Sternberger(1990), p.22.

145) Ulrich Sacinell, 1993, “Verfassungspatriotimus und politische Bildung oder Nachdenken über das demokratische Femeinwesen zusammenhält”, Günter C. Behrmann, Siegftied Schiele, eds. *Verfassungspatriotimus als Ziel politischer Bildung?*(Schwalbach: Wochenschau Verlag) p.71; Wolfgang Kersting, “Verfassungspatriotimus, kommuntäre Demokratie und die politische Vereinigung der Deutschen”, Petra Braitling und Walter Resse-Schäfer. eds. 1991. *Universalismus, Nationalismus und die neue Einheit der Deutschen*(Frankfurt am Main: Fischer), p.156.

적 애국주의라고 말할 수 있을 때 헌법에 근거한 애국주의는 제2의 애국주의인 동시에 헌법애국주의로 표현할 수 있다. 이 표현의 함의는 민족주의를 희석시키자는 것이지 민족을 부정하자는 데 있지 않다. 곧 헌법애국주의의 요체는 애국심이 특수한 민족과 헌법에 입각하기보다는 현대 헌법이념의 보편성 원칙을 담지한 헌법에 근거해야 한다는 것이다. 이럴 때 조국은 공화국이 된다.[146] 공화국이 된 조국은 문화민족을 부정하지 않으면서[147] 헌법에 뿌리를 둔 헌법국가를 지향하게 된다는 것이다. 다른 한편 보편성과 특수성을 공유하고 있는 헌법은 정치적 공간의 조직체로서 민주주의의 제도적 형태를 구현하고 있다. 헌법은 보편적 원칙의 현실화를 꾀한다. 그러므로 헌법애국주의는 애국주의적이면서 동시에 보편적으로 통제된 민족 정체성을 이루게 된다.[148] 이런 이유에서 조국은 헌법이 된다. 헌법이 된 조국이 헌법국가의 형태를 취할 때 애국주의는 세계시민을 지향하며[149] 헌법애국주의는 세계 개방적 애국주의로 나아갈 수 있다는 것이다.

앞서 논의했듯이 스테른베르거의 헌법애국주의 논의는 헌법국가의 보편주의적 이념과 공화적 · 민주적 원칙으로 구성되어 있다. 바꾸어 말해서 헌법애국주의에는 헌법과 애국주의 사이에 긴장관계가 조성되어 있음을 알 수 있다. 헌법은 동등한 시민들의 자유공화국과 민주주의의 보편적 지도이념들을 지지하고 있는 데 반해 애국주의는 한편으로 위와 같은 보편주의적 지도이념에 근거하면서 다른 한편으로 자신의 역사와 문화에 의해서 규정되는 국가영역과 국가민족으로 구성된다. 스테른베르거의 헌법애국주의의 경우 영토에 입각한 민족적 정체성을 긍정하고 있다는 것이 긴장의 한 원인이 되고 있고[150] 헌법을 옹호하는 것이 애국주의 의무가 된다는 주장은 비판의 한 대상이 되고 있다.[151]

---

146) Sternberger(1990), p.20.

147) Sutor(1993), pp.37－39.

148) Kluxen－Pyta(1990), p.130.

149) Sternberger(1990), p.19.

150) Reuter(1993), pp.79－80.

151) Sternberger(1990), p.16.

이와 달리 하버마스는 헌법애국주의를 보편적 도덕원칙으로 구체화시키고 있다. 먼저 하버마스는 공화주의적 이해나 헌법애국주의적 이해와 일치하는 민족적 정체성은 동등하게 공존하는 삶의 형태인 인류공동생활의 보편주의적 규칙과 상충된다고 본다. 따라서 하버마스는 국가 초월적 공동체를 지향하는 탈민족적 정체성에 입각한다. 탈민족적 정체성은 전통의 토대에서 형성되기보다는 전통에 대한 비판적 반성에서 형성된다. 하버마스가 스테른베르거보다도 추상화된 헌법애국주의를 제시하고 있음을 알 수 있다.[152)]

헌법애국주의와 관련된 하버마스의 관심은 현대사회가 독일의 새로운 집단적 정체성을 형성시킬 수 있는 의욕적인 대안인 이성적 정체성을 이루어 낼 수 있을까라는 질문에서 시작된다. 관심표명의 동기는 1982년 정권교체를 계기로 시민-자유적 국가 민족적 전통에서 인종적-민족주의로의 복귀를 알린 '가치문화정책'에 대한 반발에서다. 이 같은 가치변화는 '과거청산' 논의에 깊숙이 침투하면서 '역사가 논쟁'으로 이어졌다. 역사가 논쟁에서 하버마스는 역사정치에서 촉발된 민족적 정체성 회복작업에 경종을 울리는 자신의 입장을 헌법애국주의가 아닌 '보편적 헌법애국주의'로 정리한 것이다.[153)]

지금까지 논의한 스테른베르거의 헌법애국주의와 하버마스의 헌법애국주의를 각기 현실적 헌법주의와 비현실적 헌법주의로 평가할 수 있다. 민족국가의 해체가 전제된 하버마스의 헌법애국주의는 통일의 불필요성을 역설하고 있기 때문에 통일한국의 상황에 접목시키기에 어려운 모델이 된다. 그렇다면 스테른베르거의 헌법애국주의는 통일한국에 적용 가능한 모델인가? 그렇다. 뿐만 아니라 열린 민족주의를 발전적으로 대체시킬 수도 있다. 먼저 열린 민족주의가 통일한국은 문화민족에서 국가민족으로 지향해 나아가야 한다는 지적은 스테른베르거가 헌법애국주의를 주장한 점과 유사하다고 볼 수 있다. 그런데 국제주의와 민족주의가 조합되어 형성된 열린 민족주의는 통일한국의 남·북한 사람들로부터 어떻게 정당성을 확보할 수 있는 근거에 대해서 언급이 생략된 데 반해 헌법애국주의는 보편주의적 기본이념에

152) http://www.zlb.de(검색일: 2001년 7월 28일); Kersting(1991), p.155.

153) http://www.free.de(검색일: 2001년 7월 28일).

터 잡은 국가헌법과 제2의 애국주의에서 정당성 확보의 구심점을 확실히 밝히고 있다. 이 점은 다시 헌법애국주의의 경우 열린 민족주의처럼 국제주의의 당위론을 주장하지 않아도 됨을 암시한다. 헌법애국주의가 태생적으로 보편주의적 성향을 띠기 때문이다. 이러한 면들을 고려해 볼 때 통일한국의 대외 지향적 이념은 열린 민족주의보다는 헌법애국주의가 보다 적합하다고 볼 수 있다.

통일 후 남·북이 전체 통일한국에서 산다고 보기 어렵다. 대부분 북한사람은 북쪽에 남아 있을 것이고, 대부분 남한사람들도 계속해서 남쪽에 거주할 것이다. 그러나 우리는 남·북에 걸쳐 공평하게 적용되는 헌법국가에서 살게 된다. 우리는 이러한 헌법국가를 조국이라 말할 수 있어야 한다. 그 정당성을 헌법에 근거한 애국주의에서 찾을 수 있다. 헌법애국주의가 민족적 연대성의 구심점이 되고 선린우호의 초석이 될 수 있는 이유가 여기에 있다.

3.2. 제4의 길

저자가 한반도 통일 후 이념연구에서 중요시하고 있는 점은 북한 사회체제의 근본적인 변형을 강조하는 데 있다. 그 이유는 체제전환의 현장은 북쪽이기 때문이다. 그리고 혁명적 변화가 체제전환의 현장에서 발생하게 될 것이다. 따라서 근본적인 변형이 유발시킨 현상에 대한 연구가 주요한 문제로 대두된다. 왜냐하면 "체제전환의 초기에는 실업, 물가불안 및 생필품 조달의 어려움이 거의 필연적인데 통일에 따른 풍요사회에의 환상에 젖어 있을 국민들에게 이러한 고통은 일종의 배신감으로 느껴지기 마련이다. 이러한 분위기에서는 체제전환을 반대하는 세력들이 쉽게 득세하여 전환자체를 위협하게 되기" 때문이다.[154] 더욱이 "사회주의 국가 특히 북한에서는 국민들에게 실업, 인플레이션, 생필품시장의 불안 등이 마치 전형적인 자본주의

154) 안두순(1994), p.11. 제4의 길에 대한 논의는 정흥모. 2001. 『체제전환기의 동유럽국가연구–1989년 혁명에서 체제전환으로』, 서울: 오름. pp.207–213을 부분적으로 재인용·구성하였다. 자세한 내용은 위의 책을 참고하면 된다.

시장경제의 폐단인 것처럼 선전되어 왔다. 체제전환의 와중에서 이러한 오해를 미연에 방지하는 일도 커다란 과제 중의 하나다. 과도기적인 혼란기에 이러한 현상은 자본주의의 모순에서 오는 것이 아니고 사회주의 계획경제의 병적인 유산임을 인식시키기란 결코 쉬운 일이 아니기 때문이다. 이때 자본주의 시장경제체제가 우월하기 때문에 그쪽으로 전환하여야 한다는 당위성만으로는 설득력이 없다. 사회주의 계획경제가 남긴 파멸적인 상황에서 빠져나올 수 있는 유일한 길이 체제전환이라는 점과 이러한 의미에서 체제전환이란 시장경제의 도입이며 이는 마치 하나의 파산기업을 정리하는 절차와 같음을 인식시키는 노력이 필요"하기 때문이다.[155] 자본주의 시장경제체제가 우월하기 때문에 자본주의로 전환하여야 한다는 당위성만으로는 설득력이 없다는 점 특히 통일 후 북한 지역에서 노동자 계급의 탄생과 사적 소유가 불러일으킬 사회적 파장을 종합적으로 고려할 때 통일정부가 떠맡을 통일 후 경제적 전환의 정치적 어려움은 족히 짐작할 수 있다. 통일한국의 북한 지역 체제전환의 우선적 과제로 다음과 같은 점들을 생각해 볼 수 있다. 첫째, 시장화는 통일한국의 북한 지역 체제전환에서 이행비용을 격감시킬 것이다. 둘째, 사유화는 생산비용을 낮추고 통일한국의 북한 지역 체제전환의 성과를 증진시킬 것이다. 셋째, 시장화와 사유화의 전환 과정에는 과도한 사회적 비용이 수반될 것이다.[156]

통일한국의 북한 지역에서 생존해야 한다는 것은 북한주민에게 있어서 선택의 문제가 아니라 선택의 여지가 없는 문제라는 의미에서 체제전환 과정은 '새로운 탈사회주의적 대중 유토피아'[157]가 아님을 반증하고 있다. 그런데 이러한 체제전환 과정을 새로운 탈사회주의적 대중 유토피아가 될 수 있다고 보는 학자들이 있다. 즉 통일 후 국민통합을 이루어 낼 수 있다는 것

---

155) 안두순(1994), p.11.

156) Bruszt László. 1992. "Transformative Politics: Social Costs and Social Peace in East Central Europe", *East European Politics and Societies*, vol.6, No.1(Winter), p.55.

157) Edmund Mokrzycki. 1992. "The Legacy of Real Socialism, Group Interest, and the Search for a new Utopia", Walter D. Conner and Pitor Ploszajski, eds. *Escape from Socialism. The Polish Route*(Warsaw), p.281.

이다. 이들은 소위 '제4의 길'(A Fourth Way)을 주장하고 있다. 제4의 길이 체제전환 과정에서 중요하게 논의돼야 할 주제들을 충실하게 부각시켜 주고 있다. 저자는 제4의 길에 대한 논의를 통해서 체제전환 과정에 대한 구체적 이해, 즉 통일 후 북쪽 지역을 중심으로 발생하게 될 체제전환 과정을 어떻게 통일한국이 구상(構想)할 것인가에 대한 지혜를 얻어 보려한다.[158]

그레고리 알렉산더(G. S. Alexander)와 그라주나 스캅스카(G. Skapska)가 제4의 길을 테마화시켰다. 이들은 무엇보다도 사유화를 전환의 주요 과제로 이해하고 전환과 사유화의 관계를 다음과 같이 파악한다. 전환은 행정기구의 국가독점과 사회 모든 부문의 공산당 독점의 파괴를 요구한다. 사유화란 경제를 더욱 효율적으로 만들기 위해서 사유권과 소유관계의 기술적 재구조화를 의미한다. 결국 사유화는 미래를 희생으로 한 이기주의적 삶, 무임승차 증후군의 문제 그리고 부상하는 소유권 및 소유관계의 정당성 문제와 같은 공산주의 사회의 병폐 현상들을 제거할 수 있게 된다. 제4의 길 이론가들의 사유화에 대한 구체적 이해는 전환 과정에서 나타나는 사유화는 소유권과 소유관계에 있다. 다시 말해서 소유관계의 형태가 사유화로부터 발생하는 사회의 특성에 지대한 영향을 미치게 될 것이기 때문이다.[159] 요약하면 사회의 특성에까지 영향을 미치게 되는 소유권과 소유관계의 제도적 특성 때문에 제4의 길 이론가들은 전환의 연대적 측면에 방점을 찍는다.

전환에서 연대적 측면과 연대적 측면에 의해 표출된 구조를 강조하고 있는 제4의 길 이론가들은 이에 상응하는 법과 경제적 제도를 만들기 위해서 의사결정의 반민주적 과정, 가부장주의 그리고 성에 근거한 정치 및 경제적 지배나 배제를 최소화시켜야 한다는 점에서 출발한다. 바꾸어 말하면 이들

158) 인간의 얼굴을 한 사회주의를 지향한다는 의미에서 오타 식(Ota Šik)이 사회주의의 대안으로 제3의 길(제1의 길은 자본주의, 제2의 길은 사회주의)을 주창한 이후, 현재는 앤서니 기든스의 화두에 의해 자본주의의 대안으로 또 다른 제3의 길이 모색되고 있다. 황병덕은 제3 체제의 형성(자본주의+사회주의=?)에 대해서는 회의적이지만, 제3의 선택(신보수주의+마르크스주의=조합주의)에 대해서는 긍정적 입장이다. Ota Šik. 1972. *Der dritte Weg Die marxitisch-leninistische Theorie und die moderne Industrigesellschaft*(Hamburg).

159) Gregory S. Alexander and Grazyna Skapska. 1994. *A Fourth Way? Privatization, Property and the Emergence of New Market Economies*(New York/London), pp. x - xviii.

은 제4의 길의 사유화 과정이 지향하는 세 개의 목적이 된다. 경제적 전환의 제4의 길의 첫 번째 목적은 의사결정의 민주적 과정에 있다. 민주화와 관련된 제4의 길의 두 번째 목적은 개인이 그들 재산의 통제에 적극적인 사적 소유관계의 형태가 가능한 제도에 있다. 제4의 길의 세 번째 목적은 부당한 형태의 배척과 성, 그리고 가부장주의에 입각한 경제 및 사회적 지배를 피하는 데 있다.[160] 제4의 길의 위와 같은 세 가지 목적을 고려하면서 제4의 길 이론가들은 소유관계의 문제점으로부터 정치적 민주주의로 그들의 관심을 넓혔다. 관심의 확대는 '사회 공화적 모델'이라는 개념으로 구체화된다.

사회 공화적 모델의 특징은 소유란 관점에서 볼 때 소외와 축적의 제한에 있다. 그리고 사회 공화적 모델의 정치적 입장은 소유권을 시민의 정치적 행위의 보장과 국가권력의 견제 장치로 이해하는 데 있다. 이 점은 사회구성원의 최소한의 권리를 나타내는 기술적, 법적 의미에서보다는 오히려 대중적 의미에서 이해된 시민권과 연계된 권리를 말한다. 동시에 이 권리는 국가에 머물 수 있는 권리이며 법의 보호를 받을 권리이고 공적 선거에서 투표할 수 있는 권리를 말한다.[161] 요약하면 사회 공화적 모델이란 사회적 균형을 유지시키기 위해 사회적으로 소유권을 조정할 수 있으며, 공화적인 정치적 권리에 입각해 소유권을 통제하는 것을 말한다.

이처럼 전환 과정에서 중요한 논쟁점이 정치적 선택에 있음을 알 수 있다. 전환 과정에서 주요한 역할을 떠맡아야 될 시장구조의 선택은 정치적 선택이 된다. 결과적으로 전환과정에서 정치적 선택의 비중은 통일 후 과정에서 정치적 선택의 중요성으로 오버랩(over lap)이 된다. 통일한국의 시장구조는 불가피하게 부의 불평등, 시장 불간섭, 불완전 시장 등의 문제를 다루어야 하기 때문이다. 이때 정치적 선택이란 계층, 계급에 입각한 정치적 선택이기보다는 구체제를 등지고 민중에게 새로운 희망을 전해 주어야 한다는 의미에서 선택인 것이다. 이런 점들을 미루어 볼 때 통일한국의 법제정자의

160) Alexander and Skapska(1994), pp. xv－xviii.

161) William H. Simon. 1994. "Republicianism, Market Socialism, and the Third Way" ; Gregory S. Alexander and Grazyna Skapska. *A Fourth Way? Privatization, Property and the Emergence of New Market Economies*(New York/London), pp.287－288.

임무는 단순히 자유시장의 기술적 법적 토대를 적소에 위치시키는 데 있지 않으며 민주적 법의 재구조에 대한 도전과 약속은 평등적, 연대적, 참여적 가치를 반영하는 시장구조를 계획하고 제시(提示)하는 데 있어야 한다. 이렇게 볼 때 저자는 제4의 길이란 전환 과정에서 노정되는 경제적 이익 사이의 당파성과 갈등을 넘어 범민족적 연대성을 달성하고자 하는 것으로 정리할 수 있다. 즉 제4의 길은 자본주의의 타블라 라사 같은 북한 지역을 수식어 없는 자본주의의 먹이 밭으로 전락시키기보다는 인간의 얼굴을 한 민주 공화제적 자본주의의 옥토로 가꾸어보자는 정치적 선택의 이념을 제안하는 데서 통일한국에 응용 가능하다고 볼 수 있다. 결과적으로 제4의 길에 대한 논의에서 얻을 수 있는 시사점은 통일한국의 체제전환과정은 사유의 사회적 제한과 공유의 공화적 확대를 통해서 시장 기제를 훼손시키지 않으면서 통일한국에 나타날 사회 · 경제적 불안정성을 제거하자는 데 있다.

Ⅳ. 결 론

이 글은 통일 후 전개될 체제전환 과정을 성공적으로 이끌 수 있는 이념이 '21세기 통일 친화적 이념'이라는 가정에서 출발하였다. 이 가정을 논리적이고 체계적으로 다룬다는 것은 생각처럼 쉬운 작업이 못 된다. 몇 가지 이유에서 그렇다. 첫째, 김대중 정부 출범 이후 봇물처럼 터져 나온 남 · 북 관련 연구들은 햇볕정책, 남 · 북 경협문제, 탈북자 관련 주제들과 그 주제들과 연관된 후속문제들을 주로 다루고 있다. 특히 6 · 15 정상회담은 이론 · 이념 지향적 통일연구를 사실 · 실무 지향적 정책연구로 방향을 틀어 버렸다. 두 번째로 큰 어려움은 통일 전 시점에서 통일 후를 연구의 분석 대상으로 삼고 있다는 데 있겠다. 따라서 어떠한 천재적 상상력도 논리적 모순과 빈약한 논거를 드러내지 않을 수 없게 되었다. 저자는 이로 인한 어려움을 최소화하기 위해서 이 글의 주제를 다룬 연구 성과물들을 부분적 사회통합 프로젝트와 종합적 사회통합 프로젝트로 나눴다.

통일한국의 이념을 다룬 기존의 논의를 부분적 사회통합 프로젝트의 범주에 포함시킨 이유는 통일한국의 전(全) 체제를 전제로 한 후 통일에 대한 논의가 이루어져야 한다고 보았기에 사회적 시장경제로 넘어가는 과정에서 검토하고 넘어갈 부분을 보완적으로 논증하였다. 한마디로 줄이면 통일 초기의 통일한국은 대내적 이념으로서 제4의 길과 대외적 이념으로서 헌법애국주의를 동시에 염두에 둘 때 단순한 영토 · 정부의 통합체인 국토 · 국가통일이 아닌 국민통합으로서 진정한 민족공동체 통일을 성공적으로 이끌어낼 수 있다는 것이다.

참고문헌

고범서. 1993. “통일한국의 삶의 양식”, 한국정신문화연구원 편, 『통일한국의 삶의 양식과 가치체계 탐색』(성남: 한국정신문화연구원).

권만학. 2000. 『분단과 통일의 변증법』(서울: 도서출판 양지).

김세균. 1993. “통일과정의 정당성과 남북한의 체제개혁.” 한국정치학회 편, 『통일한국의 새로운 이념과 질서의 모색』, 제3회 한국정치세계학술대회.

김영윤. 2000. 『사회적 시장경제와 독일 통일』(서울: 프리드리히 에베르트재단).

박제훈. 1996. “북한 경제의 체제 동학적 분석.” 현대경제사회연구원 편, 『북한 경제의 오늘과 내일』(서울: 서울컴퓨터인쇄사).

박성옥. 1997. 『신민족주의』(서울: 사림터).

박종철, 1993, “민족주의개념 및 한국민족주의의 특성”, 민족통일원 편, 『통일 이념으로서의 민족주의』(서울: 민족통일연구원).

박영호. 1994. “통일한국의 정치 · 사회적 갈등양태와 최소방안: 신정치문화의 구축을 위하여”, 한국정치학회 편, 『세계질서의 변화와 한반도통일』, 제4회 한국정치세계학술대회, 1994년 7월.

성경륭. 1993. “통일한국의 사회통합을 사회복지정책의 방향”, 한국정치학회 편, 『통일한국의 새로운 이념과 질서의 모색』, 제3회 한국정치세계학술대회.

안두순. 1994. “한반도 통일국가의 경제체제”, 한국정치학회, 『세계질서의 변화와 한반도 통일』, 제4회 한국정치세계학술대회.

양운철 · 한태준. 1998. “통일의 경제적 부담과 북한체제의 이행”, 김재한 편, 『북한체제의 변화와 통합한국』(서울: 소화).

이봉철. 1994. “통일국가 이념의 모색”, 한국정치학회 편, 『세계질서의 변화와 한반도통일』, 제4회 한국정치세계학술대회, 1994년 7월.

임현진. 1998. “통일한국의 이념과 체제; 자본주의와 사회주의를 넘어”, 김재한 편, 『북한체제의 변화와 통합한국』(서울: 소화).

장원석. 1995. “통일 이후의 정치 · 사회경제”, 장원석 외 지음, 『통일경제와 북한농업』(서울: 한울 아카데미).

정석홍. 1997. 『남북한 비교론』(서울: 사람과 사람).

정중재. 1997. “통일이후의 경제체제”, 이원종 외 지음, 『통일 경제론』(서울: 도서출판 해남).

정흥모. 2001. 『체제전환기의 동유럽국가 연구: 1989년 혁명에서 체제전환으로』, (서울: 오름.)

한종만. 1998. "북한의 경제. 북한 경제체제의 생성 · 발전 · 소멸(?)", 조찬래 편, 『북한과 통일 문제』(서울: 담론사).

황병덕. 1994. 『통일한국의 정치이념』(서울: 민족통일연구원).

Alexander, Gregory S. and Skapska, Grazyna. 1994. *A Fourth Way? Privatization, Property and the Emergence of New Market Economies*(New York, London).

Bugajski, Janusz. 1995. *Ethnic Politics in Eastern Europe*(New York).

Kersting, Wolfgang. 1991. "Verfassungspatriotimus, kommuntäre Demokratie und die politische Vereinigung der Deutschen", Petra Braitling und Walter Resse－Schäfer. eds. *Universalismus, Nationalismus und die neue Einheit der Deutschen*(Frankfurt am Main: Fischer).

Kluxen－Pyta, Donate. 1990. "Verfassungspatriotismus und Nationle Identität", *Zeitschrift für Politik,* Jahrgang 37, Heft 2.

László, Bruszt. 1992. "Transformative Politics: Social Costs and Social Peace in East Central Europe", East *European Politics and Societies*, vol.6, No.1(Winter).

Mokrzycki, Edmund. 1992. "The Legacy of Real Socialism, Group Interest, and the Search for a new Utopia", Walter D. Conner and Pitor Ploszajski, eds. *Escape from Socialism. The Polish Route*(Warsaw).

Reuter, Lutz－Rainer. 1993. "Verfassungspatriotimus und Verfassungsreform", Günter C. Behrmann and Siegftied Schiele, eds. *Verfassungspatriotimus als Ziel politischer Bildung?*(Schwalbach: Wochenschau Verlag).

Sacinell, Ulrich. 1993. "Verfassungspatriotimus und politische Bildung oder Nachdenken über das demokratische Femeinwesen zusammenhält", Günter C. Behrmann and Siegftied Schiele, eds. *Verfassungspatriotimus als Ziel politischer Bildung?*(Schwalbach: Wochenschau Verlag).

Šik, Ota. 1972. *Der dritte Weg Die marxitisch－leninistische Theorie und die moderne Industrigesellschaft*(Hamburg).

William H. Simon. 1994. "Republicianism, Market Socialism, and the Third Way", Gregory S. Alexander and Grazyna Skapska, *A Fourth Way? Privatization, Property and the Emergence of New Market Economies*(New York/London).

Sternberger, Dolf. 1990. *Verfassungspatriotimus. Dolf Sternberger Schriften X*(Frankfurt am Main: Insel Verlag).

Sutor, Berdhard. 1993. "Verfassungspatriotimus－Brücke zwischen Nationbewußtsein und universaler politischer Ethik?", Günter C. Behrmann and Siegftied Schiele, eds. Verfassungspatriotim. Rüdiger Voigt, "Politische Symbolik und postnationale Identität, http://www.zlb.de/projekte/kulturbox－archiv/buch/voigt3.htm

(검색일: 2001. 7. 28)
"Die Wiedergeburt des Völkischen Nationalismus aus dem Ceist des Neokonservatismus http://www.free.de/antifa/nrw/okt95/national.html(검색일: 2001. 7. 28)
"Verfassungspatriotismus", http://www.humanistische－union.de/hu/nummer165/005.htm (검색일: 2001. 7. 28)

제5장

중도주의와 한국정치

Ⅰ. 서 론

노무현 정부(2003－2007년) 임기 말에 접어든 한국의 정치는 요동치고 있다. '100년' 가는 정당 또는 '20－30년' 집권하는 여당이[162] 되겠다던 열린 우리당은 창당 4년차에 사분오열하여 공중분해되는 현실을 맞고 있다. 조·중·동으로 대표되는 보수언론이 '무능력한 좌파'의 정치실험은 실패(?)했다고 선언하고 있는가 하면 최장집 같은 학계 인사(人士)도 이에 대한 책임을 물어 정권교체의 당위성을 운운하고 있는 것이 작금의 한국정치의 형국이다.

한국정치가 요동치는 가운데 '중도주의'(centerism)에 대한 관심이 고조되고 있다. 무능력한 좌파의 정치실험이 실패했다고 해서 정권을 '수구 보수주의'에 내줄 수 없다는 인식 또한 팽배하기 때문이다. 단적으로 말해서 87년 민주체제가 한국정치를 압도한 지 20년이 경과하는 시점에서 여하튼 '진

162) 김욱. 2004. "실용주의의 유혹과 상생정치의 딜레마", 김진석 외 지음, 「인물과 사상 31: 중도개혁 어떻게 이룰 것인가」, 개마고원, p.67.

보'의 시계추를 되돌릴 수는 없다는 것이다. 보수주의로 가더라도 진보는 안고 가야겠다는 것이다.

이런 이데올로기 갈등에서 진보와 보수 같은 맥락에서 좌·우파를 아우를 수 있는 정치 이데올로기로써 중도주의에 관심을 기울이고 있는 것이다. 대선 주자들도 저마다 중도주의자라고 자칭하고 나서는 판이다.[163] 그 이유는 일차적으로 선거의 계절이 다가오고 있기 때문이다. 연말(2007년) 17대 대선과 내년 18대 총선이 눈앞에 닥친 때문이다. 보다 중요한 이유는 여하튼 열린 우리당식 독선적 좌파 정치실험에 식상한 일반 시민(단체)들이 개혁 속에 안정을 갈망하기 시작했다는 것이다. 또 다른 이유는 노무현 정부의 출범과 더불어 그동안 정치현안에 침묵을 지키던 보수 세력들이 대결집 양상을 보이면서 소위 좌파진영을 향해 포문을 열기 시작한 데 있다. 좌파의 아성에 우파의 반격으로 정치현실이 또다시 가열 양상을 보이게 되자 이 같은 정치지형의 틈새를 파고드는 것이 작금의 중도주의인 셈이다.

그런데 친숙해 보이고 꽤나 일반화되어 있을 것 같은 정치 이데올로기로써 중도주의는 사실 그 내용이 명료하거나 연구가 많이 축적되어 있는 개념은 아니다. 한국 정치사에서 해방정국의 '중도파'를 이 범주에 포함시키거나 또는 유럽 정치사에서 '제3의 길'을 중도주의의 범주에 포함시켜서 논의하게 되면 그 외연은 다소 확장될 수 있을 것이다. 그럼에도 불구하고 이를 최근의 한국 정치현실과 접목시키게 되면 '남의 호주머니에 손 집어넣는' 격에 해당하는 정치용어가 아닐지 싶다. 따라서 이 글은 지금 논의되고 있고 앞으로 계속 논의될 중도주의에 대한 원론적 의미, 즉 개념적 이해를 돕는 것을 목적으로 한다. 다시 말해 이 글은 중도주의 현안에 대한 학술적 연구의 심화보다는 중도주의 이해를 위한 다각적 접근의 초석을 놓는 데 그 목적이 있다.

중도주의에 대한 개념적 이해를 돕는 구체적 전개과정은 중도주의란 무엇인가에 대한 다양한 개념정의를 내리는 데서부터 시작한다. 먼저 일반 정치

---

163) 한국일보. 2006년 12월 4일.

학적 측면에서 다루어진 제3의 대안부터 시작해서 중도주의에 대한 이해의 지평을 넓게 가져간다. 그러고 나서 좌파 이념사적 측면에서 다루어진 카우츠키의 중도주의 입장을 살펴볼 것이다. 사회과학에서 중도주의란 개념이 체계화된 계기는 정통 마르크스주의자였던 카우츠키의 입장을 '혁명적 대기주의'로 규정하면서부터라 볼 수 있기 때문이다. 2장에선 중도주의에 대한 이해를 위해 해방정국에서 활동한 중도파에 대한 논의를 포함해서 유럽에서 논의되고 있는 중도주의, 즉 제3의 길에 대한 논의도 소개한다. 그러나 그 논의에 대한 소개는 간략히 언급하는 정도에서 머물 것이다. 유럽정치에서 제3의 길에 대한 논의는 하나의 장의 수준을 넘어 한편의 논문으로 다루어져야 할 그리고 다루어지고 있는 매우 중요한 주제에 해당하기 때문이다. 다른 한편 제3의 길에 대한 논의가 소개되면서 한국에서 제3의 길은 가능한가에 대한 논의도 활기를 띠게 되는데 그중에서 많은 시사점을 주는 한 편의 글을 집중적으로 다룰 것이다. 현재 논의되고 있는 중도주의와의 혼선을 피하기 위해서이다. 3장에선 한국정치의 지형에서 중도주의는 어떤 배경에서 누구에 의해 어떻게 이해되고 있는지에 대해 분석할 것이다. 4장 결론에선 중도주의 논의 자체에 대한 저자의 원론적 소견을 덧붙일 것이다. 부연하면 최근 한국 정치현실에서 대선주자 또는 정당과 중도주의의 접목 가능성을 타진하고 있는 일각의 경향에 그 타당성 여부에 대한 촌평을 곁들일 것이다.

Ⅱ. 중도주의란 무엇인가

2.1. 일반 정치학에서 제3의 대안

여기서 다루는 요지의 핵심은 일반적 차원에서 제3의 대안에 대한 인식의 지평을 조금 넓혀 보자는 데 있다. 정치학의 이해를 돕는 것 중에 하나가 상징조작(체계)을 통한 것이다. 여기서는 수(數)를 매개로 설명 가능한 여러 개념에 대한 이해를 통해 중도주의에 대한 이해의 지평을 넓힐 수 있다고 본다. 같은 개념이라 하더라도 사용되는 맥락과 시대에 따라서 그 의미가 매우 달라지기 때문이다. 중도주의도 이런 개념 중에 하나이다.

먼저 잘 알려진 사실에서부터 시작하자. 첫째, 미래학자 앨빈 토플러는 제1 · 2 · 3의 물결이란 말을 유행시켰다. 물결이란 용어는 로버트 엘리어스(N. Elias)가 미국의 서부개척을 '밀려오는 물결'로 비유한 데서 영감을 얻었다고 한다. 여기서 밀려오는 물결이란 먼저 개척자가 이어서 농부가 이윽고 '제3의 물결'에 해당하는 기업가가 서쪽으로 (1837년) 이주하였다는 것을 말한다. 토플러에 의하면 제1의 물결은 1만 년 전의 농업혁명이 이룬 문명이고, 제2의 물결은 17세기 말 산업혁명이 이룬 문명이며 제3의 물결은 1950년대 중반에 시작되어서 산업화 문명을 대신할 프랙토피아(practopia)적 미래를 말한다. 프랙토피아(practopia)적 미래는 이미 21세기 일상생활 속으로 깊숙이 들어와 있다. 따라서 차수를 갱신해야 할 것이다.

둘째, 헌팅턴이 1 · 2 · 3차 민주화 물결(Demokretisieungswelle)이란 개념을 유행시켰다. 헌팅턴은 역사적으로 비민주적 정권들은 다양한 형태를 보여주었다는 전제에서 출발하여 다음과 같이 민주화의 세 개 물결을 설명하고 있다. 1차 민주화 물결 때 민주화된 정권들은 일반적으로 절대군주 봉건귀족 그리고 입헌제국의 계승국가들이다. 2차 민주화 물결 때 민주화된 국가들은 파시스트 국가들 식민지 군사독재 그리고 이전에 민주적 경험을 쌓았던 몇몇 국가들이다. 3차 민주화 물결 때 민주화된 국가들은 세 개 집단(일당체제, 군사정권, 개인독재)으로 구분된다. 그에 따르면 제3의 민주화 물결, 즉 1974 – 1990년 사이에 30개국이 민주화되었다. 헌팅턴은 이렇게 이목을 끄는 민주화 현상을 '지구적 민주주의 혁명'이라 표현했다.[164)]

셋째, 최근에는 1970년대부터 시작되어 재일조선인의 일본국적 취득(귀화)이 빠르게 확산되고 있는 현상을 가리키는 개념으로 제3의 길을 사용하고

164) 정흥모. 2001. 『체제전환기의 동유럽국가연구 – 1989년 혁명에서 체제전환으로』(서울: 오름), pp.175 – 176.

있다. 그 핵심은 "제3의 길 론은 북과도 남과도 거리를 두고 일본사회에서 소수자인 조선계 일본인으로 살자는 것 사실상 조국도 민족도 버리자는 것이다"에 있다.[165)]

넷째, 중도주의는 일반적으로 좌파와 우파 정치 스펙트럼의 중간, 즉 좌(반 군사주의 · 평화국제주의 · 민주주의 · 규제 자본주의 · 경제계획 · 보호주의 찬성 · 통제된 경제 · 국유화 등)와 우의 중간(좌파 이데올로기와 우파 이데올로기)을 부분적으로 수용한 것을 말한다.[166)] 이 같은 개념규정으로는 분명한 그림을 그리기가 쉽지 않기 때문에 이를 경제 · 정치적으로 나누어 풀면 밑그림 정도는 잡을 수 있을 것이다. 먼저 경제적으로 풀면 제1의 길은 자본주의, 제2의 길은 사회주의 그리고 제3의 길은 인간의 얼굴을 한 자본주의 혹은 경쟁사회주의를 의미한다. 정치적으로 풀면 제1세계는 선진자본주의국가, 제2세계는 동구국가사회주의 그리고 제3세계는 식민지와 제국주의에서 해방된 신생국가를 가르친다. 이 연장선상에서 냉전시절 제3세계는 나토와 바르샤바조약기구에 가입하지 않고 반둥회의를 통해 독자선 노선을 표방했던 비동맹국가를 지칭하였다.[167)]

끝으로 다섯째, 제3의 길을 학문적으로 체계화시켜서 연구저서를 낸 학자로는 오타 식(Ota Šik: 1919 – 2004년)[168)]과 앤소니 기든스(Anthony Giddens) 등이 있다. 먼저 오타 식은 체코출신으로 1968년 당시 부총리를 역임했으나 '프라하의 봄' 사태 때 스위스로 망명하여 학자로 변신한 후 시장경제(제1의 길)와 계획경제(제2의 길)를 연결시켜 주는 모델을 계속해서 연구하였다. 그는 시장경제에 대해 계획경제의 특징을 많이 반영시키는 자신의 모델을 제3의 길로 불렀다. 오타 식은 1990년 한 인터뷰에서 "당시 우리들은 우리들의 (경제적) 목표를 충분히 달성할 수가 없었다. 제3의 길은 위장전술이었다. 나는 이미 자본주의적 시장경제만이 우리들의 유일한 대안임에 확신하고 있

165) 정태헌. 2007. "총련계 재일동포들의 21세기 자기인식", 『역사비평』(통권 78호) 봄, pp.217 – 8.

166) 정흥모. 2006a. 『신 유럽정치입문』(서울: 성균관대학교 출판부), p.329.

167) 이정식 외. 1999. 『정치학』(서울: 대왕사), pp.694 – 696.

168) 오타 식(Ota Šik)의 대표저서는 *Der drirre Weg: Die marxistisch – leninistische Theorie und die moderne Industriegesellscaft*(Hamburg, 1972)이다.

었다"라고 술회하였다.[169] 1990년대 서유럽에서 제3의 길 논쟁의 중심에 선 대표적 학자가 기든스이다. 그의 제3의 길은 고전적 사회민주주의인 "구좌파"와 대처리즘 혹은 신자유주의인 '신우파'를 비판하면서 사회민주주의의 쇄신을 주장한 것이다.[170]

2.2. 좌파 이념사에서 중도주의

1905년 러시아 혁명에서 1차 세계대전이 발발한 1914년 동안 사회민주주의 당 이론가 카우츠키에 의해 체계화된 중도주의는 마르크시즘 정치운동 내에서 독특한 위치에 있었다. 혁명과 개혁 사이에 위치한 이데올로기적 입장을 의미하는 중도주의는 '제2와 1/2의 인터내셔널'로 불린다. 중도주의가 제2 인터내셔널 민주사회주의자들의 수정주의와 제3 인터내셔널(코민테른) 공산주의자들의 혁명정책 중 택일을 하지 못했기 때문이다.[171]

카우츠키의 중도주의는 다음과 같은 역사적인 배경에서 탄생하였다. 독일 사회민주당 내에서 1905년 러시아 혁명을 계기로 대중파업논쟁이 재개되었는데, 이것은 정치적인 목적을 위해 대중을 시위나 파업 등의 형태로 동원할 것인가에 대한 논쟁을 말한다. 논쟁이 시작되자 당은 대중파업에 반대하는 우파수정주의와 찬성하는 좌파급진주의로 완전히 분열되었다. 이때 카우츠키(Kautsky)는 양자를 동시에 비판하고 자신은 이들의 중간에 위치하는 것으로 규정하였다. 카우츠키는 자신의 이런 입장을 "세기 전환기 이후 당 우파의 정치배 같은 조급함과 1910년 이후 당좌파의 폭도 같은 조급함을 격퇴해야만 하는 당 중앙"(Parteizentrum)으로 정리하였는데 이 입장이 바로 카우츠키의 중도주의를[172] 뜻한다.

---

169) http://de.wikipedia.org/wiki/Ota_%C5%A0ik(2007-04-10).

170) 제3의 길에 대한 구체적 내용은 다음의 글을 참고하기 바람: 앤서니 기든스 지음. 한상진・박찬욱 옮김. 2005. 『제3의 길』(생각의 나무); 앤서니 기든스 지음. 박찬욱・최형익・구자선・전진영・홍운기 옮김. 2002. 『제3의 길과 그 비판자들』(생각의 나무).

171) http://en.wikipedia.org/wiki/Centrism(2007-04-10)

172) 김선희. 1992. "Karl Kautsky의 중도주의(Zentrismus)의 형성과 성격에 관한 연구", 고려대학교 석사

다시 말해 카우츠키의 중도주의 입장은 "자본주의의 최고의 발전단계인 초제국주의에서 프롤레타리아가 사회주의를 건설할 가능성이 있는가?"라는 질문에 대한 대답에서 궁리된 것이다.[173] 즉 제국주의라는 자본주의 단계에서 제국 전체는 더욱 보수화되고 지배계급은 여전히 활력을 유지하고 더하여 사회주의 노동운동은 이의 영향을 받아 사회주의 혁명의 전망에서 멀어져 개량화되어 가는 현실에 직면하여 그에게 조속한 사회주의혁명의 가능성이 희박하다고 판단되었을 때, 카우츠키는 혁명을 위한 적극적인 행동을 포기하고 사회주의의 도래는 담보된 자연필연적인 것이므로 기다려야 한다는 '혁명적 대기주의'(Revolutionärer Attentismus) 입장을 견지한 것이다.[174] 따라서 중도주의 입장의 실천전략으로 "프롤레타리아조직을 기반으로 한 의회활동 중산층과의 동맹 그리고 선전활동에 의한 군축운동이라는 소모 전략을" 카우츠키는 제시하였던 것이다.[175]

결과적으로 카우츠키의 중도주의 입장은 의회주의에 대한 찬성과 국가붕괴에 대한 반대로 집약된다. 이는 "사회민주당이 의회의 다수당이 되어 국가권력을 장악하게 되는 권력으로의 의회주의적 길(의회의 기능을 부르주아지의 권력도구에서 프롤레타리아권력의 도구로 전환시킴)을 제시함으로써 결전의 그날[176]에 유혈 없이 평화롭게 사회적인 희생과 비용을 최소한으로 하여서 자본주의 사회에서 사회주의 사회로의 이행이라는 혁명이 이루어지길 기대"하는 것을 말하기 때문이다.[177]

이 같은 카우츠키의 중도주의는 비난과 찬사를 동시에 받았다. 찬성론자들은 "카우츠키의 혁명적인 현실정치는 극단론자들 사이에서 위대한 정치지도였다"고 한껏 치켜세웠으나 사회민주당 내 우파수정주의자들은 카우츠키

논문. p.27.

173) 김선희(1992), p.62.

174) 김선희(1992), p.31.

175) 김선희(1995), "독일 사회민주당내에서의 Karl Kautsky의 중도주의", 『사총』 44집. p.303.

176) 김선희(1992), p.41: 여기서 말하는 결전의 그날은 프롤레타리아의 궁극무기로써 대중행동을 상정하고 있지만 대중파업이 사용된다 할지라도 그것은 국가권력의 파괴가 아니라 국가 권력 내에서 세력관계의 변동만을 목표로 해야 하는 것을 말한다.

177) 김선희(1992), p.36.

를 마르크스주의의 독단론자라고 비난했다.[178] 반면에 마르크스주의자들은 중도주의를 기회주의로 간주하였다. 왜냐하면 이들은 장기적으로는 혁명을 주장하면서도 단기적으로는 수정주의 정책을 옹호하기 때문이다. 즉 수정주의와 다른 정책적 차별성을 보이지 못했던 것이다. 마르크스-레닌이즘을 옹호하고 트로치키즘(Trotzismus)과 1928년 코민테른 6차 세계대회도 "중도주의는 기회주의 이데올로기이며 소시민 계급의 이익 아래에 노동자계급의 이익을 종속시키는 이데올로기"에 지나지 않는다고 비난에 가세하였다. 특히 역사적·경제적으로 볼 때 중도주의는 어떤 계급·계층을 대표하지 못했으며 이는 단지 제국주의의 확산으로 수세에 몰린 프롤레타리아가 힘겹게 조직을 다지던 1871-1914년의 과도기 현상에 지나지 않는다고 1917년 레닌은 비판하였다. 오늘날에도 좌파와 극좌파는 중도주의를 부정적이고 문제 많은 개념으로 보고 있다.[179] 결과적으로 좌파 이념사적 측면에서 보면 중도주의는 마르크스-레닌이즘과 수정주의의 중간이 아닌 양자의 언저리에 위치한 무늬만 좌파 이데올로기인 셈이었다. 미래에 실현 가능한 사회주의 혁명을 궁극적인 목표로 두고 있었으나 현재의 실천전략에서는 수정주의에 함몰되었기 때문이다.

2.3. 한국 정치사에서 중도파

고대동양정치에서 말하는 중도정치는 중용의 정치를 말하는 것인데 이것이 주는 현대적 의의는 모든 사회세력들이 경도되지 않아서 모든 사회세력이 중(中)을 잡아 조화를 이루는 정치를 설명할 수 있다는 데 있다고 한다.[180] 이와 달리 본 장에서 말하는 중도정치는 고대동양정치로까지 소급하기보다는 해방 직후부터 한국전쟁 이전까지의 한국 정치사적 공간에 국한된다. 즉 이 기간 동안 통일국가 수립을 놓고 좌·우가 첨예하게 대립하는 가운데서

178) 김선희(1992), p.2.

179) http://de.wikipedia.org/wiki/Zentrismus(2007-04-10)

180) 김우영. 2000. "중도정치의 현대적 의의", 『한북동북아논총』 제15집. p.276.

중도 정치적 입장을 견지한 중도파에 대한 이해를 도모하겠다는 것이다.

먼저 해방공간에서 활동한 정치세력으로서 중도파는 크게 봐서 다음과 같은 '민족주의'적 색체를 띤 정파를 말한다. "첫째, 계급논리에 기반을 둔 계급연합, 계급갈등을 부정하고 광범위한 민족통일전선을 추구하였다. 둘째, 대외관계에서 소련과 미국에 대하여 자주적이고 현실적인 접근방식을 취하고 외세의존적인 태도를 버렸다. 셋째, 농지개혁, 정치구조 개혁 등의 문제에서 개혁주의적이면서도 사회주의와 자본주의적인 것을 절충하는 모습을 보여주었다. 넷째, 갈등과 대립의 해방정국에서 타협과 협상의 중요성을 강조함으로써 남과 북의 무력충돌을 피하고자 하였고 식민지 잔재 청산을 통한 자주독립국가 실현을 위하여 노력하였다. 다섯째, 좌·우의 대립 속에서 특정 이데올로기를 취하기보다는 좌·우를 결합할 수 있는 노선과 정책개발에 노력하였다."[181]

이 같은 중도파는 특정 인물·이데올로기가 동인이 되어서 결집된 정치세력이기보다는 이슈중심으로 뭉친 정치세력이었던 만큼 정당이 따로 없었다. 중도파는 좌·우 합작, 남북협상, 분단의 극복과 통일국가수립, 대중운동과 개혁정책 입안과 같은 폭넓은 영역에 걸쳐서 활동을 하였다. 중도파가 참여한 정치활동 중에서 다른 정파와 차별성을 극명하게 드러내 보인 영역은 민족주의 운동으로 집약된다. 이는 다시 민족주의 운동의 성격에 따라 중도우파와 중도좌파로 나뉜다. 신민족주의를 주장한 전자의 안재홍[182]과 연합성 신민주주의를 주장한 후자의 백남운의 논지에서 각자의 입장이 잘 반영되어 있다. 안재홍은 "만민(지주, 자본가, 노동자, 농민 등 저자)을 위한 국가를 세우기 위해 극좌와 극우와 계급독재를 배척한 좌·우 합작을 통하여 만민 공존하는 신민주주의의 민족국가 건설"을 주장하였고 백남훈은 "해방 직후 선진 국가와는 다른 특수한 정치형태를 취하기 때문에 자유민주주의나 사회주의, 소련식의 민주주의는 적용될 수 없다고 보고 한국의 발전단

181) 윤민재. 2004.『중도파의 민족주의 운동과 분단국가』(서울대학교 출판부), pp.5-6/pp.521-524.

182) 민세(민중의 세상) 안재홍의 신민족주의에 대한 자세한 내용은 김인식. 2006.『중도의 길을 걸은 신민족주의: 안재홍의 생각과 삶』(역사공간)을 참조하기 바람.

계에 맞는 민족해방과 사회해방 두 가지 과제의 통일적 실천을 이론화한 연합성 민주주의를 주장"하였던 것이다.[183] 해방 직후 분단된 냉전체제 한반도에서 극한 좌·우의 대립을 넘어서서 외세배격과 사회개혁을 통해 민족통합적인 통일운동을 지향했다는 점에서 대중의 지지를 받았던 중도파의 활동은 한국전쟁의 발발과 그 후 냉전체제의 고착화로 인해 실패로 귀착되었다.

2.4. 유럽정치에서 제3의 길

경제적 측면에서 유럽식 중도주의, 즉 제3의 길을 탄생시킨 일등 공신은 신자유주의이다.[184] 신자유주의 파고에서 살아남기 위한 일환으로 서유럽의 사회민주주의가 적극 수용한 것이 바로 제3의 길이란 것이다. 즉 "1990년대 이후 신자유주의의 장기 득세에 따른 부정정적인 결과에 유권자들이 실망하게 되자 사회민주주의자들은 유권자들의 지지를 극대화하기 위해 산업국유화의 포기 및 복지정책의 후퇴를 골자로 한 신사회민주주의를 주창하게 되었고 이것이 곧 제3의 길로 나타나게 되었던 것이다."[185] 사회민주주의 쇄신전략의 구체적 방법은 기든스가 보여주었듯이 구사회민주주의와 신자유주의를 모두 비판하고 넘어서려는 데 있다. 다시 말해 제3의 길은 사민주의 정당이 신자유주의 노선을 선택하는 과정에서 걷게 된 길을 일컫는 말이다. 보수정당이 좌파적 노선을 보완할 때 이를 굳이 제3의 길이라고 부르지 않는다는 것이다. 이 담론은 1997년 영국의 토니 블레어 정부와 프랑스의 죠

183) 윤민재(2004), pp.38－40.

184) 손호철. 1999.『신자유주의시대의 한국정치』(서울: 푸른숲), p.160: "신자유주의는 전후 세계 자본주의를 이끌어온 복지국가, 케인즈주의, 포드주의(포드주의적 국가독점자본주의)의 위기 속에서 위기타파를 위해 추진되고 있는 자본의 공세로서, 그간의 국가의 개입과 규제에 반대하여 규제로부터 자유로운 자유시장만이 자원의 효율적인 배분에 적합하다고 주장하는 경제 이데올로기이다." 김세균은 신자유주의를 다음과 같이 보다 명료하게 정의 내리고 있다: "신자유주의는 (……) 사회적 관계의 총체를 시장·경제적 관계로 재편하거나 시장·경제적 관계에 최대한 종속시킴으로써 자본운동의 자유를 극대화하려고 하는 정치적 이념이자 운동이다." 김세균(1998), "신자유주의와 정치구조의 변화", 김성구·김세균 외 지음.『자본의 세계화와 신자유주의』(서울: 문화과학사), pp.61－2.

185) 진영재·김인춘. 2000. "서유럽 제 국가들의 정당정치와 제3의 길에 대한 함의: 독일·네덜란드·덴마크·노르웨이 4개국 비교분석",『한국 사회학』 제34집 겨울호, p.868.

스팽 정부의 탄생 1998년 독일의 슈뢰더 정부의 탄생을 계기로 부각되었다.

비판자들은 사민주의자들의 이념으로써 제3의 길은 사회주의를 사회주의 색채는 최소화시킨 자본주의로 대체시켜서 사민당이 선거에서 뺏긴 권력을 되찾겠다는 전술의 하나로 간주한다. 빈곤층과 노동자 계급을 제물로 부유층과 조합적 권력의 이익에 봉사하는 이념과 정책을 선호하는 자가 다름 아닌 제3의 길 정치인들이란 것이다. 따라서 비판자들은 제3의 길을 '사회적 무늬만 띤 신자유주의'(neoliberalism with a social touch)로 규정하고 있다.[186]

제3의 길이 '사회적 무늬만 띤 신자유주의'란 지적을 가장 잘 드러내 보이는 인물 중 하나가 토니 블레어이다. 이 점은 그가 1996년 8월 제시한 총선 공약이나 1997년 총선에서 제시한 3가지 목표에서 확인된다. 먼저 "완전고용 실현 복지증진과 같은 전통적인 사회민주주의 정당의 공약보다 인플레이션 억제, 재정적자 축소 등 우파성향"의 공약을 제시했는가 하면 노동당의 필승전략으로 "노동당의 증세와 지출 이미지 불식, 노동당과 노조와의 일정거리 유지, 노동당이 앞으로 무엇을 지향하는지를 분명히 하는 뚜렷한 비전" 등을 제시한 것이다.[187] 프랑스 좌파는 이런 블레어의 제3의 길을 두고 "좌파의 얼굴을 한 변형된 대처리즘"이라고 비난하였고 프랑스 우파는 "인간의 얼굴을 한 자유주의"라고 우회적으로 비판하였다.[188]

여하튼 1998년 뉴스위크(Newsweek)는 올해의 유럽인으로 인물이 아닌 비인물, 즉 제3의 길을 선정한 바 있다.[189] 제3의 길이 공산당 선언 이후 정치적 이념 시장에서 일어난 최대의 성공적 거사로 치켜세운 퍼거(W. A. Perger)의 행동에 버금가는 처사라 하겠다.[190] 1998년 기준으로 좌파가 유럽연합의 15개 서유럽 국가 중 13개 국가에서 정권을 장악하기도 했다. 그렇다면 유럽 중도주의의 현 지점은 어떠한가? 결과부터 말하면 유럽은 빠르게 우경화

186) http://en.wikipedia.org/wiki/Third_way_%28centrism%29(2007-04-10)

187) 윤용희. 2002. "영국 노동당의 이념과 정책". 『한국동북아논총』 제22집. p.241.

188) 최연구. 1999. "서유럽사회민주주의의 득세와 전망". 『역사비평』 통권 47호 여름호. pp.137-8.

189) 김영순. 1999. "제3의 길: 인간의 얼굴을 한 대처리즘? 혹은 사민주의 부활의 유리한 길?" (한국정치학회 연례학술회의 발표).

190) 정병기. 2003. "제3의 길과 유럽사민주의의 변천: 독일 사민당, 영국 노동당, 프랑스 사회당, 이탈이아 좌파민주당의 비교"(한국국제정치학회 춘계학술회의 발표).

되는 추세에 있다. 2004년 3월 그리스에서 우파가 승리하면서 유럽연합의 15개 서유럽 국가 중 12개 국가에서 우파가 정권을 장악하게 되었다.[191] 독일 또한 이미 이런 조류에 휩싸여 버렸다. 독일식 제3의 길인 '신중도'(Neue Mitte)가 슈뢰더의 1998년 총선 승리와 함께 화려하게 등장하였으나 2005년 조기총선의 패배로 슈뢰더의 퇴장과 함께 막을 내리게 된 것이다. 같은 시기 정권을 장악한 후 장기집권에 성공한 토니 블레어(Tony Blair)도 2008년 총리직에서 물러나게 되었다.[192] 이 같은 제3의 길 역류현상과 더불어 특히 2006년 9월 17일 치러진 스웨덴 총선에서 우파의 승리는 우리에게 시사(示唆)하는 바가 크다고 하겠다.[193]

2.5. 한국에서 제3의 길은 가능한가

유럽식 제3의 길에 대한 논의를 한 만큼 이를 이어 한국식 제3의 길은 가능한가를 다루는 것은 글의 전개상 무난하다고 볼 수 있을 것 같다. 그러나 이런 이유에서보다는 현재 논의되고 있는 중도주의와는 다른 논의 수준에서 한국에서 제3의 길은 가능한가가 이미 논의되었기 때문이다. 그 중심에 유팔무의 글이 있다. 양자가 어떻게 다른지에 대해 비교해 보자.

비교작업은 한국식 제3의 길에 대한 김호기의 견해에서 시작한다. 또 다른 비교의 대상이 되기 때문이다. 먼저 그는 한국에서 제3의 길이 출범하게 된 배경을 "한국에서 제3의 길은 1998년 출범한 김대중 정부와 그때를 같이한다. 기든스의 사민주의 혁신정책에 바탕을 둔 제3의 길이 1997년 토니 블레어가 이끄는 영국의 신노동당 정부에 의해 전폭적으로 채택되면서 국내에 소개되었기 때문이다. 특히 제3의 길은 제1의 길(사회민주주의)에 대해서

---

191) 서울신문. 2006년 9월 28일. 이에 학문적 분석은 김수행・안삼환・정병기 공저(2004). 『제3의 길과 신자유주의』(서울대학교출판부)를 참고하기 바람.

192) 정흥모(2006b). "2005년 독일 조기총선: 그 현안과 과정 분석". 『국제지역연구』(통권 36호) 제10권 제1호.

193) 동아일보. 2006년 9월 18일.

는 시장의 효율성을 강조하고 제2의 길에 대해서는 사회적 평등을 부각시켰다는 점에서 IMF(국제통화기금) 위기관리체제인 김대중 정부의 시장경제와 민주주의 병행발전론과 직접적으로 이어"졌다는 데서 찾고 있다.[194] 그리고 2007년 현재 한국식 제3의 길에 대한 진단에선 후한 점수를 주고 있지 않다. "지난 9년 동안 우리 사회 중도 정치세력의 기본전략은 보수적 경제정책에 진보적 사회정책을 결합하는 한국식 제3의 길이었다. 하지만 현재의 시점에서 보면 이 전략은 그리 효과적이었다고 보기 어렵다. 무엇보다도 보수적 경제정책은 사회적 양극화를 강화함으로써 우리 사회를 두 국민국가로 만들어 왔다"고 보기 때문이다.[195]

다른 한편 유팔무는 김호기와 다른 시각, 즉 노동자－시민 정치연대의 구축이란 정치적 차원에서 한국에서 제3의 길은 가능할 것으로 보았다. 다시 말해 "진보적인 민중세력과 개혁적인 시민운동세력 사이에 연대가 이루어지면 한국의 진보는 역사적으로 새로운 진보, 새로운 제3의 길을 개척할" 것으로 기대를 해도 좋다고 보았다.[196] 그리고 5년 뒤인 2004년 17대 총선에서 민주노동당이 국회의원을 배출(비례대표 8석 창원과 울산에서 각각 1석 총 10석)함으로써 새로운 제3의 길을 개척한 것을 목격하게 되었으니 그는 선견지명이 있는 학자인지도 모르겠다.[197]

선견지명이 있는 학자가 언급한 새로운 제3의 길은 현재 논의되고 있는 중도주의(이 논의에 대한 저자의 지지 여부와 무관하게)와는 다른 논의 수준에 머문다는 것이 저자의 생각이기 때문에 이 점에 대한 설명이 필요하다. 왜 그런가? 먼저 그가 말하는 '구 제3의 길'에 대한 이해에서부터 출발해 보자. 그는 한국적인 제1의 길은 자본주의－자유주의도 아닌 급진적 반공주의이고 한국적인 제2의 길은 1987년 6월 항쟁이 가능케 한 민중민주주의이고 한국적인 제3의 길은 합법적인 대중운동을 통한 사회민주주의라고

194) 김호기. 2001. "제3의 길을 모색하는 사람들", 신동아 11월호, p.278.

195) 김호기. 2007. "중도, 중요한 건 콘텐츠다"(경향신문 2007－03－16).

196) 유팔무. 1999. "한국에서 제3의 길은 가능한가." 『역사비평』(통권 47호) 여름호, p.125.

197) 정영태. 2005. 『신자유주의 시대 한국사회의 변화와 진보정당－한국정치의 희망 찾기 Ⅱ』(인하대학교 출판부).

규정하고 있다. 그런데 제2의 길은 국가사회주의 붕괴로 철퇴를 맞아 제2의 길에 대한 대안으로 1990년대 초 제3의 길이 본격적으로 논의되기 시작했다는 것이다. 합법정당을 통한 민중의 정치세력화 시도인 사회민주주의, 즉 한국적인 제3의 길은 "첫째, 분단 상황과 반공주의의 헤게모니는 아직도 강고하며 둘째, 친미적인 대외종속성과 사대주의 또한 강고하게 유지되고 있다. 셋째, 재벌과 빈부격차에 대한 성토, 공정분배의 요구(노동자들의 임금투쟁, 경실련의 경제정의 요구 등)는 있으되 자본주의 자체와 성장논리 자체에 대한 비판, 소유와 생산관계의 재구성 문제는 본격적으로 제기되지 못하고 있다. 넷째 민주주의는 아직도 형식적 절차적인 민주주의가 도입되는 가운데 시련(날치기 통과와 보스 · 붕당정치 등)을 겪고 있으며 더욱이 사회적 차원에서의 민주주의(참여민주주의)와 생활 속의 민주주의(기든스)는 유교적 권위주의에 의해 압도당하고 있기" 때문에 실패했다고 유팔무는 자평하였다.[198] 1987년 이후 1999년 여름까지 한국사회는 사회민주주의의 길에 족쇄를 채웠다는 것이다.

그래서 재차 질문한 것이 그렇다면 사회주의는 불가능한가이다. 대답은 현 단계에서는 역부족이란 것이다. "한국적인 제3의 길은 (지지자의, 저자) 숫자 면에서나 (진보정당의, 저자) 정책 면에서 한국사회를 근본적으로 변화시키는 데 정치적으로 의미 있는 영향력을 행사할 수 있기까지는 아직도 많이 부족하다"는 것이다.[199] 그래서 필요한 것이 새로운 제3의 길로 선회하는 것이라고 강조한 것이다. 그는 그 실마리를 1990년대 시민운동에서 찾았다. 즉 새로운 사회운동으로서 시민운동이 "한국적인 좌 · 우를 넘어서 승승장구해 왔다는" 것이다.[200] 따라서 민중운동노선은 노동자주의, 집단이기주의를 버리고 개혁적인 중산층과 손을 잡아야 하고 시민운동노선은 민중운동노선을 배재하는 반계급적인 입장을 버리고 노동자도 시민이라는 점을 인정하고 연대하면 한국의 진보는 새로운 제3의 길을 개척하게 될 것이라는 것

198) 유팔무(1999), pp.121－2.

199) 유팔무(1999), p.117.

200) 유팔무(1999), p.125.

이다. 이런 맥락에서 노동자-시민 정치연대의 구축을 통한 제3의 길은 가능할 것으로 보았던 것이다. 그렇다면 이런 새로운 제3의 길은 사회주의를 버리는 것인가에 대해 유팔무는 "원칙적으로 그렇지 않다"고 대답한다.[201] 그의 사회주의 이해는 독특한 것 같다. 왜냐하면 "사회주의는 경제 원리이고 사회주의 정치라고 하는 것에는 어떤 주어진 원리가 없기" 때문에 "현실사회주의 붕괴나 몰락은 자본주의의 대안인 사회주의 원리 자체의 붕괴나 몰락이라고 할 수 없다"는 주장을 펴고 있기 때문이다.[202] 현재 논의되고 있는 중도주의는 '사회주의를 변호하고 자본주의의 대안을 찾는' 것이 아니기에 혼동은 발생하지 않을 것으로 본다. 다만 다소 혼란스러운 점은 '자본주의의 대안인 사회주의 원리 자체'를 여전히 옹호하는 마당에 차라리 새로운 제3의 길을 부정할 수는 없었나 하는 점이다.

Ⅲ. 한국정치의 중도주의

여기서는 포스트 87년 체제 이후 한국정치현실에서 주목받게 된 중도주의의 현 지점에 대해 중점적으로 알아본다. 먼저 최근 논의되고 있는 중도주의에 대한 이해에 보다 친숙하게 다가서기 위한 선행 작업의 일환으로 한국의 중도주의자에 대해 소개한다. 그러고 나서 중도주의의 논의의 현 정치적 지점에 대해 알아보고 경험적으로 이런 논의를 뒷받침해 줄 각계각층의 이념 성향에 대한 여론조사를 재점검해 본다.

3.1. 4명의 학자 분석

201) 유팔무(1999), p.117.
202) 유팔무(1999), p.116.

중도주의와 중도주의자의 관계는 동전의 양면에 해당하는 관계라고 볼 수 있다. 이런 맥락에서 김호기가 4명의 학자를 중도주의자로 규정하고 이를 분석한 연구는 한국의 중도주의를 이해하는 데 좋은 길라잡이가 될 수 있다. 이들을 중심으로 한국적 현실에서 이해될 수 있는 중도주의에 대한 단초를 발견해 보자.

첫째, 중민론을 주창한 한상진을 대표적인 중도주의자 사회학자로 지목하고 있다. 중민론의 골자는 "한국사회는 정당의 대표성과 신뢰성이 약하고 대의정치를 특징짓는 게임의 규칙이 정립되지 않았기 때문에 제도권과 사회운동의 역할분담 및 다양한 세력들 간의 민주적 연대가 매우 중요하다. 중민이라는 이름의 중산층은 체제에 대한 비판의식과 개혁성향이 높기 때문에 민주주의 개혁의 중심세력이 될 수 있다"는 데에 있다고 한다. 중민론에 바탕을 둔 한국식 제3의 길에 대한 모색은 진보주의와 보수주의의 장점을 결합시킨 점에서 기든스의 제3의 길과 통하는 점이 있으나 한국의 중산층이 개혁의 중심세력으로서 정말로 개혁 지향적인가에 대해 김호기는 회의적인 입장에 서 있다. 왜냐하면 한국 중산층은 개혁 지향적이기보다 오히려 보수 지향적 면이 더 강한 것이 아니냐는 반문을 하고 있기 때문이다.

둘째, 이성적 자유주의자로 명명한 김우창을 인문학을 대표하는 중도주의자로 지목하고 있다. 우파와 좌파의 극한 이념적 대립 속에서 자유주의 빈곤을 낳은 한국사회에서 이성주의를 바탕에 둔 자유주의 실현을 모색했기 때문이란다. 다시 말해 "서구적 전통에서 중도주의를 대표하는 이념은 자유주의이며 이런 자유주의를 우리 사회에서 진지하게 고민해 왔던 지식인이" 다름 아닌 김우창이란 것이다. 인문학에서 중도주의(자)의 지평을 개척한 김호기는 인문학적 중도주의는 "한국 사회가 국가와 공동체를 중시할 뿐 개인의 자율성을 홀대하고 정보사회의 도래에도 불구하고 여전히 연고주의 편가르기가 만연해 있기 때문에 이런 한국 사회에 대한 처방은 이념적 대안을 모색하는 데 있기보다는 오히려 계몽적 이성을 회복하여 민주적 공동체와 조화를 이룰 수 있는 개인의 자율성을 뿌리내리는 것이 더 시급하다"는 입장을 취하는 것을 말한다고 볼 수 있겠다.

셋째, 케인스주의자 정운찬을 한국을 대표하는 중도주의자 경제학자로 지목하고 있다. 그런데 정운찬은 자신을 미시적 케인스주의자로 부른다고 한다. 케인스주의라 하면 일반적으로 선진국처럼 시장이 실패하거나 경기가 부진할 때 정부가 나서서 수요확대를 통해 경기부양정책을 쓰는 것을 말하는 데 반해 미시적 케인스주의는 한국처럼 시장이 원활하지 못한 경우 정부가 주도적으로 시장을 형성 경제가 원활한 방향으로 나아갈 수 있도록 경제정책을 펴는 것을 말한다. 바로 이런 점에서 미시적 케인스주의는 마르크스의 정치경제학과는 물론 신자유주의와도 다른 중도주의 경제이론을 대표하고 있다고 김호기는 보고 있다. 그러면서도 국가의 역할을 일정부분 제약하는 지구화시대를 맞이하여 국가의 역할을 중시하는 케인스주의가 여전히 유효할 것인가에 대해 회의적인 입장을 김호기는 피력하고 있다.

넷째, 서구의 이론을 차용해서 한국 현대사의 흐름을 읽어내어 현실 가능한 대안을 모색한 최장집을 대표적인 중도주의 정치학자로 지목하고 있다. 한국사회에서 국가－시장－시민사회 간의 생산적 균형과 견제를 강조한 민주적 시장경제론을 제창한 것이 중도주의 정치학의 근간이 된다고 본 것이다. 이는 이론적으로 권위주의 정부하의 국가 주도적 발전론이나 1990년대 이후 시장 주도적 발전론을 모두 극복한 소위 광의의 제3의 길에 해당한다고 본 것이다. 민주적 시장경제론은 시장에서 자유의 원칙을 고수하는 신자유주의적 경향 때문에 좌파로부터 그리고 시장과 시민사회 간의 형평의 원칙을 고수하는 진보적 경향 때문에 우파로부터 비판을 받게 되어서 정치로서의 민주적 시장경제론은 실패했으나 상징으로서 민주적 시장경제론은 여전히 유효하다고 김호기는 호평을 내리고 있다.

이와 같은 4명의 학자를 중심으로 한 중도주의자에 대한 분석을 통해 볼 때 중도주의가 진보적 경향의 대안을 모색함에도 불구하고 한국 사회에서 실현 가능한 전략을 추구한 점에서 긍정적인 단면을 가지고 있으나 이론적 측면과 정치적 측면에선 여전히 중도주의는 문제점을 안고 있다고 김호기는 결론을 내리고 있다. 먼저 이론적 측면에서 중도주의는 사회적 불평등을 낳고 있는 시장과 자본의 통제에 대한 구체적인 전략이 모호하다는 비판을 진보주의(자)로부터 받고 있으며 한국의 현실을 무시한 채 서구이론을 무분별하게 수입해서 그대로 한국현실에 적용하고 있다는 비판을 보수주의(자)로부터 받고 있다는 것이다.[203]

정치적 측면에서의 문제점 지적은 이 글의 주제 — 중도주의와 한국정치 — 와 직접적인 연관성이 있다. 중도주의의 미래와 관련해서 정당과 불가분의 관계를 설정하고 있기 때문이다. 다시 말해 서구의 정당체계는 신자유주의적 보수정당과 사회민주주의적 진보정당의 양당체계를 이루고 있는데 한국의 중도주의 진영은 후자 쪽에 보다 친화적 정체성을 보여주고 있기는 하나 사회민주주의식 기획 프로그램을 담당할 수 있는 정치세력이 한국 사회에선 여전히 취약하다는 진단을 내리고 있기 때문이다. 정치세력 곧 중도주의 정당의 부재에서 중도주의의 실현 가능성을 낮게 평가하고 있는 것이다. "이념과 정책을 담당할 수 있는 정당이 없다면 그 이념이 아무리 현실적이더라도 그것이 실현될 가능성은 그리 높지 않다고 볼 수 있다"는 것이다. 이는 4월 3일 전당대회 당 대표 선거에 출마한 장상의 "중도개혁세력의 핵심이자 종가는 민주당"이라는 최근 발언과 상치된다.[204] '종가(宗家)' 발언은 '작은 집'들의 도전을 받고 있다는 것을 전제하고 있기 때문이다. 정치적 균열로서의 이념과 그에 따른 중도주의적 세력이 결성되어 있다는 것이다.

결과적으로 중도주의 이념실현을 위한 정당의 존재유무를 먼저 따질 것이 아니라 중도주의 이념의 지지기반이 되는 사회적 균열구조(사회적 계급 또는 계층)가[205] 이미 조성되어 있느냐를 먼저 살피는 데서 중도주의 이념의 실현을 논하는 것이 순서일 것이라는 게 저자의 생각이다. 이 점에 대한 구체적 논의는 결론에서 다룰 것이다.

---

203) 김호기(2001), "제3의 길을 모색하는 사람들", 『신동아』 11월호, pp.271－289를 요약・정리한 것이다. 김호기는 『말・권력・지식인』(아르케, 2002)에서 여기서 다루진 않은 인물들을 진보주의(신영복, 강만길, 손호철, 조희연), 보수주의(송복, 이상우, 함재봉, 이동복)로 분류하였다. 그 밖에 "구좌파 마르크스주의자(김세균 외)"에서 "극우(조갑제외)" 에 이르는 14단계 한국 지식인의 이념지도를 재일동포 윤건차(일본 가나가와 대학교수)가 2000년에 작성한 것이 있다. 자세한 구분은 문화일보(2003년 3월 4일)를 참고 하면 된다.

204) 동아일보. 2007년 1월 1일.

205) 마인섭・장훈・김재한. 2001. "한국에서의 탈물질주의적 가치관의 등장과 사회적 균열구조의 변화", 「한국과 국제정치」 Vol.13, No.2, pp.7－15. 비교하기.

3.2. 중도주의 논의의 현 정치적 지점

중도주의가 한국정치현실에서 하나의 경향으로 재조명받기 시작한 시점은 포스트 87년 체제이다.[206] 1987년 민주체제가 성립되면서 민주－반민주 정치구도가 진보－중도－보수의 정치구도로 바뀌게 되었기 때문이다. 특히 2003년 노무현 정부의 탄생과 2004년 열린 우리당의 압승으로 좌편향 현상에 대한 대항으로 우파세력이 재결집하게 되고 더 나아가 미래지향적 담론을 선점하면서 독자세력으로 급부상하는 가운데 민주화 이후 민주주의 위기에 빠진 무능하고 실패한 진보세력이 탈좌파의 전략적 선택으로 중도론(中道論)을 주창하게 되었다는 것이다. 다시 말해 포스트 87년 체제에서 중도론과 뉴라이트의 담론이 '21세기 한국의 신(新)이념지형'을 선명하게 부각시키고 있다는 것이다. 뉴라이트 담론이 우파중심의 새로운 구도를 만들어 낸 것처럼 중도론이 진보세력의 탈좌파 전략의 새로운 전략으로 부상하고 있다는 것이다.[207]

뉴라이트 진영은 "87년 민주화 체제를 넘어서 2007년 선진화 체제가 필요하다는 뜻에서 87년 체제의 극복을 주장하고" 있다. 민주화 운동을 거치는 과정에서 한국적 보수와 진보에 대한 이해는[208] 수구 반동적 보수와 미래 지향적 진취적 진보라는 인식 틀이 잡혔는데 뉴라이트 진영이 이 같은 고정관념을 '자유와 평등, 성장과 복지, 시장과 국가, 국제화와 자주화라는 대항담론의 정립을 통해 좌파와 우파라는 가치 정립적 구도로 전환'시키고 있다는 것이다. 이를 위한 사전 정지작업으로 뉴라이트 진영이 "87년 체제의 사상 구도를 수구보수(올드라이트) 대 수구진보(올드레프트)로 재규정하면서 개혁적 보수로서 뉴라이트 대 합리적 진보로서 뉴레프트라는 새로운 이념구도를" 주도적으로 이끌어 낸 것이며 바로 이 과정에서 '산업화와 민

206) '87년 체제'란 용어를 사용하기 시작하면서 김일영은 "48년 건국체제, 63년 산업화체제, 87년 민주화체제, 2008년 선진화체제"로 한국 근현대사의 시기구분을 하고 있다. 김일영. "누가 헌법적 위기를 과장하는가?", 조선일보. 2007년 3월 10일.

207) 동아일보. 2007년 1월 1일.

208) 문화일보는 "부상하는 진보, 반발하는 보수"라는 제하로 5편의 기획시리즈를 2003년 3월 3일부터 개재하였다. 한국일보도 2003년 3월 3일부터 "권력이동"이란 제하로 한국시회의 새 이념 좌표 등을 다루었다.

주화 다음은 선진화'라는 담론도 선점하게 되었다는 것이다.[209)]

뉴라이트가 노무현 정부의 실정에 힘입어 "87년 체제의 사상 구도를 수구보수(올드라이트) 대 수구진보(올드레프트)로 재규정하면서 개혁적 보수로서 뉴라이트 대 합리적 진보로서 뉴레프트라는 새로운 이념구도를 창출"하자, 이에 대한 대항담론으로 제시된 것이 '변혁적 중도주의'라고 한다. 변혁적 중도주의는 민족해방(NL: 자주통일론), 민중해방(PD: 세계적 시각을 지닌 계급운동), 부르주아민주주의(BD: 분단체제를 제대로 인식하는 것을 통해 시민운동 및 개혁정당)[210)]로 대표되는 3대 개혁세력을 '변혁적 중도세력'으로 통합해야 한다고 백낙청이 주장하면서 발단이 되었다. 변혁적 중도주의의 거론배경에 대해 그는 "정치권에서 중간지대를 잡아야 하니까 너도나도 중도를 외치는 경향이 있다. 내 개념은 다르다. 우리 시대 최대의 변혁과제는 한반도분단체제의 변혁이다. 분단체제를 극복하고 그보다 나은 체제를 건설하려는 변혁이다. 이는 점진적 단계적으로 진행할 수밖에 없고 폭넓은 연대세력이 필요하다. 그래서 중도주의가 나온 거다"라고[211)] 설명하고 있다. 다시 말해 "나의 변혁적 중도주의는 분단체제를 극복하기 위해 남과 북이 점진적으로 통일하는 과정에서 현재보다 더 나은 체제를 만들어야 한다는 장기적 전망"에[212)] 해당한다고 밝히고 있다.

이를 대하는 우파 진영의 시선은 곱지 않다. 뉴라이트 그룹의 선진화 국민회의 상임위원장 박세일은 "우파의 자기혁신을 주장하는 뉴라이트야말로 중도가 될 수 있어도 북핵문제나 북한인권문제에 대한 태도를 바꾸지 않은 채 중도노선을 표방하는 친북좌파는 중도가 될 수 없다"고[213)] 못 박아 말하고 있다. 조선일보의 논조는 이보다 훨씬 맹렬하다. "신판 수구 반동, 좌파 건달들은 사이비 민족주의와 계급투쟁을 내세워 젊은이들을 자기네 쪽으로

---

209) 동아일보. 2007년 1월 3일.

210) 괄호 안의 설명은 http://blog.naver.com/tnt62sik/130004021593에서 인용한 것임.

211) 한계레. 2007년 3월 6일.

212) 동아일보. 2007년 1월 3일. 백낙청은 2009년 변혁적 중도주의를 다룬 평론집『어디가 중도며 어째서 변혁인가』를 창비에서 출간했다. 중앙일보. 2009년 8월 12일 참조.

213) 동아일보. 2007년 1월 3일.

끌어가거나 그게 잘 안 되면 중도에라도 붙잡아 두려는 꾀를 부리고 있다. (……) 그러다가 좌파건달들의 마각이 드러나면서 그들 중 상당수가 중도로 옮겨 앉았다. 그러자 요즘 와서 좌파건달들은 진보 소리를 입 밖에 잘 내지 않으면서 그저 적당히 중도적 변혁주의를 운운하며 얼버무리는 전술"을[214] 쓰기 시작했다는 것이다.

좌·우파 진영에서만 중도주의 담론을 독점하고 있는 것은 아니다. 담론은 이를 진원지로 해서 대선주자, 정당, 시민단체, 국민들에게까지 확산되고 있다. 따라서 중도주의 논의의 현 정치적 지점은 이들 각자의 중도주의에 대한 입장을 면밀하게 분석하는 수준까지 나아가야 하나 여기서는 간략하게 조망하는 정도에서 약한다. 먼저 대선주자와 국민의 입장은 아래의 여론조사로 대체한다. 그리고 각 정당의 중도주의 성향은 먼저 앞에서 언급한 장상의 말 "중도개혁세력의 핵심이자 종가는 민주당"을 상기시키면서 심상정의 말 "열린 우리당과 한나라당, 민주당 사이에는 실개천이 흐르지만 보수정치와 민주노동당 사이에는 큰 강물이 흐른다"로 일단락을 짓겠다. 끝으로 최근 시민단체의 중도주의 이념성향은 이 점에서 가장 적극적인 입장을 보이는 '화해상생마당'을 예로 든다. 2006년 11월 9일 출범한 중도지식인 포럼 화해상생마당은 "긴박해지는 한반도 상황과 첨예한 국론분열의 양상은 대한제국 말기와 해방 직후를 연상시킨다. 우리는 이 시대의 난관을 헤쳐나가고 국가적 중대과제를 수행하는 데 필요한 기본지침으로 화해와 상생의 중도노선을 내세우고자 한다"고 창립의 취지에서 중도노선을 선택한 배경을 밝혔다.[215]

3.3. 중도주의 이념지형에 대한 여론조사

여기서는 최근 언론에 보도된 '대권 주자의 이념지형', '사회계층의 이념

214) 유근일. 2007. "한나라당식 나도 중도"(조선일보. 2007년 4월 3일).

215) 경향신문. 2006년 11월 10일.

지형', '시민의 이념정체성' 등에 대한 여론조사의 결과를 재정리하였다. 재정리를 하는 이유는 이를 통해 중도주의 논의의 현 정치적 지점과 비판적 거리를 둠으로써 중도주의 논의의 문제점을 결론에서 지적할 수 있기 때문이다. 첫째, 대권 주자의 이념지형: 여야 대선주자들의 정치노선 및 이념조사(0은 대단히 진보, 5는 중도, 10은 대단히 보수적)에서 이명박, 박근혜는 5.5 손학규는 5.0 김근태는 4-4.5 정동영은 4로 답했다. 이를 통해 알 수 있는 점은 대선주자들은 보수나 진보 중 어느 한쪽에 쏠리지 않은 중도주의자임을 밝히고 있는 것이다.[216] 다른 한편 "한국일보가 2002년 대선 직전에 1,000명을 대상으로 실시한 국민의식조사에서 자신의 이념성향이 4-5라고 대답한 사람은 모두 42.7%에 그쳤다. 4점 미만인 진보성향을 지녔거나 6점 이상의 보수 성향을 가진 유권자들을 모두 합치면 60% 가까이 된다. 결과적으로 대선 주자는 60%에 가까운 유권자들을 외면하고 있는 셈이다"[217] 최근 유럽정치에서도 우파 같은 좌파, 좌파 같은 우파에 좌·우파 대연정을 꾸리는 일이 어렵지 않은 일로 되어 가고 있기 때문에 그만큼 이념의 중요성은 사라지고 있다고 말할 수 있을 것이다. 그렇다고 중도의 입장에 서면 보수·진보, 좌·우의 표를 다 흡수할 것으로 생각하는 것은 분명 오판이라 생각한다. "모든 것을 챙기려다가 아무것도 챙기지 못할 수 있기 때문이다" 정치는 정치적 이념과 그 정책으로 하는 것이다. 참으로 공허하게 들리겠지만 말이다.

둘째, 사회계층의 이념지형: 2007년 2월 27일 실시한 국민의식조사에 따르면 저소득층이 47.8%, 중산층이 42.0% 그리고 빈민층이 7.3%로 나타났다. 이는 국민이 자신을 그렇게 생각한다는 것이다.[218] 18일 한국보건사회연구소의 사회양극화 실태 조사에 따르면 중산층에 해당하는 중간층(평균소득을 100%로 할 때 70-150% 미만)은 1996년 55.5%에서 2006년 43.7%로 급감했으며 빈곤층은 11.2%에서 20.1%로 늘은 것으로 나타났다.[219] 끝으로

216) 한국일보. 2006년 12월 4일.
217) 한국일보. 2006년 12월 4일.
218) 동아일보. 2007년 3월 30일.

3월 14일 한국사회여론연구소가 실시한 또 다른 조사에 따르면 '주관적 계층 귀속감'을 묻는 질문에 서민층이라는 응답이 61.6%로 매우 높게 나타났다. 중산층이라는 응답은 37.4%에 그쳐 우리 국민 상당수가 스스로를 서민층으로 인식하는 것으로 나타난 것이다. 정당지지별로는 한나라당 지지층은 스스로를 중산층 이상으로 인식하는 응답이 50.1%로 높게 나온 반면 민주노동당 지지층에서는 서민층이라는 응답이 72.9%로 매우 높게 나타났다.[220] 사회 계층별 정당지지도가 주는 시사는 정당의 정치적 노선은 사회적 균열에서 나온다는 점이다.

셋째, 시민의 이념정체성: 2007년 2월 27일 실시한 국민의식조사에 따르면 진보 27.7% 중도 28.4% 보수 36.8%의 비율로 나타났다.[221] 2007년 1월 한나라당 부설 여의도연구소와 한국사회과학데이터센터가 공동으로 실시한 국민의식조사에 따르면 진보 27.1%, 중도 36.8% 보수 30.1%의 비율로 나타났다. 이는 2002년의 진보 41.1%, 중도 32.3% 보수 26.6%와 비교할 때 중도와 보수가 늘고 진보가 줄었다는 것을 보여준다.[222] 2002년 중앙일보가 조사한 국민의 이념성향, 즉 진보 21,4%, 중도 49.5%, 보수 28.5%와 비교해도 중도가 많이 줄었음을 알 수 있다.[223] 한국갤럽은 2002년과 2007년을 비교한 조사결과를 제시하였다. 조사에 따르면 2002년 국민의 이념성향은 진보 29%, 중도 24%, 보수 44%에서 2007년 진보 34%, 중도 28%, 보수 36%의 비율로 나타났다고 한다.[224] 위의 조사들을 종합해 보면 보수층이 점유율에서는 다소 앞서 있으나 중도와 진보도 20－30%에서 안정적이란 것이다. 바꾸어 말해 중도와 진보가 짧은 시간 안에 20－30%를 훌쩍 뛰어넘을 것 같지 않다는 것이다.

219) 동아일보. 2007년 3월 19일.
220) 문화일보. 2007년 3월 24일.
221) 동아일보. 2007년 3월 30일.
222) 경향신문. 2007년 3월 19일.
223) 중앙일보. 2002년 2월 4일.
224) 주간조선. 2007년 3월 5일.

Ⅳ. 결 론

중도주의는 한국정치 또는 정당이 지향해야 될 정치이념에 해당하는가? 중도주의가 정치 이념 · 경제 정책으로 어떻게 한국사회를 견인하고 있는가라는 문제를 이 글은 제기하지 않았다. 이런 질문은 지금의 관심사가 아니듯 보이기 때문이다. 초미의 관심은 우리가 민주화 이후 좌파 지향성 정부의 출현과 때를 같이하는 보수 · 진보 논쟁에 신물이 났으니 보수 · 진보도 아닌 중도주의에서 막힌 길을 한 번쯤은 찾아보자 데 있다.[225] 다시 말해 중도성향의 대선주자 · 정당에 기대를 걸어 보자는 듯이 비친다. 따라서 이 글을 통해 이 같은 중도주의에 거는 기대치에 문제는 없는지에 대한 촌평으로 결론에 갈음하고자 한다. 다시 말해 하루가 멀다 하고 언론에 튀어나오는 논객 · 정객들의 중도주의 타령에 혹 거품이 낀 것은 아닌지 채로 걸러 보는 것도 좋을 듯싶었다. 결과적으로 '촌평'이란 채질에 걸리지 않을수록 중도주의에 대한 작금의 논의는 그만큼 기대에 부응하는 것으로 봐도 좋을 것이다. 먼저 중도주의에 거는 기대가 커 보이는 몇몇 논객들의 글을 소개해 보자.

> "새는 좌 · 우의 날개로 난다는 아름다운 말이 있듯이, 좌 · 우의 날개로 균형 잡는 일이 중요하니 중도란 말에 집착하지 말고 우파근본주의와 좌파근본주의 사이로 전진하는 개혁을 생각해 보자."[226] "신중도, 급진적 중도, 강한 중도 등 어떤 노선이라도 좋다. 중요한 것은 개념이 아니라 콘텐츠이며, 구체적인 결실을 가져올 수 있는 전략과 정책들이다. 손상된 통합을 치유하는 동시에 새로운 부국을 성취할 수 있는 부국통합의 중도 모델을 기대한다"[227] "민주화 20년 한국의 정치는 극단의 시대를 돌아볼 때가 되었다. 그곳에 중도정치의 명분이 자라고 있었고, 무엇보다도 좌 · 우파 투쟁에 신물이 난 국민의 일그러진 표정이 있다. ……손학규의 탈당은 ……중간지대의 형성을 기대하게 만든다. ……그가 대권 욕심을 버리고 중도정치의 지평을 넓히는

---

225) 한국일보 신임 이종재 편집국장은 미디어 오늘과의 인터뷰에서 한국일보의 편집방향을 '가치 있는 중도'로 삼겠다고 말했다. 그는 "우리 사회는 극과 극으로 갈리고 있다. 진보는 진보대로 보수는 보수대로 극단으로 치닫는다"고 사회를 진단한 후 "기계적 중도, 소극적 중도와 달리 옳은 것은 옳다 하고 그른 것은 그르다 얘기"할 수 있는 것이 가치 있는 중도라고 의견을 피력했다. 미디어 오늘, 2009년 8월 4일.

226) 김진석(2004), "머리말", 김진석 외 지음, 『인물과 사상 31: 중도개혁 어떻게 이룰 것인가』(서울: 개마고원).

227) 김호기(2007), "중도, 중요한 건 콘텐츠다"(경향신문, 2007-03-16).

데 헌신한다면 만민공생과 공영국가를 원리로 좌 · 우 균형을 기하는 ……성공한 중도정치가 꽃필지 모른다"[228]

17대 정권에선 넌더리 난 좌 · 우 공방을 넘어 실용주적 중도주의에 기대를 걸어 보자는 제각기의 애정 어린 하소연으로 들린다. 이를 하소연으로 듣는 이유는 다음과 같은 점들과 유리된 중도주의에 대한 이해에서 비롯된 것이라 보기 때문이다.

우선 원론적 말문부터 열어보자. 즉 중도주의 정당이 '중간'에 낄 수 있도록 거드는 판(우익정당과 좌익정당)이 이미 존재하고 있는가부터 질문해야 할 것이다. 굳이 좌 · 우의 범주를 논하지 않더라도 최소한 진보신당과 같은 정당을 현재의 정당구도에서 찾을 수 있냐는 것이다. 이 연장선상에서 한 가지 더 짚고 넘어갈 부분은 중도주의의 주체가 누구냐 하는 점이다. 해방정국에서 활동한 중도파 정치인들의 잔영이 현재 한국의 정치현실을 드리우고 있는 것은 아니라고 본다. 좌우지간 앞서 살폈듯이 유럽에서 제3의 길은 구좌파인 사회민주주의(사민당)가 우향우가 되는 것을 말한다. 그 역이 아니다. 또한 조스팽, 슈뢰더, 블레어 등은 구 사민당(좌파정당)에서 잔뼈가 굳은 수십 년 동고동락한 정치인들이다. 한국에 이런 정당 이런 정치인이 있는지 잘 모르겠다. 그렇지 않다면 그런 정치인 그런 정당은 기회주의적 중도주의자 또는 정당에 해당하는 것은 아닌지 생각해 볼 일이다.

둘째, 역사적으로 되짚어보자. 중도당 혹은 중도주의 정당은 북유럽국가들에서 발달했다. 이들은 역사적으로 농민당이었으나 1960년대 중도당(centre party) 혹은 중도주의 정당으로 개명을 한 것이다. 농민당은 원칙적으로 우파처럼 정부개입에 반대하나(대규모의 인구유출과 세계경제시장의 통합으로 인해 정부의 보조에 의존해야 하기 때문) 자작농이나 소작농의 이익을 위한 정부개입은 좌파처럼 찬성한다. 또한 녹색당처럼 핵에너지 사용은 반대하면서도 환경에 나쁜 집약농업에는 찬성을 하고 있어서 녹색당 하고도 다르다. 이것이 중도주의 정당의 특징이다.[229] 현재 운운되고 있는 한국정당의 중도

228) 송호근(2007), "손학규 효과와 중도정치"(중앙일보, 2007-03-26).

주의는 이런 맥락과는 전혀 별개의 것이다. 한국의 중도주의 논의는 정당 · 정치사를 새로 쓰고 있는 중이다. 기왕지사 2007년 4월 2일 타결된 한 · 미 자유무역협정(KORUS FTA)이 차제에 중도주의 논의에 선명한 정치색을 입혀줄 하나의 사건이 되어 주길 기대해 본다. 여하튼 이 연장선상에서 후쿠야마의 '역사의 종언'이란[230] 테제에 대해 생각해 볼 부분이 있다. 1989년 동구권의 붕괴로 '자유주의'가 찬양받고 있는 상황에서 중도주의의 이념과 정당이 설 자리는 어디인지에 대해 보다 진지하게 고민해야 할 필요가 있다는 것이다. 후쿠야마의 논지를 진리로 간주할 필요는 물론 없으나 '역사의 종언'이 선포된 마당에 중도주의가 차고 들어갈 경제적 이념지형이 어떻게 그려질 수 있는 것인지에 대해 최소한 '중도적 즉답', 즉 좌 · 우를 동시에 만족시킨다는 논변은 피해야 할 것이다.

셋째, 정당의 원리에서 생각해 보자. 정당은 사회적 균열에 따라 발생하고 결성된다. 다시 말해 사회 내의 이해관계의 차이가 정치적 이해관계로 응집되어서 각각의 정당으로 결성된다. 곧 사회적 균열이 정당의 정치적 노선이 된다. 선거 때 사회적 균열은 유권자가 되어서 정당 사이의 경쟁을 유발시킨다. 이렇게 볼 때 중도주의 또는 중도주의 정당의 지지층은 중산층이다. 그런데 한국의 중산층은 신자유주의 지구화와 산업의 패러다임이 지식기반사회로 바뀜으로 인해 존재를 위협받고 있다. 전자의 경우 1997년 IMF 이후 10년이 지났으나 경제적 안정을 찾기가 어려운 실정이다. 부동산 및 집값 상승은 중산층을 중산층에서 확실하게 끌어내렸다. 후자의 경우 고용 없는 성장이 가시화되고 있다. 설상가상으로 비정규직화가 날로 심화(노동계 주장 55%)되고 있다. IMF 이후 10년의 한국 사회는 20 대 80의 사회란 마지노선(?)마저도 깨지고 있다. 여론조사에서 살폈듯이 소득에서나 심정적으로나 한국의 중산층은 붕괴되었다. 중도주의에 적합한 정치 · 경제 이데올로기로 무장한 확고한 지지 계층이 '중간(中間)'도 되지 않는다는 것이다. 따라서 중산층이 설 토대가 없다면 역시 중도주의자 또는 중도주의 정당이 설 자리도 없

229) 정흥모(2006a), p.303.

230) 프란시스 후쿠야마 저. 이상훈 역. 1992. 『역사의 종말』(한마음 신서).

는 것이 아닐까. 결과적으로 국민의 진정한 대표로서 중도주의 대선주자 또는 국민정당으로써 중도주의 정당을 띄우면 향후 한국정치에서 정권도 장악하고 좌 · 우 균형을 유지할 수 있다는 모델구상에 대해 (유사한 맥락에서) 폴 크루그먼의 지적은 시의적절하다고 본다. "……그렇지만 정치 분석가들에게 해 주고 싶은 말이 있다. 분석가들은 과거 양당이 초당적 협력에 나섰던 때를 그리워하며 중도주의자(centrist) 정치인 주위로 몰려드는 경향이 있다. 그러나 현대 미국정치에서 중도주의는 없다. 중도주의는 미국 경제가 새로운 뉴딜정책을 추진하고 중산층이 다시 부상하기 전까지는 기대할 수 없다."[231)]

231) 폴 크루그먼(2006), "미국서 사라진 중도주의"(동아일보. 2006－06－28). 저자 또한 글의 말미에 "결과적으로 지금 회자되는 중도주의가 2007년 대선 · 2008년 총선몰이용 정치 · 상업적 로고(logo)가 안 되길 기대해 본다"고 원문에 적었다. 시점을 고려해서 이 부분을 주로 돌린다.

참고문헌

김수행 · 안삼환 · 정병기 공저. 2004. 『제3의 길과 신자유주의』(서울대학교출판부).

김우영. 2000. “중도정치의 현대적 의의”, 『한북동북아논총』 제15집.

김진석 외 지음. 2004. “머리말”, 「중도개혁 어떻게 이룰 것인가: 인물과 사상 31」(서울: 개마고원).

김성구 · 김세균 외 지음. 1999. 『자본의 세계화와 신자유주의』(서울: 문화과학사).

김선희. 1992. “Karl Kautsky의 중도주의(Zentrismus)의 형성과 성격에 관한 연구”, 고려대학교 석사논문.

김선희. 1995. “독일 사회민주당내에서의 Karl Kautsky의 중도주의”, 『사총』 44집.

김인식. 2006. 『중도의 길을 걸은 신민족주의: 안재홍의 생각과 삶』(역사 공간).

김욱. 2004. “실용주의의 유혹과 상생정치의 딜레마”, 김진석 외 지음. 『중도개혁 어떻게 이룰 것인가: 인물과 사상 31』(서울: 개마고원).

김호기. 2001. “제3의 길을 모색하는 사람들”, 『신동아』 11월호.

마인섭 · 장훈 · 김재한. 2001. 한국에서의 탈물질주의적 가치관의 등장과 사회적 균열구조의 변화, 『한국과 국제정치』, Vol.13, No.2.

손호철. 1999. 『신자유주의시대의 한국정치』(서울: 푸른 숲).

윤민재. 2004. 『중도파의 민족주의 운동과 분단국가』(서울대학교출판부).

앤서니 기든스 지음. 한상진 · 박찬욱 옮김. 2005. 『제3의 길』(생각의 나무).

앤서니 기든스 지음. 박찬욱 · 최형익 · 구자선 · 전진영 · 홍운기 옮김. 2002. 『제3의 길과 그 비판자들』(생각의 나무).

유병용. 1995. “한국의 중도파 정치사상에 관한 일고찰”, 『한국정치학회보』 29집 4호.

유팔무. 1999. “한국에서 제3의 길은 가능한가”, 『역사비평』(통권 47호) 여름호.

윤용희. 2002. “영국 노동당의 이념과 정책”, 『한국동북아논총』 제22집.

이정식 외 15인. 1999. 『정치학』(서울: 대왕사).

이안 버지 외 지음. 정흥모 옮김. 2006a. 『신 유럽정치입문』(서울: 성균관대학교 출판부).

정태헌. 2007. “총련계 재일동포들의 21세기 자기인식”, 『역사비평』(통권 78호) 봄.

정영태. 2005. 『신자유주의 시대 한국사회의 변화와 진보정당 – 한국정치의 희망찾기 Ⅱ』(인하대학교출판부).

정흥모. 2001. 『체제전환기의 동유럽국가 연구: 1989년 혁명에서 체제전환으로』(서울: 오름).

정흥모. 2006b. “2005년 독일 조기총선: 그 현안과 과정 분석”, 『국제지역연구』 (통권 36호) 제10권 제1호.
진영재 · 김인춘. 2000. “서유럽 제 국가들의 정당정치와 제3의 길에 대한 함의: 독일 · 네덜란드 · 덴마크 · 노르웨이 4개국 비교분석”, 『한국 사회학』 제34집 겨울호.
최연구. 1999. “서유럽사회민주주의의 득세와 전망”, 『역사비평』(통권 47호) 여름호.

칼럼:
송호근. “손학규 효과와 중도정치” 중앙일보. 2007 - 03 - 26
김호기. “중도, 중요한 건 콘텐츠다” 경향신문. 2007 - 03 - 16
김일영. “누가 헌법적 위기를 과장하는가?” 조선일보. 2007 - 03 - 10
폴 크루그먼. “미국서 사라진 중도주의.” 동아일보. 2006 - 06 - 28
김일영. “누가 헌법적 위기를 과장하는가?” 조선일보. 2007 - 03 - 10

http://en.wikipedia.org/wiki/Centrism(2007 - 04 - 10)
http://de.wikipedia.org/wiki/Zentrismus(2007 - 04 - 10)
http://www.mediatoday.co.kr/news/article(2009 - 8 - 5)

제6장

중도 강화론 들여다보기

Ⅰ. 중도 강화론이란

1.1. 중도 강화론의 의미

이명박 대통령(이하, MB)은 2009년 6월 22일 청와대 수석비서관회의에서 "우리 사회 전체가 건강해지려면 중도가 강화돼야 한다"고 말했다. 저자는 "중도가 강화돼야 한다"에 다음과 같은 주해를 단다. 주해를 붙이는 이유는 이를 통해 중도 강화론의 의미를 찾아보기 위함이다. 첫째, "중도가 강화돼야 한다"는 중도(衆徒)를 강(强)하게 만들겠다는 의미로 풀이 할 수 있다. 그 방법론은 "앞마당"을 보루로 삼는다는 데 있다. 이는 있는 것을 잃어버리지 않겠다는 의지를 말한다. 이를 시사적으로 풀면 집토끼(고정 지지층)를 규합하겠다는 것이다. 한마디로 줄이면 내 식구 · 가치를 수성하겠다는 것이다. 이의 정치적 함의는 안보 · 대북정책영역에서는 보수주의를 강화시키겠다는 것이다. 수성은 양보를 하지 않겠다는 뜻이기 때문이다. 둘째, "중도가 강화돼야 한다"는 중도(中道)를 강화(强火)시키겠다는 의미로도 풀이 할 수 있다. 그 방법론은 "뒷마당"에 배수진을 치겠다는 데 있다. 이는 잃어버린 것을 되찾겠다는 의지를 말한다. 이를 시사적으로 풀면 산토끼(유동 지지층)를 포섭하겠다는 것이다. 한마디로 줄이면 중도층의 지지도를 올리겠다는 것이다. 이의 정치적 함의는 끌어 올린 지지도를 바탕으로 국정의 운영주도권을 되찾겠다는 것이다. 포섭과 끌어올림은 덧셈의 정치를 뜻하기 때문이다.

이 같은 어설픈 설법(어법) 풀이가 가능할 수 있는 이유는 자칫 소경 코끼리 다리 만지기식 선문답으로 끝날 수도 있던 설법(어법)풀이에 이동관 홍보수석이 투 트랙 전략이란 방법론을 제시했기 때문이다. 투 트랙(two track) 전략이란 "국가정체성·법치·자유시장경제 등 근원적 가치는 확고하게 지키되 서민정책을 보완하겠다"는 것을 말한다. 결과적으로 중도 강화론이란 투 트랙 전략의 명품으로 (이념에 얽매이지 않는 실용적 정책인 정치상품과 보수적 안보 · 통일관을 던져)양거 (서민층과 보수층의 지지를 얻겠다는)양득의 정책이라 하겠다. 따라서 10월 전후부터 정부부처 · 언론에 확산된 "서민을 따듯하게 중산층을 두텁게"란 슬로건은 중도 강화론의 전령사인 셈이다.

1.2. 이데올로그와 그 비판자들

누가 중도 강화론의 이데올로그이냐에 또는 주창자이냐에 대해 두세 가지 설들이 있기는 하지만 주창자는 박형준 정무수석이다에 초점이 맞춰지고 있다. 그밖에 곽승준 미래기획위원장과 이 수석이 박 수석과 더불어 비중 있는 역할을 한 것으로 보도되고 있다. 학계의 조언자로는 김원영 이대교수 · 김형준 명지대 교수가 중도 강화론의 필요성을 꾸준히 청와대에 전했다고 한다.[232] 중도 강화론을 체계화시키는 과정에서 박 수석의 역할은 삼각화

232) 온 · 오프라인(on · off line) 신문 기자들의 발 빠른 기사가 없었다면 이글을 쓰지 못했을 것이다. 좌 · 우 · 중도 불문하고 기자들에게 고마움을 전한다. 중앙일보. 2009년 6월 25일.

(triangulation) 전략을 이론적 토대로 차용했다는 데 있고, 이 수석은 중도 강화론을 'MB다움으로의 복귀'로 키워드화 했다는 데 있으며, 곽 위원장의 역할은 휴먼뉴딜로 정책의 가능성을 선점했다는 데 있고, 김형준은 중도 강화론을 "서민적 보수"로 재창했다는 데서 찾을 수 있다.

역사적으로나 경험적으로 볼 때 새로운 이즘(ism)이나 주의 · 주장이 뜨면 으레 비판자들 또한 함께 부상하기 마련이다. 중도 강화론도 예외가 아닌 듯 싶다. 좀 다른 점이 있다면 평소에 같은 이데올로기 범주에 속했던 구성원으로 알려진 인물들이 중도 강화론에 대해 성토하고 있다는 점이다. 예를 들면 김동길 연세대 명예교수, 김용갑 한나라당 상임고문, 이회창 자유선진당 총재, 공병호 공병호경영연구소의 소장, 지만원 사회발전시스템연구소 소장 등과 같은 대표적 보수인사들이 중도 강화론에 대해 엄중히 질타했다는 것이다. 구체적으로 엄중한 질타에 대해 알아보면 공병호는 혼란스러운 국정운영의 근본적인 원인은 진보와 보수 좌와 우의 대립에 있는 것이 아니라 대통령의 리더쉽 부재에서 비롯되었다고 시국을 촌평한다. 따라서 국정운영의 주도권을 잡기 위해 제시한 중도 강화론과 같은 정책의 추진은 지지층의 이반을 더욱 가속시킬 위험이 내재되어 있다고 비판하였다.[233] 이 보다 거친 어조로 조갑제 전 월간조선 대표는 중도 강화론을 꺼내든 이명박 대통령을 "탄핵"시키자고 주장했다.[234] 왜냐하면 "이 대통령이 편법과 기회주의를 중도실용이라고 위장하고 있다"면서 "헌법상의 취임선서와 대통령의 직무를 위반"했기 때문이란다.[235] 이회창도 "중도란 것은 정체성이 없다"고 말하는가 하면, 같은 맥락에서 "이 사회에 지금 독자적으로 세력화가 될 수 있는 중도세력이 존재한다는 생각은 착각이다. 설사 중도의 위치를 표방하는 사람들이 있다 하더라도 그들이 세력화 되어 우파의 신뢰를 얻고 좌파를 설득하여 타협하고 포섭할 수 있다고 생각한다면 그것은 대한민국 현대사의 흐름을 완전히 도외시하는 환각에 불과할 뿐이다. 중도 강화론이란 것은 없는

233) 공병호. "중도 강화론은 잘못된 처방"(동아일보. 2009년 6월 27일).
234) 문경환. "이명박정권의 '중도실용논'의 허구성"(자주민보.net. 2009년 7월 22일).
235) 프레시안. 2009년 6월 23일.

세력을 강화한다는 것이다. 허공에다 대고 뭘 하겠다는 것인가"라고 우파 이론가 이동복은 격분하기까지 했다.[236] 이동복의 비판이 대문 안에서 안방 보고 고함치는 격이라면 "중도는 독립된 이념과 가치체계를 갖추지 못하고 있다. 중도이념을 모태로 좌·우 이념이 파생된 것이 아니기 때문에 강화할 그 무엇이 존재하지도 않는다"[237]는 대문 밖에서 집을 향해 꼬집는 비판이라 하겠다.

이러다간 자중지란(自中之亂)으로 중도 강화론이 바다에 나아가기도 전에 돛을 접나 싶더니 2009년 10월 판세는 40-50% 안팎의 예상 밖 지지로 나타나 청와대는 모처럼 고무돼있다. 정권 출범 후 60-70%의 높은 지지도가 1년 6개월 만에 10%대 전후까지 떨어 졌기 때문이다.

1.3. 이론적 토대

중도 강화론의 이론적 모태는 중도 강화론의 전도사인 박 수석의 2009년 6월 24일 조선일보와의 인터뷰에서 제시되었다. 박 수석은 중도 강화론의 이론적 모태는 클린턴 전 미국 대통령이 국정에 도입한 삼각화(triangulation) 전략이라고 밝히면서 더 나아가 이제 "삼각화 전략은 시대적 흐름이라며 클린턴 정부가 우파 정책을 선별적으로 수용한 것이나, 공화당의 부시 정부가 온정적 보수주의를 내건 것이나, 사르코지 프랑스 대통령이 우파 정책의 토대 위에서 좌파정책을 일부 받아들인 것이나 모두 삼각화 전략이라 할 수 있다"고 역설했다.[238] 삼각형 밑변의 양 꼭지점을 좌우로 보고, 위쪽 꼭지점처럼 양쪽의 장점만 취하는 노선이라고 해서 나온 용어인 삼각화 전략의 정치적 함의는 득표의 극대화를 위해 중간층 유권자들이 거부감을 갖는 양 극단(골수 좌파와 골수 우파)의 가운데 위치(중도층)에서 양쪽 어젠다를 버무

236) 주간조선. 2062호(2009년 7월 6일).

237) 조동근. "중도 강화론의 함정" (한국경제. 2009년 8월 25일).

238) 조선일보. 2009년 6월 25일.

려 중간의 입장을 취한다는 것 같다. 요약하면 "삼각화는 우파라고 해도 중도나 좌파 정책을 변용하거나 수정해 쓸 수 있다는 것"이라고 박 수석이 요점을 정리하였다.[239]

"삼각화는 우파라고 해도 중도나 좌파 정책을 변용하거나 수정해 쓸 수 있다는 것"임을 고안한 이가 딕 모리스(Dick Morris)이다. 그는 1994년 중간선거에서 대패한 클린턴을 구출하기 위해 클린턴에게 좌우 구분에서 탈피할 것을 주장했다. 민주당 정책도 아니고, 공화당 정책도 아닌 제3의 대안을 찾아내야 한다는 취지였다. 그걸 삼각형에 빗댄 거였다. 당시 삼각화 논란의 중심에 균형예산(balanced budget)이 자리 잡고 있었다. 워낙 재정적자가 컸기 때문에 미국 여론의 대다수가 이를 지지했다. 이 정책은 중간선거에서 공화당이 압승한 핵심 이유이기도 했다. 그런데 균형예산정책을 쓰게 되면 이는 정부의 지출을 줄이자는 것이고, 직접적으로 이 점은 다시 복지재정의 삭감을 뜻한다. 따라서 민주당과 클린턴은 당연히 복지재정 축소에 반대했던 것인데, 모리스의 삼각화 전략에 따르면 클린턴은 균형예산이라는 원칙을 수용해야만 했던 것이다. 선거에서 이길 수 있었기 때문이다. 그리고 클린턴은 재임에 성공했다.[240]

클린턴은 재임을 위해 삼각화 전략을 수용했다고 해도 MB정부가 삼각화 전략의 채택을 고민한 점에 왜 그랬을까하는 의문이 든다. 주지하다시피 대한민국 헌법은 대통령의 5년 단임을 명시하고 있다. 또 국민의 지지도라는 것은 정책에 대한 사후 평가이지 사전 평가는 아닌 것이다. 따라서 아래의 의문점들에 대해 좀 더 숙고할 필요가 생겼다.

239) 연합뉴스. 2009년 6월 25일

240) 이철희. "그들이 삼각화 전략과 온정적 보수주의를 거론하는 참뜻은?" (오마이뉴스. 2009년 6월 29일).

Ⅱ. 문제제기

첫째, 이 수석은 중도 강화론을 두고 MB다움으로의 복귀라고 주해를 달았다. 이는 일반적으로 이해되고 있는 MB스타일 또는 MB정부의 이미지하고는 전혀 다른 주석이다. MB스타일하면 현장에서 불도저로 밀어 붙이는 장면이 떠오르고 MB정부의 이미지 하면 "강부자", "고소영 내각"이 연상되기 때문이다. 그래서 궁금해 진 것이 중도 강화론이 "MB다움의 편린의 부풀리기인가 아니면 MB다움의 빙산의 일각인가?" 하는 점이다. 전자는 결과적으로 포퓰리즘에 바탕에 둔 정치적 쇼 일수도 있다는 것이고 후자는 MB다움의 진면목이 비로소 드러나기 시작했다는 긍정적인 신호탄 일 것이다를 함의한 자문이다.

둘째, 중도 강화론은 '친(親) 서민 · 중산층 정책으로 서민정책을 통해 중산층을 복원하겠다는 것인데 이게 바로 MB의 확고한 철학이자 MB노믹스의 핵심이다'라고 박 수석이 조선일보와의 인터뷰(2009년 6월 24일)에서 밝혔다. 따라서 중도 강화론의 정책에는 친(親) 서민 · 중산층을 위한 어떤 내용들이 담겨져 있는가를 분석하면서 동시에 그 내용이 진정하게 친(親) 서민 · 중산층을 위한 정책인가를 타진해 보는 것이 필요하다. 타진의 구체적 작업은 친(親) 서민 · 중산층 정책의 시금석이 되는 복지정책을 중점적으로 재구성하는 데 있다.

셋째, 박 수석은 MB의 중도 강화론은 딕 모리스의 삼각화 전략을 벤치마킹(benchmarking) 했다고 설명하였다. '모방은 창조의 어머니다'라고 했는데 중도 강화론이 삼각화의 무엇을 어떻게 모방했는지 곱씹어 봐야 할 필요가 있다.

이글의 목적은 중도 강화론의 정책을 분석함으로써 MB다움의 진정성을 설파는 못해도 최소한 진정성에 각주를 달아 보자는 데 있다. 각주를 달게 되면 각주는 리트머스가 되어 포퓰리즘과 진정성의 진위를 규명하는 지시약이 될 것으로 기대하기 때문이다. 그러나 이제 막 시작한 정책을 두고 "진위를 규명"한다는 것(설파)은 너무 앞서 가는 것인 만큼 시약(각주)으로 중도 강화론을 체질하겠다는 것이 이 글의 분석수준이며 연구 목적이다.

Ⅲ. 왜 중도 강화론인가?

3.1. 중도 강화론의 이념적 배경(콘셉트)

평소부터 MB는 자본주의와 공산주의 또는 대한민국과 북한 같은 체제구별이 확실한 것에 대한 잣대로써 이데올로기라는 개념 사용은 일리(一利)가 있어 보이나 체제 내적 영역에서 예를 들면 대한민국 내에서 집단 간에 이데올로기의 세분화 논쟁은 백해무익한 것으로 본 것 같다. 이는 MB의 지론인 것 같다.

2005년 서울시장 재직 당시 찾아간 대학 초청 강연회마다 MB는 진보와 보수를 이렇게 강하게 구분하는 곳은 우리나라가 유일하다는 불만을 쏟아내곤 했다고 한다. 그러다가 검찰 수사로 심한 심리적 압박을 받던 차에 노무현 전 대통령이 서거하면서 촛불시국 이후 재차 국론 분열양상이 나타나자 MB가 국론분열을 수습할 대안 마련에 고민하기 시작했다고 한다. 경제가 도약해야 할 중요한 시점에 이념 대립이 발목을 잡아 너무나 안타깝다는 충정어린 탄식과 함께 MB가 중도에 대해 진지하게 고민하기 시작했다는 것이다. 그 끝에 6월 22일 청와대 수석비서관회의 이 대통령은 “우리 사회가 좌다 우다, 진보다 보수다 하는 이념적 구분을 지나치게 하는 것 아니냐. 사회적 통합은 구호로만 되는 것이 아니다. 우리 사회 전체가 건강해지려면 중도가 강화돼야 한다”고 힘주어 말했다는 것이다. 즉 중도에서 사회통합의 해법을 제시한 것이다.[241]

결과적으로 진보와 보수, 좌와 우를 기준삼아 서로 으르렁 거리는 것 자체를 혐오한 MB 개인의 정치성향이 중도 강화론의 이념적 배경의 출발점이

241) 중앙일보, 2009년 6년 25일

고, 박 수석의 손을 거쳐 삼각화의 형태로 구체화 되었으며 이를 바탕으로 MB는 국론분열 양상으로 치닫고 있는 정국해법의 콘셉트로 사회통합을 제시한 것이다.

3.2. 중도 강화론의 정치적 배경(콘셉트)

먼저 김형준은 중도 강화론의 정치 현실적인 등장 배경을 다음과 같은 이유에서 찾고 있다. 첫째, (KBS와 동서리서치의 7월 여론조사 결과) 우리 사회의 갈등이 84.7%로 심각하다는 의견이 나왔는데 특히 진보 보수 간의 이념적 갈등이 78.1점으로 높은 이유는 사회갈등이 그만큼 이념이 매개된 정치 갈등임을 방증하는 것이란다. 그래서 이를 근원적으로 해소시켜서 국민통합의 계기를 마련하기 위한 MB의 방책이 다름 아닌 중도 강화론이란 것이다. 또한 국민의 이념 지형은 과거 20%에서 현재 40%로 중도가 강화되고 있는데 오히려 이념 갈등이 증폭되는 역설적인 상황을 극복하기 위한 것이 바로 MB의 중도 강화론이란 것이다. 둘째, 흩어진 민심을 수습하고 국정운영의 주도권을 회복하기 위한 불가피한 선택의 측면이 있다는 것이다. 그리고 그 핵심에 '서민적 보수'가 자리 잡고 있다고 한다. 서민적 보수란 그동안 진보는 서민을 대변하고 보수는 기득권을 옹호하는 것으로 우리 사회에서 인식되어온 경향이 있는데 이런 관행에 종지부를 찍고 보수도 서민을 위할 수 있다는 메시지이며 이것이 바로 중도 강화론의 핵심에 해당한다고 김형준은 주장하고 있다.[242] 중도 강화론을 서민적 보수라는 신조어를 만들면서까지 그 의미를 재정립하는 것을 보면 MB정부의 중도 강화론를 지원하는 학자라는 앞에서의 지적이 결코 무리한 주장이 아님을 알 수 있다.

아무튼 서민적 보수가 중도 강화론의 핵심이 되기까지 정치적 위기가 여러 차례 있었다. 바꾸어 말해 MB정부는 정치적 위기를 맞이하여 그 돌파구를 찾지 않으면 안 되는 상황에 처했다는 것이다. 집권 초기 미국산 쇠고기

242) 김형준. "정치의 관점에서 본 중도실용" (2009년 8월 15일).

수입과 직결된 광우병파동으로 야기로 된 촛불집회에서부터 시작된 정치적 위기는 해를 넘겨 1월 용산참사를[243] 거쳐 2009년 4월 29일 재보선 선거에서 한나라당의 0:5로 참패로 이어졌기 때문에 10월에 있을 재보선 선거에서도 승리를 낙관하기 어려운 노릇이다. 더욱이 7월 국회에서 한나라당이 강행처리한 미디어법이 현재 헌법재판소에서 법률 위헌심사를 받고 있는 거도 부담이 된다. 문제는 8 · 31 청와대 참모진 개편과 9 · 3개각에도 불구하고 10월 재보선 선거에서 소기의 성과를 거두지 못한다면 이는 2010년 6월 지방선거로 이어져서 조기에 레임덕 현상이 나타날 수 있다는 가능성을 배제하기 어렵다는 데 깊은 고민이 있는 것 같다. 정정길 대통령실장이 "내년 6월 지방선거까지 10개월 동안이 가장 중요하며 이기간 동안 이명박 정부가 도약할 수 있도록 해야한다"고 9월 5일 청와대 직원들을 독려한데서 고민의 심각성을 확인할 수 있다.[244] 한마디로 최악의 시나리오를 차단시킬 반전이 절실한 시점이란 것이다. 따라서 한나라당의 위기하고도 맞물려 있는 정국이 눈앞에 전개되고 있기 때문에 무엇보다도 이를 철회하기 위해선 일탈한 중도층을 껴안을 수 있는 대 서민 · 중산층 공략 정책이 필요했다는 것이다.[245]

중도층이 MB정부를 일탈한 이유는 MB가 촛불집회를 계기로 우리사회가 격렬한 보수 · 진보간 대립각을 세웠을 때 집토끼(고정 지지층)인 보수층을 껴안자 '보수회귀' 현상에 실망한 중도층이 등을 돌렸기 때문이다. 문제는 10%대로 떨어졌던 지지율이 2009년 6월 현재 30-40%대를 회복됐으나 이 선을 벗어나지 못하는 상황이 지속되고 있다는 데 있다. 따라서 "MB 다움으로 돌아가자"란 구호 아래 산토끼(유동 지지층)의 마음을 다잡기 위한 정치적 포석이 깔린 것이 바로 중도 강화론이란 것이다.[246]

결과적으로 서민은 진보의 전유물이 아니라는 반론에서 출발하여 보수회

243) 김인국 천주교정의구현사제단 신부는 9월 21일 정운찬 국무총리 후보자의 '용산 사고는 화염병이 직접 원인' 국회 인사 청문회 발언 대해 '오늘과 같은 이런 거짓말은 용서가 안 된다' 며 '아니 자기가 수사관도 아닌데 어떻게 속 내용을 다 알아서 그런 무서운 말을 확신을 담아서 결정적으로 함부로 할 수 있습니까' 라고 되물었다고 한다(미디어 오늘 2009년 09월 21일).

244) 조선일보 2009년 9월 7일.

245) 문경환. "이명박정권의 '중도실용논'의 허구성" (자주민보.net. 2009년 7월 22일).

246) 중앙일보. 2009년 6년 25일.

귀로 일탈한 중도층을 다잡기 위한 포석이 중도 강화론의 정치적 배경이며 MB다움으로 돌아가자, 중도보수 MB로 집약되는 서민적 보수를 콘셉트로 제시한 것이다.

3.3. 중도 강화론의 경제적 배경(콘셉트)

중도 강화론의 경제적 배경은 2009년 9월 미국 발 금융위기로 직격탄을 맞은 서민의 경제생활을 들여다보면 쉽게 납득할 수 있을 것이다. 직격탄을 맞은 서민의 경제적 어려움을 서민들이 주로 종사하는 업종 종사자의 변화와 노동시장 동향 그리고 서민들이 주 대상인 공공부조프로그램의 수급자 현황을 중심으로 알아보겠다.

먼저 7월 17일 통계에 의하면 2분기(4-6월) 자영업자 수는 전년 동기 607만 3000명에 4.75% 감소한 578만 700명으로 이는 IMF 이후 최대치이다. 생계형 자영업(직원 고용을 못함)의 8월 취업자 수는 1년 전에 비해 26만 4000명이나 줄었으며, 지난해 8월 감소 폭(-4만7000명)과 비교해 봐도 회복 조짐이 전혀 보이지 않는다고 한다. 구체적으로 임시 · 일용직 취업자 수는 1분기까지 각각 492만 8000명, 194만 2000명으로 2003년 1분기 이후 가장 악화되었다. 일용직노동자의 대거 일자리 상실은 1 · 2분기 누계가 24만 1000명에 달했다. 임시직 취업자 수가 14만7000명 늘었지만, 이는 희망근로 사업 등 정부 재정지출에 따른 착시효과란 것이다. 왜냐하면 희망근로가 시작되기 전인 5월까지는 취업자 감소세가 뚜렷했기 때문이란다.[247) 2분기 실업자 수는 70만 9000명으로 2005년 1분기 이후 가장 악화되었다. 2008년 3분기부터 악화된 경기가 비정규직에 영향을 줬기 때문이다. 상황은 더욱 나빠져서 9월 21일 기획재정부와 통계청에 따르면 8월 기준으로 20대의 실업률은 8.1%나 된다. 전체 평균 실업률이 3.7%이므로 20대는 일하고자 하는 의욕은 넘치지만 일자리는 구하지 못하는 현상이 다른 연령대에 비해 훨씬

247) 한겨레 2009년 9월 18일.

심한 상태란 것이다. 특히 20대와 30대의 일자리가 19년 만에 가장 적은 수로 떨어져 1천만 명 선이 무너졌다고 한다. [248]

정부는 2009년 본예산의 40만 명 보다 많은 약 55만 명 수준의 공공부문 일자리를 지원할 예정이란다. 또한 올해 말 종료 예정이던 희망근로사업은 25만 명에서 10만 명으로 줄여 내년 상반기까지 운영할 계획이다.[249] 반면에 상용직 근로자수는 올 1분기 929만 4000명으로 사상 최대 수준 기록하였다. 이는 비정규직 보호법이 시행되면서 비정규직을 퇴출시키거나 잔류시켜야 하는 상황에서 발생한 일시적 효과라고 볼 수 있다. 이로 인해 고용시장에서 양극화는 더욱 심화되고 있다.[250]

경제가 어려워지면 제일 먼저 고통 받는 사람들이 서민들이다. 국가도 이들을 돕고 있다. 자력구제가 어려운 서민층을 돕는 공공부조프로그램이 국민기초생활보장법이다. 이 법은 제정된 지 8월 7일로 10년이 됐지만, 제도의 사각지대에서 신음하는 빈곤층은 여전히 늘고 있다고 한다. 사회 양극화로 빈곤층은 계속 증가하는데, 까다로운 조건과 예산 부족 등으로 혜택을 보는 기초생활보장 수급자 수는 거의 '제자리걸음'을 하고 있기 때문이란다. 보건복지가족부가 집계한 기초생활보장 수급자 현황 자료에 의하면, 제도가 시행된 2000년 155만 명이던 수급자 수가 2001년 142만 명, 2006년 153만 명, 2007년 155만 명, 지난해 153만 명으로 10년 동안 130만-150만 명 수준에 머물러 있다고 한다. 반면 소득은 최저생계비에 못 미치지만 재산 · 부양의무자 기준이 맞지 않아 기초생활보장 혜택을 받지 못하는 '비수급 빈곤층'은 2006년 329만5000명, 2007년 368만3000명, 2008년 401만1000명으로 급속히 늘고 있단다. 설상가상으로 실제 최저생계비가 지난 10년 동안 평균 4.5%로 더디게 오르면서 기초생활 수급자들과 비수급자들의 격차는 점점

248) 연합뉴스. 2009년 9월 21일: 글로벌 경제위기 이후 급히 만들어진 청년인턴사업에 의해 현재 공공기관에 1만2천명, 중앙 · 지방정부에 1만7천명, 중소기업에 3만7천명 등 약 6만6천명 이상이 일하고 있는 상태이나 하반기 중에 대부분 계약기간이 만료돼 청년들은 다시 길거리로 나앉을 가능성이 커졌다. 정부는 희망근로사업과 마찬가지로 청년 인턴도 규모를 줄여서 내년까지 유지한다는 계획이지만 임시직의 한계를 벗어나기는 힘들어 보인다고 한다.

249) 머니투데이. 2009년 9월 7일.

250) 문화일보. 2009년 7월 17일.

더 벌어지고 있단다. 1999년 도시노동자 4인 가구 평균소득의 38.2% 수준이던 최저생계비는 2007년 30.6%까지 떨어졌기 때문이다.

상대 빈곤율은[251] 2000년 10.5%에서 2008년 14.3%로 8년 동안 3.8%포인트나 높아졌단다. 류정순 한국빈곤문제연구소장에 따르면 "빈곤층은 계속해서 늘어나는데 수급자 선정 조건은 여전히 까다로운데다 정부가 수급자 수와 예산을 적게 잡아 제도가 현실을 따라가지 못하고 있다"고 한다. 보건복지부도 지난해 성과관리 시행계획 보고서에서 "상대 빈곤율이 지속적으로 상승하고 있으나 기초생활 수급률은 약 3.2%에 불과해 사회안전망의 확대가 필요하다"고 밝혔단다.[252]

결과적으로 서민은 노동시장의 양극화, 소득의 양극화, 사회적 양극화에 전적으로 노출되어 있다. 제도의 사각지대에 놓여 제도의 도움을 받지 못하는 사람들과 취업 자체를 포기한 구직 단념자들도 늘어만 가고 있다. 이 문제를 직접 챙기기 위해서 가빠진 MB의 서민행보가 중도 강화론의 경제적 배경이며 무담보 소액신용대출 · 사교육비 문제 · 학자금 대출 · 보금자리주택 · 민생안정을 위한 2009년 세제 개편안 · 적자 예산 편성 · 복지예산 증액 등을 콘셉트로 제시한 것이다.

Ⅵ. 중도 강화론의 후속정책

4.1. 휴먼뉴딜과 2009년 세제개편안

MB정부의 중산층(경제적 어감, 중도층은 정치적 어감) 끌어안기는 6월 "중도가 강화돼야 한다"는 발언이 나오기 이전인[253] 2009년 3월부터 예열되기

251) 상대빈곤율이란 중위소득(전체 가구를 소득수준별로 나란히 세웠을 때 한가운데에 위치한 가구가 벌어들인 소득)의 50%를 밑도는 가구 비율을 뜻한다.

252) 한겨레. 2009년 9월 8일.

253) MB정부의 중도 강화정책의 원조는 2008년 금융소외자 · 영세자영업자 · 비정규직 · 농민에 대한 대대

시작했다. 중도 강화론의 한 축을 담당하고 있는 곽 위원장이 휴먼뉴딜 정책을 구상했기 때문이다. 대통령 직속 미래기획위원회는 3월 23일 관계부처 합동회의를 열고 중산층 키우기 휴먼뉴딜 정책의 얼개를 발표했다. 휴먼뉴딜의 3대 핵심 정책 방향은 첫째, 중산층 탈락 방지 둘째, 중산층으로의 진입 촉진 셋째, 미래중산층 육성 등을 정하고, 단기적으로 저소득층에 대한 지원을 확대하는 한편 중 · 장기적으로 위기 이후 재도약할 수 있는 기반을 마련하는데 있다고 한다. 정부는 우선 중산층 탈락 방지를 위해 주거, 교육, 의료비 등 가계지출 부담을 줄이는 정책 방안 추진에 진력하겠다면서 특히 중산층 가계에 가장 큰 부담이 되고 있는 사교육비를 획기적으로 줄여 "가난으로 사교육을 받지 못해 대학 진학에 어려움을 겪지"않도록 하겠다는 뜻을 밝힌 것이다.[254] 결과적으로 휴먼뉴딜 정책은 중도 강화론의 시제품(試製品)인 셈이다.

시제품의 연착륙으로 예열을 마친 중도 강화론은 무담보 소액신용대출 정책으로 첫 삽을 떴다. 구체적으로 어떤 내용의 중도 정책을 선보이겠다는 것인가라는 기자의 질문에 "이 대통령이 최근에 마이크로 크레디트(microcredit, 무담보 소액신용대출) 정책을 강조했지만 하반기 경제 운용 과정에서의 서민정책을 수집, 발굴하고 있다. 생활공감 정책, 그리고 양극화를 막고 중산층을 두텁게 하는 휴먼뉴딜 정책 등을 더욱 강화해 나갈 것이다"라고 박 수석이 화답을 한데서 알 수 있다.[255]

중도 정책의 대 서민 홍보 움직임도 매우 빨랐다. MB는 6월 25일 이문동 골목시장 방문 중 새마을금고를 찾아 마이크로 크레디트 관련 보고를 받는 자리에서 무담보 소액신용대출은 소액이지만 어려운 분들에게는 굉장히 필요한 돈이라며 그 중요성을 "금융감독원을 방문했다가 사채를 100만 원 빌렸다가 한 달에 60만 원씩 1년을 갚았는데 1500만 원의 빚이 남았다는 사람을 만나 하소연을 듣고 불법이기 때문에 정식 조사를 시켰는데 어제 고맙다는 편지를 받았다"는 일화를 빗대어 재차 강조한바 있다.

적인 지원 대책을 담은 "뉴스타트 2008 프로젝트"일 게다.

254) 연합뉴스. 2009년 3월 23일. 씨앤비저널. 2009년 6월 30일.

255) 조선일보. 2009년 6월 25일

화려한 "간판"에 비해 실적이 부진했던지 아니면 중도 강화론에서 차지하는 비중에 비해 실질적 지원이 빈약했던 것인지 간에 MB는 9월 17일 소액서민금융재단에서 비상경제대책회의를 열어 향후 10년간 2조 원 이상 기금을 출연해서 서민의 자금난을 덜어주기 위한 무담보 소액신용대출 확대 방안 등을 논의하였다. 구체적인 사업 집행 방법은 휴면예금을 재원으로 마이크로 크레디트 사업을 지원하고 있는 소액서민금융재단을 가칭 미소금융중앙재단으로 확대 · 개편해 무담보 소액신용대출의 중추적 기관으로 활용할 계획이란다. 또 서민들이 쉽게 이용할 수 있도록 미소(美少:아름다운 소액)금융(미소금융이란 아름다운 소액대출로 서민들에게 희망을 주는 사업)사업 수행 법인을 전국 200-300여 개로 늘릴 방침이란다. 12월부터 이 사업이 실행되면 저소득층의 시드머니(seed money, 사업 밑천)로써 최대 25만 명이 혜택을 받게 될 것으로 기대하고 있다. 이를 두고 김은혜 청와대 대변인은 "보다 많은 서민에게, 보다 많은 기업이, 보다 많은 혜택·지원을 하기 위한 중도실용 정책의 결정판"이자 "친 서민정책 금융지원 완결편"이라 자평했다.[256] MB는 이를 "우리 정부가 추진하는 중도실용 서민정책의 핵심"이라고 제24차 라디오 · 인터넷 9월 20일 연설에서 확인해 주었다.

무담보 소액신용대출에 버금가는 대통령의 강한 친(親) 서민정책에는 사교육비 문제 · 학자금 대출 · 보금자리주택보급 등이 있다. 이에 MB는 보금자리주택 사업과 관련해서도 "가능하면 전세주택, 월세주택을 많이 지어서 서민들이 전세금 정도로 평생 살 수 있도록 할 것"이며, 취업 후 학자금 상환제에[257] 대해서는 "서민들의 교육비 부담을 크게 줄여줄 것이며 대출받은 학자금을 나중에 자기가 벌어 갚을 수 있도록 한 것은 교육비에 대한 부모님의 부담을 줄이는 데에도 크게 기여할 것"이라고 제24차 라디오 · 인터넷 9월 20일 연설에서 이 역시 재차 확인해 주었다.

256) 데일리안. 2009년 9월 17일. 연합뉴스. 2009년 9월 17일.

257) 그런데 "이 제도가 (2010년 1학기)시작되면 전체 대학생의 절반가량인 107만 명이 학기마다 학자금을 빌릴 것으로 정부는 추산 (하고 있으며) 연간 10조원 안팎의 재원이 필요" 하다고 한다. 따라서 만약 "4년간 학자금을 빌린 남녀 대학생이 결혼을 한다면 1억 원 가량 빚을 안고서 신용불량자 부부로 출발하게" 되는 웃지 못 할 상황이 발생하게 된다는 것이다(조선일보. 2009년 10월 5일).

위에서 밝힌 휴먼뉴딜의 3대 핵심방향은 이숙종 교수에 따르면 “한계중산층(중위소득의 50-70%사이 213만 가구)의 빈곤층 전락을 막고, 차상위 빈곤층(최저생계비 이상 소득과 중위소득의 500%사이 84만 가구)의 탈빈곤화를 지원하여 중산층 진입을 촉진한다는 정책”에 해당한다.[258] 결과적으로 휴먼뉴딜의 정책기조는 가계지출 부담을 경감시켜서 서민층의 고충을 덜어주겠다는 데 초점이 맞춰져 있는 것 같다. 이것은 소극적 정책(가계지출 경감)이지 적극적 정책(일자리 창출)이 아니다. 소나기는 피하고 보자는 한시적 성격의 정책들이기 때문이다. 더욱이 위원회 수준에서 정책집행을 감독하거나 국가재정을 확보하기도 어렵다. 그래서 관심이 쏠리는 대목이 “민생안정 · 미래도약을 위한 2009년 세제개편안”이다.

기획재정부가 8월 25일 밝힌 2009년 세제개편안의 요지는 “민생안정을 위해 영세자영업자 저소득 근로자 등 취약계층에 대한 세제지원을 대폭 강화하고, … 재정건전성 제고를 위해 고소득자의 근로세액 공제 축소, 고소득 전문직의 과표 양성화 등을 통해 세금을 더 걷겠다”는 데 있단다.[259] 그런데 (뉴라이트 계열의) 조동근 교수는 친(親) 서민 정책이 MB정부의 정책브랜드가 되면서 확장 발표된 친(親) 서민 세제지원 방안에는 “불편한 진실”이 숨어 있다고 토로하고 있다. 그 이유는 첫째, 2009년 세제개편안이 정치논리에 따른 경제정책이며[260], 둘째 친(親) 서민 코드가 MB정부의 핵심가치를 밑둥부터 갈가먹기 시작했고, 셋째 부메랑 효과에 의해 서민의 조세부담이 경감되는 것이 아니라 오히려 가중될 것으로 보이기 때문이란다.

조동근이 말하는 “불편한 진실”의 실체를 문답식 방법을 통해 구체적으로 알아보자. 첫째, 왜 2009년 세제개편안을 정치논리의 부산물로 보는 것일까? 이 대답의 시작은 MB정부가 2009년 초 28.5조 원의 슈퍼 추경을 편성해

258) 이숙종. “휴먼뉴딜의 성공을 바라며”(서울신문. 2009년 4월 1일).

259) 조동근. “친서민코드에 포획된 2009 세제개편안”(자유기업원. 2009년 8월 31일)

260) 왜 정치논리인가는 주요 국정을 주도하는 청와대 조직들 때문이다. 왜냐하면 “정권 실세로 통하는 인사들(미래기획위원회 위원장 곽승준 초대 국정기획수석, 국가경쟁력강화위원회 위원장 강만수 초대 기획재정부 장관, 녹색성장위원회 공동위원장 김현국 · 정운찬, 국가브랜드위원회위원장 어윤대 전 고려대 총장)이 대통령 직속 위원회 위원장으로 포진하면서 정부 부처들이 핵심 국가정책 결정에서 뒤로 밀려나고” 있기 때문으로 조선일보 기자는 보도하고 있다(조선일보. 2009년 10월 5일).

"경제위기극복과 경기침체로 인한 민생안정"을 추진 중에 있는데, 친(親) 서민 세제지원을 거론하는 자체는 분명히 경제논리가 아닌 정치논리의 산물이란 것이다. 둘째, 왜 친(親) 서민 코드가 MB정부의 핵심가치를 좀먹고 있다고 보는 것일까? MB가 친(親) 서민 행보로 지지도가 반등되면서 더욱 박차를 가하고 있는 친(親) 서민 행보가 잘못된 메시지를 보내고 있기 때문이란다. 투 트랙의 한 축이 질서유지에 있어서 타협을 불허하는 법치에 있음에도 불구하고, 광복절에 생계형 음주 운전자 152만 명 사면을 비롯해서 폐업자영업자의 세금 체납액 면제, 과태료 삭감과 같은 도덕적 해이를 부추기는 탈법치적 관용이 똬리를 틀고 있기 때문이란다. 셋째, 왜 친(親) 서민을 위한 세제개편안이 오히려 서민의 조세부담을 증가시킨다는 옥생각을 하게 된 것일까? 가구소득 하위 40%를 서민층으로 잡을 때 2009년 세제개편안에는 곳곳에 서민증세가 도사리고 있기 때문이란다. 예를 들면 "장기주택마련 저축에 대한 소득공제 폐지, 공모펀드에 대한 증권거래세 면제 폐지, 상가에 대한 임대소득 과세 확대 등은 서민의 부담을 가중시키게 된다"는 것이다. 상가 임대소득 과세의 경우 "부자증세의 일환으로 상가 임대소득에 대해 과세를 확대하면 영세자영업자인 세입자에게 세 부담이 전가될 여지가 그만큼 높아"지기 때문이다. 같은 맥락에서 전세금에 대한 과세도 부메랑이 돼서 서민의 전세금 마련 부담으로 이어질 것은 명약관화(明若觀火)한 사실이다. 뿐만 아니라 냉장고, TV 등 4대 가전제품에 대한 개별소비세 부과도 서민의 부담으로 이어질 것이며 이는 개별소비세는 사실상 가전제품에 대한 특별소비세 부활로 해석될 수 있다고 한다.[261]

결과적으로 조동근이 하고 싶은 말은 '친(親) 서민을 정책의 중심에 놓는 순간 동시에 포퓰리즘의 색체를 띤 정치상품'이 바로 중도 강화론이란 것이다.

261) 조동근. "친서민코드에 포획된 2009 세제개편안" (자유기업원. 2009년 8월 31일)

4.2. 노동 · 복지정책

정부의 분류에 따른 복지예산에는 사회복지 · 보건 · 노동 · 주택 분야가 속한다. 따라서 최소한 복지와 노동에 대한 언급이 있어야 중도 강화론에 대한 이해를 객관적으로 할 수 있을 것이다. 먼저 노동시장정책에 대해 알아보자.

마이크로 크레디트식 친(親) 서민 중도 실용의 완결판을 노동시장정책에서는 어떻게 구현되고 있을까? 서민이 노동시장정책에 거는 기대는 매우 크다. 59.9%의 (임시 · 일용직 · 생계형 자영업자) 비정규직이[262] 대부분 서민들이다. 때문에 이들은 고용 · 소득이 불안정한 가운데 어려운 나날을 보내고 있기 때문에 한시적 · 구호적 친(親) 서민 정책이 아닌 지속적 · 안정적 소득창출정책 즉 일자리 창출에 정부와 기업이 솔선해 주길 바라고 있는 것이다.

그러나 사회적 취약계층의 2010년도 고용전망이 올해보다 더 어려울 것이라는 분석이 나와 친(親) 서민 중도 실용정책이 구두삼매에 불과한 것이 아닌가하는 우려를 자아내고 있다. 이미 "중도 강화론의 경제적 배경"을 언급하면서 노동시장이 매우 불안정하다고 지적했다. 그런데 노동부의 2010년 예산 요구액에 따르면 올해 예산 1조 3926억에서 15,2%(2152억 원) 줄어든 1조 1774억 원(기금제외)을 요구했다고 한다. 문제는 줄어든 예산의 대부분은 비정규직 · 희망근로 · 청년 인턴제 등과 같은 노동시장의 약자보호정책을 축소 운영하는 데 집중돼 있다는데 있다. 사업별로는 비정규직 건설 근로자 취업능력향상 프로그램 예산 100억 원, 비정규직 근로자 장학금 지원 예산 50억 원, 공공부문 비정규직대책추진단 예산 3억 원 등 3개 사업이 전면 폐지되면서 비정규직 관련 예산 153억 원이 전액 삭감되었으며, 중소기업 청년인턴제 예산 1020억 원(76.6%), 청년층 뉴스타트프로젝트 예산 76억 원(45.5%), 청년직장체험프로그램 예산 50억 원(24.2%) 등 3개 청년실업 관련 예산이 1136억 원이나 줄었다고 2010년 노동부 예산 요구액 자료를 분

262) 한겨레. 2009년 9월 18일.

석한 김상희 민주당 의원이 8월 31일 밝혔다.[263]

이런 가운데 2010년도 최저임금도 1998년 이래 인상률이 가장 낮은 시간당 110원(2.75%) 오른 4110원으로 결정돼 저임금 영세업체에서 일하는 노동자들의 시름은 커져만 가게 되었다고 한다.[264] 결과적으로 "우리나라는 경기가 일부 나아져도 빈곤층의 삶이 좋아지지 않는 사회구조로 접어들었기 때문에 긴급복지 · 생계구호 등의 지원을 내년에도 대폭 늘려, 일할 수 있는 빈곤층은 다시 노동시장으로 진입할 수 있게 해줘야 한다"는 고용없는 성장사회에서 사회적 취약계층을 배려한 제도적 지원 마련을 염두에 둔 김연명 교수의 지적은 매우 시의적절하다고 본다.[265]

2010년도 예산 편성(291조 원으로 최종 확정)에서 당연 화두는 복지예산 증액이다. 증액의 이유는 "중도실용을 표방한 정부가 복지 예산을 줄일 경우 친(親)서민 정책을 의심받을 수 있기" 때문이란다.[266] MB정부의 복지예산 증액은 노무현 정부 시절 60조 원대였던 것을 81조 원으로 확대될 것이며, 늘어난 복지예산은 저소득층과 노인, 장애인, 맞벌이부부 등 서민들의 생활을 돕는 데 집중적으로 투입될 것이며, 소득수준 하위 70%에 해당하는 사람의 경우 둘째 아이부터 보육료를 전액 면제해주는 방안이 추진되고, 중증장애인이 연금을 받을 수 있도록 제도화하기로 했단다.[267]

서민들의 생활을 돕는 데 집중적으로 투입될 것이라는 복지예산의 내역은 "돌려막기"에 지나지 않는다는 비판을 받고 있다. 그 이유는 "보건복지부가 내년 7월부터 생활이 어려운 장애인들에게 소득을 일부 보장해 주겠다며 중증 장애인 기초장애연금법 제정안을 마련했지만, 경증 장애인(3-6급)은 지원 대상에서 배제되는데다 연금 액수도 적어 장애인들이 반발하고 있다. …

263) 뉴시스 2009년 8월 31일: 이런 가운데 노동문제를 연구하는 국책연구소 노동연구원의 수장인 박기성 원장은 "헌법에서 노동 3권을 빼야 한다"는 게 자신의 소신이라고 국회 청문회에서 발언하였고 "모든 노동자는 비정규직으로 만들어야 한다"는 말까지 서슴없이 하고 다닌다고 유원 창조 한국당 국회의원이 폭로했다고 한다. 한겨레 2009년 9월 21일.

264) 한겨레 2009년 9월 7일.

265) 한겨레. 2009년 9월 9일.

266) 조선일보. 2009년 9월 8일.

267) 조선일보. 2009년 9월 8일.

또 정부는 소득 하위 70% 가구의 둘째 아이에게 보육료를 전액 지원하겠다고 밝혔지만, 만 5살과 장애아 무상보육료는 101억 원이 줄고, 장애아 무상보육료(취학 전 만 12살 이하)도 13억8만 원이 깎였기" 때문이다.[268]

"돌려막기"보다 더한 비판이 "생색내기" 복지예산 증액이란 지적이다. 2010년 복지예산이 역대 최고가 될 것이라 하지만, 한시생계구호나 긴급복지 등 정작 빈곤층을 위한 예산은 없어지거나 줄었기에 이는 생색내기 증액에 지나지 않는다는 것이다. 왜냐하면 보건복지가족부가 기획재정부에 2010년 예산을 요구하면서 23개 사업으로 이뤄진 기초생활보장 관련 예산 가운데 한시생계구호 4181억 원, 실직 가정 생활안정자금대부사업 3000억, 저소득층 에너지 보조금 902억 원은 모두 없애고 긴급복지는 260억 원을 깎았으며, 기초생활 수급자에게 지원되는 생계 · 주거 · 교육급여 등의 예산은 수급 대상자가 7000명 줄어 예산도 157억 원이 깎였기 때문이다.(<표 6-1> 참조)[269]

〈표 6-1〉 2010년 예산요구안에서 줄어든 주요 복지사업

(단위:원)

사업	2009년 예산	2010년 요구안	줄어든 예산
기초생활수급 주거급여	6739억4200만	6350억	388억7200만
저소득층 에너지 보조금	902억	0	902억
긴급복지	1533억1200만	1273억	260억1200만
저소득층 창업자금지원	330억	140억	190억
한시생계구호	4181억	0	101억9400만
만 5살 무상보육료	1356억	1254억600만	13억8000만
장애아 무상보육료	490억4000만	476억6000만	13억8000만

자료: 보건복지가족부

서민에게 더 큰 어려움을 가중시키는 MB정부의 2010년 복지정책 중에 하나는 낮은 최저생계비 책정에 있다. 최저생계비는 기초생활수급자 선정은 물론, 영 · 유아 보육과 장애수당 등 복지사업 전반의 대상자 선정 및 급여

268) 한겨레. 2009년 9월 9일.

269) 한겨레. 2009년 9월 9일.

기준으로 활용돼 파급력이 상당하단다. 그런데 8월 25일 결정된 2010년 최저생계비가 물가상승률(3%)에도 못 미치는 2.75%로 책정됐다. 이처럼 낮은 인상률은 "2002년과 2005-2007년 2%대의 물가상승률에도 최저생계비 인상률을 3% 인상시킨 전례에 비춰볼 때, 우리 사회의 가장 취약계층에게 영향을 주는 최저생계비를 이렇게 결정해 놓고 서민을 위한 정책을 펼치겠다니 앞뒤가 맞지 않는" 반서민적 정책의 전례(前例)가 된다고 이태수 참여연대 사회복지위원장이 비판하였다.[270] 류정순 한국빈곤문제연구소장도 "경제가 어려울 때 정부가 기초생활 수급자 조건을 완화해, 방치돼 있던 빈곤층을 제도 안으로 들어오게 해야 했다며, 그런 정책은 펴지 않은 채 여론을 의식해 한시적으로 찔끔 지원하다 끊어버리는 것은 문제"란 지적은 서민이 바라는 바를 적절히 대변해 주는 것이라 하겠다.[271]

4.3. 예산 · 재정정책

앞서 언급했듯이 친(親) 서민 정책으로 정책기조가 바뀐 MB정부의 2010년 예산의 키워드는 복지예산 증액이다. 친(親) 서민, 중도실용을 표방한 정부가 마땅히 해야 될 정책이란 것이다. 이점에 대해 돌려막기 · 생색내기용 예산 증액이라며 복지사업 예산의 증감을 중심으로 그 문제점을 지적했다. 여기서는 이 보다는 거시적인 측면에서 2010년 복지예산 증액에 다시 한번 주목한다. 주목하는 이유는 증액이 아니고 사실상 감액되었기 때문이다.

2009년 "정부의 복지지출액은 80.4조 원"으로 "GDP 8% 수준"인데 이는 OECD 국가의 평균 복지지출이 GDP 21%이므로 한국은 2.5배나 적다. 따라서 한국은 "지금보다 GDP 13%, 즉 130조 원을 더 복지에 사용해야 OECD 회원국 값을 할 수 있다"고 한다. 이처럼 "외국과 비교해 턱없이 낮고, 경제위기를 맞아 복지지출이 강조되어야 될 상황에서" 9월 28일 국무회

270) 한겨레. 2009년 9월 7일.
271) 한겨레. 2009년 9월 9일.

의에서 확정된 복지예산은 6월 보건복지부가 요구한 82.1조 원에서 1.1조 원 삭감된 81조 원으로 책정되었기에 형식적 측면에서 증액은 아니라는 지적이다.

이와 달리 2010년 책정된 복지예산은 2009년 복지예산 74.6조 원 대비 8.6 % 증가한 81조 원으로 평균 예산 증가율보다 3배 높은 수준이기 때문에 명실상부하게 친(親)서민 정부를 대표할 만하다는 것이다. 이 같은 정부의 주장에 대해 참여연대는 다음과 같이 반박하고 있다. 2010년 복지예산 81조 원은 2009년 추경 복지예산 80.4조 원과 비교하면 6000억 원이 증가했을 뿐이며 "세수 감소로 인한 수입축소로 인해 총지출 규모(2009년 추경 포함 301.8조 원; 2010년 291.8조 원)가 상대적으로 줄어들어 복지 비중이 높아진 것"에 불과하다는 것이다.[272] 때문에 복지예산 증액은 착시현상일 뿐이란 것이다. 구체적으로 "2010년 복지예산 순 증분(6조4000억 원)에는 공적연금(2조2000억 원), 실업급여(2000억 원), 기초노령연금(3000억 원), 건강보험(2000억 원) 등 경직성 예산의 자연 증가분이 포함돼 있는 데다 보금자리주택 지원 예산 2조6000억 원이 합쳐지기 때문에 2010년 복지 예산 증가분은 미미한 수준에 그쳐 서민들이 복지예산이 늘어났다고 체감하기 어려울 것으로 보인다"는 것이다.[273] 여기서 앞서 알아본 사회취약계층 지원 예산이 삭감된 이유를 재차 확인 할 수 있다.

딕 모리스의 삼각화 전략의 핵심은 균형재정을 꾀하자는데 있었다. 적자예산 편성 · 운영이 국가와 국민 모두에게 큰 짐이 되기 때문이다. 그런데 MB정부가 벤치마킹한 삼각화 전략은 재정적자를 확대하는 방향으로 나아가고 있다. 이런 우려 때문에 기획재정부도 "2009-2013년 국가재정운용계획 잠정안"을 9월 3일 내놨다고 한다. 재정수지 균형을 이루겠다는 것이 골자인 잠정안에 따르면 "정부는 향후 5년간 재정수입을 5-6% 늘리고 재정지출은 수입에 비해 1%포인트 낮은 4-5% 증가율로 관리해 2013년에 재정균형을 달성하겠다"는 것이다.

272) 경향신문. 2009년 9월 28일.

273) 경향신문. 2009년 9월 28일.

이에 대해 회의적인 반응이 제기되고 있다. 그 이유는 "올해 국가재정 수지적자가 51조 원에 달할 예정이고 2010년 재정적자도 올해와 비슷한 50조 원에 육박할 것으로 전망되는 상황에서 2009-1013년 5년 국가재정운영계획 기간 중 처음 2년이 각각 50조 원의 재정적자를 기록할" 것이기 때문이란 다.[274] 그런데 MB정부가 4대강 사업을 위해 2010-2012년 3년간 총 22조 원을 투자하기로 하는 등 자신의 공약사업을 무리하게 고집하고 있어서 국가재정을 합리적으로 지출하는 데 실패하고 있다고 오건호는 맹비판한바있다.[275] 이런 오건호의 비판은 설득력이 있어 보인다. 왜냐하면 2009년 9월 28일 기획재정부가 내놓은 '2010년 예산 · 기금안'에 따르면 2010년 국가채무는 407조1000억 원으로 국내총생산(GDP)의 36.9%에 달하게 된다. 다시 말해 이명박 정부가 예산을 짰거나 짜게 되는 올해부터 2013년 사이 누적 재정적자는 모두 132조8000억 원에 이를 것으로 나타났다고 한다. 연평균 26조6000억 원씩 재정적자가 발생하는 셈이다. 앞서 노무현 정부가 예산을 짠 5년 동안 쌓인 재정적자 규모(34조9000억 원)에 견주면 3.8배에 이른다는 것이다. 그런데 이번 재정운용 계획안을 짜면서 기획재정부는 국세 수입이 올해 164조원에서 2013년에는 219조5000억 원으로 늘어난다고 보고, 이에 근거해 재정수지와 국가부채 전망치를 뽑아낸 것인데 이는 정부의 예상대로라면 4년 만에 국세수입이 55조5000억 원 증가하게 된다는 것으로 국세수입의 연간 증가율이 7.5% 수준을 유지한다고 본 계상이다. 특히 2012년과 2013년에는 세금이 전년보다 9.8% 정도씩 더 걷힐 것으로 추산했단다. 그런데 이 수치는 이 기간 정부가 내다본 연간 실질성장률 5%가 실현된다고 하더라도 세수 전망을 지나치게 낙관한 것이라는 지적을 피해가기 어려워 보인다는 것이다.[276] 이에 대해 이용걸 재정부 2차관은 "적극적인

274) 오건호. "이명박정부에게 대한민국 재정은 고달프다"(프레시안. 2009년 9월 8일).

275) 오건호. "이명박 정부에게 대한민국 재정은 고달프다"(프레시안. 2009년 9월 8일). 국가채무는 10년 전인 1999년 93조6000억 원이었으나, 2000년에 111조4000억 원으로 100조 원대를 넘어선 뒤 증가일로를 걷고 있다. 2004년에 203조1000억 원을 기록하며 200조 원대를 넘었고, 4년 뒤인 2008년에는 308조3000억 원으로 300조 원대를 돌파하더니 2011년 446조7000억 원, 2012년 474조7000억 원, 2013년 493조4000억 원으로 더 늘어나게 될 것이라고 정부가 2009-2013 국가재정운용계획에서 밝혔다(문화일보. 2009년 9월 28일).

세출 구조조정을 통해 재정지출의 효율성을 강화하고, 국가채무가 GDP대비 40%를 초과하지 않도록 관리하는 등 재정건전성 관리를 강화하겠다"고 밝히고 있다.[277]

다른 한편 조승수 의원은 재정건전성 관리로 치닫게 한 재정적자의 이유를 부자감세에서 찾고 있다. 아래의 글은 조 의원이 밝힌 기자회견문을 요약한 것이다.

> (먼저 조 의원에 따르면) MB정부의 감세정책에 따른 가구별 세금부담액을 비교한 결과, 상위 10%는 월 8만원의 세금부담이 줄어든 반면, 하위 계층의 세금 감소폭은 1-5천원에 불과한 것으로 나타났는데 이유는 2008년에 단행된 소득세율 1% 인하 효과가 고소득층에 집중적으로 작용했기 때문으로 보고 있다. … (같은 현상이 법인세에어서도 나타났는데) 현재 법인세 최고 세율은 25%이고 여기에 주민세까지 더하면 법인이 부담해야 할 실제 최고세율은 27.5%에 이르지만, 삼성, 현대, LG 등 우리나라 유수의 재벌대기업들이 실제 부담하는 세율은 16.5%에 불과하다는 것이다. 이는 중소기업까지 포함된 24만 여개의 흑자기업 전체의 유효세율 19.4%(07년 기준)보다도 한참이나 낮아 재벌대기업이 중소기업보다도 더 낮은 세금을 부담하고 있다는 것을 시사한다. … (그런데) 부자감세의 피해는 고스란히 서민들의 몫이 되고 있는데 그 이유는 감세가 재정부족으로 이어져 결국 복지예산이 축소되었기 때문이며, 추경 등을 통해 확보된 희망근로프로젝트 등의 일회적 민생예산 또한 재정적 어려움을 이유로 내년에는 (축소 ·)폐지될 운명이다. (따라서) 최근 이명박 정부의 서민행보가 이런 불합리한 현실은 나 몰라라 한 채 거리에서 떡볶이 사먹는 다고해서 어떤 국민이 이 정부를 서민정부로 인정할 수 있겠습니까?[278]

이 연장선상에서 지방정부의 재정이 축소될 것이라는 우려가 제기되었다. 우려가 기우로 끝나지 않고 현실로 나타났다. MB정부의 5년 감세정책은 지방재정에도 영향을 줘서 30조 원이 감소될 것이라는 보고서가 나왔기 때문이다. 이는 국회 행정안전위원회 강기정 의원(민주당)이 국회예산정책처에 의뢰한 결과로 '경기침체 및 감세정책이 지방세수에 미치는 영향'이라는 보

---

276) 한겨레. 2009년 9월 28일. 그런데 IMF는 2010년 한국의 경제 성장률을 3.6%로 전망하고 있다(매일경제. 2009년 10월 2일).

277) 문화일보. 2009년 9월 28일.

278) 진보신당 조승수 의원 기자회견문(2009년 7월 7일).

고서에 의하면 현 정부의 감세정책으로 2008년부터 2012년까지 줄어드는 세입은 90조 1533억 원이며, 지방교육재정을 뺀 지방재정 세입은 모두 30조 1741억 원 감소하는 것으로 나타났다는 것이다 (<표 6-2> 참조).[279]

〈표 6-2〉 이명박 정부의 감세에 따른 지방세수 감소 전망

(단위:원)

	2008	2009	2010	2011	2012	2013
주민세	−2744억	−8055억	−1조7141억	−1조7541억	−1조7304억	−6조2784억
지방교부세	−5920억	−1조8529억	−3조6418억	−3조7692억	−3조7473억	−13조6032억
종부세	−4935억	−2조680억	−2조5770억	−2조5770억	−2조5770억	−10조2932억
합계	−1조3599억	−4조7264억	−7조9329억	−8조1003억	−8조547억	−30조1741억

자료: 국회예산정책처

4.4. 인사정책

2009년 9월 3일 정운찬 전 서울대 총장이 국무총리로 내정되었다. 정운찬 국무총리 기용카드는 중도 강화론의 일환인가? 그렇다고 볼 수 있다. 이유는 첫째, 내부(한나라당내 친박계)도전과 외부(민주당 · 시민단체)의 저항에 맞설 비책이기 때문이다. 탈영남의 인사기용을 선배야 하는 시점에서 그는 충남 공주 출신이기 때문이다. 이 점은 다시 이 지역 출신으로 하마평에 올랐던 심대평 총리 기용무산과 관련된 논란을 잠재우는 특약처방도 된다.

둘째, 중도와 중도주의자의 관계는 동전의 양면에 해당하는 관계라고 볼 수 있다. 이런 맥락에서 김호기가 4명의 학자를 중도주의자로 규정하고 이를 분석한바 있는데 그 중 한국을 대표하는 중도주의자 경제학자로 정운찬을 지목하였다. 그런데 정운찬은 자신을 미시적 케인스주의자로 부른다고 한다. 케인스주의라 하면 일반적으로 선진국처럼 시장이 실패하거나 경기가 부진할 때 정부가 나서서 수요확대를 통해 경기부양정책을 쓰는 것을 말하는 데 반해 미시적 케인스주의는 한국처럼 시장이 원활하지 못한 경우 정부

279) 한겨레. 2009년 10월 6일.

가 주도적으로 시장을 형성 경제가 원활한 방향으로 나아갈 수 있도록 경제 정책을 펴는 것을 말한다. 바로 이런 점에서 미시적 케인스주의는 마르크스의 정치경제학과는 물론 신자유주의와도 다른 중도주의 경제이론을 대표하는 있다고 김호기는 봤다(5장 참조).

"참신함과 개혁 성향의 경제전문가라는 긍정적 이미지를 두루 갖췄다는" 평가를 받았던 정운찬 총리 내정자의 국회 인사 청문회가 진행 되었다. 야당의원들의 검증과정을 보고, 듣고, 읽고 한 국민들이 내린 새로운 평가가 자진사태로 이어지지 않았다 해서 야당의원들이 퇴장한 가운데 9월 28일 임명동의안은 표결에 회부됐다. 이날 한나라당과 무소속 포함 친 박(박근혜 전 한나라당 대표) 연대는 국무총리 임명동의안을 가결시켰다. 이제 공은 정운찬 총리에게 넘어 갔다.

Ⅴ. 중도 강화론의 내부 계속성과 장외로 파생된 효과

여기서 말하는 중도 강화론의 내부 계속성은 중도 강화론의 일관됨(MB의 지론)의 일치성(중도실용정책)을 확인하자는 것이고, 장외로 파생된 효과는 국민과 함께하는 소통의 미덕을 확인해 보자는 것을 말한다. 전자를 확인하는 초점은 대선공약과 100대 국정과제에서 나타난 친(親)서민 정책의 뿌리 찾기에 맞춰져 있고, 후자를 확인하는 초점은 정책 집행 전후에 파생된 MB식 소통력이 연관된 집단 · 행위자에 미친 파급효과에 맞춰져 있다.

5.1. 내부 계속성

집권 2년차 MB정부가 친(親) 서민 중도실용정책을 정책기조로 채택하자 적잖은 사람과 집단들이 당황했다. 그러자 청와대는 친(親) 서민 중도실용정책은 MB의 일관된 정치 신념이며 지론인데 정권 출범 후 이런 저런 이유로 가려져 있다가 "MB다움"으로 뒤늦게 제막된 것이라고 맞받아쳤다. 여기서는 그 뿌리를 대선 공약과 100대 국정과제를 통해 찾아본다.

먼저 한나라당 대선 후보자 당시 MB의 대 서민 정책 공약으로는 다음과 같은 것들이 눈에 띈다. 첫째, 신용불량자 구제. 그 내용은 ① 현재 연체상태에 있는 300만 금융채무불이행자(옛 신용불량자) 우선 구제 검토한다. ② 이와 함께 400여만 명의 저신용자들의 경우 금리가 낮은 대출로 환승할 수 있도록 추진한다. 둘째, 서민 생활비 경감 추진. 그 내용은 ① 이동전화 요금 및 가계 통신비 인하 추진 한다. 이 점은 정권 출범 이후 2009년 9월까지 시민단체로부터 약속이행을 귀 따갑게 듣던 사항이다. 9월 22일 방송통신위원회가 회의를 갖고 통신료를 7-8%인하해서 11월 시행에 들어가겠다고 밝혔다. ②유류세 10% 인하 추진한다. MB정부는 2008년 8월부터 연말까지 한시적으로 시행했다.

2008년 8 · 15 후속조치로 밝힌 이명박 정부 20대 국정전략, 100대 국정과제 중에서 대 서민 정책은 5대 국정지표 중 하나가 된 "능동적 복지"로 집약된다. 이중 중도 강화론과 연계될 수 있는 몇몇 사항만 추리면 다음과 같다. 첫째, 전략 9: 모든 국민을 위한 평생복지기반을 마련하겠습니다. 그 내용은 과제 41: 지속가능하면서도 도움이 되는 연금체계로 바꾸겠습니다. 과제 45: 체감할 수 있는 복지서비스와 기초안전망을 구현하겠습니다. 둘째, 전략 11: 서민생활과 주거를 안정시키겠습니다. 그 내용은 과제 51: 서민생활의 부담을 줄이겠습니다. 과제 53: 취약계층의 경제활동을 지원하고 재출발을 돕겠습니다. 셋째, 전략 12: 국민 모두가 일을 통해 보람을 느낄 수 있도록 하겠습니다. 그 내용은 과제 59: 비정규직 근로자의 보호와 능력개발 확대에 힘쓰겠습니다. 과제 60: 사회적 기업을 육성하겠습니다 등이다.

이를 통해 알 수 있는 점은 대선 공약과 국정과제에서 MB의 친(親) 서민 정책의 맹아가 있었고 집권 2년차에 싹이 트기 시작했다는 것이다. 최소한 생뚱맞게 제기된 친(親) 서민 정책은 아니라는 점이다. 그러나 그렇다고 해도 이 부분이 전체 중에서 차지하는 비중이 매우 작았다는 점을 상기시켜야 할 것 같다. MB는 대선 공약에서 "대기업을 성장시키면 투자와 고용이 일어나 중소기업과 시민 경쟁에 도움이 된다"는 친 기업적 논리를 분명히 밝혔으며, "작은 정부, 큰 시장은 역사적 교훈에 비춰볼 때 국가번영을 이룰 정책으로 평가할 수 있다. 공기업 민영화, 정부 조직 개편과 인력 감축을 통해 지출을 줄이고 세금을 인하하여 시장의 역할을 강화하겠다는 것"이 대선 후 MB정부의 정책기조였기 때문이다.[280] 손바닥으로 하늘을 가릴 수는 없지 않은가?

5.2. 장외로 파생된 효과

이 주제를 다룬 이유는 중도 강화론의 표리부동성과 허구성을 강조하는 이들이 있기 때문이다. 이들은 중도 강화론의 실체보기를 원인결과란 사회과학적 원론에서 접근한 것이 아니라 도전과 응징이라는 정치 · 권력적 논법에서 접근하고 있어서 관심이 갔기 때문이다. 첫 번째 논객에 따르면 MB의 중도 강화론이 "보수에서 중도로 후퇴를 하는 것이라면 지금 전개되는 국회에서 밀어붙이기나 각종 비이성적 공안탄압과 모순된다. (그 이유는) 전략적 후퇴를 통해 중간층을 끌어안으려면 탄압의 수위도 조절하고 이른바 MB악법 강행 처리도 유보해야 하기 때문이다. (한마디로) 지금 이명박 대통령의 행보는 뭔가 앞뒤가 맞지 않는다"며 중도 강화론의 허구성을 지적하였다.[281] 또 다른 논객인 프레시안 송호균 기자가 중도 강화론과 관련해서 쓴 글에서 뽑은 제목들 예를 들면 "MB식 중도 … 겉 다르고 속 달라", "습관성 표리부동"등이 저자로 하여금 무엇이 누구로 하여금 이런 화법에 동의하게 하나를 파악하도록 자극했다. 이를 근거로 정책 집행 전후에 파생된 MB의 소통력을 추적해 보기로 한 것이다.

먼저 유창선이 위의 꽤나 거친 논술적 주어를 "위약"으로 받은 것 같다.

280) 동아일보. 2009년 9월 2일.

281) 문경환. "이명박정권의 '중도실용논'의 허구성"(자주민보.net. 2009년 7월 22일).

그는 중도 강화론를 염려어린 눈으로 봤다. 왜냐하면 MB의 서민행보를 완전히 신뢰할 수 없어서였다. MB가 두 번씩이나 대 국민과의 약속을 지키지 않았기 때문이다. 유창선에 따르면 "지난 대선 당시 탈이념 '중도 · 실용'을 내걸고 중도층의 지지를 받으며 대통령에 선출되었지만, 막상 집권하고 난 뒤 중도 · 실용 노선은 간 곳이 없어졌다. 중도 · 실용 대신에 강력한 우파 정책이 추진되었고, 비판 세력에 대한 배제와 이념적 공격이 강화되었다"는데 이것이 첫 번째의 위약이란 것이다. 두 번째 위약은 "촛불 정국 당시 이 대통령은 특별기자회견까지 가지며 '이번 일을 통해 얻은 교훈을 재임 기간 내내 되새기면서 국정에 임하겠다, 국민과 소통하면서, 국민과 함께 가겠다' 라고 약속했다. '국민의 뜻을 받들겠다, 반대 의견에 귀를 기울이겠다' 라며 새로운 출발을 다짐했다. 그러한 촛불 정국의 교훈은 MBC PD수첩을 응징하는 것으로 나타났고, 국민과의 소통도 없었고, 반대 의견에 귀 기울이지도 않았다"는데 있다는 것이다.[282)]

유창선식으로 하면 세 번째 응징이 한국의 대표적 시민운동가에게서 일어났다. 박원순 이사가 국가정보원으로부터 2억 원의 손해배상 청구소송을 당했기 때문이다. 이에 대해 조국 서울대 법학 대학원 교수는 "이 대통령은 왜 이 소송을 묵인했을까?"라는 도발적 질문을 던진 후 정치적 판단이 이를 가능하게 만들었다고 보면서 다음과 같은 세 가지 이유를 달았다.

> 첫째, 박원순씨가 인물 부재로 고통 받는 야권의 새로운 지도자로 부각되었기 때문이다. 그는 전국적 · 대중적 명망, 정책적 대안제시 능력, 소통과 조직능력 등을 갖추고 있다. 그가 더 크기 전에 치자는 판단을 내렸을 것이다. 그래서 어떠한 방식으로든 그를 흠집내거나 위축시키거나 골탕 먹이자고 마음먹었을 것이다. 둘째, 박씨 외에 많은 정부 비판자를 겁박하기 위해서이다. 형사처벌을 받는 범죄로 구속하고 수사하는 것과 별도로, 정부 비판을 하면 월급과 예금과 집을 빼앗겠다고 으르는 것이다. 근래 미네르바 판결, 정연주 전 〈한국방송〉 사장 판결 등의 형사재판에서 잇따라 무죄가 나오자, 이제 민사재판을 활용하겠다는 의사표명이다. 셋째, 시민사회단체의 후원자, 특히 기업들에 경고를 보내기 위함이다. 이번 소송 제기로 정부는 박씨 등 시민사회 활동가와 단체는 정부의 '적' 임을 만방에 공표하였다. 이제 정부가 기업을 직접

282) 유창선, "중도강화 내세우기 앞서 상처봉합부터 하라"(시사저널, 1028호, 2009년 07월 01일).

접촉하지 않더라도 기업들은 정부의 뜻이 무엇인지 분명히 알게 되었다. 앞으로 기업은 정부 비판 성향이 조금이라도 있는 단체 후원을 극도로 꺼리게 될 것이다.[283]

이 중 세 번째는 매우 시의적절한 지적이라 하겠다. 왜냐하면 희망제작소와 하나은행이 지난해 9월 24일 100억 원을 출연해 '하나희망재단'을 설립한다고 밝히면서, 금융권에서 대출을 받지 못하는 금융소외 계층에 장기저리(1년 거치 4년 분할상환 연 3%)로 돈을 최대 2000만원까지 빌려준다는 내용을 언론에 공표했었기 때문이다. 그런데 하나은행이 이 약속을 갑작스럽게 무효화 시킨 것이다. 이에 대해 박원순 이사가 9월 17일 기자회견에서 국정원이 개입했다고 밝히자 국정원이 그를 상대로 민사소송을 제기한 것이다[284]. 그러던 차에 하나금융그룹이 희망제작소와 진행했던 것과 똑같은 '마이크로 크레디트' 사업을 동아일보와 함께 하기로 결정했으며, 마이크로 크레디트 사업 정부부처인 보건복지가족부도 이 사업에 참여하고 있다고 한다. 이 부분에서 "국가가 희망제작소 아이디어를 훔쳤나"하는 의혹도 제기되지만[285] 여하튼 조국의 첫 번째 지적은 매우 대담한 발언이라 하겠다.

우리는 민주주의 국가에서 살고 있으며 또 살아야 하는데 지금도 독재의 망령이 대한민국을 활보한다는 뉘앙스의 두 번째 지적인 "박씨 외에 많은 정부 비판자를 겁박하기 위해서이다"는 "노 코멘트"(no comment) 하겠다.

Ⅳ. 결론

처음에 제목을 "중도주의 강화론"으로 달았으나, 글을 쓰면서 "중도 강화론"으로 바꿨다. "중도가 강화 돼야 한다"는 원론에 충실하기 위해서다. 이

283) 한겨레. 2009년 9월 20일.

284) 이런 가운데 박 이사는 2009년 10월 5일 진보개혁입법연대 초청특강에서 시민 활동가로서 지켜온 원칙과 참여 사이에서 고민하게 됐다는 심경을 토로했다고 한다(조선일보. 2009년 10월 5일).

285) 미디어 오늘. 2009년 09월 18일.

것이 첫째이유다. 습관적으로 "주의"라는 말을 쓴 것이다. "권위"와 "권위주의" 사이에는 "주의"의 미적 거리만큼 의미차가 발생한다. 이것이 진짜이유다. 화제를 바꿔보자. 현대인에게 화장은 미덕이다. 분식(粉飾)은 죄가 안 된다. 그러나 덧칠은 대중 모독이다. 이유는 꾸미는 게 아니라 은폐하는 짓이기 때문이다. 이처럼 꾸밈과 은폐사이에는 좁혀지지 않는 미적 거리가 있다. 그렇다면 "중도 강화론"과 "중도주의 강화론"에도 어떤 미적 거리가 존재하는 것일까? 물론 존재한다. 전자는 이념이란 색을 빼고 그 자리에 실용이란 색을 덧씌운 중도를 말하는 것이고, 후자는 좌 · 우로부터 공격받는 이념을 사수하겠다는 중도를 의미하기 때문이다. 때문에 애초부터 "중도주의 강화론"이란 제목을 다는 것은 무리였다. 한국 정치현실(5장 참조)에서 좌 · 우로부터 협공을 당하는 중도주의자나 중도주의 정치진형이 없기 때문이다.[286] 그러나 만약 있다면 그것은 심정적으로 국민에게 다가가고 싶어 하는 자칭 중도주의자나 국민에게 중도주의 서비스를 제공하겠다는 복점(複占)적 정치 집단들만 있을 뿐이다. 이렇게 해서 남게 된 질문은 "애초부터 없는 중도에 실용으로 중도를 덧칠하게 되면 무엇이 될까?" 일게다. 아마 MB식 중도 실용만 남게 될 것이다.

미디어 오늘은 9월 11일 만평에서 화폭의 좌우에 카스터 세메냐와 MB을 그려놓고 화폭의 중간에 "정체성?"을 달았다. 세메냐가 여성이냐 남성이냐의 미적 거리(논란)에 성 정체성이 매개돼 있다. 반면에 MB의 경우 보수 MB와 중도 MB 사이의 미적 거리에는 이념 정체성이 매개돼 있다. 세메냐

286) 이런 점은 2009년 국민 계층의식 조사에서 재차 확인할 수 있다: "객관적인 수치상 중산층은 전체 가구를 소득에 따라 일렬로 배열했을 때 한가운데 있는 중위소득(2007년의 경우 월 333만원)의 50-150%, 즉 월 167만-499만원에 속하는 가구를 말한다. 이번 조사 결과 중산층 가구의 월평균 수입은 311만원으로 나타났다. 그러나 국민들이 생각하는 중산층의 기준은 월평균 수입 536만원이었다. 객관적으로는 311만원인데, 심리적으로는 536만원을 중산층으로 생각하는 셈이다. 현실보다 중산층 기준이 높다 보니 자신을 중산층이라고 생각하는 귀속의식이 낮을 수밖에 없다. 중산층 가운데 스스로를 하위층에 속한다고 과소평가한 사람이 5명 중 2명에 달했다(41.2%). 월소득 500만원이 넘는 상류층 가운데 스스로를 상류층이라고 생각하는 사람은 4.8%에 불과했다. 상류층 중 75%가 스스로를 중산층이라고 했고, 스스로를 하위층으로 생각하는 사람도 20.2%나 됐다. 현실과 인식 간에 이런 격차가 벌어지는 것은 '불안' 탓이다." 결국 2009년 12월에 비해 핵심중산층은 줄어든 반면 생활에 불안을 느끼는 중층과 하층의 경계선에 위치한 '한계중산층(중층의 하, 하층의 상)'이 늘어나 '무늬만' 중산층이 국민 절반(48.7%)에 이르렀다고 한다(중앙일보, 2009년 9월 22일).

는 8월에 열린 베를린 세계육상대회 800m 경기에서 금메달을 목에 걸기위해 성 정체성을 은폐시킨 것일까? 유엔에 진정서를 냈다고 하니 결과는 두고 보면 안다고 하지만, MB의 (이념)정체성을 유엔에 의뢰할 수 없는 노릇 아닌가? 그렇다면 '이념 없는 MB(중도 실용)'와 '이념에 투영된 MB(보수)'를 구별시켜주는 미적 거리에는 무엇이 놓여 있는 것인가? (철학 ·)진정성이다. MB정부의 진정성이 전자와 후자를 평가하는 잣대가 된다. 여기서 모두에서 제기한 첫 번째 문제제기로 돌아가자. 중도 강화론은 "MB다움의 편린의 부풀리기인가 아니면 MB다움의 빙산의 일각인가?" 이제 편린의 부풀리기(포퓰리즘)와 빙산의 일각(MB다움의 진정성) 사이의 좁혀지지 않는 미적 거리를 (각주를 달아) 다시 한번 확인해 보자.

각주1. 세인(世人)이 아는 "MB다움"은 친(親)기업 · 친(親)시장 · 탈규제 · 법치에 있다. 특히 친(親)기업 · 친(親)시장인 이유는 MB가 "윗물이 아래로 흘러 경제전체가 살아"난다고 믿기 때문이다. 대선 후보자 때 강조한 경제관이다. 이 입장은 대통령에 취임하면서부터 친(親)기업 정책(감세 · 규제완화)이 되었고 이를 통해 일자리를 많이 만들어서 신명나는 한국 만들기로 강화되었다. 그런데 집권 2기의 MB정부는 친(親) 서민을 위한 정책과 이념인 중도 강화론의 깃발을 들고 나왔다. 이는 숙성된 상품이 아닌 속성된 상품인 것 같다. 상품에는 상품이 되기 위해서 일정한 숙성기간을 요하는 것과 숙성기간을 요하지 않는 인스턴트(식품) 즉 속성상품이 있다. 실업자는 근로 빈곤층(working poor)이라도 됐으면 하는 것이고, 근로 빈곤층은 (보수가 적더라도)정규직이 됐으면 하는 기대를 먹고사는 것이 서민인데 중도 강화론이 이런 서민의 기대를 채워주기에는 숙성기간의 가벼움이 느껴진다는 것이다.

현금을 풀어서 하는 정책은 약발이 좋다. 혜택 · 보조금을 받는 자도 신이 나고, 그런 정책을 결정하고 · 집행하는 정부도 흥이 나기 때문이다. MB의 지지도가 50%에 육박한다고 하니 더욱 그럴 것 이다. 그러나 "좋은 것이 좋다는"식의 태도는 뒷일을 감당할 수 없을 때는 부메랑이 돼 비난을 면치 못하게 된다. 연예인에게 인기는 거품과 같은 것이고, 정치인에게 지지도는 포말과 같은 이치이기 때문이다. 다시 말해 현금을 풀어서 하는 정책에는 금단증세(禁斷症勢)가 수반될 수 있다는 것이다. 서민계층은 산업사회에서 일자리가 없거나, 일자리가 있더라도 비정규직이거나 연 소득이 3천만이 안 되는 경우 항상 불안감 속에서 살아 갈 것이고 언제든지 빈곤층으로 전락될 수 있는 사회적 위험성을 떠안고 살기 때문이다. 그래서 현대국가의 첫 번째 고민이 피아(彼我)를 가릴 것 없이 (정규직)일자리 창출에 있는 것이고, 실업에 대한 대비책이나 사후 관리 책이 공공부조 · 사회보험정책이라는 것은 이미 주지의 사실이다.

그렇다면 MB정부의 정책적 기조인 중도 강화론이 제시하고 있는 일자리 창출의 비전은 무엇인가? "중산층 탈락 방지의 핵심은 소득을 가져오는 일자리유지"이고 "서민을 위한 최고의 복지는 일자리"라고 입을 모아 강조하고 있는 것이 지금의 형국이다. 2009년 국민 계층의식 조사에 따르면, 중산층을 두텁게 하기 위해 정부가 해야 할 정책 중 가장 중요한 것 역시 일자리 창출로 나타났다. 일반 국민은 물론 전문가들도 '취약계층에 대한 직접적인 소득 지원'이나 '세제 지원'보다 일자리 창출이 더 중요하다고 답했다는 것이다. 이러한 응답은 전문가 집단(38.8%)보다 일반 국민(42.4%)에서 더 높게 나타났다고 한다.[287] 반면에 MB정부가 추진 중인 녹색뉴딜과 4대강 살리기 사업이 이런 기대에 얼마나 부응하고 있는지는 미지수다. 왜냐하면 녹색뉴딜은 노동집약산업이 아닌 기술 · 자본집약산업이고 토건사업인 4대 강 살리기 역시 투자대비 고용창출은 매우 미비하다는 지적이 우세하기 때문이다. 이런 이유에서 10월 실시된 국민의식 여론조사 결과가 보여주듯이 친(親)서민정책이 피부에 와 닿지 않는다고 72.6%의 국민이 대답하고 있는 것이다.[288]

각주2. 삼각화 전략에서 형식적 · 내용적 논리 모순이 발견된다. 먼저, 삼각화의 형식적 논리모순은 주체의 전도를 말한다. 미국의 경우 삼각화 전략을 채택한 정치적 주체는 공화당이 아닌 민주당이다. 그런데 한국의 경우는

287) 중앙일보. 2009년 9월 22일

288) 헤럴드경제. 2009년 10월 5일.

민주당이 아닌 한나라당이다. 삼각화의 내용적 논리모순은 미국의 경우 삼각화 전략을 채택해서 균형예산을 하겠다는 것인데 반해, 한국의 경우는 적자예산을 펴겠다는 것이다. 이 같은 논리모순을 일거에 뒤집는 논거가 바로 중도실용이란 역설적 테제다. 중도실용이란 주체와 내용에 구애받지 않고 양자를 뒤죽박죽 사용할 수 있다는 것을 전제하기 때문이다. 서울 가는 길이 여러 갈래 있으니 좌우간 서울만 가면된다(실용주의)는 논리이겠으나, 책무가 큰 정부의 경우는 가는 길의 선택만큼이나 어떤 목표를 갖는 서울인지를 밝히는 것이 중요하다. 중도 강화론의 경우 친(親) 서민 · 중산층 정책을 하겠다는 것이므로 관련정책이 가교가 돼서 탈 서민 · 실업 · 빈곤을 돕는다는 것이 서울이다. 그런데 중도 강화론의 관련정책이 반듯한 일자리 창출을 말하고 있지 않는 한 그러면서 후덕한 은행대부업자로 남아 있으려고 하는 한 이를 두고 친(親) 서민 · 중산층 정책이라 말하기는 쉽지 않을 것이다.

각주3. 삼각화 전략의 핵심을 민심에 반하는 본래의 입장을 접고 반대쪽의 주장을 수용하는 데서 찾고 있는 오마이 뉴스의 한 논객은 MB정부가 미디어법, 비정규직법을 힘으로 밀어 붙이고 있기 때문에 중도 강화론은 "사실 왜곡을 통한 사기"에 지나지 않는다고 혹평하고 있다. 이 정도로 혹평할 성질의 것은 아니라고 해도 MB정부가 중도 강화론을 제대로 할 의향이면 논의 중인 이번 개헌을 대폭해서 이참에 사회권(social right)을 명문화해야 할 것이다. 그러면 중도 강화론을 반신반의 · 불신하는 개인 · 집단들의 우려를 상당부분 잠재울 수 있을 것이다. 그런데 MB는 소폭(행정구역 · 선거구제 개편, 통치권력 · 권력구조 개편)개헌을 원하고 있어서 미적 거리는 좁혀질줄 모른다.

제2부

독일의 통일과 정치

■■■ 제2부 독일의 통일과 정치

출 처

제7장: "통일 후 독일문제에 대한 연구", 『사회과학』 성균관대 사회과학연구소, 제39권 제1호 (통권 제50호), 2000년, pp.215-236의 원문이다. 제목과 내용의 일부를 수정하였다.

제8장: 1995년 3월 베를린 자유대학교 한인 학생회지 『백림2』에 투고했던 글이다.

제9장: "독일정당제도와 그 시사점: 정당법의 국고보조금 제도를 중심으로", 『사회과학논집』, 제37집 1호, 연세대 사회과학연구소, 2006년, pp.56-70. 제목을 일부 변경하였다.

제10장: "2005년 독일 조기총선: 그 현안과 과정 분석", 『국제지역연구』, 제10권 제1호, 2006년 봄호(통권 36호), pp.355-384에서 제목을 일부 변경하였다.

제11장: 미발표 논문

제2부의 내용은 독일의 통일과 정치이다. 주지하다시피 독일은 분단국이었다. 분단 독일이 통일독일이 되면서 독일의 통일사례는 한국의 통일논의를 삼키는 블랙홀(black hole)이 되었다. 정부, 학계 그리고 시민단체 할 것 없이 열심히들 공부해 댔기 때문이다. 소속과 정견은 달라도 이들의 결론은 놀라울 정도로 유사했다. 독일식 흡수 통일은 안 된다는 것이다. 독일 통일은 1990년 10월 3일이었는데 한국에서 통일 논의가 '햇볕'을 받기 시작한 본격적인 계기는 김대중 정부의 출현 이후이다. 그전에 김영삼 대통령과 회담 약속이 된 김일성이 1994년 7월 8일에 사망하지 않았다면 통일 논의는 보다 일찍 '햇볕'을 봤을 수도 있었지만 말이다. 여하튼 한국의 역대 정부 중에서 김대중 정부는 독일의 통일정책(방식)에 특별한 관심을 보였는데 특히 아데나워 기민당정부의 통일정책의 기조인 힘의 정치보다는 브란트 사민당정부의 통일정책의 기조인 접근을 통한 변화를 상당 부분 벤치마킹했다. 정권이 바뀌어서 이명박 정부는 브란트 사민당정부의 통일정책보다 아데나워 기민당정부의 통일정책을 선호하고 있다. 한국의 정부는 바뀌어도 독일의 통일정책(접근)은 살아남아 한국 통일정책의 모델이 되고 있다. 이런 이유에서 너도나도 독일통일의 전문가가 되어야 하기 때문에 독일의 통일사례는 통일전문가들에겐 여전히 유용한 연구주제이다. 2009년은 베를린장벽 붕괴 20년이 되는 해이다. 구동독 지역의 한 시민단체가 이를 앞두고 실시한 구동독 시민에 대한 여론 조사는 본문에서 다룬 통일 후 4년의 시점과 비교해서 여전히 흥미롭다. 장벽 붕괴 이후 사라지지 않고 있는 구(舊)동 · 서독 간의 마음의 장벽 때문이다. 응답자의 53%가 동 · 서독 지역 간 격차가 여전히 크다고 답했는데 이는 2002년의 59%보다 다소 줄어들었으나 여전히 50%가 넘는 수치이다. 반면에 50년이 흘러도 두 지역 간 격차는 사라지지 않을 것이라는 설문에 대해 2002년 17%에서 2009년 21%로 증가했다. 보다 심각한 문제는 마음의 장벽이 '통일둥이'에게도 그대로 대물림되는 경향을 보이고 있다는 점이다.[1] 남한사회에 정착한 새터민들이 남한 사회에 적

1) 조선일보, 2009년 8월 7일 A14.

응하기 어렵다고 호소하는 것과 크게 다르게 들리지 않는다. 이러다가 통일이 된다면 구동독 시민들이 느끼는 마음의 장벽을 북한 지역 시민들은 몇 배 더 심각하게 받아들여야 할지도 모를 일이다. 따라서 우리에게 있어서 통일은 통일을 대비하는 정부나 통일을 연구하는 학자나 북한 주민을 돕고 있는 시민단체들이 허심탄회하게 고민해야 될 진행형 연구주제가 아닌가 싶다.

독일의 정치는 대연정을 꾸린 2005년 독일의 정치 상황에 대해 다루었다. 이유는 정치 선진국인 독일 특히 의원내각제의 정당정치를 하고 있는 독일에서조차도 꼬인 정치 · 경제적 현안을 풀기 위해서 정쟁을 일시적으로 접고 대연정을 꾸리는 정치인의 지혜와 정치적 타협의 진면목을 보여주고 있기 때문이다. 이 같은 독일의 대연정은 우리에게 좋은 반면교사가 된다. 2009년 7월 22일 미디어 관련법 처리를 놓고 온갖 추태(대리투표 의혹, 욕설, 드잡이, 경위들에게 국회위원이 끌려 나가는 경호권 발동, 의결 정족수 미달로 투표 종료 선언 수분 만에 재투표 실시)를 다 부리는 정치 후진국의 주역인 한국의 정당 · 국회의원들에게 정당 정치는 어떻게 하는 것인가를 교과서처럼 보여주고 있기 때문이다.

독일 문제의 어제와 오늘

Ⅰ. 서 론

세기말(fin de siècle)은 독일 문제를 또다시 전면에 부각시켰다. 이것은 19세기 유럽의 세기말 상황을 연상시키기 충분한 것이다. 비스마르크에 의한 통일독일의 등장은 19세기 말에 프랑스와 러시아 간의 결속을 초래하여 프랑스는 알자스-로렌을 요구했으며 러시아는 다뉴브유역에 대한 요구로 이어졌다. 즉 통일독일의 등장은 17-18세기 이후 유럽의 국제체제에 큰 위협을 알리는 서곡이 되었다. 이 같은 위협은 현실화되어서 유럽의 국제체제를 혼돈 속으로 몰고 갔었다. 독일 문제는 1차 세계대전과 2차 세계대전의 원인이 되었던 것이다. 그러나 2차 세계대전 후 독일 문제는 합의를 도출한 상태가 아닌 교착상태에서 끝났다. 이런 의미에서 독일의 미래는 유동적이었다. 그러나 아무도 이렇게 가까운 시기(?)에 다시 독일 문제에 직면하게 되리라 예상하지 못했던 것이다.

1989년 사건이 독일 문제를 원점으로 돌려놓았다. 1945년에 마무리됐어야 할 작업이 45년이 지난 뒤에야 비로소 종지부를 찍게 되었다. 왜냐하면 독일통일 문제가 현안이 되었기 때문이다. 이로 인해 45년 동안 발생한 복잡한 문제와 역사적 유산이 지난 악몽을 재현시키지 않을까 하는 의구심이 증폭되고 있는 것이다.

그런데 오늘날 우리가 알고 있는 형태의 독일은 1871년까지 존재하지 않았다. 나폴레옹 이전의 독일은 350여 개 도시국가의 집합체에 지나지 않았다. 나폴레옹 전쟁을 겪은 후 독일은 조그만 시골국가에서 경제적으로 군사적으로 강대국인 인구 3천만의 프로이센을 포함한 25개 국가의 집합체로 재구성되었다. 25개 국가의 단순한 집합체인 독일은 여전히 관세장벽, 화폐, 종교 그리고 지배문벌로 나누어져 있었다. 그러나 산업과 상업의 새 시대가 시작되면서 민족통일은 번영의 길로 여겨졌고 상인들은 1834년 관세동맹으로 고무되었다. 프랑스 지역의 알자스-로렌과 덴마크의 지배하에 있던 슐레스비히-홀슈타인 등등에서 다른 국가의 주권하에 살고 있었던 독일인들도 역시 민족통일을 원했다. 오토 폰 비스마르크(Otto von Bismark) 프로이센 수상은 25개 국가집합체의 결속과 독일인종을 포함한 외국 땅의 합병을 자신의 임무로 삼았다. 비스마르크는 덴마크(1864), 오스트리아와 헝가리(1866) 그리고 프랑스(1870)와 연이은 전쟁을 통해 독일통일을 이끌어 냈다.

통일독일은 유럽의 권력관계에 큰 변화를 초래시켰다. 근대 역사상 처음으로 단일한 거대국가가 유럽의 중심을 지배하게 되었던 것이다. 독일의 인구는 1913년 기준으로 6천 7백만 명으로 러시아 제국 다음으로 두 번째가 되었다. 통일 이후 독일은 급속한 산업화를 경험했다. 1870년대까지 영국에 뒤쳐져 있던 독일의 철, 석탄, 철강석의 생산은 1914년 영국을 앞섰다. 1871-1914년 사이 독일의 농업생산은 2배, 산업생산은 4배 그리고 해외교역은 3배가 증가했다. 영토, 국민, 군사, 산업력의 거대재원을 갖춘 독일은 외부팽창의 역량, 즉 세계 권력에 대한 충동(bid for world power)을 갖게 되었다.[2)] 이렇게 볼 때 통일독일이 독일 문제의 탄생을 결과했다고 할 수 있다. 다시

2) Susan L. Carruthers. 1997. "International History 1990-1945", John Baylis and Steve Smith(ed.), *The Globalization of World Politics AN INTRODUCTION TOO INTERNATIONAL RELATIONS*(New York: Oxford University Press), pp.51-52.

말해서 1871년 통일독일과 함께 형성된 유럽대륙의 초강대국, 제2제국은 유럽헤게모니 평정, 즉 세계권력 위치로의 상승을 추구했다. 그 결과는 이미 잘 알려져 있다: 1차 세계대전, 국가사회주의, 제3제국, 2차 세계대전 그리고 이데올로기 및 권력 정치적 노선에 의한 세계구축의 일안(一安)으로써 독일 분단. 이런 의미에서 독일 문제란 헤게모니를 겸비한 독일제국주의가 세계 권력에 대한 충동을 노출시키면서 초래한 비극으로 이해할 수 있겠다.

그런데 단일국가로서 통일독일은 특이할 만큼 폭발하기 쉬운 문제였다. 독일통일의 폭발적 특징은 양(量)과 질(質)의 특수한 일치가 이룬 통일독일의 권력에 기인한다. 인구와 영토가 통일 독일 권력의 측면에서 본 양에 해당한다. 독일의 인구는 앞서 보았듯이 1850년까지 프랑스의 뒤를 이었으며 그 후 러시아 다음으로 유럽에서 두 번째였다. 이에 더하여 독일인은 동유럽과 남부유럽에 걸쳐 군락을 이루어 살면서 독일인 소수민족을 형성하였다. 때문에 독일인 소수는 민족운동 초기 동안 비(非)독일인 다수와의 충돌을 피할 수 없었다. 통일독일 권력의 측면에서 본질이란 독일이 로마 전통에 따라 문명화된 남부 이탈리아와 서부 프랑스의 경제 및 문화중심과 동부유럽과 함께 오랜 시기 동안 미개인으로 남아 있던 북부 스칸디나비아의 중심에 위치함을 말한다.[3)]

이처럼 양과 질의 특수한 일치가 이룬 통일독일 권력의 논리적 귀결은 다시 "어떻게 독일이 통일을 이룩함으로써 성취한 권력을 사용하였는가?"란[4)] 질문으로 집약시킬 수 있다. 이에 대한 대답은 앞서 보았듯이 통일독일은 통일독일의 권력을 다른 새로운 권력 중심체들처럼 팽창으로 향한 권력 정치적 길에 착수하였고 1차 및 2차 세계대전을 통해 독일은 물론 유럽체제를 파괴하였다는 데 있다. 현재 유럽이 독일 문제와 관련해 통일 독일에 대해 갖는 악몽이 바로 여기에 있는 것이다.

다른 한편 소련의 몰락으로 이어진 2차 세계대전과 냉전체제의 완전종식

3) Imanuell Geiss. 1997. *The Question of German Unification 1806-1996*(London and New York: Routledge), pp. 8-9.

4) Imanuell Geiss(1997), p.8.

은 독일통일 논의를 가시화시켰다. 1990년 10월 3일은 "① 독일통일 ② 완전한 민족적 주권 그리고 ③ 유럽의 중심과 인구 및 경제 면에서 유럽의 실세 국가로서 통일"을[5] 독일에 선물했다. 이 선물은 독일이 2차 세계대전과 냉전체제가 종식되는 동안에 독일의 민족 국가적 이익, 즉 통일을 추구한 결과이기도 하다. 동서독 분단은 언제까지나 지속될 것이라며 두 개 독일국가의 토대를 강화시키는 데 노력을 아끼지 않았던 동·서진영의 지도자들은 이로써 또다시 독일 문제에 직면하게 된 것이다.

지금까지의 논의를 요약하면 다음과 같다. 소련이 해체된 상태에서 분단독일의 통일은 현재 중·동부유럽의 취약한 국가기반을 고려할 때 또 다른 제국[6] 탄생의 가능성을 시사한다. 왜냐하면 소련의 해체는 중·동부 유럽의 지도를 실제적 의미에서 '양차 대전 사이'(interwar period) 때로 환원시켰다고 할 수 있기 때문이다. 양차 대전 사이 당시 '일 민족 일 국가'(one nation one state)란 구호에 따라 소국들이 우후죽순 격으로 생겨났다. 마찬가지로 1989년 이후 중·동부 유럽에서는 '인민공화국'(people's republic)에서 '공화국'으로 민족독립국가의 탄생은 물론 연방으로부터 독립한 새로운 독립국

5) Hans Arnold. 1995. Deutschlans Größe. Deutsche Außenpolitik zwischen Macht und Mangel(München und Zürich: Piper), p.9.

6) 라틴어 대장군 후에 정치지배자 imperator에서 유래된 제국은 배타적 권위가 단일주권에 의해 행사되는 영토영역을 의미했다. 그러다가 제국이란 용어는 이질적 형태로 적용되었다. 예를 들면 제국이란 용어는 합스부르크 황제 또는 제국이나 신성로마제국처럼 제국의 주권행사가 타협의 형태를 띠거나 장소에 따라 제한적이었음에도 사용되었다. 변질된 용어사용의 또 다른 예는 국가들이 광범위한 단체를 형성하고 있을 때 이를 제국이라 부른 데서 찾을 수 있다. 광범위한 국가 군이 정복이나 식민지에 의해 형성된 국가들이냐와 이들이 제국주의 국가나 중앙국가에 의해 종속되는지는 중요하지 않다. 빅토리아 여왕 때 인도와 아프리카 국가들이 포함된 여왕제국이 여기에 해당한다. 심지어 지배적인 국가가 황제나 여왕이 없는 공화국인 상태에서도 제국이란 용어는 사용되었다. 프랑스와 소련의 경우가 여기에 해당한다. 20세기 초반부터 제국이란 용어는 제국주의(imperialism)와 연계되어 사용되고 있다. 참조. Iain Mclean. 1996. *The Concise Oxford Dictionary of Politics* (Oxford, New York: Oxford University Press), pp.155-156. 사전의 이 같은 용어 해설을 참고로 저자가 통일독일을 '제국'이라 칭할 때, 무엇을 의미하는 제국인지를 설명할 수 있겠다. 먼저 독일의 제1제국은 오토 1세 황제의 신성로마제국을 말한다. 제2제국은 1871년에 통일한 프리드리히 빌헬름 대제의 프로이센 제국을 말한다. 제3제국은 1933년 바이마르 공화국을 뒤이은 히틀러의 나치제국을 말한다. 그리고 제4제국(확정적인 의미에서가 아닌)은 1990년 통일한 통일독일을 두고 말할 수 있겠다. 이때 제국이란 '미제국주의나 소련제국주의'와 같은 제국주의를 말하지 않는다. 그보다는 오히려 제국, 즉 통일독일이 공동화폐, 법, 그리고 의회를 획득했다는 점을 말한다. 다시 말해 배타적 권위가 단일주권에 의해 행사되는 영토영역을 말한다. 이런 점에서 re-unificated Germany를 the Fourth Germany라 부를 수 있다고 보는 것이다. 문제는 제4제국이 식민지 팽창제국주의인 제2제국과 파쇼 팽창제국주의인 제3제국처럼, 유럽에서 또다시 팽창제국주의화 가능성 여부에 있다.

예를 들면 슬로베니아, 크로아티아, 보스니아 헤르체고비나 등을 비롯하여 에스토니아, 라트비아, 리투아니아 등등을 출현시켰다. 반면에 분단된 독일은 통일이 되어 초강대국가로 재탄생하였다. 국가 간 불균형이 다시 재현된 것이다. 다시 말해서 1989 – 1991년의 정치적 지진으로 유럽이 분기되면서 독일은 유럽의 관석이 되었다. 이로 인해 양과 질의 특수한 일치가 이룬 통일독일 권력은 유럽의 커다란 부담이 되고 있다. 독일이 또다시 독일통일을 달성함으로써 독일중심의 유럽 헤게모니를 비롯해 제국의 지위를 요구할 수도 있기 때문이다. 따라서 이 글의 목적은 통일 → 분단 → 통일, 즉 독일역사의 불연속의 연속에서 나타난 독일 문제의 성격을 규명하는 데 있다.

Ⅱ. 독일 문제의 개념 변천과 논의의 구성

독일 문제는 신성로마제국이 해체된 1806년 처음으로 대두되었다. 왜냐하면 신성로마제국의 해체에 따라 "향후 독일은 어떤 종류의 정치조직을 갖추어야 하는가?"란[7] 문제가 제기되었기 때문이다. 이렇게 제기된 독일 문제는 1789년 이후 분출된 근대민족운동을 경험하면서 역사적 개념으로 구체화되었다. 근대민족운동 이래 역사적 사실로서 독일 문제는 독일 정치조직의 문제와 독일의 민족적 전체 질서에 대한 추구를 담고 있다. 모든 민족이 민족역사와 함께 어우러져 형성된 일체성을 갖고 있기 때문에 독일민족이 건설적이고 긍정적인 방법으로 독일 문제에 대해 자답을 구하려는 시도는 새삼스러운 것이 없다고 하겠다. 그런데 문제는 1871년 제2제국 창설 이래 독일 문제가 독일과 투쟁대상에 처한 다른 국가의 민족문제 또는 정치적 운명과 깊은 관계가 있다는 데 있다. 왜냐하면 통일독일 권력의 논리적 귀결은 "어떻게 독일이 통일을 이룩함으로써 성취한 권력을 사용하였는가?"란 질문과 맞닿아 있었기 때문이다. 독일연방공화국 2대 대통령인 구스타프 하이네만

7) Imanuell Geiss(1997), p.16.

(Gustav Heinemann, 1969－74)이 "독일, 아! 힘겨운 조국"이라고 술회한 점을[8] 이해할 수 있다. 이 점은 독일인이 그들의 민족적 일체성이 거둔 통일 독일의 권력과 어려운 관계정립을 맺고 있다는 고백이기 때문이다. 특히 20세기에 있어서 독일인들이 그들의 민족적 일체성이 거둔 통일독일의 권력과 어려운 관계정립은 제3제국과 2차 세계대전 그리고 아우슈비츠에 기인한다.

이런 이유에서 독일 문제는 "어떻게 독일인들은 독일인과 독일의 이웃들이 동등하게 그리고 동시에 만족할 수 있는 방법으로 조직될 수 있는가?"란[9] 문제로 재구성된다. 그러나 이 같은 조화로운 배합은 역사 속에서 찾을 수 없었다. 이로 미루어 볼 때 19세기 이래 독일 문제는 유럽중심에 놓인 독일의 민족적 조직과 영토문제 이상의 것이었다. 다시 말해서 독일 문제는 민주주의와 독일의 정치·헌법 그리고 사회적 질서란 이중적 성격을 담지하고 있었다.

이 점에서 독일 문제에 대한 개념 정의는 결코 단순하지 않으며 "① 민족의 통일과 권력 정치적 대립 ② 역동적이며 변화적인 정치 및 문화적 요소 ③ 항구적인 역사 및 정치적 문제제기 ④ 고유한 자기 이해에 대한 추구"[10]와 같은 복합한 문제 군이 중첩되어 있음을 알 수 있다.

그런데 독일 문제 개념규정의 실제적인 변화는 통일독일이 갖는 힘의 논리, 즉 권력집중과 권력공백이란 현상에서 야기됨을 알 수 있다. 독일 문제는 1871－1945년 사이 화두가 되지 못했다. 독일이 권력중심에 서 있었기 때문이다. 권력중심은 독일, 즉 독일 문제를 새로운 영역으로 이동시켰다. 새로운 영역에 처한 독일 문제란 독일이 지리적 팽창을 목적으로 중부유럽을 벗어나는 것이고 오스트리아를 포함한 대(大)독일국과 오스트리아를 배

8) Imanuel Geiss(1997), p.16. 이민호에 따르면 "이미 16세기 인문지리학자 마티아 쿠바드(Mattia Quvad)는 독일의 국경을 설정하려고 노력하면서 다음과 같이 말하고 있다. 그리스도교 세계 안에서 독일처럼 한 나라의 이름으로 그렇게 많은 영토를 포섭하고 있는 나라가 다시는 없을 것이다. 200년이 지난 뒤에 괴테(Goethe)와 실러(Schiller)는 「독일, 그러나 어디에 있는가? 그러한 나라를 어떻게 찾아야 할지 나는 모른다」고" 고백했다고 한다. 이민호, 『독일·독일민족·독일사－분단독일의 역사의식』(서울: 느티나무, 1990), pp.50－51 참조.

9) Imanuel Geiss(1997), p.17.

10) Karl－Rudolf Korte and Werner Weidenfeld. 1991. "Deutsche Frage/Deutschlandpolitik", Dieter Nohlen(ed.), *WÖRTERBUCH SRAAT UND POLITIK*(München und Zürich: Piper), p.89.

제한 프로이센 중심의 소(小) 독일국이란 독일민족 국가체에 두 가지 가능성 제기를 말한다.[11] 1945년 이후 독일 문제는 독일이 패전국가임을 반영하고 있다. 강대국 중심의 정치 및 역사적 사건들이 독일 문제를 규정했다. 독일이 권력공백에 놓였기 때문이다. 다른 한편 유럽과의 연대 어려움과 유럽에서 독일의 입지추구는 독일이 지리적으로 유럽의 중심에 위치한다는 데서 찾을 수 있다. 독일이 유럽의 중심에 놓여 있다는 점은 다시 독일 문제가 모든 시기에 있어서 유럽문제이며 유럽문제는 또한 모든 시기에 있어서 독일 문제임을 웅변하고 있다. 이런 점들이 상호 간 긴밀하게 결합되어 있어서 연구자들은 독일의 강세가 어디서 시작되고 그리고 유럽의 강세가 어디서 끝나는가를 정확하게 구별하는 데 어려움을 겪고 있다. 그리고 독일 문제 개념규정의 실제적인 변화논리가 1989－1990년 독일통일과정에서 다시 한 번 분명히 목격되었다.[12]

지금까지의 논의를 정리해 보겠다. 독일 문제는 독일민족일체감에 관한 문제였다. 그런데 독일 문제, 즉 권력중심기에 독일민족의 일체감이 문제가 된 때는 형식적으로 보면 독일이 분권화되어 있을 때 또는 민족분단의 시기라고 할 수 있으나 실제적으로 보면 독일 문제는 중앙권력이 대두되거나 분단이 극복된 통일 상태에서 대두된 때이다. ① 1806－1871년 그리고 ② 1871－1945년과 1990년 이후로 구분해 볼 수 있다. 전자는 다시 국제정치 관점에서 볼 때 분권 · 분단의 시기, 즉 권력공백기에 해당되며 후자는 통일, 즉 해당한다고 할 수 있다. 그런데 독일이 권력중심기에 처한 때 독일 문제는 독일의 외교정책에서 가시화되었다. 외교정책 우선주의가 권력중심기에 처한 통일독일의 정치 일 번지 역할을 담당해 왔던 것이다. 그리고 그 구체적인 형태는 세계 권력에 대한 충동으로 나타났다.

이제 이 글의 내용전개를 구성할 수 있겠다. 저자는 이 글에서 역사의 무대에서 사라질 줄 모르고 새롭게 대두된 독일 문제의 새 방향성의 성격에

11) Imanuel Geiss(1997), p.17.

12) Karl－Rudolf Korte und Werner Weidenfeld, "Deutsche Frage", Karl－Rudolf Korte und Werner Weidenfeld(ed.). 1992. *Handwörterbuch zur deutsche Einheit*(Frankfurt und New York: Campus Verlag), p.127.

대해 분석하고자 한다. 즉 독일통일 이후 달라진 독일의 위상이 어떤 외교정책을 취하고 있는지에 대해 독일의 유럽정치를 중심으로 논구하고자 한다. 또 다른 논구의 대상은 실제적인 독일 문제에 대한 분석 못지않게 형식적인 독일 문제, 즉 분권 · 분단기로 구분되는 1945 – 1989년 시기의 동서독 간 독일정책에 있다. 이 시기 독일 문제는 냉전과 연결되어 있었으며 냉전 동안 세계 정치적 경쟁이 분단된 독일의 운명을 지배하고 있었기 때문이다. 따라서 이 글의 구성은 ① 1945 – 1989년 시기의 동서독 간의 독일정책과 ② 1990년 독일통일과 함께 다시 대두된 실제적인 문제, 즉 독일의 유럽정치로 일별되는 외교정책으로 구성된다. 다시 말해 탈냉전 시기의 국제역학관계, 즉 미국 대 유럽연합에 대한 주제는 논의에서 제외된다. 뿐만 아니라 이 글은 유럽공동체에서 유럽연합으로 전개되는 과정에서 주목해야 할 국가 간 이익다툼에 논의의 초점을 맞추기보다는 독일중심에서 본 독일의 대유럽 안보 및 국가이익 정책이란 거시적 접근에 논의의 초점을 국한시키고 있다.

끝으로 근대독일역사에 대한 조망을 하면서 '독일의 특별한 경로'(deutsche Sonderweg)에 대해 언급을 하지 않을 수 없다. 왜냐하면 이 용어는 나치의 대두와 그 결과 2차 세계대전과 대학살을 야기한 역사적 상황에 대한 설명뿐만 아니라 유럽에서 독일의 특수한 위치를 체계적으로 설명하는 데 유용하기 때문이다.

Ⅲ. 독일 문제와 독일의 특별한 경로

먼저 유럽에서 독일의 특수한 위치를 결정하는 주요 요소들에 대한 기술은 독일의 특별한 경로에 대한 일반적 이해를 가능케 해 준다. 임마누엘 가이스(Imanuel Geiss)는 독일의 특별한 경로에 대한 일반적인 정의를 다음과 같이 기술하고 있다:

1. 해결되지 않은 민족문제를 수반하고 있는 유럽의 모든 민족 중에서 독일은 질(quality), 즉 자유, 부, 문화 등과 양(quantity), 즉 다수의 의미에 있어서 언제나 양자 모두가 강했다.
2. (1800년경 괴테의 바이마르로 상징된)독일의 대문화 부흥 이후 독일은 19세기 전체에 걸쳐 지배적인 유럽민족으로 부상했다.
3. 지리적으로나 권력 정치적으로 유럽의 중심에 놓인 독일의 위치적 장점 때문에 독일은 세계에서 어느 다른 민족보다 많은 이웃을 가졌다. 이는 부분적으로 유럽의 구조적 다원성에 기인하기도 했다. 아일랜드, 스페인, 포르투갈, 불가리아 그리고 그리스만이 독일과 직접적으로 국경을 접하지 않았다. 그 밖의 다른 유럽 민족들은 직·간접적으로나 바다에 의해서 독일과 국경을 접했다(영국, 스코틀랜드, 노르웨이, 핀란드, 스웨덴). 인접국가가 많으면 많을수록 마찰과 충돌의 기회가 많아지게 되는데 특히 독일이 강하고 튼튼할 때 이런 일이 발생했다. 왜냐하면 독일의 인접 국가들은 독일과 비교할 때 국가규모가 작고 상대적으로 약했기 때문이다.
4. 보다 특수한 점은 대륙의 주요한 문화적 지역들이 만나는 유럽의 중심지역에 독일이 놓인 논리적 귀결에 있다. 즉 독일은 남과 서 그리고 동과 북 모두에 걸쳐졌다. 로마시대 때 문명과 번영은 쇠퇴하였고, 이 점은 북쪽과 동쪽으로 뻗쳐 있다. 이 같은 지역 간 격차가 독일을 양분시켰으며 피할 수 없는 긴장을 만들어 갔다. 근대에 접어들면서 시작된 산업혁명의 시기에 남북의 차이가 북·남의 차이로 변했으며 이 지역 간 차이는 지구적 규모를 띠고 아프리카로까지 확대되었다. 그러나 서·동 간 차이의 역전은 없었다. 이 점은 유럽역사의 항수(恒數)로 남아 있었으며 공산주의 붕괴 이후에도 변하지 않고 있다.
5. 중세 이후 결정적인 혁신이 독일을 경유하여 북과 동으로 전달되었다: 10세기 전에 전달된 로마 기독교, (파리유역) 서부로부터 (당시 가장 집약적인 형태의 농업생산) 중세 농경지 발달, 10세기 후 (이탈리아)남부로부터 도시 및 시의회, 근대에 접어들면서 종교개혁의 중심으로써 독일은 무엇보다도 동유럽 일부 지역과 북쪽 지역에 걸쳐 강력한 영향력을 갖게 되었다. 후에 독일은 북서유럽(영국과 벨기에)으로부터 산업화의 교착지가 되었다. 냉전기 종결과 함께 독일은 또다시 민주주의 서구와 탈공산주의 동구의 중심에 놓였다. 왜냐하면 독일이 구소련 제국 중 경제적으로 튼튼한 나라인 구동독을 통합시켰기 때문이다. 탈공산주의 후속국가들이 당면한 문제는 자유시장과 의회민주주의를 만드는 것이다. 구연방독일의 번영 속에서 조절이 된 때문에 같은 문제가 현재 독일 내에서는 끝나가고 있다.
6. 독일의 중간적 위치는 독일 집단적 일체성의 한 특수성을 드러낸다. 한 특수성이란 한편으로 남부(이탈리아)와 서부(프랑스, 산업화와 의회체계의 성장 이후의 영국)와 비교 시 독일의 열등감과 다른 한편으론 동부 슬라브에 대한 자만이 아닌 독일의 우등의식 사이에서의 긴장을 말한다.
7. 유럽의 서와 남은 물론 북과 동의 사이에 속하면서 양자 간의 복잡한 긴장을 점유

하고 있는 독일은 분명히 독일 자신의 것을 유럽에서 찾지 못했다. 산업화되고 자유적인 서부와 농경적이며 독재적(1917년에서 1989 – 1991년 공산주의) 동부의 분리는 독일역사의 근본적인 항상성을 설명하는 주요한 측면이 되었다. 불연속성이 독일역사의 연속성을 대표한다: 만약 파우스트가 그의 가슴에서 두 개의 영혼을 찾았다면 독일은 항상 두 개 이상을 가졌었다.

8. 지금까지의 모든 요인들이 독일 문제의 한 특이한 면을 설명한다: 독일인들이 정치적으로 국가를 이루어 하나가 되었을 때 독일인들은 자동적으로 하룻밤 사이에 그들 지역에서 가장 강력한 권력국이 되었다. 조만간 독일인들은 실제적으로나 잠재적으로 유럽에서 우세한 위치에 있는 자신들을 발견한다. 역사가 여러 차례에 걸쳐 보여주었듯 이 점에서부터 권력의 팽창을 목표로 하는 유혹이 대두되었다: 911년 중세 독일왕국의 건설, 955년 아우구스부르크에서 헝가리에 대한 승리, 962년 오토 1세(Otto Ⅰ)의 로마에서의 황제제관식 등은 논리적으로 밀접히 상호연관되어 있었다. 중세제국의 쇠퇴 이후 대두된 구엘프스(the Guelphs)와 스타우펜(the Staufens) 왕가 간 불화가 1198년 시작되었고 1806년 중세제국은 최종적으로 해체되었다. 1871년 소독일은 잠재적 헤게모니를 실제적 헤게모니로 전치시키려는 시도에서 43년 뒤 1차 세계대전에서 문제가 된 새로운 헤게모니 단계로 접어들었다. 1918년의 피할 수 없는 패배는 제2제국과 제3제국 사이의 중간기에 있었던 바이마르공화국(the Weimar Repulic)이 건설적인 정치적 효과를 나타낼 수 있는 계기가 된 것은 아니다. 따라서 제3제국의 1938년 대독일제국으로의 팽창은 일 년 후 유럽을 무참히 2차 세계대전으로 던져 넣었다.

9. 세계의 다른 어떤 민족도 독일민족처럼 권력공백과 권력중심의 위상 사이를 왔다 갔다 하면서 지난 2세기 동안 여러 번에 걸쳐 운명의 극단적인 추이를 경험하지 못했다. 근대에 들어 독일인들이 정치적으로 통일한 시기는 독일인 자신과 유럽인들 모두에게 파괴적인 결과를 초래시켰다: 1198년 후 700년간 지속된 권력공백은 1864년 1871년 사이의 3번의 독일 통일전쟁으로 끝났고 1871년 비스마르크에 의한 제국의 재건설은 두 세계대전으로 폭발되었다: 2차 세계대전 후 45년에 걸친 독일분단은 소련 붕괴의 부산물로서 평화적인 과정이었으나 결과가 아직 미지수인 지구적 위기의 문턱에서 1989 – 1990년의 재통일로 끝났다.

10. 세계 역사적 관점에서 볼 때 독일의 최근 역사는 다음과 같은 측면에서 특수하다: 단지 근대 독일만이 25년이란 짧은 시간 내 두 번씩이나 두 개의 세계대전으로 전 세계에 도전할 만큼 강하다고 자부했다. 2차 대전 중 제국에 의해 조작된 유태인 대량학살은 또 다른 범죄행위를 대표한다.

11. 독일역사의 또 다른 부조화적 측면은 한편으로 독일 권력의 정치적 최하위 점(1806년, 1918 – 1919년)과 최고점(1871년, 1914 – 1918년, 1938년, 1939 – 1942년) 사이의 극단적인 어긋남과 다른 한편으로 독일의 문화 및 도덕적 최고점(1800년경)과 최하위 점(1942 – 1945년 아우슈비츠) 사이의 극단적인 어긋

남에 있다. 1800년경 독일문화의 최고수준과 권력정치의 최저수준이 동시에 발생한 것처럼 독일의 권력 정치적 절정이 1942-1945년 사이 독일 도덕의 최하점을 동반한 것은 아마도 다른 민족에게는 없는 일이다.

12. 독일권력의 이 같은 극단적인 부침이 개인과 집단 모두에게 모든 종류의 극단적인 감정적 반응을 자극시켰다. 우파에게 있어서 독일 히스테리(german hysteria)는 독일권력의 최고점에서 제국애국자(Reichspatrionten)의 초국수주의를 드러내는 것이고 좌파에게 있어서 독일 히스테리는 매번 패배 후 비민족적(anational) 또는 반민족적 자기부정을 드러내는 것이었다. 이 독일 히스테리가 독일민족을 이해할 수 없게 한 독일역사에 대해 비합리적이고 신경질적 반응의 실마리를 제공했다.

13. 결론적으로 독일 역사의 과정은 조화롭거나 안정적 민족의 역사처럼 무난하지 못했다. 그 대신 독일 문제는 지속적으로 통일과 분단사회를 오르내렸다: 통일은 미래의 분리를 예고했고 분단은 독일통일의 새로운 국면을 예고했다. 만약 장기간에 걸쳐 이룩된 민족국가의 집단적 일체성이 민족국가 중심의 밑천으로써(조화의 상징으로써) 원을 선호한다면 아마도 독일의 집단적 일체성은 괴테의 바이마르와 아우슈비츠란 두 개의 초점을 갖고 있는 타원으로 상징화될 수 있다. 독일인은 괴테의 바이마르와 아우슈비츠를 극복해야만 하고 받아들어야 한다.[13)]

임마누엘 가이스에 의해 시도된 독일의 특별한 경로에 대한 일반적 정의는 독일 근대사에서 독일 문제는 독일민족문제와 결부되고 민족문제는 다시 민족국가 형성과 연계됨으로 요약할 수 있다. 유럽에서 상대적으로 뒤늦은 독일의 민족국가 수립은 다시 비스마르크 제국주의와 히틀러 제국주의를 경험하게 되면서 독일사의 특수성, 즉 독일의 특별한 경로에 대한 논의로 접목된다. 그리고 독일의 특별한 경로에 대한 논의는 다시 독일역사 학자들의 역사와 현실을 보는 기본적 시각과 결부되어 60년대 피셔 논쟁, 70년대 벨러 논쟁, 80년대 역사가 논쟁으로 이어졌으며[14)] 10년이 지난 뒤 제2의 역사가 논쟁이라 운운되는 다니엘 골드하겐(Daniel J. Goldhagen) 논쟁으로[15)] 이

---

13) Imanuel Geiss(1997), pp.17-21.

14) 이민호에 의하면, 피셔 논쟁은 제1차 세계대전이 독일의 책임이라는 피셔 테제에서 비롯되었으며, 벨러 현상은 과거 독일 역사학의 사건 중심적인 역사서술에 대신해서 역사진행의 구조와 상황과 배경을 밝히려는 데 치중한 것이고, 역사가 논쟁은 보수주의 역사가들의 역사의식을 대변한 놀테(E. Nolte)의 『사라지지 않는 과거』라는 신문 기고문에 대한 찬·반으로 시작되었다. 이민호. 1990. 『독일·독일민족·독일사-분단독일의 역사의식』(서울: 느티나무), 참조.

15) 다니엘 요나 골드하겐 논쟁은 골드하겐이 1996년 4월 "히틀러의 자발적인 집행자들: 독일인 범부 그리고 대학살"이라는 책(하버드대학 박사학위 논문의 증보판)을 미국 및 영국에서 출판하면서 시작되었다. 골드하겐은 이 책에서 독일학자들이 중심이 되 나치(Nazi)과거청산을 다룬 종래의 표준화된 논거를 정면으

어지고 있다.

그런데 독일의 특별한 경로에 대한 논의는 무엇보다도 비스마르크의 독일 통일, 즉 제2제국에 의한 제국주의로부터 나치의 집권, 즉 제3제국에 의한 히틀러 독재의 결과를 어떻게 해석하느냐로 집약시킬 수 있다. 따라서 독일의 특별한 경로에 대한 논의는 ① 민족국가 형성 과정에서 민중의 참여 여부 ② 사회경제적 변화 그리고 ③ 독일의 지리정치학적 위치에 대한 주장, 즉 견해 차이로 좁힐 수 있다.

독일의 특별한 경로에 대한 논의는 전문역사가들이 다루는 객관적인 역사적 사실에 관련된 문제라기보다는 역사와 현실 속에서 독일인의 자기 이해와 도덕적 책임과 관련된 문제라고 보고 있는 유르겐 코카(Jürgen Kocka)에 의하면 "19세기 초 독일 민족운동의 대표자들이 독일의 국민국가 형성이 프랑스나 영국과는 다른 목표를 추구하였다고 보고 특히 프랑스혁명을 거친 프랑스와 뚜렷한 차이를 갖고 근대독일의 민족의식이 성립되었다고" 한다. 또한 "19세기 후반에 이르러 중요 사회 경제사가들의 중심테마는 독일의 경제발전이 영국과는 다를 뿐만 아니라 그보다 훌륭하게 전개된 것으로서 서유럽의 고전적 국민경제가 독일에 따라 수정되지 않으면 안 될 것이라고 주장하기에 이르렀으며" 아울러 "제정 독일의 지식인들은 프로이센-독일의 제도적 발전이 서유럽과 다르고 군사력과 관료제를 갖춘 강력한 왕권이 서방적 의회민주주의 국가보다 우월하다고 확신하였다고"[16] 한다. 코카는 독일의 특별한 경로를 독일인의 특수의식과 우월의식에서 찾고 있다.

다른 한편 독일은 앞서 보았듯이 동유럽과 서유럽 사이에서 중유럽이라는 지리적 위치를 점하여 끊임없이 격동적인 역사적 변동을 겪어 왔다. 지리적 여건 때문에 2중 국경설(Zweifrontentheorie)이 제기되었다. 2중 국경설이란 두 개의 국경을 가진 나라는 끊임없이 이민족의 침략에 대해 경계하지 않을 수 없고 그 경계심은 결국 타민족에 대한 침략정신으로 돌변하는 것으로 해

로 논박하고 있다. 참조: Daniel J. Goldhagen. 1996. *Hitler's Willing Executioners: Ordinary Germans and Holocaust* (London: Little, Brown and Company). 자세한 내용은 정흥모. 2001. 『체제전환기의 동유럽 국가 연구: 1989년 혁명에서 체제전환으로』(서울: 오름), pp.331-359. 참조.

16) 이민호(1990), p.132.

석하는 지리정치학적 관심으로 표출되는 것을 말한다.[17] 이 같은 2중 국경설은 비스마르크 제국주의 시대의 팽창정책을 합리화시키는 데 기여하고 있다. 이 점은 "독일제국이 다시 얻은 세력을 오랫동안 확보하고 유지하기 위해서는 독일인의 해외이주를 독일의 식민사명과 문화사명으로 파악하고 이를 실천하였다는"[18] 당시의 팽창주의자인 파브리(Fabri)의 주장에서 잘 입증된다고 하겠다.

Ⅳ. 독일 문제: 1945－1989년

2차 세계대전은 독일의 무조건적 항복으로 끝났다. 무조건적 항복은 전승 4국이 독일의 주권을 지배하는 것을 의미했다. 다시 말해서 4개국 점령군이 국제법에 따라 독일의 권력공백을 채웠다. 점령 4개국은 독일을 4개의 점령지로 분할하여 개별 군사정권의 지배하에 두었다. 이로써 독일 문제는 "어떻게 독일이 더 이상 유럽에게 위협이 되지 않으면서도 독일인들에게 만족스러운 방법으로 조직될 수 있겠는가?"란[19] 새로운 형태를 띠게 되었다. 그러나 1945년 이후 독일분단이 고착화됨에 따라 독일 문제는 다시 "어떻게 독일분단을 극복할 것인가?"로[20] 구성되었으며 통일 이후 독일 문제는 민주적 서독 또는 공산주의 동독 중 "누가 독일(인)에 속하는가?"로[21] 변했다.

17) 이민호(1990), p.53.

18) 이민호(1990), p.114.

19) Imanuel Geiss(1997), p.84.

20) Imanuel Geiss(1997), p.83.

21) Imanuel Geiss(1997), p.86.

4.1. 냉 전

1945년 이후 국제질서는 미국과 소련이란 두 개의 새로운 초강대국에 의해 재편되었다. 미국은 히로시마와 나가사키에 원자폭탄 투하 이후 첫 번째 핵 강대국으로 급부상했을 뿐만 아니라 2차 세계대전 이후 국제경제의 중심지로서 주요한 채권국가가 되었다. 2차 세계대전 이후 소련은 경제적으로 파탄을 경험했으나 적군(赤軍)은 베를린을 비롯한 중 · 동부 유럽을 점령하였다. 이로 인해 빠른 속도로 독일과 유럽은 동서로 분리되었다. 한마디로 워싱턴과 모스크바는 새로운 국제질서를 이루는 두 축이 되었다.

이로써 만성적인 독일 문제에 대한 대답은 냉전(冷戰)과 연계되기 시작했다. 다시 말해서 냉전 동안 세계 정치적 경쟁이 분단된 독일의 미래운명을 지배하게 되었다. 그 이유는 동과 서 사이에 놓인 독일의 전략적 위치가 새로운 차원에 봉착했기 때문이다. 소련이 동독을 포함한 동유럽에 있어서 헤게모니적 위치를 주장하고 있는 데 반해 미국의 영향하에 있던 서독은 자유민주적 체제에다가 경제적으로 잠재력을 갖고 있었다. 때문에 워싱턴과 모스크바는 전쟁 없이 자기입장을 포기할 수 없던 상태였다. 즉 냉전기 때 독일 문제는 유럽의 분할문제와 연루되었으며 새로운 세계 구조적 분단이 독일 및 베를린 중심으로 형성되었다.[22]

냉전의 시작과 함께 독일은 동서대결의 열린 무대가 되었으며 냉전(cold war)의 심화가 독일분단의 과정을 촉진시켰다: 그리스에서 발생한 공산주의 내전에 대한 미국의 대응으로써 1947년 마샬플랜, 1948년 서베를린과 서독에 화폐개혁, 1948－1949년 소련의 베를린 봉쇄와 서구세력의 이에 대한 대응으로서 공중수송작전, 1948－1949년 '트리조니아'(trizonia)에서의 의회선거와 소련점령 지역에서의 민중의회, 1949년 북대서양조약기구(NATO)창설, 1949년 5월 23일 기본법(the Basic Law) 효력 발생, 1949년 연방정부 창건과 1949년 10월 동독사회주의 창건.

---

22) Imanuel Geiss(1997), p.85.

1945년 이후 독일의 분단이 사실 및 공고화됨에 따라 "어떻게 독일분단을 극복할 것인가?"가 새로운 독일 문제를 구성하게 되었다. 이 점에 대해 영국, 프랑스, 소련의 입장은 미국과 달리 분명했다. 왜냐하면 독일과 관련된 문제는 유럽에 있어서 폭넓은 경쟁이 고려된 요소가 되었기 때문이다. 영국, 프랑스, 소련은 한편으로 통일독일이 동서 분할구도에서 반대편 한쪽과 제휴하거나 다른 한편으로 통일독일이 두 개의 세계전쟁의 경험에서 알 수 있듯 중부유럽에서 강력하고 위협적인 힘을 갖는 국가로 성장하는 한 독일통일은 불가능하다는 확고한 입장에 서 있었다.[23] 특히 프랑스는 어떤 형태로든 독일권력의 부활은 프랑스를 위협으로부터 지킬 수 있는 유럽구조와 보조를 맞추어야만 한다고 믿고 있었다. 때문에 이들 정부의 몇몇 지도자들은 최소한 두 개의 분리된 국가란 분단을 통해서 야기된 독일권력의 희석화를 환영했던 것이다. 다시 말해서 독일 문제와 관련해서 이들 정부가 당면한 문제는 독일인에 대한 신뢰로 모아진다.

"1. 우리는 독일인들이 다시 통일되는 것을 허락할 만큼 충분히 독일인들을 신뢰하고 있는가?
2. 우리는 독일인들이 자유롭게 독일인 자신들의 정치적·군사적 정렬을 결정하는 것을 허락할 만큼 충분히 독일인들을 신뢰하고 있는가?
3. 우리는 독일인들의 민족적 열망이 유럽의 평화를 위협하지 않는다는 확신을 가질 수 있을 만큼 충분히 독일인을 신뢰하고 있는가?"[24]

1945-1955년 영국, 프랑스, 소련정부는 위의 3가지 질문에 대해 단호히 '아니다'라고 대답했었다. 그러나 미국의 반응은 조금 달랐다. 미국의 반응은 소위 '프로그램 에이'(Program A)에 잘 나타나 있다. 외무부 정책 계획 담당관이며 유럽의 인접국가와 관련된 독일의 미래 문제를 주관하던 조지 케넌(George Kennan)은 미국이 독일통일의 합의를 도출시키는 데 결정적인

23) Philip Zelikow and Condoleezza Rice. 1995. *Germany Unified and Europe Transformed A STUDY IN STATECRAFT*(Cambridge, Massachusetts, London, England: Harvard University Press). p.47.

24) Philip Zelikow and Condoleezza Rice(1995), p.47.

노력을 해야 한다고 제안했다. 케넌은 전승 4국의 독일통제를 포기하고 독일에서 철군하며 동서독에서 선거를 실시해야 한다고 주장했다. 외무부 유럽지역 담당관 존 히커슨(John Hickerson)은 케넌에게 케넌의 제안을 서유럽이 경제적으로나 군사적으로 보다 강력해져야 하는 시기에 독일 통일에 대해 합의를 하는 것은 매우 위험하다고 지적했다. 그러나 당시 외무부 장관이던 조지 마샬(Geore Marshall)은 케넌의 제안이 설득력이 있다고 보고 제안을 더욱 발전시킬 것을 명령했다. 프로그램 에이는 케넌과 정책 계획 팀이 실무진을 구성하여 독일 전역에 걸친 자유선거, 중앙정부 형성 그리고 점령군의 철수를 담고 있는 계획을 말한다. 케넌은 이 같은 내용을 긴급계획으로 1948년 11월 마샬에게 제출했다. 케넌의 계획은 마샬에서 딘 애치슨(Dean Acheson)으로 외무부장관이 바뀌면서 새로운 국면을 맞는 듯했으나 애치슨도 기본적으로 프로그램 에이를 지지하고 있었다. 외무부 장관이 되기 전 애치슨은 프로그램 에이를 조언한 고문이었다.[25)]

다른 한편 케넌의 계획에 대한 반대의견도 거셌다. 당시 독일분단에 대한 일반적 견해는 독일분단이 오랫동안 지속되어야 서독이 약체로 남게 되고 약체 서독은 서구 인접 국가들에게 의존해야 한다는 데 있었다. 미국의 독일에서 철군이란 프로그램 에이의 내용을 들은 당시 영국 외무부 장관이던 에르네스트 베빈(Ernest Bevin)은 애치슨에게 미군철수는 서독의 지도자들도 우려하는 바임을 분명히 했다. 왜냐하면 독일에서 미국의 철수는 독일동부지역에서 소련중심의 정책과 그리고 독일서부지역에서 공산주의자들을 돕는 격이 되기 때문이었다. 애치슨은 베빈의 지적에도 불구하고 케넌의 계획에 동조했다. 그런데 프로그램 에이의 난적은 미국정부 내 있었다. 미국정부 내 반대자에 의해 프로그램 에이가 언론에 유출되어 급속하게 반대론자들을 결속시켰던 것이다. 프로그램 에이에 대한 대표적 반대자는 유럽의 미국사령관이며 미국 점령 지역의 군사통치자인 루시우스 클레이(Lucius Clay) 장군과 국방부 장관 루이스 존슨(Louis Johnson)을 비롯해서 외교관 로버트 머피

25) Philip Zelikow and Condoleezza Rice(1995), p.48.

(Robert Murphy)를 들 수 있다. 클레이는 "우리는 전쟁에서 승리했다. 그러나 우리는 마치 우리가 전쟁에서 패배한 것처럼 휴전을 하려 든다"며[26] 불만을 토로했다. 머피는 (재)통일과 분단지속 중 선택은 불필요하다며 서유럽과 연계된 번영한 독일이 동독을 소련의 통제로부터 분리시키면서 동독을 끌어들이는 '자석'(magnet)으로 기능하게 될 것이라고 지적하면서 케넌의 프로그램 에이를 반대했다. 애치슨은 결국 프로그램 에이를 포기했다. 프로그램 에이의 포기는 소련과 미국을 배제시키고 유럽에 '제3의 세력'을 구성함으로써 미국이 이 지역에서 산업 및 군사적 권력의 중심에 처하지 않으면서도 소련의 잠재적인 산업 및 군사적 중심체를 부정하기 위한 장기적인 전략이 또한 수포로 끝난 것이라 할 수 있다.[27]

이로써 독일미래에 대한 선택, 즉 "어떻게 독일 분단을 극복할 것인가?"는 독일 전역에 주둔하고 있는 외국군대에게 넘어갔다. 다시 말해서 냉전 초기 독일 문제는 미국과 소련의 대리 전 양상을 띠고 나타났다. 분단극복, 즉 통일에 대한 미국 및 서독의 입장은 통일은 전(全) 독일 자유선거실시를 통해서만 가능하다는 데 반해 소련은 전(全) 유럽 집단안보체제의 결성에 의해 미소체제의 대결이 해체된 이후 독일은 통일될 수 있다는 입장을 취했다. 이는 독일 문제가 유럽안보문제 뒤로 물러났음을 의미한다.[28] 다른 한편 소련과 미국의 원조 및 통제하에 동서독은 두 개의 체제, 즉 두 개의 국가로 발전해 갔다. 이로써 향후 독일 문제는 동서독 간 내독(內獨)적 성격으로 확대되어 갔다. 독일 문제가 양 독(兩獨) 간 내독적 논의 수준으로 정형화가 이루어지게 되었다. 직접적인 계기가 된 것은 1955년 5월 5일 발효된 독일조약이다. 독일조약에서 서독은 전승 3국(소련제외)으로부터 국내 및 외교문제에 대한 국가주권을 되찾게 되었다. 서독은 독일조약에 따라 1955년 5월 9일 나토에 가입했다. 소련은 이에 맞서 1955년 5월 14일 바르샤바 조약기구를 창설하였으며 1955년 7월 17일부터 23일까지 제네바에서 열린 전승 4

26) John Lewis Gaddis. 1997. *WE NOW KNOW Rethinking Cold War History*(New York: Oxford University Press), p.123.

27) John Lewis Gaddis(1997), pp.122-123.

28) Philip Zelikow and Condoleezza Rice(1995), p.56.

국 회의에서 연합 전승국의 공동 독일정책이 실패했다고 자체 판단한 이후 1955년 9월 20일 동독을 주권국가로 선언하였다. 이로써 독일 문제는 미소 중심의 독일정책에서 양 독 중심의 독일정책과 불가분의 관계를 맺게 되었다. 다시 말해서 1955년 이후 독일정책(Deutschlandpolitik)의 초석은 독일 문제의 내용적 중요점과 독일정책의 각 시기를 확정 짓는 정치 및 법의 전체 틀 내에 놓이게 되었다.29)

4.2. 두 개 독일의 독일정책

양 독 중심의 독일 문제, 즉 독일정책은30) 서독의 동방정책 및 동독의 서방정책을 의미한다. 동독의 서방정책이란 독일 사회주의 통일당이 서독에 대하여 어떤 형태의 분단 및 통일의 입장을 취했는가를 말한다. 한마디로 동독의 서방정책이란 서독으로부터 동독의 국제법적 승인을 추구하는 것이라 할 수 있다. 서독의 동방정책은 무엇이 서독의 외교정책이며 동시에 통일정책이었는가를 잘 웅변하고 있다. 서방결합정책(Westblock－Politik), 할슈타인독트린(Hallstein－Doktrin), 긴장완화정책(Entspannungspolitik), 겐셔리즘(Gencherismus)은 독일 문제의 내용적 중요점과 독일정책의 각 시기를 확정 짓는 틀이 되었다.31)

발터 울브리히트(Walter Ulbricht)와 에릭 호네커(Erich Honecker)의 독일정책이 1955년 이후 동독 독일정책의 근간을 이루고 있다. 울브리히트는 국가연합의 형태 속에서 독일 국가동맹을 창출할 것을 제안하였다. 이 점은 울브리히트 집권 동안 독일정책의 근간이 되었다. 서독과 국제적 국가 공동

---

29) Dieter Nohlen(1991), pp.89-92.

30) 서준원은 하인리히 빈델렌(Heinrich Windelen)에 근거하여 독일정책(Deutschlandpolitik)을 다음과 같이 설명하고 있다: “Heinrich Windelen에 의하면 독일정책(Deutschlandpolitik)의 개념은 독일민족이 자결권을 행사하거나, 행사할 수 있는 길을 여는 목적을 가진 서독정부의 행위와 결정을 내포하고 있다” 서준원. 1998. “독일 통일정책에 대한 재조명: 콘라드 아데나워 통일정책을 중심으로”, 『국제정치논총』 제38집 1호, p.237. 참조.

31) Hans Arnold(1995), p.24.

체로부터 제2의 독립국가로 인정받기 위한 울브리히트의 노력은 블록 · 동맹 정치적 이유로 인해 중대한 국면을 맞이하게 되었다. 스탈린 사망 후 소련에 불기 시작한 '해빙'(Das Tauwetter)이 동유럽 국가에서 민중봉기로 맞바람을 맞았기 때문이다. 또한 1962년 쿠바위기에서 심각한 세계 정치적 타격을 입은 후 소련은 대서방 유화정책으로 전환하기 시작했다. 1963년 흐루시초프는 1958년 베를린 최후통첩을 철회했으며 동독과 독자적으로 평화협약을 체결하겠다는 위협을 무효로 규정했다.

이 같은 위기에 처한 울브리히트는 동독이 경제적 · 사회적 안정을 이룩하는 가운데 독일사회주의 통일당이 무제한적 힘을 소유할 때, 동독이 독립적인 국가로 지속할 것이라고 생각했다. 따라서 이데올로기적 토대 위에서 독일정책을 실행함으로써 동독의 고유한 존재를 새로운 논증방식으로 정당화시키려 했다. 1963년 1월 독일사회주의 통일당 제6차 당대회에서 채택된 '민족문서'는 이런 맥락에서 중요한 의미를 갖게 되었다. 민족문서에서는 아데나워의 '힘의 정치'를 더 이상 독일분단의 유일한 원인으로 돌리지 않고 동독의 수립과 발전은 독일역사의 합법칙적 결과로서 자본주의에서 사회주의로 가는 과도기라는 '역사적 합법칙성'으로 규정하고 있다.

다른 한편 울브리히트는 자신의 독일정책을 확실하게 실시하기 위해서 무엇보다도 경제적 안정화가 필요했다. 그러나 1961년까지 생필품과 소비재의 개인소비량에서 서독을 능가하겠다던 제5차 당대회의 경제정책 목표들이 수포로 돌아갔으며, 오히려 1960년대 초 생산성은 후퇴하였다. 1960년대 말 신경제체제의 개혁성과가 미진한 반면에 서독정부가 추진하는 새로운 동방정책이 동독의 동맹국들 사이에서 호평을 받게 되자 안팎으로 몰린 울브리히트의 독일정책은 더욱 경직되었다. 독일정책의 경직성은 블록 정치적 충돌을 빚었다. 예를 들면 울브리히트는 서독의 독일 단독대표권 주장(Alleinvertretungsanspruch), 즉 할슈타인 독트린에 대항하여 '울브리히트 독트린'을 선포하였다. 울브리히트 독트린이란 동독이 서독정부로부터 승인된 이후에야, 바르샤바 조약기구 동맹국들은 서독과 외교관계를 맺을 수 있다는 것이다. 1967년 1월 제7차 독일사회주의 통일당 전당대회는 울브리히트의 이러한 노선을 승인하였다.[32] 이 전당대회에서 울브리히트는 사회주의 동독과 제국주의 서독과의 통일은 비현실적이라 보고, 동독의 자본주의로의 복귀란 있을 수 없으며, 서독의 사회주의로의 복귀도 비현실적이라고 지적하면서 독일의 통일은 독일사회주의 통일당의 목표이며 앞으로도 변함없겠지만 그 통일은 오직 사회주의라는 전제하에서만 가능하다는 입장을 천명했다. 1967년 9월 루마니아가 울브리히트의 독트린을 무시하고 서독과 외교관계를 체결함으로써 울브리히트의 독일정책에 큰 흠집을 냈다.

그러나 본격적인 울브리히트식 독일정책의 실패는 1969년 가을 사민당-자민당(SPD-FDP) 연정이 본(Bonn)에 입성한 후 빌리 브란트(Willy Brandt)가 정부선언에서 독일에서의 1민족 2국가론을 독일정책의 원칙으로 천명했을 때 예견되었다. 정부선언에서 브란트는 독일정책의 원칙 이외에 베를린 문제, 소련 및 동구와의 문제 그리고 유럽평화문제에 관해 서독연방정부의 입장을 밝혔다. 무엇보다도 소련과의 협상에 비중을 둔 브란트 정부는 소련과 무력행사 포기에 관한 협상이 구체적으로 개시되어 1970년 8월 서독과 소련 간에 모스크바조약이 체결되었다. 이 조약에서 두 나라는 상호무력행사의 포기를 규정하면서 오더-나이제(Oder-Neiße) 국경선과 동서독 경계선을 포함한 모든 유럽국가의 국경선을 존중할 것을 규정하였다. 다른 한편 서독은 통일의지를 짚고 넘어가기 위해 소련 측에 독일통일에 관한 공한을 전달하고 자결권에 의한 통일의 가능성을 강조하였다. 이 회담에서 서독은 독일에 2개의 국가가 존재하고 있음을 인정하면서도, 동독을 국제법적 국가로 승인할 수 없다는 사실을 소련 측에 주지시켰다고 한다. 즉 서독정부가 동독을 외국으로서가 아니라 독일민족일부의 국내법적 형태로서만 고려하겠다는 의도가 분명해지자 울브리히트는 민족의 통일을 부정하게 되었다.[33] 결국 울브리히트의 독일정책은 서독의 동방정책(Ostpolitik)과 탈냉전의 분위기(peaceful coexistence)와 배치되는 것이었다. 물론 소련의 독일정책과도 조

32) 베르너 바이덴펠트 · 칼-루돌프 코르테(편), 임종헌외 역. 1998. 『독일통일백서』(서울: 한겨레신문사), pp.484-486.

33) 김영탁. 1997. 『독일통일과 동독재건과정』(서울: 한울아카데미), pp.70-73.

화를 이룰 수 없었다. 이런 이유로 해서 1971년 6월 울브리히트의 퇴진은 서독과 소련의 접근으로 이루어진 1970년 9월 모스크바 조약, 1970년 12월 바르샤바조약, 1971년 베를린 관련 회담에 방해요소로 작용했다는 데서 찾을 수 있겠다. 울브리히트를 승계한 당서기장 에릭 호네커의 독일정책은 다음의 3가지로 요약할 수 있겠다.

첫째, 소련의 대외노선 정책에 동조: "소련과의 관계는 다음과 같은 면에서 새롭게 형성되었다. 동독은 다시 사회주의 형제국의 대열에 합류했고 더 이상 사회주의 건설의 선두주자로서 자축하지 않으면서 기본입장을 포기하지 않은 채 그들의 독일정책 이해를 소련의 유럽, 독일정책의 (급진적으로 변화되는) 협력체제에 또다시 뿌리 깊게 정착시키려고 시도했다."

둘째, 서독과의 교섭정치 강화: "이로 인하여 사회주의 통일당은 성공적으로 교섭정치로 진입했고 그 결과들로부터 이익을 얻을 수 있었다. 1971년 12월 연방정부와의 통행협정 체결 및 베를린 시 정부와의 합의는(이 양 독일 간의 협의 없이는 발효될 수 없었던) 1971년 9월에 조인된 베를린 4개국 협정의 직접적이고 필연적인 결과였다. 이후의 동서독 조약체결들은(1972년 5월의 교통조약 및 12월의 기본조약) 내부독일 조약 망을 위한 토대였는데, 1989년 가을에는 협정 수가 30개를 웃돌았다."

셋째, 한계설정정책: "동독이 단기적으로 어쨌든 그들의 이미지를 공고히 했던 이러한 성과들은 사회주의 통일당의 입장에서 보면 불안정화시키는 결점을 가졌는데 이에 따라 반작용이 일어날 수밖에 없었다. 이러한 연관 속에서 취해진 조처들은 이 시기의 사회주의 통일당 독일정책의 3번째 핵심요소가 되었다. 동서독 간 및 유럽의 협상정책에서 사회주의 통일당이 쟁취한 모든 승인들은 헬싱키 최종의정서에 명시된 의무들을 포함하는데 특히 인적 교류가 백만 배로 늘어난 데 따라 정치적·이데올로기적 그리고 내부 정치적 안전장치를 필요로 하였다. 사회주의 통일당의 입장에서 볼 때 이 안전장치가 없으면 자신의 존재가 위협받을 위험이 있었다."[34]

한계설정정책은 서독과의 교섭정치로 인해 동독인민들의 심리적 이탈을 막아야 했으며 정치적으로는 점차 가중되는 동독에 대한 개방 압력에 대처하기 위한 호네커의 독일정책을 말한다. 한계설정정책이 최고조를 이룬 정

34) 베르너 바이덴펠트·칼-루돌프 코르테(편), 임종헌외 역. 1998. 『독일통일백서』(서울: 한겨레신문사), pp.490-491.

책으로는 게라 요구(Geraer Forderungen)들을 들 수 있다. 호네커는 1980년 10월 동독의 게라에서 동서독관계의 정상화를 위해서는 서독 측이 동독의 국적을 인정하고 상주대표부를 대사관으로 고치고 동서독 간의 국경을 확정해야 한다고 선언하였던 것이다. 이것은 동독이 내독 관계의 특수성을 인정하지 않고 서독을 외국으로 간주하려는 종래의 입장을 반복한 것이다.[35]

다른 한편 호네커는 동독경제의 심각한 침체상태를 의식하지 않을 수 없었다. 이런 상태에서 1982년과 1984년 두 차례에 걸친 서독정부의 동독에 대한 19억 마르크의 차관은 동독의 대서독 및 대서방 교역을 확장시키는 데 크게 기여하였다. 이를 계기로 소련의 아프카니스탄 침공 및 SS－20미사일 동구배치로 인해 다시 긴장관계에 있던 동서독 관계는 개선되었으며 동독은 더 나아가 유럽의 군축을 촉구함과 아울러 동독에 새로운 소련제 중거리 미사일 배치를 반대함으로써 내부독일의 대화정책을 계속 추진하겠다는 자세를 표방하였다. 1985년 미하일 고르바쵸프가 소련공산당 서기장이 되면서 동서 양 진영 간에 군축협상이 재개되었고 양 유럽의 관계는 호전되었다. 우호적인 국제관계는 양 독 관계에도 유리하게 작용해 1987년 9월 호네커가 최초로 서독을 방문하는 것으로 이어졌다.

대화정치와 맥을 같이하는 한계설정 정책은 호네커가 1989년 10월 7일 동독재건 40년 기념사에서 '우리식 사회주의 건설'을 외치면서 고르바쵸프의 글라스노스트 · 페레스트로이카 정책에 반대입장을 천명하는 데서 또다시 나타났다. 그러나 한계설정 정책은 더 이상 효력이 없었다. 왜냐하면 1980년대 들어서면서 동독은 서독에 점점 더 강하게 의존하게 되었으며 1989년 여름 동독주민의 동독탈출이 시작되면서 세차게 불기 시작한 동독 내 민주화 투쟁은 호네커의 퇴진(1989년 10월 18일)을 야기하였을 뿐만 아니라 동독이 이 위기를 극복할 대안을 갖고 있지 못함을 보여주었기 때문이다. 이로써 동독의 독일 문제는 통일로 가는 절차만 남겨 놓게 되었다.

2차 세계대전 후 독일 문제는 동서분쟁과 맥을 같이하게 되었다. 때문에

35) 김영탁(1997), p.82.

동독의 독일 문제가 소련을 중심으로 한 동방진영의 맥락에서 고려되었듯이 서독의 독일 문제도 미국을 중심으로 한 서방진영과의 관계에서 숙고되어야 했다. 이 같은 맥락에서 마누엘라 글라브(Manuela Glaab)는 서독의 독일정책을 다음과 같은 여러 단계로 분류하고 있다. ① 1949－1963년 아데나워시대로 동독과 접촉이 거의 없었던 단계 ② 1963－1969년 방향전환을 위한 조심스러운 과도기 ③ 1969－1982년 사회민주당－자유민주당 연정을 통해 새로운 독일정책과 동방정책이 정립된 단계 ④ 1982－1989년 콜－겐셔 정부하에서 동서독 간 관계가 심화된 단계.[36] 이 같은 단계별 구분은 다시 이들을 대별시켜 주는 표어로 재구성할 수 있다: 서방결합정책, 할슈타인 독트린, 긴장완화정책, 겐셔리즘. 이들 표어를 통해 독일 문제의 핵심적 관심사를 찾아볼 수 있다. 왜냐하면 이들이 1990년 통일로 향한 서독의 독일 문제, 즉 서독외교정책의 골격을 이루고 있기 때문이다.

서방결합정책은 콘라드 아데나워(Konrad Adanauer)의 독일외교정책을 말한다. 아데나워의 서방정책을 잘 묘사하고 있는 것이 아데나워의 자석이론(magnet theory)이다. 자석이론이란 경제적으로 매력적이고 정치적으로 안정적인 서독의 힘이 언젠가 평화와 자유 상태에서 동독의 가맹과 함께 통일은 가능할 수 있다는 데 있다.[37] 이를 위한 전제로써 독일주권의 회복이 요구되는데 독일주권의 회복은 서방국가의 신뢰 없이 불가능했다. 따라서 독일연방공화국의 외교 및 안보정책에서 서방결합이 정책 우선순위가 된 것이다. 때문에 북대서양조약기구 및 유럽공동체(EC)의 가입은 서독외교정책의 개가가 아닐 수 없었다. 이로써 나토와 유럽공동체의 경계가 또한 서독외교정책의 경계가 되었다.

그러나 초기 서독외교정책의 민족적 목적은 서독이 독일을 대표하는 유일한 정통국가임을 천명하는 데 있었다. 즉 서독의 단독대표권 주장은 동독의 국제법적 비준을 방해하기 위한 정치적 목적인데 이 목적을 관철시킬 수단으로 제기된 것이 할슈타인 독트린이다. 할슈타인 독트린이란 서독정부는

36) 베르너 바이덴펠트・칼－루돌프 코르테(편), 임종헌 외 역(1998), p.460.

37) Imanuell Geiss(1997), p.93.

동독을 국제법상 국가로 승인한 국가와 외교관계를 단절한다는 것을 의미한다.[38] 아데나워의 이 같은 정치, 즉 '힘의 정치'(Politik der Stärke)는 동서진영의 경직된 투쟁과 10년이 넘도록 지속된 서독경제 기적으로 지속되었다. 그러나 아데나워는 소위 강자의 정치를 실행하면서 한편으로 독일인들로 하여금 독일의 분단에 익숙하게 만들었으며 다른 한편으로 서독의 국제적 활동자유를 제약시키는 외교정책의 족쇄를 스스로 채웠다는 비판을 받고 있다.[39]

긴장완화정책은 서독이 나토와 유럽공동체란 울타리를 넘어 전보다 외교정책적으로 보다 많은 가능성을 갖고 참여할 수 있는 여지가 생겼음을 말한다. 즉 서독의 동방정책은 1962년 쿠바위기 이후 미소 간에 긴장완화 조짐이 나타나게 되면서, 서독이 독일정책의 방향전환을 시도한 것을 말한다. 독일정책의 방향전환은 서독이 1972년 폴란드와 소련 그리고 1973년 체코슬로바키아와 동방조약(Ostverträge) 및 동독과 기본조약(Grundlagenvertrag) 체결을 시작으로 해서 1973년 유엔과 1975년 유럽안보협력회의(KSZE)의 양독 동시가입으로 이어졌다. 결국 긴장완화정책은 새로운 독일의 동방정책만을 가능케 한 것이 아니라 접근을 통한 변화(Wandel durch Annäherung)를 통해 동서관계의 안정화란 관점에서 동유럽국가들과의 관계정상화를 표명하게 했다.

겐셔리즘은 이 같은 긴장완화정책으로 인해 가닥이 잡혔다. 무게중심다리(Standbein)를 근간으로 이루어진 겐셔리즘이 1980년대 이후 콜 정부의 서독외교정책의 주축을 형성했다. 무게중심다리란 한편으로 유럽공동체로의 서유럽통합정책에 적극적으로 참여하는 것이고 다른 한편으로 나토(NATO)로의 독일군사능력의 총체적 결속을 말한다. 무게중심다리란 외교정책의 기조 아래 서독은 서독의 민족문제와 함께 유럽공동체와 나토란 제한된 활동공간에 남아 있게 되었다. 이 같은 겐셔리즘은 독일의 민족적 권력의 부재를 나토와 유럽공동체의 권력요소와 통합시켰으며 새로운 동방정책의 시작에서

38) Hans Arnold(1995), p.19.

39) 서준원(1998), 참조.

독일통일의 재건까지 20년 동안 특수한 서독 외교정책의 상황을 반영하고 있다. 요약하면 겐셔리즘은 다음과 같은 4가지 기준점을 갖고 있었다. 다시 말해서 독일통일과 함께 겐셔리즘은 그 기준점들을 상실했다: "① 제한된 독일의 주권 ② 서구권으로 나토와 유럽공동체 ③ 서구권으로 서독의 강압적인 결합 ④ 동구권과 소련 및 이로 인한 강압 그리고 독일의 정치 지리적 위치와 독일 문제들 때문에 특별한 고려를 했어야만 했다."[40]

Ⅴ. 독일 문제: 1990년 이후

이렇게 국제 정치 무대에서 뒷전에 밀려 있던 독일 문제가 1989년 11월 9일 베를린 장벽의 철거 이후 다시 국제정치무대의 주요한 의제로 등장했다. 이때 독일 문제는 독일 통일문제를 의미했으며 독일 통일문제에 대해 결정권을 갖고 있었던 전승 4국의 승인문제로 제기되었다. 1945년 이후 제기된 "어떻게 분단을 극복할 것인가?"란 독일 문제는 통일조약과 2+4회담을 거쳐 1990년 독일통일로 종결되었다. 1989-1990년 이후 독일 문제는 독일적 시각에서 볼 때 민주적 서독 또는 공산주의 동독 중 "누가 독일(인)에 속하는가?"로[41] 변했다. 그리고 외부적 시각에선 본 독일 문제, 즉 실제적인 독일 문제가 아울러 대두되었다. 양과 질의 특수한 일치가 통일독일의 권력을 또다시 구성하게 되었다. 다시 말해 권력중심체가 된 통일독일의 '세계 권력에 대한 충동'이란 문제가 소련헤게모니의 해체와 신생 중부유럽의 독립 민족국가로의 복귀와 맞물려 등장하게 되었다.

---

40) Hans Arnold(1995), pp.20-22.

41) 분단 기간 동안 해결되지 못했던 독일의 정통성 문제가 통일 후 다시 대두되었다. 다시 제기된 정통성 문제의 성격은 통일 후 독일 국내정치의 난맥상을 그대로 반영하는 것이라 볼 수 있다. 통일정부가 기선을 제압함으로써 '동독 재건'(Eastern Revival), '오씨'(Ossi), '신탁청'(Treuhand), '민사당'(PDS), 문제 등등을 해결하려 했다고 저자는 해석한다.

5.1. 베를린 공화국

실제적 독일 문제의 발단은 동 · 서 베를린과 동 · 서독 분리에 의한 독일 분단과 유럽분할이란 구도가 두 개 베를린과 두 독일의 통일로 일단락되었다는 데서 찾을 수 있다. 독일 문제는 자본주의의 승리와 내독(內獨) 국경선의 해체에 의해 곧바로 뜨거워졌다. 이런 상황에서 독일 문제의 성격은 1990년 이후 변화된 유럽과 세계에서 새로운 독일의 역할에 있게 된다.

그런데 변화된 유럽과 세계에서 통일독일의 새로운 역할에 대해 회의주의자와 낙관론자들 간에 큰 견해차를 보이고 있다. 낙관론자들은 독일의 통일은 독일과 유럽 그리고 세계평화에 기여할 것이라 보는 데 반해 회의주의자들은 초강대국인 독일이 과거의 오류를 재현시키지 않을까 하는 우려를 갖고 있다. 특히 아우슈비츠의 유산과 관련하여 낙관론자들은 아우슈비츠에서 생산한 모든 요소들이 '독일모델'(Modell Deutschland)로 잘 알려진 서독의 모범적인 민주주의에 의해 근절되었다고 확신한다. 반면에 회의주의자들은 서독의 민주적 제도는 진정으로 민주적(좌파의 통일 반대)이지 않으며 1930년대 초기의 경제침체와 비교할 수 있는 진정한 위기상황(자유주의자의 우려)에서 검증되지 않았고, 새로워진 민족국가(보수주의자의 두려움)가 지배하는 세계에서 부적합하다고 판단할 수 있다는 데 있다.[42)]

새로운 유럽에서 새로운 독일 역할로 구체화된 1990년대 독일 문제를 긍정적으로 보는 낙관론자들의 견해는 기능적 · 제도적 및 사회학적 접근으로 구성돼 있다. 먼저 기능적 접근은 독일의 권력과 영향력은 유럽연합이나 나토와 같은 국제기구들을 통해 길들여져 있음을 강조한다. 기능적 접근은 유럽연합과 나토와 같은 기구 내 합류가 독일과 독일의 협력국 사이에서 일련의 지배적인 관계보다는 상호의존적 관계가 산출시켰다는 가정에 근거한다. 이러한 관점은 성공적인 독일의 발전은 광범위한 유럽의 성장이란 맥락에서

42) Michael G. Huelshoff, Andrei S. Markovits and Simon Reich(ed.). 1996. *From Bundesrepublik to Deutschland. German Politics after Unification*(USA: The University of Michigan Press), p.271.

발생함을 지적하고 있다.[43] 독일통일 효과의 좋은 여론 형성을 위한 낙관론자들의 두 번째 주장인 제도적 접근은 독일의 민주적 정치체제의 발전에 초점을 맞추고 있다. 제도적 접근은 통일독일이 연방체제와 민주적 가치를 수용함으로써 구서독의 정치구조에 동화됨을 웅변하고 있다. 제도적 접근에 따르면 통일독일은 단지 고도로 성공하고 잘 정비된 연방독일(FRG)의 제도적 확장에 지나지 않게 된다. 때문에 제도적 접근에 입각한 낙관론자들은 제도적 확장에 의한 통일의 성격을 환영하는 것이며 국내적 개혁의 민주적 성격이 독일의 외교정책을 온화하게 지속시킬 것이라고 본다. 기능적 접근과 제도적 접근의 차이는 제도적 접근이 독일 우월의 내재적 제약에 초점을 맞추고 있는 것과 달리 기능적 접근이 외적 관계를 강조하고 있다는 점이다. 끝으로 낙관론자들의 세 번째 논증인 사회학적 접근은 독일의 경제 및 정치엘리트들은 독일의 잔악한 과거에 대한 책임을 통감하면서 새로운 통일독일에서 군국주의 · 반(反)자유주의 · 외국인 학대 등의 경험에 대해 단호히 반대한다는 데 있다. 자유주의와 민주주의 가치로 무장한 전후 새로운 독일의 엘리트들 때문에 45년 이전의 제국주의 가치들과 결별했으며 유럽경제와 접목된 법치국가가치를 주장함은 물론 수출 지향적 경제로 인해 자유무역을 옹호하고 있다고 한다. 결국 사회학적 관점은 '행동을 통한 배움'(knowledge through learning)이란 진화의 전제에 근거한다.

낙관론자들과 달리 회의주의자들은 미국과 소련이 유럽을 철수하면서 생긴 권력과 통제의 공백과 맞물린 독일 통일로 인해 독일헤게모니의 대두를 우려하고 있다. 회의주의자들은 역사적이고 문화적 관점에서 통일독일을 환기시키고 있다. 먼저 회의주의자들의 역사적 접근은 제2제국 통일에서 제3제국으로 이어지는 독일발전의 사악한 측면을 강조하고 있다. 이들의 주장은 1차 및 2차 역사가 논쟁에서 나타난 독일 역사의 상대화 시도를 염두에 둘 때 그 설득력이 높다고 하겠다. 회의적 접근의 두 번째 주장은 문화에 있다. 역사적 접근과 비슷하게 문화적 접근의 출발점은 1945년 전 · 후의 독

43) Michael G. Huelshoff, Andrei S. Markovits and Simon Reich(1996), p.273.

일경험의 애매 모호성에 있다. 한마디로 문화적 접근은 초강대국의 억압에서 해방된 통일독일이 구습관을 재현시킬 수 있음을 강조한다. 1931년 헤르만 칸토로보치(Herman Kantorowocz)의 논평이 1990년대 초 문화적 접근에선 회의주의자들의 입장을 잘 대변해 주고 있다. "새로운 독일(통일독일)의 진정한 적은 구독일이다."(the new Germany's true foe is the old Germany)[44)]

이런 이유에서 회의주의자들은 베를린 공화국(the new Berlin Republic)이 본 공화국(the old Bonn Republic)의 전통을 승계해 주길 바라고 있다. 회의주의자들의 기대란 새로운 베를린 공화국이 유럽의 맹주가 되서는 안 된다는 것으로 본 공화국의 정치문화(독일의 견고한 헌법주의, 헌법적 정치의 강조, 연방주의와 자유주의)를 지속하는 것이다. 구체적으로 말해서 통일독일은 국내정치에 있어서 극우주의와 대항해야 하고 국제정치에 있어서 여전히 자기부정을 실천해야한다. 자기부정 실천의 한 형태는 독일민족의 이익을 통합된 유럽의 이익과 일치시키는 독일의 공적 헌신을 포기하지 않는 데 있다.[45)] 한마디로 회의주의자들은 베를린 공화국이 계속해서 국제적 군사 안보 분야에서 '정치적 난쟁이'(a political dwarf)로 남아 있어주길 바라고 있다.

회의주의자들의 현실적 우려의 근거는 3분의 1의 영토 증가 8천만 명으로 늘어난 인구 증가, 가장 능률적인 군대 그리고 튼튼한 경제 진영을 갖춘 양 과 질의 특수한 일치에서부터 시작한다. 뿐만 아니라 베를린은 본과 달이 폴란드와 인접해 있다. 다시 말해서 통일독일은 원래 독일이 갖는 동부성(East－ness)을 회복하면서 동 · 중부 유럽으로 동진(東進)하기 시작했다.[46)] 이제 통일독일은 경제, 정치 및 사회적 의미에서 통일 전보다 더 이질화되고 있다. 이 점에 본 공화국과 베를린 공화국 사이에 큰 차이가 있는 것이

44) Michael G. Huelshoff, Andrei S. Markovits and Simon Reich(1996), pp.273－276.

45) Anthony Glees. 1996. *Reinventing Germany. German Political Development Since 1945* (Oxford: BERG), p.279.

46) 서독의 동구교역은 1989년 현재 이탈리아의 5배이며, 이탈리아 · 미국 그리고 프랑스를 합친 것보다 크다. 1994년 러시아를 포함한 동구교역은 100 billion DM에 달했다. 1993년 2.7 billion DM의 무역흑자를 기록했다. 뿐만 아니라 독립국가연합(CIS)과의 독일의 상품교역은 10% 증가(수출 0.5% 증가, 수입 22% 증가)했다. 이로 미루어 볼 때, 독일의 동구와의 교역관심은 서에서 동으로 국가적 관심의 큰 변화가 있음을 나타낸다고 할 수 있다. 이 점이 의미하는 바는 동구의 정치 · 사회 및 경제적 문제가 더 이상 독일에 무관심의 대상이 아니라는 것이다. Anthony Glees(1996), p.279. 참조.

다. 이런 의미에서 "본 공화국은 독일이 아니었다."47)

새 독일, 즉 통일독일은 더 이상 이웃에 의해 잘 길들여진 시골에 수도를 둔 국가가 아니다. 통일독일은 단순히 수도를 시골에서 메트로폴리탄으로 이전한 것이 아니라 베를린 공화국이 본 공화국의 관념에서 떠난 것을 의미한다. 외무부 장관 겐셔(1974년 5월－1992년 5월)는 18년간 독일외교정책의 근간이었던 겐셔리즘을 스스로 파기시켰고 독일군(Bundeswehr)이 2차 세계대전 때 전투한 곳에 독일군을 파견시키지 않겠다던 헬무트 콜(Helmut Kohl) 수상은 헌법을 뜯어고치면서까지 중・동부 유럽에 독일군을 파견시켰다.48) 그런데 무엇보다도 본 공화국과 베를린 공화국의 실제적 차이는 본 공화국이 분단독일의 일부분으로써 서유럽으로 향한 일 방향의 정책만을 갖고 있었다는 데 반해 베를린 공화국은 보다 많은 방향성으로 움직일 수 있고 움직이어야만 한다는 데 있다.49) 따라서 베를린 공화국과 접목된 독일 문제는 독일의 새로운 국가이익의 속성, 국내정치의 안정 및 외교정책에 대한 질문으로 재구성된다.50)

본 공화국과 베를린 공화국이 같지 않다는 점에는 많은 학자들이 견해의 일치를 보고 있는 듯하다. 그러나 구체적으로 무엇이 새로운 독일의 국가이익인가에 대해서는 확고한 결정을 유보한 채 진행 중인 변화를 관망 중인 것 같다. 흔히 수세에 몰린 국내정치가 외교정책을 이용함으로써 그 돌파구를 찾듯이 외교정책이 국내정치를 추동할 수도 있다. 즉 외교적 이익이 극단적이고 급진적인 국내동력을 생산할 수도 있다. 2000년 현재 게하르트 슈뢰더(Gehard Schröder) 베를린 정부의 경제 팀은 실업문제와 경제발전 약속

47) Anthony Glees(1996), p.259. "The decision to move the capital from Bonn(60 kilometres from the Belgian frontier) to Berlin(70 kilometres from the Polish frontier) not only symbolizes the return to national unity, but signals an intention to pay more attention to Germany's Eastern neighbours." Peter Pulzer. 1995. *German Politics 1945－1995*(Oxford: Oxford University Press), p.16. 참조.

48) Michael G. Huelshoff, Andrei S. Markovits and Simon Reich(1996), p.274.

49) Anthony Glees(1996), p.255.

50) "David Marsh notes that in a visit to Gorbachev in 1988, Chancellor Kohl stated, We will not wander between the worlds." Gordan A. Craig. 1990. "A New, New Reich?", in: *The New York Review of Books*, Vol. XXXVI, No.21/22, January 18. p.33. 참조.

을 실패하여 조세감면과 행정 간소화로 그 비난을 면하고자 노력하고 있다. 또한 녹색당과는 핵발전소 폐기문제로 계속해서 논쟁을 벌이고 있다. 때문에 코소보 전쟁은 독일국내정치 해소의 호기가 아닐 수 없다.[51] 이 점을 염두에 두면서 저자는 베를린 공화국의 독일 문제를 분석하고자 한다. 이때 유럽연합과 나토는 분석의 시금석이 된다. 왜냐하면 독일의 주된 외교정책인 유럽정치가 유럽연합과 나토를 중심으로 이루어졌고, 이루어지고 있기 때문이며 이 가운데 독일이 추구하는 국익이 유럽통합과 맥을 같이하고 있기 때문이다.

5.2. 유럽연합과 독일

서독의 대유럽정치는 아데나워의 서방친화정책에서부터 시작되었다. 서방친화정책은 신뢰구축의 발판이 되었고 서독은 신뢰회복을 통해 주권을 회복할 수 있게 되었다. 그 대가로 서독은 '유럽의 독일', 즉 유럽에 의한 간접적 외교 및 군사 통제를 받아들였던 것이다. 유럽의 독일은 독일이 유럽을 필요로 하는 이유와 독일이 유럽에서 받는 혜택을 합리적으로 고려한 정책 산물이라 할 수 있다. 독일이 유럽을 필요로 하는 이유는 겐셔의 고백에 잘 나타나 있다: "독일은 미국과 일본과의 경쟁에서 자력으로 살아남을 수 없다. 독일이 갖고 있는 연구소, 산업적 능력 그리고 시장의 규모는 형편없이 부족하다. 이런 이유에서 독일은 유럽을 필요로 한다."[52] 그러나 유럽은 단지 경제협력기구로만 남아 있을 수 없었다. 유럽은 소련과 미국이란 초강대국 사이에서 자신의 위치를 찾아야만 했기 때문이다. 때문에 서유럽은 정치 및 경제영역에서 일치하여 행동할 수 있는 실재물로 발전해야 했다. 결국 유럽통합으로부터 독일은 국가이익의 보호와 국제체제의 경영이란 소득을 얻게 되었다.[53]

51) Newsweek, 1999년 4월 26일.

52) Lothar Gutjahr. 1994. *German Foreign and Defence Policy after Unification*(London and New York: Pinter Publishers), pp.82－83.

독일이 유럽공동체에 대해 관심을 가진 이유 중 하나는 경제다. 구체적으로 보면 독일은 역내 수출이 1970－1980년대 15% 증가한 데 반해 프랑스와 이탈리아의 역내수출은 정체되었으며 영국의 경우도 점차 줄어들었다. 그 결과 1980년대 중반에 접어들면서 역내 독일의 수출지배 현상이 나타났다. 독일의 역내 수출증가로 독일은 역내 25.6%의 시장 점유율을 보였다. 반면에 80년대 유럽공동체 예산에서 차지하는 독일의 기부금은 제일 많았으며 이로부터 받는 보조금은 제일 적었다. 결국 지속적인 경제적 성공과 민주주의 가치의 안정화로 인해 독일은 정치 및 경제 지도자로서 독일의 영향력을 유럽공동체 내에서 점차 증가시켰다. 독일의 역내 우세는 1980년대를 지나 1990년대도 지속적으로 성장했다.[54)]

그런 만큼 독일의 유럽통합에 대한 비중과 역할도 점차 커져 갔다. 독일은 1991년 마스트리히트 협상 때 유럽자유무역연합(EFTA)의 4개국, 즉 핀란드, 스웨덴, 노르웨이, 오스트리아가 1994년 유럽연합에 가입하는 데 중요한 조정자 역할을 감당했다.[55)] 뿐만 아니라 중부유럽으로서 독일은 폴란드 · 체코 · 헝가리의 유럽연합가입정책이 독일의 유럽통합정책과 이해관계가 맞물린다고 보고 이들의 유럽연합가입을 적극적으로 중재했다.[56)] 이들 국가의 유럽연합가입으로 유럽연합은 동진하게 되었고 독일은 유럽연합의 확대로 불법이민단속 · 시장개척 · 노동력 확보라는 정치적 · 경제적 실익을 챙기게 되었다. 물론 최대 수혜자는 이들 국가일 것이다.

이 같은 독일의 적극적인 유럽통합노력은 유럽통합에 선순환을 가져다주었다. 선순환이란 유럽통합의 쌍두 기관차가 형성되는 것을 말한다. 독일이

---

53) Lothar Gutjahr(1994), pp.83－87.

54) Michael G. Huelshoff, Andrei S. Markovits and Simon Reich(1996), pp.277－282.

55) Peter Pulzer. 1995. *German Politics 1945－1995*(Oxford: Oxford University Press), pp.15－18.

56) Tony Judt. 1993. "How the East Won", in: *The New York Review of Books*, Vol. XI, No.21, December 16, p.59. "German governments are anxious to draw the newly independent states of Central Europe into the existing Western supra－national institutions, whether formally or informally."; Peter Pulze. 1995. *German Politics 1945－1995*(Oxford: Oxford University Press), p.16. 참조. 전득주 · 박준영 · 김성주 · 김호섭 · 홍규덕 공저. 2001. 『대외정책론』, 박영사. p.427" "냉전체제 종식으로부터 수년이 지나 전 유럽질서 형성의 구조들이 드러나고 … 있으나 …매우 취약하다. … 독일은 … 동구구가들에게 가장 많은 경제적 원조를 제공 … 한계를 느끼고 있다. … 직접적인 물질적 원조보다는 그들 국가의 기본 전제조건들의 개선에 치중될 것이다"

유럽 통합에 적극적인 행보로 나오게 되니까 독일을 감시할 울타리로서 유럽통합을 구상한 프랑스의 고민이 더욱 깊어지게 되었기 때문이다. 다시 말해 냉전 동안 프랑스는 핵 보유를 통해 독일에 대한 군사적 우위확보는 물론 유엔안전보장이사회 이사국으로서 문화 및 경제영역에서 영향력을 갖고 있었다. 독일통일 이전까지의 상황이었다. 소련이 해체된 이후 프랑스 핵의 가치는 떨어진 반면에 동유럽이 독일의 영향권에 들어가게 되었다. 이 같은 상황을 해결하기 위해 프랑스도 독일 못지않게 유럽통합을 가속화시키는 방안을 택했다고 볼 수 있다.[57] 이런 이유에서 독일과 프랑스는 유럽통합의 쌍두 기관차가 된 것이다.

1990년대 유럽이 당면한 새로운 문제해결을 위해 콜은 강력한 유럽공동체와 '독일의 유럽화'(europeanization of Germany)를 역설하였다. 한층 강화된 유럽연합이란 완전히 통합된 방어 및 안보정책을 실행하기 위해서 고도로 발전되고 신뢰할 수 있는 초국가적 기구를 필요로 하는 것을 말한다. 이 점은 유럽에서 경제의 수위를 지키고 있는 독일의 이익과 일치하고 있다. 마스트리히트조약 체결로 콜의 의도가 이루어지고 있다. 이제 정치적인 측면에서 확고한 외교정책과 국내정치의 결합 그리고 기술 및 경제적인 측면에서 발전된 독일이 유럽의 통합을 적극 추진함으로써 공산권 해체, 독일통일로 어수선해진 유럽의 구질서와 정체 중인 유럽연합의 진로에 새로운 동력을 실어 주고 있는 것이다.

이 같은 콜의 적극적인 유럽통합의 행보를 두고 '유럽의 독일'에서 '독일의 유럽'으로 새로운 전략적 모색을 꾀하고 있다며 비판적으로 보는 시각이 있다. 이런 시각은 아래의 논의에서 보듯 일면 타당성이 있다. 그러나 독일 입장에선 꼭 그렇지가 않다. 패전국이며 분단국인 독일이 형식상의 주권은 회복했으나 사실상의 주권을 행사하지 못하는 상태가 지속되다가 통일과 더불어 사실상의 주권을 회복하게 되었다. 이제 형식상 · 사실상의 주권 국가인 독일이 외교정책에서 군대 동원화 경향이 나타나는 것은 프랑스를 따라

57) Pulzer(1995), p.18.

잡겠다는 것이 아니라 움츠려 있다가 일어설 때 커 보이는 기지개 현상일 뿐이다. 프랑스가 독일과 손발을 맞추려고 하는 데서 알 수 있다. 그런데도 독일의 적극적 외교 행보가 포효로 들리는 이유는 그동안 독일 하면 분단국이요 프랑스의 핵무기 앞에 평화적인 이용의 핵발전소조차 폐기하는 국가요 미국 주도 나토 휘하의 회원국이요 역외 군사파병 나올 때마다 헌법위배라고 온 국가가 시끄럽던 국가란 이미지만 연상되었기 때문이다. 정치 난쟁이 독일이 통일과 더불어 생뚱맞게 군대를 말하고 안보리 이사국 자리를 요구하니 "지금 유럽에선 제3제국의 망령이 되살아나고 있다"로 받아들여지고 있는 것이다. 이런 입장에서 보면 '유럽의 독일'에서 '독일의 유럽'으로의 주장은 바로 그 시작이라 여겨질 것이다. 그런데 이런 관점은 11장에서 심도 깊게 언급된 독일의 유럽통합정책의 일관성을 이해하게 된다면 완화(緩和)될 시각이라 본다.

5.3. 나토와 독일

전 외무부 장관 한스 디트리히 겐셔(Hans Dietrich Genscher)는 전후 독일이 헤게모니를 추구할 잠재력이 있음을 알고 있었다. 그러나 겐셔는 독일이 국제체제의 보증자이기보다는 상호의존의 그물망 내에서 독일의 외교정책을 대등하게 하는 국제체제 내 한 행위자로 머물길 원했다. 혹자는 이런 점 때문에 독일을 상업국가(Handelssstsst)라 규정한다. 이들에게 있어서 독일의 외교정책은 상인의 형태와 역할로 이해되었다. 이렇게 볼 때 본의 외교정책은 방해받지 않는 교역을 통해 독일이익의 확보와 국제기구의 안정에 주된 관심을 두었음을 알 수 있다. 그리고 겐셔는 상업 국가적 외교정책의 충실한 대변자가 되었다.

한마디로 겐셔는 1945년 독일외교정책의 전통을 지속시켰으며 1914년과 1933년의 고전적 권력정치(Machtpolitik)로의 추구보다 다원주의를 국가외교정책의 우선 수단으로 간주했다. 그러나 18여 년간 지속된 겐셔의 외교정책은 골프전쟁(the Golf War)을 맞이하면서 새로운 국면에 접어들었다. 상업국가적 전통에 입각한 본은 외부로부터 상승한 기대에 부응할 수 없었다. 겐셔의 골프전쟁 해법은 국제법에 호소하는 정도였다. 유럽공동체의 반응 역시 비슷한 수준에서 머물렀다. 공동정책을 결여한 유럽공동체는 일치적인 대응을 하지 못했으며 유엔안전보장이사회의 두 유럽국가도 자국의 이익에 따라 선거권을 행사했다. 독일의 수표외교(cheque-book diplomacy)가 독일의 외교정책이란 비난은 "미래를 만들기보다 과거의 변화를 안정화시키는데 몰두한 것"[58]이 겐셔리즘이란 비난으로 이어졌다. 1990년 초 독립을 선포한 발틱 공화국들(the Baltic Republics)에 대한 고르바초프의 강경 조치에 대해 발틱 시민들의 자결권을 지지한 국가들과는 달리 독일은 또 다른 혼란을 막기 위해서 고르바초프의 위치를 안정화시키고자 했기 때문이다. 이런 일련의 사건을 계기로 겐셔리즘은 공격의 대상이 되었다. 그러나 방향상실을 하지는 않았다. 겐셔리즘의 완전한 방향상실은 유럽공동체, 유엔, 미국은 물론 국내여론과 연방의회의 반대에도 불구하고 크로아티아와 보스니아를 국제법적으로 승인함으로써 절정에 달했다. 이것이 계기가 되어 겐셔는 외무부장관에서 물러났다. 다른 한편 겐셔의 퇴임은 기민당의 현실정치(realpolitik)와 사민당의 이상주의(idealism) 사이의 중도를 따른 자민당(FDP) 외교노선의 퇴출을 의미했다. 이로써 겐셔리즘은 현실주의 노선, 즉 보수화의 길을 걷게 되었다. 기민당의 외교노선은 독일군의 역외 참전, 즉 유엔의 위탁파병은 물론 나토 및 서유럽동맹(WEU)의 단독 작전에 참여하는 것이다.[59]

겐셔리즘의 개악은 자민당 소속 클라우스 킨켈(Klaus Kinkel) 신임 외무부장관에 의해 구체화되기 시작했다. 킨켈은 "통일된 초강대국 주권 독일은 독일인의 능력과 기대에 상응하여 세계에서의 역할을 찾아야만 한다. 이 점은 이웃 국가와 협력국들도 용인할 수 있을 것이다"[60]고 확신했다. 킨켈이 의도한 바는 경제적으로나 인구수로나 대국인 독일이 제약된 외교정책을 펴

58) Lothar Gutjahr(1994), p.92.

59) Lothar Gutjahr(1994), pp.89-100.

60) Hans Arnold(1995), p.24.

야만 한다는 것은 불합리한 일이며 때문에 통일과 새로이 획득한 완전주권을 겸비한 독일은 이제 관중석에서 일어나 완전한 행위 능력국으로 탈바꿈해야 한다는 것이다. 한마디로 변화된 독일외교정책의 관심과 목적은 국제정치에서 막중한 책임을 떠맡는 데 있다는 것이다. 그런데 국제정치에서 책임에 대한 인지는 많은 경우 무력의 사용을 의미하는 것이기 때문에 이 점은 다시 무력사용의 정당화에 기여하기도 한다.

국제정치에서 막중한 책임을 떠맡아야 한다는 새로운 독일외교정책은 킨켈의 정책에서 가시화되었다. 킨켈은 유엔안전보장이사회 상임이사국 자리를 요구했으며 유엔의 '푸른 모자'(blue helmet)와 유사하게 유럽 평화 안으로 콜이 제안한 '녹색 모자'(green helmet) 창설을 지지했다. 뿐만 아니라 독일 연방헌법재판소도 이를 거들었다. 1949년 기본법(Basic Law)은 나토방어를 제외한 독일군의 참전 및 상황에 관계없이 역외(out of area) 독일군 파병을 금지했다. 1983년 유엔이 평화유지군으로 독일군의 파병을 요구했을 때, 독일 안보위원회는 이를 금지시켰다. 그러다가 독일 통일 후 1991년 골프전쟁과 1993년 보스니아에 군을 파병시키면서 독일군의 역외 참전문제가 위헌시비에 올랐다. 1994년 7월 독일연방헌법재판소는 일반적 조건하에서 독일군의 역외 파병을 합헌이라고 판결을 내린 것이다. 이로써 통일 독일은 독일 외교정책에서 군의 동원화 경향을 띠게 되었다. 다음과 같은 주장을 반박함으로써 이 같은 경향성을 보다 구체화시킬 수 있다고 회의주의자들은 생각한다. 먼저 독일의 군사적 위협 또는 역할은 '2 + 4' 조약(Two plus Four), 즉 370,000명의 군과 핵, 생물 그리고 화학무기 보유 금지로 제한돼 있다는 주장이다. 여기에 더하여 기본법 87조 a항에 따라 독일군의 파병은 나토 역내로 국한된다는 주장이다. 그러나 이런 주장들은 앞서 보았듯이 유엔안전보장이사회 회원국 가입 논의로 흔들리기 시작했고 나토의 신가이드라인 채택으로 그 실효성이 의문시되고 있다. 다시 말해 종래의 방어적 군사개념이 공세적 군사개념으로 바뀌고 있다고 하겠다. 이 점은 1998년 9월 27일 정권교체 후 사민당과 녹색당 연립정부(a red－green coalition)에서도 잘 나타나고 있다. 외교정책에 있어서 군대 동원화에 대한 사민당의 기본 입장은 평화유지 임무의 반대에서 역외에서 독일군이 참전해야 한다면 유엔의 직접적인 감독하에서 가능하다로 그리고 다시 독일군은 나토와 서유럽 동맹의 단독 작전이 아닌 유엔 또는 유럽안보협력기구(유럽안보협력회의/CSCE에서 1994년 OSCE 바뀜)의 임무에 참여할 수 있다고 바뀌고 있다. 녹색당의 경우는 군비통제와 무장해제를 요구함은 물론 징병제 폐지와 나토 해체를 요구하고 있다. 이런 정황에서 적 · 록(赤 · 綠)연립정부는 외무부 장관엔 녹색당 당수 요시카 피셔(Joschka Fischer)를 그리고 국방부장관엔 사민당의 루돌프 샤핑(Rudolf Scharping)을 각각 임명하였다.

1999년 3월 24일 새 연방연립정부의 외교정책에 있어서 군대 동원화 문제가 시험대에 올랐다. 이날 나토는 코소보에서 인종청소(ethnic cleansing)를 자행하는 유고의 비인간적 행위를 근절시키기 위해 공습을 개시했다. 독일의 전투기 "토르나도"(Tornado)도 공습을 도왔다. 나토의 유고공습은 76일(3월 24일–6월 10일) 간 계속되었다. 이 공습 기간 동안 주목을 끄는 몇 가지 일이 발생했다. 첫째, 나토가 창건 50돌을 맞이하여 거대한 자축 행사를 4월 23일 워싱턴에서 19개국 정상이 참석한 가운데 개최하였다. 둘째, 5월 13일 녹색당 당원들이 요시카 피셔에게 장관 불신임을 물었다. 셋째, 6월 3–4일 쾰른(Köln)에서 개최된 유럽연합 정상회담에서 유럽 독자방위군인 서유럽 동맹군(WEU) 창설이 구체화되었다. 위의 3가지 사항이 의미하는 바를 상술함으로써 최근 독일외교정책에 있어서 적극적인 군대 동원화 경향에 대해 우려하는 회의주의자들의 입장을 변론해 보겠다.

나토는 50주년을 맞이하여 1992년 나토 정상회담의 결정 사항을 심화시켰다. 당시 나토는 냉전 이후 새로운 국면에 효과적으로 대응하기 위해서 나토 역외 지역에 대한 군사적 활동을 결의했었다. 나토는 50주년을 맞이하여 유엔의 감독이 아닌 나토 직권으로 군사적 활동[61]을 할 수 있음을 새로

---

61) 이를 나토 신 전략개념이라 한다: "–종전의 방위개념에서 벗어나, 나토 국경을 넘어선 지역 분쟁에 적극 개입. –유엔 동의 없는 나토의 군사행동을 실질적으로 유도. –테러와 대량학살 무기로부터 나토 회원국의 보호. –나토 회원국의 확대(알바니아, 불가리아, 에스토니아 등 9개국 가입 적극 추진)"(조선일보, 1999년. 4월. 26일) 엄태암은 창설 50주년 기념을 맞이한 나토의 향후 임무와 기능 · 위상의 변화와 관련해 다음과 같이 분석하고 있다: "워싱턴 정상회담(1999년 4월 23–24일)으로 나토는 코소보 사태에 대한 회원국 간 결속을 다지는 한편 21세기 나토의 역할을 역외분쟁 등에 대한 대응까지 확대함으로써

이 결정했다. 1955년 이래 나토 가맹국이 된 독일은 이로써 경우에 따라 군사력에 입각한 막중한 책임을 국제사회에서 떠맡게 되었다.

요시카 피셔가 녹색당 현실주의자(Realo)의 입장을 대변하고 있다는 점에서 군대 동원화에 대한 지지 입장은 예상할 수 있었던 점이다. 문제는 통일 이후 정당의 정치 이데올로기와 상관없이 일관성과 강도를 더해 가는 독일 외교정책의 군대 동원화에 있다. 반전 · 반핵 · 평화운동의 상징인 녹색당 당원들은 요시카 피셔의 외무부 장관 불신임을 찬성 318 대 반대 444(총 800)로 성공시키지 못했다. 다만 페인트 세례를 퍼붓는 것으로 만족해야 했다.

마스트리히트 조약의 3대 기둥의 하나인 공동외교정책(CFSP)은 유럽연합의 대외 및 안보정책에서 유럽연합이 공동으로 신속하게 대처하자는 목표를 갖고 있다.[62] 유럽 독자방위군은 이 같은 새로운 유럽외교정책의 군사수단이다. 그런데 이미 헬무트 콜은 유럽만의 독자적 군사기구창설을 제안했었다. 1992년 5월 콜은 미테랑과 함께 독일과 프랑스군을 중심으로 한 유럽군단(Eurocorps)을 창설했다. 그 후 벨기에, 룩셈부르크와 스페인이 가담했다. 그러나 유럽군단의 활동은 나토에 가려 미비한 상태(1995년 말 현재 5만명)로 머물러 있었다.[63] 그러던 것이 코소보 사태가 발생하면서 새로운 국면을 맞이하게 되었다. 미국이 유고공습에 참가한 16개 국가 중 단연 독주[64]를 하고 있기 때문이다. 서유럽 동맹군의 실제화 작업은 미국독주의 나토에 대한 견제라 할 수 있다. 문제는 서유럽 동맹군의 강화는 불가피하게 나토와의 분열을 초래시킬 수밖에 없다는 불을 보듯 자명한 이치에 있다.

서유럽동맹과 나토의 분열 그리고 독일의 통일 후 군대 동원화 등으로 자

새로운 존립근거를 확보했을 뿐 아니라, 나토의 전략과 성격을 1949년 이래의 '방어적 집단안보동맹'에서 회원국 국경 내외의 민주주의 가치를 지지하는 토대이자, '지역분쟁 조정 및 국제문제 해결기구'라는 공세적, 적극적, 예방적 개념의 국제경찰로 수정하였다" 참조. 엄태암. "NATO의 '신전략개념' 채택과 21세기 위상 변화"(週刊國防論壇, 1999년 7월 12일).

62) 1999년 10월 18일 전 나토 사무총장이었던 솔라나(Javier Solana)가 첫 번째 유럽연합-외교정책대표로 취임하였다.

63) *Stichwort. 1996. Internationale Organisationen*(München: Wilhelm Heyne Verlag), pp.277-278.

64) 지난 2개월간 나토의 유고공습에 사용된 폭탄과 미사일의 90%, 전투기의 75%가 미국 소속이었다(중앙일보, 1999년 6월 3일). 참조.

칫 일촉즉발의 위기상황으로 치달을 것 같던 서방세계 내 분쟁 조짐은 이런 우려와는 달리 싱겁게 정리됐다. 서유럽 동맹군이 창설되어도 그 편재는 나토 휘하에 두어야 된다는 나토의 강한 반발에 힘 한번 써보지 못하고 백기를 들었기 때문이다. 이로써 군사력을 통한 독일 외교정책의 세계 권력추구란 기우도 발칸전쟁의 종료와 함께 시들해졌다. 독일이 요구한 유엔안전보장이사회 상임이사국 지위도 이미 수포(水泡)로 돌아갔다. 결국 이 같은 일련의 결과들도 소련 붕괴 이후 확산되는 '민주평화론(democratic peace)'[65]의 파급효과로 볼 수 있겠다.

민주평화론으로 독일 외교정책의 변화조짐에 대한 회의주의자들의 우려를 불식시키기 어렵다면 국제정치 현실에서 조력을 청할 수 있다. 주지하다시피 2차 세계대전 이후 국제질서는 미국 대외정책의 영향권에 들어갔다. 그 이유는 고립정책을 대외정책의 기조로 삼던 미국이 타국의 추종을 불허하는 국력을 보유하게 되면서, 초강대국으로서 국제질서를 적극적으로 주도하는 탈고립정책으로 대외정책의 방향을 선회했기 때문이다. 독일의 경우도 미국의 경우와 유사하다. "권력에 신이 들렸던" 독일이 "권력에의 망각증세"를 분단시기동안 보여 왔으나, 통일과 경제 강대국이란 국내외 환경의 변화에 따라, 위험한 크기의 독일이 "역사적으로나 정치적으로 하나의 해결사적 기능을 하지 않을 수 없게" 되면서 세계적 역할의 축소를 맞게 된 미국과 달리 오히려 그 역할의 확대시기를 맞게 된 가운데 새로운 책임의 폭을 정의하고자 시도하는 과정에서 발생한 통과의례(?)로 볼 수 있다는 것이다.

Ⅵ. 결 론

독일 문제가 역사적 시기에 따라 달리 구성되었고, 되고 있음을 알아보았

65) "민주주의 국가간에는 서로 전쟁을 하지 않는다. 민주주의 국가도 비민주주의 국강하는 비민주주의 국가만큼 전쟁을 한다"라는 의미이다. 자세한 내용은 이호철. 2004. "민주평화론", 우철구 · 박건영 편. 『현대 국제관계이론과 한국』. 사회평론. pp.368-392.

다. 정치 · 역사적 상황에 따라 변해 온 독일 문제를 통시적으로 분석한 이유는 1990년대 독일 문제의 속성을 알아보기 위해서였다. 왜냐하면 통일 → 분단에서 다시 통일을 맞이한 독일 문제가 그 내부의 논리에 따라 권력중심 → 권력공백에서 다시 권력중심으로, 즉 헤게모니 추구 → 친화정책에서 다시 헤게모니 추구로 이어질 것인가가 연구 대상이 되었기 때문이다.

주지하다시피 1990년 10월 3일 서독은 기본법 23조에 따라 동독을 흡수했다. 이를 두고 독일인들은 (재)통일(reunification 또는 Wiedervereinigung)이라 지칭하면서 새 통일(new – unification 또는 Neuvereinigung)이라 말하지 않았다. 엄밀한 의미에서 재통일은 1937년의 영토를 기준으로 한 통일을 말하고 새 통일은 새 독일이 제도 및 가치와 관련해서 서구권에 머물러 있는 것을 말한다.[66] 이렇게 볼 때 통일은 독일이 50년 넘게 지속시킨 유럽에 대한 정책이나 이데올로기에 아무런 변화를 주지 않았음을 알 수 있다. 통일은 단지 정상(normalization)으로의 복귀에 다름 아니었다.

그런데 이 같은 정상화 과정을 우려로 지켜보는 이들이 많다. 그 이유는 독일역사에 있다. 지난 200년의 독일역사를 돌아볼 때 독일통일은 초강대국 독일 곧 제국을 의미했다. 회의주의자들에 따르면 1990년 통일독일은 제4제국이 된다. 이때 제국은 양과 질의 특수한 일치, 즉 위험한 크기가 뿜어내는 통일독일의 권력이 충동질한 팽창제국주의를 의미한다. 지난 역사에서 통일로 권력을 얻게 된 독일 제국은 유럽에서 독일헤게모니를 항상 요구했기 때문에 1990년 이후 통일독일이 다시 독일의 헤게모니를 요구할 것이라는 불안감에 회의주의자들이 휩싸인 것이다.

겐셔리즘의 쇠퇴, 독일외교정책의 군대 동원화, 유엔안전보장이사회 상임이사국 지위요구, 서유럽 동맹군 창설 주장 등이 회의론자들의 불안감을 키웠다고 볼 수 있기 때문에 이들에겐 베를린 공화국이 다시 독일헤게모니를 요구하는 것과 같은 우려를 낳기에 충분해 보였을 것이다. 그러나 독일외교정책의 군대 동원화란 것이 독일군의 핵무장을 통한 군사 강대국화로 이어

66) Lothar Gutjahr(1994), p.88.

지지 않았음을 상기할 필요가 있다. 이를 주장하거나 필요성을 역설하는 거대 정당들도 없다. 따라서 독일통일이 소위 제4제국이다 식의 가정도 불필요하다. 그 이유는 독일이 지난 50년 동안 축적해 온 민주주의 전통과 유럽 및 세계평화에 기여한 공로를 뿌리째 부인해야 하기 때문이다. 다시 말해 이는 본(Bonn) 정부가 추구했던 "우방동맹에의 완전통합, 타국에 대한 서독군의 공격에 대한 헌법적 금지, 자유로운 정치망명 정책, 나치의 희생자들에게 대한 보상, 위기지역에 대한 무기수출금지" 등과 같은 대외정책들을 의도적으로 묵살시켜야 하기 때문이다. 더욱이 베를린 정부는 나치 과거를 반성하고 이를 행동으로 실천하는 과거반성작업은 지금도 베를린 한복판에서 기념관을 개관하는 등으로 진행하고 있다. 독일이 통일되었다는 사실 하나만으로도 독일을 제3제국과 연상시키는 것은 제3자에게 그리 어려운 일이 아니다. "자라 보고 놀란 가슴 솥뚜껑 보고 놀란다" 하지 않던가! 그러나 학술적 평가는 역사적 망령과 분리 · 분석되어야 할 것이다.

참고문헌

김영탁. 1997. 『독일통일과 동독재건과정』(서울: 한울아카데미).

베르너 바이덴펠트 · 칼-루돌프 코르테(편). 임종헌 외 역. 1998. 『독일통일백서』(서울: 한겨레신문사).

서준원. 1998. "독일 통일정책에 대한 재조명: 콘라드 아데나워 통일정책을 중심으로", 『국제정치논총』 제38집 1호.

엄태암. 1999. "NATO의 '신전략개념' 채택과 21세기 위상 변화", 『週刊國防論壇』(1999. 7. 12.).

이민호. 1990. 『독일 · 독일민족 · 독일사-분단독일의 역사의식』(서울: 느티나무).

이호철. 2004. "민주평화론", 우철구 · 박건영 편. 『현대국제관계이론과 한국』, 사회평론

전득주 · 박준영 · 김성주 · 김호섭 · 홍규덕 공저. 2001. 『대외정책론』, 박영사

정흥모. 2001. 『체제전환기의 동유럽 국가 연구: 1989년 혁명에서 체제전환으로』(서울: 오름).

중앙일보. 1999. 6. 3.

조선일보. 1999. 4. 26.

Arnold, Hans. 1995. *Deutschlans Größe. Deutsche Außenpolitik zwischen Macht und Mangel*(München und Zürich: Piper).

Carruthers, Susan L. 1997. "International History 1990-1945", John Baylis and Steve Smith(ed.), *The Globalization of World Politics AN INTRODUCTION TOO INTERNATIONAL RELATIONS*(New York: Oxford University Press).

Craig, Gordan A. 1990. "A New, New Reich?", in: *The New York Review of Books*, Vol. ⅩⅩⅩⅥ, No.21/22.

Gaddis, John Lewis. 1997. *WE NOW KNOW Rethinking Cold War History*(New York: Oxford University Press).

Geiss, Imanuell. *The Question of German Unification 1806-1996*(London and New York: Routledge).

Glees, Anthony. 1996. *Reinventing Germany. German Political Development Since 1945*(Oxford: BERG).

Goldhagen, Daniel J. 1996. *Hitler's Willing Executioners: Ordinary Germans and Holocaust*(London: Little, Brown and Company).

Gutjahr, Lothar. 1994. *German Foreign and Defence Policy after Unification*(London and New York: Pinter Publishers).

Huelshoff, Michael G., Markovits, Andrei S. and Reich, Simon(ed.). 1996. *From Bundesrepublik to Deutschland. German Politics after Unification* (USA: The University of Michigan Press).

Judt, Tony. 1993. "How the East Won", in: *The New York Review of Books*, Vol. , No.21.

Korte, Karl－Rudolf and Weidenfeld, Werner. 1991. "Deutsche Frage/Deutschlandpolitik", Dieter Nohlen(ed.), *WÖRTERBUCH SRAAT UND POLITIK* (München und Zürich: Piper).

Korte, Karl－Rudolf and Weidenfeld, Werner. 1992. "Deutsche Frage", Karl－Rudolf Korte und Werner Weidenfeld(ed.), *Handwörterbuch zur deutsche Einheit*(Frankfurt und New York: Campus Verlag).

Mclean, Iain. 1996. *The Concise Oxford Dictionary of Politics*(Oxford, New York: Oxford University Press).

Newsweek. 1999. 4. 26.

Pulzer, Peter. 1995. *German Politics 1945－1995*(Oxford: Oxford University Press).

Stichwort. 1996. *Internationale Organisationen*(München: Wilhelm Heyne Verlag).

Zelikow, Philip and Rice, Condoleezza. 1995. *Germany Unified and Europe Transformed A STUDY IN STATECRAFT*(Cambridge, Massachusetts, London, England: Harvard University Press).

제8장

통일 후 4년: 변화 속의 변화

1994년 독일은 18개의 크고 작은 선거를 치렀다. 그래서 사람들은 '초대형 선거의 해 구 · 사 · 년'(Superwahl 94)이라 칭했다. 이는 1990년 10월 3일 독일통일의 결과 5개의 주가 새로이 독일연방에 추가됨에 따른 파장의 한 단면과 무관하지 않다. 저자는 이러한 정치적 사안을 염두에 두면서 이와 직 · 간접적으로 연결이되 단어 외적(外的) 설명을 요구하는 용어를 주제어(The change in the change)로 택했다.

그러나 이 글은 단적으로 표현해서 한국식 스무고개 놀이나 독일식 스무고개 놀이인 굴뤽스라트(Glücksrad)[67]를 하자는 데 있지 않다. 상징화된 또는 은유화된 말의 뜻을 풀어 보자는 데 있다. 이에 더 나아가 또 다른 상징화, 은유화의 작업을 시도해 보고자 하는지도 모른다. 언어의 상징화는 응축된 표현을 담고 나타나기 일쑤이다. 응축과정을 처음부터 지켜본 이에게는 이를 해체시키는 작업이 문제될 것은 없으나 이미 납땜이 된 고밀도 집적회로를 접하는 익명의 소비자들에게 있어서 그 응축과정을 추적해 가는 일이란 턱없기가 왕왕이다. 달리 말하자면 한 분야에 대해 직업적 관심을 갖고 있으면서 동시에 그에 수반되는 학문적인 방법론을 구사할 수 있는 이에게

67) 민영 TV방송 SAT1의 프로그램.

주어지는 작은 기쁨 중의 하나가 압축을 풀어 보이는 일이 아닐까 하는 역설(力說)이다.

제(諸) 학문에서 나타날 수 있는 응축의 수사들 중에서 저자는 정치학의 영역을 택한다. 그리고 정치학을 이루고 있는 많은 부분영역들 중에서 역사의 한 획을 그은 혁명의 해 1989년과 연관된 상징화에 관심을 국한시키고자 한다. 혁명의 해 1989년은 다른 시각에서 볼 때 응축된 언어의 홍수를 야기한 해이기도 하다. 이는 다음과 같은 몇 개의 예를 들어보면 더욱 분명해진다.

① 어제 내린 눈(Das war Schnee von Gestern): 사회주의를 눈에 비유하고 있으며 그 눈은 더 이상 오늘 · (미래)의 눈이 아니라는 뜻이다. 왜냐하면 (미래지향적) 오늘은 해변을 찾아야 하는 날씨이기 때문이다.

② 우리와 그들(Wir und Sie 영어로는 us versus them): 1989년 폴란드 반(半)자유총선 당시 공산당을 지칭하는 '그들'과 연대노조를 중심으로 이에 반대하여 뭉친 모든 반대 세력을 칭한 '우리'의 이분법을 말한다. 이 슬로건으로 공산당은 결국 참패했다.

③ 사회과학의 검은 금요일(Der schwarze Freitag der Sozialwissenschaft): 하이델베르크 대학 정치학 교수 클라우스 폰 바이메(Klaus von Beyme)가 표현한 사회과학 비판, 즉 45년간의 동유럽 연구가 사회주의 붕괴를 전혀 예견하지 못한 것에 대한 자성의 표현이다.

④ 레폴루션(Refolution): 티모시 가튼 에쉬(Timothy Garton Ash)가 혁명(Revolution)과 개혁(Reform)을 합성하여 만든 신조어이다. 이는 폴란드 혁명이 '밑에서부터'(von unten)에서 그리고 헝가리의 혁명은 '위로부터'(von oben)에서 결과했다는 것을 동시에 설명하기 위한 표현이다.

⑤ 소비에트형 인간(Homo－Sovieticus): 이는 자본주의적 질서(생존원칙)를 습득해야만 하는 동유럽 민중들이 (부정적 의미의) 사회주의적 습성을 버리지 못하고 있음을 비꼰 표현이다.

⑥ 민주주의 학교(Schule der Demokratie): 동구변혁기 때 정치공백을 메운

정치제도로서 중요한 역할을 담당한 '원탁회의'를 말한다. 즉 이 원탁회의를 통해 1989년 이후의 중요한 정치 일정이 결정되고 집행된다.

⑦ 포럼(Forum): 동구변혁기 때 인민(Volk)차원에서 인민의 정치의사를 결집한 사회운동연합체를 말한다. 포럼(Forum)엔 민주광장(Demokratisches Forum / 헝가리), 신광장(Neues Forum / 동독) 그리고 시민광장(Bürgerforum / 체코) 등이 있다. 사회운동연합체로서 공산당독재와 전체주의에 반대한 포럼은 정당으로 발전한다. 동독을 제외한 이들은 자유총선에서 압승한다.

⑧ 제4의 민주주의 물결(Die vierte Welle der Demokratisierung): 바이메(Beyme)의 이해에 따르면 유럽은 체제 교체(Systemwechsel)를 통해 민주화 물결을 4번째 경험하고 있다. 제1의 민주주의 물결은 1차 대전이 끝난 후 입헌군제에서 공화국으로의 체제 바뀜을 제2의 민주주의 물결 45년 2차 대전 이후 파시스트정권의 전패로 민주주의를 재수용함을, 제3의 민주주의 물결은 1970년대 중반 1980년대 초 남부유럽과 라틴아메리카의 민주화를 말하고 끝으로 4번째 민주화의 물결은 소련의 블록 지배의 몰락으로 인한 동유럽의 민주화를 의미한다.

⑨ 오토만니지어룽(Ottomanisierung): 옥스퍼드 대학교 연구원 애쉬(Ash)의 표현이다. 오스만 제국의 길고도 더딘 몰락의 과정을 말한다. Ash는 이를 소련제국에 비유하고 있다. Ottomanisierung은 한마디로 (소련제국의) 몰락 속에서 (이에 종속된 국가들, 즉 동유럽의) 해방을 뜻한다.

⑩ 모든 것을 동시에가 아니라 순차적으로(Eines nach dem andern und nicht alles auf einmal): 클라우스 오페(Claus Offe)의 은유적 표현이다. 전환기 사회인 중 · 동부유럽이 처한 현실적 어려움을 함축하고 있다. 이는 민주주의와 시장경제를 동시에 실현하고자 할 때의 딜레마를 설명하고 있다.

⑪ 동유럽 증후군(Osteuropaeische Syndrome): 역사적 측면에서 볼 때 동유럽이 안고 있는 구조적 문제점들 예를 들면 인종적 국가적 충돌, 시민문화의 취약성, 경제적 저발전 등이 전환기 과정에 내포되어 있는 또

다른 저해요인임을 설명하고 있다.

⑫ 충격요법(Schocktherapie): 경제안정화와 인플레이션을 낮추기 위한 폴란드 정부의 경제정책이다. 치료의 주요 요소로써 제한적인 재정 · 금융정책, 쯔로티(Zloty, 폴란드 화폐단위)에 대한 강도 높은 평가절하, 가격자유화, 엄격한 임금통제 및 장기적인 재정 · 금융의 안정화에 대한 일정표 제시 등등이 있다. 그 외 점진주의(gradualism), 빅뱅(big bang) 등등의 전환기 경제이론에 대한 논의가 더 있다.

⑬ 도시 내 경기(only game in town): 예일대학 정치학 교수 후안 린쯔(Juan J. Linz)는 어느 시점에서 전환기가 끝났다고 정의할 수 있겠느냐는 질문에 대한 대답에서 나온 표현. 자유총선의 성공적 실현, 정부의 신뢰가 새 국회의 소집, 새 대통령의 직무취임 등이 그런 시점이 됨을 의심할 수 없을 것이라고 답하고 있다. Linz는 이를 한마디로 민주주의는 '단지 도시 내 경기'로 간주되어야만 한다(Democracy must be seen as the only game in town)고 기술하고 있다. 이는 민주주의는 민주주의 절차 내 경기라는 것. 덧붙여 말하면 권력을 획득하기 위해서는 민주주의 절차 이외에는 다른 대안이 없다는 것이다.

⑭ 역사의 종언(Das Ende der Geschichte): 미국무성 관리인 프란시스 후쿠야마(Francis Fukuyama)의 1989년 논문제목이다. 20세기 역사는 드문 일을 이루고 있다. 20세기 초기에 자유주의적(자본주의) 체제에서 출발하였으나 그 후 사회주의적 도전으로 인해 그 길이 복잡해졌다. 그러나 20세기 말에 즈음하여 경제적, 정치적 자유주의의 승리를 맛보고 있다는 것이다. 이에 더하여 후쿠야마는 서구의 승리, 서구의 사상을 역사의 종말 같은 것으로 묘사하고 있다. 왜냐하면 질서개념(체제개념) 사이에 더 이상 반대개념이 없기 때문이다. 후쿠야마는 이를 보편적이고 동질적인 상태(universellen homogenen Zustand)라고 기술하고 있다.

⑮ 시나트라 독트린(Die Sinatra－Doktrin): 미국인 가수 시나트라의 유행곡 My Way에서 착안된 표현이다. 고르바초프의 외교정책 대변인

Gennaddij Gerassimow가 1989년 10월 미국 텔레비전과의 인터뷰에서 소련은 아직도 부레즈네프 독트린[68](Breschnew-Doktrin)을 지지하고 있냐는 질문에 그는 답변에서 My Way의 한 구절을 인용한다. "내 방식대로 했다"(I did it my way) 이는 1989년 혁명과 고르바초프는 떼어놓고 생각할 수 없음을 말하고 있다. 그 결과 동유럽은 당 독재를 종식할 수 있었고 지금은 자기 식으로 전환기의 난제들을 풀어 나가야만 한다.

⑯ 핀란디지어룽(Finnlandisierung): 옥스퍼드 대학교 연구원 애쉬(Ash)의 표현이다. 소련과 국경을 접한 핀란드는 중립국을 표방하는 조건으로 소련과의 국경 분쟁을 면할 수 있었다. 이런 상황에서 유래된 개념으로 외부에서 정해 준 조건 내에서 상대적 자유를 얻을 수 있는 불안전한 주권 또는 주권행사의 제약을 받는 것을 묘사한다. 이런 이유에서 서구는 이를 악몽으로 받아들이는 반면에 동구는 이를 길몽(吉夢)으로 쳤다. 이유는 핀란드 모델에 따라 동구가 소련이 제시한 조건, 즉 군사·외교 분야에서 사회주의·소련진영을 일탈하지 않는다는 조건에서 사회적·경제적·국내 정치적 자율성을 얻을 수 있기 때문이다.

이 같은 표현들은 1989년 및 1990년 당시 국가사회주의 국가들에서 나타난 일반적 현상을 특화시키기 위함이었다. 이들 국가 중 저자가 집중적으로 다루고 싶은 국가는 이 글의 테마와 직접 관계가 있는 독일 민주공화국(DDR)이다. 그 이유로는 첫째, 쩨데에프(ZDF)[69]가 1989년 그해의 말로 '여행자유'를 선정했다는 데 있다. 여행자유가 매스미디어에 의해서 선정된 언어라면 정치학(DDR-Forschung)에서는 1989년의 말로 '변화 속의 변화'(The change in the change)를 선정해야만 하지 않았나 싶기 때문이다. 베를린 장

68) 이는 한마디로 "한번 사회주의는 영원한 사회주의다"를 의미한다. 때문에 사회주의 진영을 일탈하는 국가에 대해서는 주권을 제한할 수 있다는 소련의 동구권 외교·군사 전략을 말한다. 자세한 내용은 서울대 국제문제연구소 편. 1994. 『동유럽의 정치와 경제를 아는 사전』(서울: 한길사), pp.146-149.

69) Zweites Deutsches Fernsehen, 독일에 있는 두 개의 공영방송 중 하나, 첫 번째 공영방송은 ARD: Arbeitsgemeinschaft öffentlich-rechtlicher Rundfunkanstalten der BRD이다.

벽이 무너지고 독일통일에 이르기까지 역동적인 혁명의 전개과정을 다시 한 번 농축된 일련의 구호로[70] 표현하면 '여행자유' → '우리가 그 주권재민이다' → '우리는 독일인이다' → '독일 – 하나의 조국' → 그리곤 '독일 조국을 위하여'[71]로 기술할 수 있으리라 본다.

1989년 8월 헝가리, 체코슬로바키아, 폴란드 등으로 여름휴가를 떠났던 동독인들은 동독으로의 귀국을 거부했다. 이들은 앞에 열거한 나라들의 국경을 지나 계속해서 여행할 것을 희망했다. 이때 이미 이들이 입에 담고 있던 여행자유란 본(Bonn)으로 향한 (정치적) 자유를 말하고 있었으며 이는 곧 집단적 정치망명을 의미하고 있었다. 이들은 이를 실현시키기 위해 자구책으로 현지에 있는 치외법권 지역, 즉 서독 대사관의 담장을 넘어 들기 시작했다. 이때 이를 저지하는 현지 인민경찰(Volkspolizei)들과 힘겨운 몸싸움을 치러야 했다. 서독 대사관의 뜰에서 야영을 시작한 이들은 다음 여행지인 본으로의 출국 승낙을 얻기 위해 계속해서 농성을 했다. 이 소식은 동독에 전해졌고 동독인들은 이를 지지하는 단체행동을 시작했다. 그리고 그들은 "동독을 벗어나고 싶다"(Wir wollen raus)고 외쳤다. 그러나 데모는 시간이 지남에 따라 그 성격을 달리하기 시작했다. 데모의 성격이 변한 대표적인 예를 라이프치히 월요일 데모의 구호에서 찾을 수 있다. 라이프치히 월요데모에 참석한 이들은 "우리가 그 주권재민이다"(Wir sind das Volk)란 구호를 통해 한편으로 독일(동독) 사회주의 통일당(SED) 정권에 대해 '다스 폴크'(Das Volk)가 상실당한 사회적 · 정치적 · 역사적 지위를 환기시키고 다른 한편 그에 상응하는 책임(Opposition)을 떠맡으려 함으로써 월요데모의 성격을 분명히 하려 했다. 그러던 것이 순식간에 '아인 폴크'(Ein Volk)에 의해서 대체되는데 그 대체가 갖는 역사적 의미와 파급효과는 무엇이 있었고, 무엇

70) Reisefreiheit→Wir sind das Volk→Wir sind ein Volk→Deutschland – einig Vaterland→(Für) deutsches Vaterland.

71) 독일국가의 끝 구절. 이는 1989년 11월 26일 28개의 서로 다른 직업을 갖고 있는 30명이 서명하고 촉구한 성명의 제목 "동독을 위하여"(Für unser Land)와의 구분(유사성을 강조)이 아닌 구별(차별성을 강조)을 위해 저자 자신이 택했다. 왜냐하면 Für unser Land는 동독의 독자성(Die Eigenständigkeit der DDR), 즉 동독체제가 갖는 우월성을 두고 초국가적 위기극복을 위해 일치단결해 줄 것을 전체 인민(GenossenInnen)에게 호소하고 있기 때문이다(*Neues Deutschland*, 1989년 11월 29일, p.2).

인가를 독일통일 4년이 지나는 시점에서 반추(反芻)해 보고자 하는 데 그 두 번째 이유가 있다. 그리고 '변화 속의 변화'(Die Wende in der Wende)는 바로 위의 분기점(Das Volk가 Ein Volk로의 대체)을 가리키는 상징구이기도 하다. 전자의 '디 벤데'(Die Wende, 영어로는 The change))와 후자의 '인 데어 벤데'(in der Wende, 영어로는 in the change) 그리고 'Das Volk'와 'Ein Volk'와의 구별 및 해석은 아래와 같다.

국가사회주의 붕괴 이후의 전환기 과정(Transformationsprozess)을 가리켜 일반적 사건(Normalfall)이 아니고 특별한 사건(Sonderfall)이라 칭한다. 그 이유는 민족주의로부터 출발하여 자본주의를 걸쳐 민주주의에 이르는 서구의 일반적 사건이 이루어지기까지 백 년이 넘는 시간이 걸렸는데 이들에게 주어진 전환기 과제는 이를 동시에 이루어 내야만 하기 때문이다. 다른 한편 동독사회주의 붕괴과정을 두고 다른 사회주의 국가의 붕괴과정처럼 일반적 사건이 아니고 이를 또한 특별한 사건 또는 특별한 경로(Sonderweg)라 한다. 그 이유로 동독의 경우 다른 사회주의국가와는 달리 통일 또는 흡수통일의 과정을 밟았다는 데 있다. 다시 말해서 동독 45년의 역사가 공중 증발해 버린 것이다. 여기서 저자의 관심은 과거청산(Vergangenheitsbewältigung)이란 난제를 어떻게 그리고 어떤 관점에서 이해하고 해석할 것인가에 있지 않다. 저자의 필경(筆耕)은 변화 속의 변화(Die Wende in der Wende)에서 'Die Wende'는 '통일'을 'in der Wende'는 89년 '혁명'임을 공고히 하는 데 있고 Das Volk는 엘리트 당 독재가 아닌 진정한 의미의 프롤레타리아 독재이고[72] Ein Volk는 동독인이 아닌 독일인, 즉 동 · 서독인은 하나다를 기술하는 데 있다. 더 나아가 이들의 발전된 유형을 지금의 시각에서 재조명해 볼 때 Das Volk는 더 이상 사회주의의 인민(Volk vom Sozialismus)이 아니고 citoyen, 즉 국민(Staatsbürger)이란 의미에서 국가(통일된 독일이 아님)의 주체를 말하며 Ein Volk는 아리안 게르마니아를 뜻한다 하겠다. 이렇게 하는 것이[73]

72) "Demokratie heiβt Volksherrschaft", Albert Keller. 1994. *Nationalismus*, in: *Stimmen der Zeit*, Heft 8. p.505.

73) 통일을 이루어 냄으로써(서독과 동독을 두고 통일의 헤게모니를 논할 땐 흡수통일이란 맥락에서 서독이 통일의 주체였다 할 수 있겠으나 Das Volk와 Ein Volk만을 상정(上程)할 때 Ein Volk가 통일의 주도권

'조국 독일을 위하여'에 기여하는 것이기 때문이다. 이런 점들과 연관시켜 볼 때 라이프치히 데모의 숙명적 패러독스를 읽을 수 있다. 즉 역사적 · 정치적으로 새롭게 탄생할 동독이란 국가체의 진정한 주인이 되기를 포기하고 서독인과 같은 독일인임을 들어, 다시 말해 혁명정신을 배반하고 민족주의의 기치를 들어 그들이 자성했다는 전범이란 역사에 대한 범죄[74]를 망각하고 혁명의 방향을 통일의 방향으로 그 역사적 흐름을 급전환시킨 것이다. 라이프치히 데모는 모순의 자기발전 법칙을 처음부터 잉태하고 있었다는 것이다. 풀어보면 왜곡된(권위주의 및 관료주의적) 사회주의를 바로잡기 위한 반(半)혁명이[75] Das Volk로 상징화되었을 때 이 구호를 외친 이는 노동자가 아니었다는 점과 결과적으로 성공한 혁명은[76](고전적 의미의) 혁명의 자리매김을 거부한 (무조건적) 자본주의 · 민족으로의 복귀란 파행성을 담보했다는 것이다.

4년이 지난 지금 소위 신(新)연방주(구동독)는 '변화 속의 변화의 변화'(Die Wende der Wende in der Wende)를 맞고 있다. 새로이 첨가된 변화(Die Wende)의 의미는 '오씨'(Ossi, 즉 구동독인, 서독인은 Wessi)이고 실업자이고, 외국인 적대자이고 그리고 다시금 '빨강 양말'(rote Socken)이다. 독일인은 빨강 양말을 신는 이를 경멸한다고 한다. 때문에 빨강색과 연결된 경멸

을 잡았다는 의미) 단절된 유업 · 역사를 지속시키는 것. 이 점과 관련지어 다음과 같은 부가문이 가능하리라 본다. 즉 누가 동독의 변화를 가능하게 만들었는가? 1. Egon Krenz(Erich Honecker 후임) 2. Hans Modorow(E. Krenz 후임) 3. Gregor Gysi(H. Modorow 후임)이기보다 ein Volk이다.

74) 이로 인해 두 개의 독일을 받아들임. '성명'에서는 이를 이렇게 받고 있다: "Noch können wir uns besinnen auf die antifaschistischen und humanistischen Ideale, von denen wir einst ausgegangen sind", "Für unser Land", in: Neues Deutschland, 1989년 11월 29일.

75) 사회주의 체제하의 모든 것은 역겨운 것이 아니다. 당시 상당수 동독 지성인들은 이와 유사한 견해: '동독 우호적'(DDR－Freundlich), '이들은 동독의 개혁 가능성을 믿었다'(Die hielten DDR für reformable)에 동조하고 있었다. Neues Forum의 핵심 발기인 중 한 사람인 Jens Reich는 이를 뒷받침해 주기 충분하다: "die Revolution hat die Ziele, über die sich alle einig waren, erreicht: Einführung der Bürgerrechte und demokratischer Strukturen, Abschaffung der Gewaltjustiz und der politischen Justiz."

76) 반(反)혁명이란 현존하는 사회주의 체제에 반하는 봉기를 말한다. 호네커(동독), 야케스(체코), 카다르 · 그로쯔(헝가리), 차우체스꼬(루마니아) 등과 이들의 추종자들에게 있어서 1989년의 혁명은 바로 반(反)혁명(Konter－Revolution)이다. 헝가리의 타협혁명(negotiated revolution), 체코의 비단혁명(velvet revolution), 동독의 평화혁명(peaceful revolution) 등도 프랑스대혁명과 같은 고전적 혁명과 다르다. 위의 혁명의 수식어들은 혁명의 전개과정만을 묘사하고 있지 혁명의 결과에 대해서 언급하고 있지 않기 때문이다.

의 대상 곧 사회주의나 공산당을 칭할 때도 이 표현을 쓴다. 통일독일에서 빨강 양말은 통일당(SED)의 후신인 민주사회주의당(PDS 민사당)을 말한다. 그리고 이 표현을 유행어로 만들고 있는 장본인이 바로 기민련(CDU)이다. 본(Bonn)의 기민당은 작센 안할트(Sachen－Anhalt)의 사민당(SPD)이 1994년 6월 주정부 선거 후 제1당이 되어 정부구성 때 민사당의 묵인(Mit Duldung PDS)으로 인해 가능했음을 비난하고 있다. 헬무트 콜(Helmut Kohl)의 기민련은 여기서 더 나아가 1994년 10월 총선에서 사민당이 민사당과 연계함으로써 통일독일을 '빨갱이'화하려 작당하고 있다는 흑색선전을 선거 전략의 일안으로 삼고 있는 것 같다. 아주 흥미로운 점은 민사당(PDS)이 빨강 양말을 1994년 총선의 슬로건으로 내걸고 있는 점이다. 맞불을 지른 셈이다. 민사당은 이 빨강 양말이 갖는 경멸적 의미의 사회주의(당)를 오히려 역이용해 진정한 사회주의(당) 또는 좌파는 오직 민사당 이외에는 없음을 역설적으로 구동독인에게 부각시키려고 하는 선거 전략을 세운 것이다.

사회주의 국가명(DDR)도 계급적 호칭(Genosse)도 그리고 이국적 소비충족 욕구 "우리는 바나나를 원한다"[77]도 이제는 무색한 유물로 전락했다 하더라도 독일연방공화국(Bundesrepublik)이기보다는 새로운 5개의 동쪽 주(Neue fünf Ostländer)이고 연방국민(Bundesstaatsbürge)이기보다는 동독출신(Ossi)이고 그리고 검정 · 노랑 · 적 · 녹(Schwarz · Gelbe · Rot · Grün)이기보다는 빨강 양말[78]인 엘베(Elbe)의 성 그리고 그 정착민들이 경험하고 있는 현재의 일반적 상황을 한 문장으로 축약시키면 독일인은 독일인인데 새로운 자기 정체를 찾아 길 가는 도중에 있는 독일인인 셈이다.

---

77) "Wir wollen Bananen haben" 서독의 별명 중 하나 인 바나나 공화국(Banane Republik)을 말한다. 서독이 부국임을 상징하는 것으로 이는 서독이 바나나를 무관세 처리하여 누구나 매우 저렴한 가격에 마음껏 사 먹을 수 있도록 한데서 유래한다. 혹자는 동독의 붕괴 요인을 그림뿐인 바나나에서 찾고 있다.

78) 앞의 4색은 서독의 대표적인 정당을 말한다. PDS는 1994년 총선에서 원내 입성에 성공하였다. 일등공신은 선거 슬로건으로 내세운 '빨강 양말'이 좌파를 결집시켰기 때문이다.

제9장

독일 국고보조금제도와 그 시사점

Ⅰ. 서 론

1995년 전국동시지방선거의 실시, 14 · 15 · 16대 대선의 3선 문민정부, 17대 총선에서 만년야당의 여당으로의 권력이동을 통해 한국의 정치는 민주주의 공고화 단계에 접어들었다고 말할 수 있게 되었다. 다른 한편 15대를 이은 16대 대선에서 평화로운 정권이양과 17대 총선에서 여야구도의 재편성이 일어났음에도 불구하고 '실질적 민주주의 공고화' 국면에 접어든 것이 기정사실이냐는 질문에는 여전히 답변이 궁색할 수밖에 없는 것이 17대 국회의 국감 및 정기국회에 투영된 안타까운 우리의 실정이다.

정당이 본연의 역할인 사회통합기능 대신 사회분열을 그리고 정치사회화 대신 탈정치사회화를 선두에 서서 조장하고 있다는 비난을 대를 거듭하면서 받고 있기 때문이다. 모양만 민주주의인 한국형 민주주의 공고화가 이루어졌을 뿐이란 것이다. 오히려 정당정치가 대중의 정치참여를 방해할 뿐만이 아니라 여전히 중앙당 중심의 타성을 버리지 못하고 있어서 풀뿌리 민주주의의 꽃인 지방당의 활성화를 가로막고 있다는 것이다.

여기에 탈산업화(산업구조변화, 계급구조변화, 탈물질주의적 가치변화)의 신속한 진행으로 대의제 민주주의 제도 자체가 위기에 처한 상황과 맞물린 점을 감안하면 형식적 정권교체 및 여야구도변화에 자화자찬해서 한국정치제도의 '높은 수준의 제도화' 또는 '안정된 공고화'를 말하기에는 여전히 시기상조인 듯싶다. 특히 현대 민주주의가 정당정치의 동전의 양면에 해당한다고 했을 때 한국정당정치가 보여주는 미숙성은 그간의 제도적 개선에도 불구하고 '발전된 민주주의'에 대한 축가보다는 '발전될 민주주의'에 대한 출정가를 불러야 할 판이다. 따라서 형식적 민주주의 공고화 단계에서 실질적 민주주의 공고화 단계로의 진입을 견인하는 원동력으로써 정당정치의 발전을 생각해야 할 시기가 무르익은 것이다. 정당정치의 발전은 다름 아닌 현대 민주주의 발전의 바로미터가 되기 때문이다.

정당 정치의 발전을 묻는 문제는 정당 민주화를 어떻게 이끌어 낼 것인가의 문제와 연결된다. 당내 경쟁과 밑으로부터의 참여가 정당 민주화의 척도가 되기 때문이다. 밑으로부터의 참여란 당의 정책결정이나 공직 후보자 선정과정에 당원 또는 지지자의 의사가 밑으로부터 반영될 수 있는 구조를 갖추는 것이다. 당내 경쟁이란 노선이나 권력을 둘러싼 당 엘리트 간 내부 경쟁을 말하며 경쟁이 존재할 때 소수엘리트의 과점적 지배의 가능성은 줄어들고 당원이나 지지자의 의사가 반영될 수 있는 공간은 그만큼 넓어지게 될 것이다.[79)]

위와 같은 원론적 논의에서 빠져서는 안 될 또 다른 부분이 정당정치의 제도적 활성화이다. 당내 경쟁과 밑으로부터의 참여가 정당 민주화의 척도라 할 때 정당의 민주적인 내부 질서, 즉 정당 민주화를 위한 법적 보장책이 분명 독일의 경우 잘 발달해 있다. 따라서 독일 법, 구체적으로 정당법에 명시된 조항을 중심으로 한 독일정당 제도에 대한 분석을 통해 한국 정당발전의 시사점을 이끌어 낼 수 있으리라 본다.

독일의 기본법(Grundgesetz: GG)[80)]은 정당의 민주적인 질서를 의무화하고

79) 박찬표. 2003. "한국 정당민주화론의 반성적 성찰: 정당민주화인가 탈정당인가?", 『사회과학연구』 11집.

80) 기본법(Grundgesetz, 이하 GG)은 임시헌법을 의미하고, 헌법(Verfassung)은 영구헌법을 뜻한다. 통일 전 독일은 GG를 갖고 있었다. 때문에 통일독일은 헌법을 GG에서 영구헌법, 즉 Verfassung으로 개정할 필요가 있었다. 그러나 통일독일은 여전히 GG를 고수하고 있다. 이 점에서 유추할 수 있는 것은 서독의

있으며 정당법은 이 원칙에 입각하여 구체적인 입법안을 구비하고 있다. 독일의 경우 정당 민주화와 당내 민주주의 문제는 헌법적 · 법률적 규정의 형태로 기본적인 윤곽이 잘 정비 · 제시되어 있다.[81] 따라서 이 글에서는 독일의 정당법, 특히 국고보조금제도를 중심으로 정당정치제도를 학습하면서 이를 한국 경우와의 비교를 통해 시사점을 얻으려고 하는 데 주목적을 둔다.

물론 이 과정을 통해 '실질적 민주주의 공고화' 단계로의 진입을 모색해 보기 위함이다. 바꾸어 말하면 이제 명실상부한 민주주의 궤도에 진입해야 하는 시점에서 미진한 구석들을 한번 짚고 넘어가자는 그런 취지이다. 이는 제도와 현실이 맞물려 있어야 한다는 것이다. 제도적 장치가 정치발전 방향의 기제가 되어야 하듯이 현실 정치의 주체도 제도적 장치를 충분히 내면화 · 일상화시키고 있어야 한다는 것이다. 이런 논의가 자칫 진부할지 모르나 '미성숙'은 진부한 것을 제대로 짚지 않는 데서 비롯된다는 것도 다시 한번 새길 일이다. 이런 의미에서 독일의 사례 및 경험에 새삼 관심을 쏟는 것은 '학문적 사대주의'라기보다는 '학문적 실사구시'에 해당한다고 봐야 할 것이다.

Ⅱ. 독일 정당의 발전

독일의 정당이 오늘날 민주주의 정당으로 평가받게 된 데에는 역사적 시행착오가 뒤따른 결과라 말할 수 있다. 독일의 정당제도는 정당사적 측면에서 4기 구분과 정당 발전사적 측면에서 4단계로 집약시킬 수 있다. 전자의 1기(1848 - 1878년)는 세계관적 정당, 2기(1878 - 1914년)는 이해관계를 앞세

GG는 애초부터 기본법이 아닌 영구헌법이란 시각이다. 다시 말하면 동독의 헌법은 GG의 시각에서든 Verfassung의 시각에서든 고려해서 배제되어 있다는 점이다. 때문에 이 점은 통일 후 과거청산 문제와 관련해 뜨거운 감자가 되었다.

81) 김면회. 2003. "정당 민주화와 현대 독일정치: 사회민주당과 녹색당을 중심으로", 『서강대학교: 사화과학연구』 제11집.

운 명사중심의 정당, 3기(1919 - 1933년)는 사회주의를 근거로 하는 정당제도의 발전시대 그리고 민주주의 정당이 탄생한 1945년 이후가 4기에 해당한다.[82] 후자의 1단계는 독일제국시대(1871 - 1918년)로 독일정당의 탄생기 2단계는 바이마르 공화국(1919 - 1933년) 시기 3단계는 나치(1933 - 1945년) 시기 그리고 전후 현재의 정당체계를 갖춘 4단계를 거치면서 발전하고 있다.[83] 이런 역사적 경험을 거치는 과정에서도 독일 정당들이 나름대로 정체성을 유지하면서 지금까지 유지되고 있는 이유는 정당의 태동기 때부터 현재까지 정당 간 갈등노선이 분명했기 때문이다. 다시 말해 독일 정당의 발전은 사회적 균열 축을 중심으로 이념적 정체성을 유지할 수 있었다는 데 있다.[84]

사회적 균열 축[85]은 대체로 1960년대 중반까지 큰 동요를 받지 않았다. 다시 말해 선진산업사회에서의 정당정치가 안정성을 보였는데 그 이유는 주요 정당들에 대한 선택이 시민들의 개별적 지지에 기초하기보다는 계급, 종교 등에 따라 형성된 집단적 지지에 기초를 둔 데 있었다. 이런 정당정치의 상대적 안정성은 1960년대 중반 이후 탈산업사회로의 진입(제조업 중심에서 서비스산업 중심으로의 산업구조의 변화, 이에 따른 계급구조의 변화, 전후 물질적으로 풍요로운 사회경제적 환경에서 사회화된 새로운 세대의 성장으로 인한 탈물질주의적인 방향으로의 가치관의 변화 그리고 계속되는 세속화 추세 등)에 따라 변화를 경험하게 되었다. 변화의 한 단면은 계급적 또는 종교적 균열 등에 기초해 안정적인 지지기반을 확보해 온 독일의 기민련과 사민당에 대한 지지율 하락에서 찾을 수 있다.[86]

지난 30여 년간 정당의 당원들이 감소하고 있다는 사실은 확실히 기존정당의 경우 정당쇠퇴의 상징으로 여겨졌다(<표 9 - 1> 참조). 그렇지만 당원이 감소한 독일의 정당은 주(광역, 한국의 경우)의회와 지방(기초, 한국의 경

82) 한태연. 1960. “정당제도의 법질서: 서독 내무장관이 위탁한 정당법위원회의 보고서”.

83) 정용길. 1995. “독일의 정당구조와 정당통치”, 『한국정치학회보』 30집 4호.

84) 김종갑. 2003. “독일정당제도의 균열 이론적 고찰”, 『21세기 정치학회보』 제13집 2호.

85) 한국정당의 균열구조와 정당재편성의 상호관계에 대한 논의는 이정진. 2005. “한국 지역정당체계의 재편: 균열구조와 정치적 동원의 역동성”, 성균관대학교 박사학위논문을 참조.

86) 정진민. 1995. “탈산업사회의 정당정치”, 『국제정치논총』 제35집 1호.

우)의회에서 능력 있는 지방정치인들을 새롭고 중요한 인물들로 배출시켰다. 다른 한편 사회적 균열이 영향력을 잃었다고 단정하기에는 이른 면이 있다. 물론 다양한 사회적 범주의 총수가 변하고 이 변화가 그들이 지지하는 정당에 대한 전반적인 지지표에 영향을 미치고 있다. 예를 들어 노조에 가입한 남성노동자의 수가 1970년대 말과 1990년대 중반에 걸쳐 급속히 감소했고 수의 감소는 이들이 충실하게 지지해 왔던 좌파정당에 영향을 미쳤다. 이는 실천적인 신자의 감소가 기독교 정당 각각에 영향을 미친 것과 같다.

〈표 9－1〉 독일 주요 정당의 정당원 수 변화

연도 \ 정당	사민당	기민당	자민당	녹색당
1970	820,000	329,000	57,000	－
1976	1022,000	652,000	79,000	－
1980	987,000	693,000	85,000	15,000
1985	919,000	719,000	67,000	37,000
1989	921,000	663,000	65,000	41,000
1990	950,000	793,000	178,000	41,000
1991	920,000	751,000	138,000	39,000
1992	886,000	714,000	103,000	36,000
1993	861,000	685,000	94,000	40,000
1994	849,000	671,000	88,000	44,000
1995	818,000	658,000	80,000	46,000
1996	794,000	646,000	76,000	48,000

※ 자료: Jesse(1997), 김면회(2003, 재인용).

그러나 잔류하고 있는 구성원들은 그들 정당에 투표를 계속하고 있다. 그런 와중에서도 기독교정당의 구성원들은 자신들의 전통적 장점을 다른 사회집단에게 확산시키고 있다. 사회 변화는 한 방향을 띠지 않는다. 사무직과 서비스업이 판에 박힌 일이 되어 가고 안전성을 상실해 가게 되면서 이 분야의 종사자들은 과거 조립라인 근로자들의 상황에 처한 자신들을 발견하게 된다. 그러므로 이 분야의 종사자들이 보다 더 노조와 좌익의 설득에 동조하고 있다.[87] 유사한 맥락에서 기독교 정당은 전통적인 입장을 포기하지 않으면서 가족에 대한 그들의 지지를 강조하고 있다. 물론 전통적인 지지기반의 와해로 전반적인 투표에 있어서 어느 정도의 감소가 일어나고 있으나 일부에 지나지 않는다. 위와 같은 이유에서 볼 때 독일 정당체계의 넓은 윤곽은 1960년대의 정당체계와 크게 달라 보이지 않는다고 하겠다.[88]

〈표 9-2〉 정당개혁의 모델에 따른 구체적 개혁방안

모델 / 의제	대중조직정당	포괄적 선거전문가정당
지구당	-지구당은 정당기능 수행의 필수적 최소 단위조직: 기능은 강화, 경비는 절감 -지구당 중심의 정당운영, 지구당의 자율권 보장, 정책개발 참여 강화, 공직후보 선출권 부여 -자발적 당원 확보, 당원의 당비 납부 제도화, 자원봉사자 확보	-고비용 정치의 주범이므로 폐지, 대신의원 및 공직후보자의 개인사무실(후원회, 연락사무소) 개설 -선거조직으로 개편, 평시에는 민원사항 접수하는 연락처로 축소 -공천 등의 기능을 수행할 비상설 협의체 설치
당원	-정당법상의 당원자격 제한 완화하여 당원 확충 촉진 -당비 납부의 의무화, 실질적인 공천 참여 등 '당원에 의한 정당운영' 실현	-당원에 기반을 둔 정당보다 유권자 및 지지자에 기반을 둔 정당으로 전환 -당비 납부하는 자로 당원을 정예화
공천	-국회의원 후보: 지구당에서 당원의 직접 투표로 결정 -대통령후보: 지구당에서 선출된 대의원들이 전당대회에서 선출	-공직후보 선출과정을 개방하여 당원뿐 아니라 일반유권자도 참여하는 미국식 예비선거제도 도입
당의 재정	-당비와 후원금에 기초한 정당 운영 지향 -다수의 소액 기부 형식이 바람직 -국고보조금은 최소화	-당비보다는 후원금, 국고보조금에 의존하는 것이 세계적 추세 -후원금 제도 활성화, 법인세 1% 정치자금화, 국고보조금의 공정한 분배
중앙당	-중앙당이 지구당을 통제·지시·명령하는 관계에서, 중앙당이 지구당의 발전을 지원·보조하는 관계로 개편 -방대한 상설조직과 기구를 축소하여 운영비와 인건비 축소	-정책개발 및 홍보에 주력하는 자원봉사자 중심의 조직으로 개편 -중앙당과 시도지부 사무국은 비선거 기간에 최소한의 인원을 배치, 선거 기간에는 자원봉사자를 중심으로 운영

※ 자료: 박찬표(2003).

현대정당의 위기를 설명하는 당원의 감소와 전통적인 사회균열 축의 이완(이념적 갈등의 약화)으로 국가의 차이를 막론하고 포괄적 전문가 정당화되어 가는 추세에서 대중조직정당인 독일도 예외가 될 수 없다면 <표 9-2

87) 이 점은 1998년·2002년 독일 총선에서 일견 목격된 현상이다. 사민당이 기민·기사련의 16년 장기집권에 종지부를 찍을 수 있었던 요인 중 하나가 중간계층을 지지자로 끌어들일 수 있었다는 데 있다.

88) Ian Budgeet. al. 1997. *The Politics of the New Europe: Atlantic to Urals*(London and New York: Longman).

참조> 굳이 독일의 사례에서 우리가 얻을 시사점이 무엇이 있겠는가 식의 반문에 있을 수 있다. 향후 한국의 정당발전 개혁도 포괄적 전문가 정당화로 방향을 잡아가자는 견해도 제기되고 있다. 이런 논의를 차단시키기 위한 사전 작업으로 독일정당의 최근까지의 발전에 대해 기술한 것이다. 이를 통해 주장하고 싶은 점은 대중조직 정당으로서의 독일 정당제도는 종언을 구한 것이 아니고 정당국가의 면모를 일신시키고 있기에 그런 만큼 독일의 정당제도에서 시사점을 얻을 수 있다는 것이다.

보다 공세적으로 말하면 한국의 경우 대중정당조차 제대로 경험해 보지 못한 상황에서 포괄적 정당을 한국정당의 발전방향으로 이해할 경우 정당의 대표성 및 민주성을 구현시키지 못할 위험에 처할 수 있게 된다. 왜냐하면 포괄적 정당이 정당을 전문가 중심으로 운영함으로써 엘리트 중심의 정당으로 발전할 소지가 크며 선거의 승리에 집착한 나머지 정책 정당으로서의 발전을 저해할 수 있기 때문이다.[89] 따라서 대중조직정당인 독일의 사례는 한국정당제도의 발전방향을 이해하고자 할 때 참고의 가치가 충분하다고 하겠다.

Ⅲ. 한국 · 독일의 국고보조금제도 비교

일반적으로 정당정치 연구과제에 해당하는 것으로 ① 정당의 역사적 기원 ② 정당의 이념 ③ 정당의 조직구조 ④ 정당의 행동유형 등을 언급할 수 있다. 이런 연구 과제를 통해 우리가 가지고 있는 문제의식 중 하나는 정당정치와 사회계급의 연관성을 찾아내는 것이다. 다시 말해 정당정치의 계급적 성격 혹은 본질을 밝히려는 것이다. 정당정치의 계급적 성격 혹은 본질의 구명을 통해 우리는 한국정당정치에서 사회 제 세력의 정치적 배치를 명확히 인식하게 되고 민주주의 발전의 전망을 준비하는 데 도움을 받을

89) 김영태. 2002. "한국정치의 이중 과제와 의회 · 정당정치 및 선거의 민주적 제도화". 박호성 편. 『한국의 권력구조 논쟁 Ⅲ』(서울: 인간사랑).

수 있으리라 판단하고 있기 때문이다.

상기 연구 과제 중에서 구체적으로 한국 민주주의 발전과 연계시켜야 할 문제영역은 정당의 조직구조이다. 정당의 조직 구조적 특징이란 정당 내부의 권력배분 양상, 인적 구성, 결속과 분열의 정도, 리더십의 특징, 조직 구성원의 성격, 당 재정문제 등 포괄적인 요소를 지칭하는 것을 말한다.[90]

독일의 기본법 및 정당법은 정당의 조직구조의 기본 원칙을 구비하고 있다. 특히 정당법은 당 조직의 지역기반 원칙, 당 기관의 기능적 역할 분담, 상향식 의결제도, 정치지도자 충원과정에 대한 원칙적인 제도규정과 절차명시, 당의 재정문제 등에 대해 분명한 가이드라인을 제시하고 있다. 이 글에서는 논의를 정당법 중 국고보조금제도에 국한시킨다. 왜냐하면 정당법에 연계된 정당제도가 정치발전(정당의 정책 정당화, 정당 내의 민주화, 정당의 대중화)을 견인하는 기제인가에 대한 독일 사례의 분석은 별도의 논문작업을 요하기 때문이다.

그렇다면 독일 국고보조금제도에서 한국에 주는 시사점을 찾겠다는 문제제기는 어떻게 양자가 접목 가능하다는 것인가에 대해 먼저 답해야 하겠다. 결론부터 말하면 두 가지 이유에서 접목 가능하다. 첫째, 독일의 헌법 및 정당법이 독일의 헌법 및 정당법의 사실상의 뿌리, 즉 모법에 해당한다는 점이다. 서독에서 정당에 관한 규정을 헌법에 최초로 적시한 것은 1947년 바덴(Baden) 주 헌법이다. 연방차원에서는 1949년 기본법 21조에서 규정하고 있다. 독일의 정당법(Parteiengesetz) 제정은 기본법이 통과된 지 18년이 지난 1967년 이루어졌다. 이후 정당법은 2002년까지 8차의 법 개정이 이루어진 상태이다. 독일 기본법의 정당조항은 1960년 한국의 제2공화국헌법에 계수되었으나 5 · 16 군사쿠데타로 정권을 장악한 박정희 군사혁명 정권은 의회가 아닌 국가재건최고회의에서 1962년 3월에 '정치활동 정화법'을 제정하여 제2공화국 당시 정치활동 및 공직에 종사하던 모든 인사들에 대해 정치활동 규제를 단행했다. 1962년 12월 26일에 개정된 헌법에서는 대통령중심제 및

90) 김태일. 1995. "한국 정당정치 연구의 과제와 방법", 안희수 편저. 『한국정당 정치론』(서울: 나남).

단원제로 환원하면서 대통령후보와 국회의원후보의 정당추천제를 도입하였다. 이 헌법에 따라 국가재건최고회의에서 제정한 정당법은 1962년 12월 31일에 공포된 이후 2004년 3월 현재까지 13차의 개정이 이루어졌다.[91]

둘째, 독일과 한국이 서로 상이한 정치제도를 취하고 있으면서도 정당법에 따르면 국가가 정당에게 보조금을 지급하고 있다는 점이다. 주지하다시피 내각책임제는 정당의 규율이 강하고 정치활동이 정당 중심으로 작동한다.

〈그림 9-1〉 권력구조와 정치자금 출처의 모델

		주요 정치자금 출처	
		민간	국고
권력구조	대통령제(후보자 중심)	미국	한국
	내각제(정당 중심))	영국	독일

※ 자료: 임성학(2004)

반선거운동을 개인화함으로써 정당의 강령과 정당조직을 약화시키는 경향이 면에 대통령제하에서는 있다. 따라서 정치자금 조달과 지출의 주체도 권력구조에 따라 달라질 수 있다. 물론 똑같은 권력구조라 하더라도 정치자금을 어디에서 조달하는가는 국가마다 차이가 난다. 대표적인 내각책임제 국가인 영국의 경우 정당은 정치자금을 거의 민간자금에 의존한다. 개인 후원자, 기관기부자, 특히 노조와 기업이 주요 정치자금의 공급자다. 반면 독일의 경우 정치자금 수입은 당원 증가에 따른 당비수입과 정당이나 정당 관련 단체에 대한 국가지원이 대부분을 차지한다(<그림 9-1> 참조).

91) 개정된 정치자금법에 대한 평가는 엇갈리고 있다. 먼저 정경유착에서 비롯되는 부패현상을 근절시키기 위해 다액소수주의에서 소액다수주의 바뀐 점은 참여 민주주의 실현의 취지에 부합한다는 평가를 받고 있으나, 다른 한편 2004년 개정 정치자금법이 기부주체뿐만 아니라 기부방법에 있어서 많은 제한과 금지조항을 가진, 지나친 규제 일변도의 성격을 띠고 있어서, 오히려 이 점이 제도개혁이 의도하지 않은 부작용을 초래할 수 있다는 평가를 받고 있다. 전용주 · 서영조. 2005. "개정 정치자금법에 대한 비판적 논의와 정책 대안: 정치자금 기부규제를 중심으로", 『국가전략』 제11권 1호.

3.1. 양국 국고보조금제도의 기본 틀

일반적으로 독일의 국고보조금 지급방법을 직접적 국고보조와 간접적 국고보조로 나눈다.[92] 이에 대해 저자는 독일의 국고보조금 지급은 3+2원칙으로 갈음할 수 있다고 본다. 3원칙에는 보너스 몫(Zuwendungsanteil), 의석수 몫(Wählerstimmenanteil), 그리고 3개 주 1% 규정(Drei－Länder－Quorum)이 해당한다. 2원칙은 절대적 정치자금 총액제한(Absolute Obergrenze)과 상

92) 정병기. 2003. "독일정치자금제도의 특성", 안청시·백창재 편. 『한국의 정치 자금제도: 문제와 개선방안』(서울대학교 출판부); 심지연·김미전. 2003. "정치자금제도와 정당정치: 미·영·독·일 비교", 『한국정당학회보』 제2권 1호: "독일의 직접성 국고보조는 1959년 유럽에서 최초로 도입된 이후 1967년 정당법 제정을 거쳐 1992년의 헌법재판소 판결과 1994년 개정 정당법에 의해 확립되었다. 특히 1992년 헌법재판소의 판결은 국고보조와 관련된 지침들을 제공하였고, 1994년 정당법은 이 판결을 구체화하는 시행법규를 규정하였다. 〈……〉 1994년 개정된 정당법은 기본법에 입각해 1992년 헌법재판소 판결을 구체화한 것으로서 주요 내용은 다음과 같다: ① 국고보조는 1표당 매년 1마르크(정당명부에 대한 투표 즉 2기표 또는 명부가 없을 경우 직접 출마자에 대한 투표인 1기표), 납부된 당비 1마르크당 0.50 마르크(50페니히)씩 지급된다(개인 기부는 1인당 연 6,000마르크까지). ② 일괄적인 기본보조금으로 5백만 표까지 1표당 매년 0.30마르크씩 곧 150만 마르크가 지급된다. ③ 직접성 국고보조는 매년 상대적 상한선에 따라 각 정당마다 총수입의 50%를 넘지 못하며, 절대적 상한선에 따라 제 정당에 대해 도합 2억 3,000만 마르크를 초과하지 못한다. ④ 그러나 절대적 상한선인 2억 3,000만 마르크는 정당활동에 필요한 재화와 서비스의 가격이 인상됨에 따라 조정될 수 있다. 1999년 개정된 정당법의 주요 내용은 절대적 상한선을 2억 4,500만 마르크로 상향조정한 것이었다. 이러한 절대적 상한선에 따라 2000년도 실제 지급된 국고보조는 1표당 1마르크나 당비 1마르크당 50페니히가 아니라, 1표당 73페니히 또는 당비 1마르크당 36페니히가 지급되었다. 국고보조는 연방의회선거나 유럽의회선거에서 전체 유효투표의 0.5% 이상을 획득하거나 주의회 선거에서 1% 이상 획득한 정당 또는 직접 출마자에 대한 1기표 선거구에서 유효투표의 10% 이상을 획득한 정당에 대해 지급된다. 정당의 국민기반을 반영해 득표수와 기부금에 상응하는 독일의 국고보조는 매칭 펀드의 개념으로 이해할 수 있다. 그러나 기부금의 경우는 1년에 1인당 6,000마르크만 매칭 펀드의 대상이 되며 국고보조의 진입장벽도 낮아 군소정당의 진출을 돕는 것으로 평가된다. 〈……〉 독일의 간접성 국고보조는 정당 간의 공정한 경쟁성 보장 및 국민들의 평등한 참여를 위한 민주성 보장과 관련해 주요한 논쟁의 대상이 되어 왔다. 그중에서도 기부금 및 당비와 관련된 세금공제는 수차례 변화를 거듭했으며, 당비 이상의 금액을 의원들이 당에 헌납하는 '정당세'는 그 합헌성 논쟁이 끊이지 않고 있다. 1955년 연방의회는 연방의회 정당, 즉 5% 이상의 득표로 연방의회에 진출한 정당에 대한 기부가 이루어질 경우 개인 기부자는 소득의 10%까지 그리고 법인 기부자는 소득의 5%까지 또는 임금과 봉급 및 매출액의 0.2%를 특별지출로 간주하여 세금을 면제한다는 결정을 내렸다. 〈……〉 이러한 소액기부규정은 1994년 개정 정당법에 의해서도 지속되었다. 그러나 소액기부규정과는 별도로 1994년 연방의회는 미혼자 6,000마르크, 기혼자 12,000마르크까지로 상한선을 다시 상향 조정하였다. 이러한 결정은 현재 그 적법성이 논란되고 있으나 다수설은 정치적 비용과 경제적 조건의 변화를 감안하여 적법한 것으로 보고 있다. 이러한 규정들의 효과는 주로 세 가지로 압축된다. 첫째, 거액기부자에 대한 일정한 세금공제 혜택으로 기부자의 직접 지출 없이도 정당의 자금을 형성할 수 있게 한다. 둘째, 소액기부자에 대한 세금공제 혜택을 높여 당비 납부를 촉진하는 계기가 되었다. 그리고 마지막으로, 정당은 직접적인 국고부담 없이 수백만 마르크 수준의 기회균등화 효과를 누릴 수 있다. 한편 정당세 규정도 1994년부터 각각 개인 기부에 준하여 미혼자 6,000마르크, 기혼자 12,000마르크로 상향 조정되었다. 그러나 정당세는 법적으로 '대표의 자율성' 규정에 위배된다는 논란이 아직 해결되지 않고 있다. 그에 따라 각 정당은 재정보고 시 정당세를 당비로 처리하고 있는 것으로 알려졌다" 정병기(2003).

대적 정치자금 총액제한(Relative Obergrenze)을 의미한다.

<그림 9-1>에서 양국은 정치제도의 차이에도 불구하고 총론적인 측면에서 유사한 국가 보조금제도를 가지고 있음에 대해 알 수 있었다. 그러나 그 구체적인 적용원칙에 있어서는 부분적으로 차이점을 극명하게 노출시키고 있음도 알 수 있다. 앞서 다룬 독일의 3+2원칙과 한국의 3가지 비율원칙은 내용적으로 볼 때 부분적으로 중복되지만 상호 간 규정조항이 없는 사항들도 발견된다. 이 점에 대해 알아보도록 하겠다.

먼저 독일의 3+2원칙에 대해 알아보자. 첫째, 보너스 몫(Zuwendungsanteil)이란 일종의 매칭 펀드 시스템(matching fund system)을 의미한다. 부연하면 정당에 헌납된 기부금에 대해 정부가 추가 보조금을 지불하는 것을 말한다. 이 원칙은 독일 정당법 제18조 3항 3에 적시되어 있다. 제18조 3항 3에 의하면 개인 기부는 최고 1인당 연 3천3백 유로(3,300€)인데, 이때 1유로당 0.38센트(1€당 0.38€)를 추가로 보조금을 지급한다고 규정하고 있다. 법인과 개인은 원칙상 3,300유로를 초과하는 금액을 기부해도 무방하다. 다만 보너스 몫은 상대적 정치자금 총액제한(Relative Obergrenze)이 허락되는 선에서 지불된다. 기본법 21조 1항(GG Art. 21 Abs.1)의 규정에 따라 국가의 보조금은 개별정당이 벌어들인 정치자금의 총액을 초과할 수 없다. 이를 '상대적 정치자금 총액제한(Relative Obergrenze)'이라 부른다.

상대적 정치자금 총액제한은 독일 정당법 제19조 a 5항 두 번째 문장에 적시되어 있다. 이는 정당법 제18조 5항의 효력을 정지시킨다는 것이다. 제18조 5항은 국가의 부분보조가 정당이 제24조 4항 1-7(당비, 임원회비, 개인 기금, 법인 기금, 기업 활동과 참여를 통한 소득, 기타 재산소득, 행사 · 출판 관련 수익 및 기타 수입)에 따른 소득의 총액을 넘어서는 안 된다는 것이다. 이와 대비되는 절대적 정치자금 총액제한(Absolute Obergrenze)은 제18조 2항에 적시되어 있다. 동 조항은 국가가 모든 정당에게 지급하는 국가재원의 총액은 1억 3천3백만 유로를 넘을 수 없다는 것을 규정하고 있다. 이를 절대적 정치자금 총액제한(Absolute Obergrenze)이라 부른다. 정치자금의 총액제한제도의 총액의 변화 추이는 다음과 같다: ① 1994-1997: 2억

3천 만 마르크(230Mio. DM), ② 1998－2001: 2억 4천 만 마르크(240Mio. DM), ③ 2002－현재: 1억 3천3백만 유로(133Mio. €).

둘째, 의석수 몫(Wählerstimmenanteil)은 정당법 18조 국가 보조금 조항을 기준으로 삼고 있다. 정당법 18조 3항은 다음과 같다.

(3) 정당은 다음의 1, 2, 3의 경우에 국가로부터 부분적 재정 지원을 받는다.

1. (정당명단) 2차 유효 1표당 0.7유로
2. 정당 명부를 제출 못 한 주의 선거구에서 획득한 유효 1표당 0.7유로
3. 1유로당 0.38유로를 (당비, 임원회비, 합법적 기부금)과 같은 기부금의 매칭 펀드로서 받는다. 개인은 3,300유로까지 기부금을 낼 수 있다.

정당은 1과 2의 규정과 상관없이 4백만 유효득표까지 1표당 0.85유로를 받는다.

(4) 정당이 (3)항의 1과 3에 의거해 국가에게 국고보조금을 요구하기 위해서는 유럽 및 연방의회 선거에서 최소 0.5% 또는 주 의회선거에서 1%의 유효득표를 얻어야 한다. 3항 첫째 문단 1과 두 번째 문단에 따른 지불이 이루어지기 위해서 정당은 앞서 제시된 선거의 규정을 사전에 충족시켜야만 한다.

셋째, 3개 주 1% 규정(Drei－Länder－Quorum)은 2002년 6월 28일 8차 정당법개정이 있은 후, 예외적으로 법 적용이 2005년 1월 1일로 연기된 18조 3항과 관련된 사항이다. 주요 변화는 정당이 기존 18조 4항을 주장하기 위해서는 주 선거 유효득표 1%→5%로 상향된 조건을 충족시켜야 한다는 것이다. 아니면 직전 실시된 3개 주 의회선거에 1% 이상의 유효득표를 얻어야 한다. 여기서 나온 것이 바로 3개 주 1% 규정이다.[93)]

93) 3개 주 1% 규정은 사민당과 녹색당의 텃밭인 함부르크에서 적・녹 정부를 위협하는 신흥 인기정당 schill party를 봉쇄시키기 위한 전략으로 채택되었다. 2002년 4월 19일에 개정된 정당법에 따라 2005년 1월 1일부로 실시가 예정되어 있었다. 그러나 3개 주 1% 규정은 특정지역에서만 정치적 기반을 확보하고 있는 지역 소수정당에게는 넘기 어려운 규정이다. Die GRAUEN와 Graue Panter 그리고

한국의 국고보조금[94] 지급에는 3가지 비율원칙이 있다(<표 9-3> 참조).

〈표 9-3〉 국고보조금 배분기준

구 분	배 분 기 준
기 본 비 율	① 교섭단체를 구성한 정당에 대하여 50/100을 정당별로 균등 분할하여 배분 ② 위 ①을 제외하고 의석수가 5석 이상~20석 미만인 정당에 5/100씩 배분 ③ 위 ①, ②를 제외하고 의석이 없거나 5석 미만인 정당 중 다음에 해당하는 정당에 2/100씩 배분 · 최근에 실시된 국회의원총선거에 참여한 정당의 경우에는 그 국회의원 총선거에서 유효투표총수의 2/100 이상을 득표한 정당 · 최근에 실시된 국회의원총선거에 참여한 정당 중 그 국회의원총선거에서 유효투표총수의 2/100 미만을 득표한 정당으로서 의석을 얻은 경우에는 최근에 전국적으로 실시된 정당의 후보추천이 허용되는 지방의회의원 또는 지방자치단체의 장의 선거에서 유효투표총수의 0.5/100 이상 득표한 정당 · 최근에 실시된 국회의원총선거에 참여하지 아니한 정당의 경우에는 최근에 전국적으로 실시된 정당의 후보추천이 허용되는 지방의회의원 또는 지방자치단체의 장의 선거에서 유효투표총수의 2/100 이상 득표한 정당
의석수 비 율	○ 기본비율을 제외한 잔여분 중 50/100은 국회의석을 가진 정당에 그 의석수 비율에 따라 배분
득표수 비 율	○ 최종 잔여분은 최근에 실시된 국회의원총선거에서 득표한 정당의 득표수 비율에 따라 배분

※자료: 중앙선거관리위원회(1998): 임능수(재인용 2003).

Ökologisch-Demokratische Partei은 이 규정이 정당법 18조 3항 4단의 정당의 정치경쟁에서 기회균등의 원칙에 위배된다며, 연방재판소에 위헌제청을 제기했다. 2004년 10월 26일 연방헌법재판소는 3개 주 1% 규정이 헌법에 불일치하다는 판결을 내렸다. Bundesverfassungsgericht (Pressrstelle), Pressemittelung Nr. 94/2004 vom 26. Oktober 2004.

94) 우리나라에서는 정치자금법 제3조에서 "정치자금이라 함은 당비, 후원금, 기탁금, 보조금, 후원회의 모집금품과 정당의 당헌·당규에서 정한 부대수입 기타 정치활동을 위하여 제공되는 금전이나 유가증권 기타 물건을 말 한다"라고 정의함으로써 좁은 의미의 정치자금으로 규정하고 있다. 현행 정치자금법에서 사용하는 용어의 정의를 살펴보면 ① 당비란, 명목 여하를 불문하고 정당의 당헌·당규 등에 의하여 정당의 당원이 부담하는 금전이나 유가증권 기타 물건을 발한다. ② 후원금이란 후원회의 회원이 후원회에 납입하는 금전이나 유가증권 기타 물건을 말하며 후원회의 모집금품이란 회원이 아닌 자로부터 모집하는 금전이나 유가증권 기타 물건을 말한다. ③ 기탁금이란, 정당에 정치자금을 기부하고자 하는 개인이나 법인 또는 단체가 선거관리위원회에 기탁한 금전이나 유가증권 기타 물건을 말한다. ④ 보조금이란 정당의 보호·육성을 위하여 국가가 정당에 지급하는 금전이나 유가증권을 말한다. 정치자금에 대한 위와 같은 용어의 정의는 수입출처별로 구분하여 정의한 것이다. 정치자금은 그 용도 면에서 일반적으로 정당의 사무비, 인건비, 운영비 등을 포함한 경상비와 공작비, 선거비 등을 포함한 임시비로 구분하거나 또는 정권유지비, 정당유지비, 선거비 등으로 구분할 수 있다. 정치자금법에 의한 용도 및 구분은 ① 인건비와 사무용품비, 사무소유지비, 공공요금 등 기본경비와 ② 정치활동비로 구분하고 있는데 정치활동비로는 정책개발비, 당원교육훈련비, 조직활동비, 선전비, 선거비, 의정활동비, 기타 경비로 구분하고 있다. 이상과 같은 정치자금은 누구든지 이 법(정치자금법)에 의하지 아니하고는 정치자금을 기부하거나 받을 수 없으며 정치자금은 국민의 의혹을 사는 일이 없도록 공명정대하게 운용되어야 하고 그 회계는 공개되어야 한다고 규정함으로써 정치자금의 적정운용과 공개원칙을 밝히고 있으며 정치자금은 정치활동을 위하여 소요되는 경비로만 지출하여야 하며 사적 경비로 지출하거나 부정한 용도로 지출할 수 없도록 하여 그 공공성을 밝히고 있다. 임능수(2003).

기본비율, 의석수 비율 그리고 득표수 비율이다. <표 9-3>의 계산법에 따르면 국고보조금 배분에서 가장 중요한 것이 원내교섭단체의 구성 여부에 있음을 알 수 있다. 이처럼 원내교섭단체를 우대하는 것은 국회예산에서 원내 총무실, 교섭단체소속정책위원, 상임위원장에 대해 많은 지원을 하고 있는 점을 감안하게 되면 일종의 이중특혜라는 지적도 가능하게 된다.

국고보조금 배분기준에서 두 번째 요인이 의석비율이고 세 번째가 득표수 비율인데 이미 원내교섭단체의 비율에서 의석수를 고려했음에도 불구하고 또 의석수를 고려하는 것은 의석수를 과다하게 이중, 삼중으로 고려한다는 문제점을 안고 있다는 것이다.

정당 제도화를 통한 민주주의 공고화의 길로 나아가기 위해서는 독일의 경우처럼 일정 수준에 오른 정당에 대해 유효투표 1표당 국고보조금을 지급하는 방향으로 나가야 할 것이다. 즉 국고보조금의 배분기준을 정당의 원내 의석수에서 득표율로 바꿔야 할 것이다. 이렇게 되면 신생정당이나 군소정당이 국고보조금의 혜택을 받게 될 것이고 국고보조금을 둘러싼 정당 내 분열이나 정당 간 이합집산이 많이 해소될 것이다.[95]

3.2. 양국 국고보조금제도의 유사적 차이점

위에서 우리는 양국의 국고보조금제도에 대해 살펴보았다. 그 결과 총론에서는 유사하나 각론에서는 다른 점을 발견할 수 있었다. 먼저 독일의 정당법에는 있는데 한국의 정당법에 없는 사항들이 있다. 첫째, 3개 주 1% 규정 둘째, 기부금에 대한 국가 보조금(Zuwendungsanteil) 규정 셋째, 주에 전달되는 국가 보조금은 절대적 정치자금 총액제한이 적용되지 않는다는 점과 넷째, 보너스 몫(Zuwendungsanteil)에서 4백만 유효득표의 규정이 적용되지 않는다는 점이다. 이런 점들은 최소한 정당 활성화를 권장하지 못하는 사항들임에는 분명한 것 같다.

95) 이관희. 2004. "개정 정치자금법의 특징적 내용과 평가". 『헌법학 연구』 제10권 제2호.

〈표 9-4〉 한국 국고보조금의 계상 및 배분지급

구 분	현 행	개 정
경상보조금	○ 선거권자 1인당 800원	(현행과 같은)
선거보조금 (대통령선거 · 국회의원선거 · 동시지방선거)	○ 선거권자 1인당 1,800원	- 선거권자 1인당 800원
여성추천 보조금	○ 지역구 시 · 도의원 선거	- 지역구 국회의원 선거 시 100분의 30 이상 추천 시: 국고보조금 추가 지급(최근 총선 선거인 수 1인당 100원)
보조금 배분 방식 변경	○ 지역구 국회의원 득표비율	- 지역구와 정당득표를 합한 수의 평균 득표비율
보조금 지급 방식 변경	○ 중앙당에 100% 지급	- 중앙당 50%, 정책연구소 30% 시 · 도당 10%, 여성정치발전 10% 지급

※자료: 이창희 외(2004)

다른 한편 한국의 보조금 분배 3원칙은 선거득표율에 과대 배정되어 있어서 군소정당의 제도권 진입을 어렵게 만드는 경향이 있다. 이런 이유들에 비추어 볼 때 독일식으로 보조금 배분을 다양화시킬 것이 요망된다고 하겠다.

예를 들면 한국의 경우도 총 유효득표 기준과 3개 도에서 1% 이상을 획득한 정당에게 국고보조금을 주는 안을 신설할 필요가 있다. 국고보조제도는 도입 당시부터 '정당 형성 활동의 지지'를 목적으로 하고 있기 때문이다. 다시 말해 군소정당에게 턱없이 높은 제도 진입의 장벽을 낮추자는 것이다. 둘째, 기부금에 대한 국가 보조금(Zuwendungsanteil) 규정을 신설할 필요가 있다. 이럴 경우 정당은 정당의 본연의 업무이기도 한 대국민 봉사를 보다 철저히 실천에 옮기게 될 것이다. 그런 만큼 정당에게 넉넉한 정치자금이 되돌아 올 수 있기 때문이다. 셋째, 한국 정당법 6조 2항에 의하면 절대적 정치자금 총액 제한(Absolute Obergrenze)이 없다. 물론 정치자금 계상에 의하면 어느 정도의 총액은 짐작이 된다(<표 9-4> 참조). 그렇다 하더라도 제도적으로 최고액을 분명히 밝히는 것은 투명한 정치를 할 수 있는 보루가 될 수 있을 것이다.

회계에 대한 벌칙사항은 상대적으로 유사점이 많다. 한국은 정치자금에 관한 법률(정치 자금법) 20조에서 보조금의 감액을 규정하고 있다. 독일의 경우와 다소 다른 점은 독일의 정당이 회계보고 업무를 이행하지 않을 경우 국고보조금 전액을 삭감할 수 있다는 점이다. 이 점보다 더 신경을 써야 할 부분은 다른 데 있다. 한국 정당법은 제29조에서 정당의 예산과 결산 및 그 내역에 관한 회계검사 등 정당의 재정에 관한 사항을 확인 · 검사하기 위하여 예산결산위원회를 설치하게 하고 있다. 문제는 중앙당이 예산결산위원회를 두도록 한 점과 예산결산위원회의 결성 의무를 당헌에 위임하고 있다는 데 있다. 정치자금법 제24조 8항에 의하면 당해 정당소속이 아닌 자 중에서 공인회계사협회의 추천을 받은 공인회계사의 감사의견서를 함께 첨부하게 하였다. 그런데 각 정당의 예산결산위원회 구성을 보면 우리당의 외부 인사를 포함시키고 있으나 한나라의 경우 외부인사가 없다. 민주노동당의 경우는 당규에 위임한 예산결산위원회 구성 자체가 없다. 한국의 경우 예산결산심사위원회가 당내 위원 중심으로 이루어진 것과는 달리 독일의 경우 정당법 23조 2항에 의하면 회계보고는 중립적인 기구(공인회계사, 공인회계사협회 예외적으로 세무사, 세무협회)가 담당하고 있다. 회계보고의 중립성이 당연히 독일의 경우가 훨씬 높다고 하겠다. 그 이유는 예결위 구성을 당헌에 위임하지 않았기 때문이다. 정당법에 남겨두는 것이 그만큼 구속력을 지니게 된다고 평가할 수 있을 것이다.

Ⅳ. 결 론

이 글에서 독일의 국고보조금제도와 한국의 국고보조금제도가 비교 · 논의되었다. 먼저 국고보조금제도에 대한 시사적 함의는 예를 들어 17대 국회의 국고보조금제도 특히 일괄 정당 재정지원에서 찾을 수 있다. 이 부분과 관련해서 볼 때 정당법의 일부분 수정의 필요를 느끼게 된다. 이 문제의식의 출발점은 국고보조금제도의 목적이 '정당 형성 활동의 지지'에 있다는 데 있다. 이런 면에서 볼 때 예를 들면 소수 야당의 당수(예를 들면 현 민노당)가 그것도 원외 인사이기 때문에 왕성한 정치활동을 하는 데 상당한 어려움을 받고 있을 것이라 사료된다. 국고보조금제도의 목적과 기본적으로 부합되지 않는 불협화음이다. 따라서 차제에 일괄 정당 재정지원 수단으로써 국고보조금제도의 확충이 고려돼야 할 것이다.

본문에선 충분한 논의가 이루어지지 않았지만 독일의 정당법과 한국의 정당법을 비교하면서 빼놓을 수 없는 또 다른 시사점은 정당의 조직이다. 정당의 조직을 염두에 두면서 한국의 실질적 민주주의 공고화를 위한 몇 가지 제언을 첨언하는 것으로 결론을 맺고자 한다.

대중민주주의에서 정당은 민주정치실현의 필수적 요소이다. 정당이 상향적 국가의사형성의 중개자로서 기능하기 때문이다. 정당이 이러한 중개적 기능을 제대로 수행하기 위해서는 정당 내부질서의 민주화가 전제되어야 한다. 다시 말해 정당의 내부질서에 있어서 자유로운 의사형성의 보장과 그를 위한 평등한 기회와 참여권이 보장되어야 하는 것을 말하는 것이다. 구체적으로는 당기구의 구성 · 당의 운영 · 당 정책의 결정 · 공직후보자의 추천 등이 민주주의 원칙에 따라 행해져야 함을 의미한다.

이처럼 정당조직은 정당과 시민사회와의 연계 및 당내 민주주의를 담보하는 제도적 틀이 된다. 정당조직은 당원과 하부조직, 대의조직, 집행조직, 원내조직, 정책조직 등으로 구성되는데 이러한 구성요소들이 균형적으로 갖추어질 때 바람직한 정당조직이 될 수 있다.

그런데 아쉽게도 정당의 실제 구성과 조직은 정당법 규정이나 당헌 또는 정당법과 현실 사이에 현저한 괴리가 놓여 있음이 여전히 목격된다. 독일 정당법에 대한 학습이 주는 시사점이 이런 데 있지 않나 하는 생각도 든다.

한국의 정당법 29조는 정당의 기구에 대해 언급하고 있다. 29조 1항은 의원총회를 가져야 한다. 29조 3항은 "기구의 조직 권한은 ……당에 위임한다"라 규정하고 있다. 그런데 29조 1항, 3항의 결과 각 당의 최고집행기관과 당 대표의 명칭이 제각각이다. 각 정당마다 최고 집행기관과 당수에 대한 호칭이 다르다. 민노당의[96] 경우는 상임위원회(합의제 최고 집행기관)와 대표, 한나라당은 최고위원회(최고 집행기관), 대표최고위원 그리고 우리당은 중앙위원회(최고 의결기관), 당의장이라고 당헌에서 밝히고 있다. 반면에 독일은 정당법 8조에서 "전당대회와 집행부는 중앙당과 시도당의 필수 기관이다"라고 밝히고 있다. 각 정당들의 당헌에 나타난 당 조직·기구 명칭은 같다. 문제는 당을 대표하는 당수는 국가에 따라(총재, 대표최고위원, 서기장, 주석) 다를 수는 있으나 일국 내 정당별로 다른 것은 곤란하다는 것이다.

96) 노회찬(현 대표), 심상정, 조승수(유일한 국회의원, 2008년 4월 7일 실시된 18대 총선에서 낙마했으나 2009년 4월 재·보궐선거에서 당선이 됨) 등이 종북주의에 맹종하는 민주노동당과 더 이상 함께 정치를 할 수 없다며 분당하여 2008년 3월 16일 진보신당을 창당하였다.

참고문헌

김면회. 2003. "정당 민주화와 현대 독일정치: 사회민주당과 녹색당을 중심으로", 『서강대학교: 사화과학연구』 제11집.

김종갑. 2003. "독일정당제도의 균열 이론적 고찰", 『21세기 정치학회보』 제13집 2호.

김영태. 2002. "한국정치의 이중 과제와 의회 · 정당정치 및 선거의 민주적 제도화", 박호성 편. 『한국의 권력구조 논쟁 Ⅲ』(서울: 인간사랑).

김태일. 1995. "한국 정당정치 연구의 과제와 방법", 안희수 편저. 『한국정당정치론』(서울: 나남).

박찬표. 2003. "한국 정당민주화론의 반성적 성찰: 정당민주화인가 탈정당인가?" 『사회과학연구』 11집.

심지연 · 김민전. 2003. "정치자금제도와 정당정치: 미 · 영 · 독 · 일 비교", 『한국정당학회보』 제2권 1호.

정병기. 2003. "독일정치자금제도의 특성", 안청시 · 백창재 편. 『한국의 정치자금제도: 문제와 개선방안』(서울대학교 출판부).

이관희. 2004. "개정 정치자금법의 특징적 내용과 평가", 『헌법학 연구』 제10권 제2호.

이정진. 2005. "한국 지역정당체계의 재편: 균열구조와 정치적 동원의 역동성", 성균관대학교 박사학위논문.

이창회 · 안병옥 · 이병길 · 최용훈 공저. 2004. 『달라진 정치관계법: 공직건거 및 선거부정방지법 · 정치자금에 관한 법률 · 정당법』(서울: 면진인쇄공업).

임능수. 2003. "한국정치자금제도의 운영실태와 개선방향", 충남대학교 석사논문.

임성학. 2003. "정당과 정치자금", 심지연 편저. 『현대 정당정치의 이해』(서울: 백산서당).

전용주 · 서영조. 2005. "개정 정치자금법에 대한 비판적 논의와 정책 대안: 정치자금 기부규제를 중심으로", 『국가전략』 제11권 1호.

정용길. 1995. "독일의 정당구조와 정당통치", 『한국정치학회보』 30집 4호.

정진민. 1995. "탈산업사회의 정당정치", 『국제정치논총』 제35집 1호.

한태연. 1960. "정당제도의 법질서: 서독 내무장관이 위탁한 정당법위원회의 보고서".

Ian Budge, et. al. 1997. *The Politics of the New Europe: Atlantic to Urals*(London and New York: Longman).

독일 연방재판소 판결. Bundesverfassungsgericht(Pressrstelle), Pressemittelung Nr.

94/2004 vom 26. Oktober 2004.
독일 정당법. http://www.gesetzsweb.de/ParteienG.html(검색일: 2004. 10. 26).

제10장

2005년 독일 조기총선

Ⅰ. 서 론

2005년 독일 조기총선은 7월에 시작되어 11월에 절차적 과정이 일단락되었다. 다시 말해 조기총선은 적·녹 정부의 신임안 부결로 시작하여 기민/기사련과 사민당의 대연정으로 끝났다. 베시(Wessi: 슈뢰더)는 물러나고 오씨(Ossi; 메르켈)가 위풍당당하게 베를린(Berlin: 연방독일의 수도)을 접수했다. 그 과정은 7월 1일 조기총선의 발표, 9월 18일 조기총선 실시, 10월 2일 선거종료, 11월 11일 대연정 협상 타결, 11월 13일 연정 파트너 협상안 추인(11월 14일 사민당 전당대회: Ossi인 플라젝이 새 당수로 선출됨), 11월 22일 최초의 여성 총리 선출로 이어졌다.

9월 18일 치러진 조기총선이 공식적으로 10월 2일 종료된 이유는 드레스덴(Dresden) Ⅰ 선거구에 출마한 독일 민족당(NPD) 후보 로렌쯔(Kerstin Lorenz)가 돌연사함에 따라 10월 2일 재선[97]이 실시되었기 때문이다. 이 점

97) 연방선거법 43조와 연방선거법 시행령 83조에 따르면, 법적으로 자격을 취득한 후보자가 선거 기간 중에 사망하면, 6주 이내에 재선거를 실시해야 한다. 로렌쯔가 9월 7일 숨졌기 때문에 이 기간 동안 실시된 부재자 투표(우편투표)는 폐기되면서, 재선거가 10월 2일 잡힌 것이다.

이 선거 전 세간의 관심을 집중적으로 받은 부분 중에 하나였다. 드레스덴(Dresden) Ⅰ의 선거결과가 이번 선거의 '태풍의 눈'이 될 수도 있을 거라는 분석 때문이었다. 그만큼 조기총선은 박빙의 승부가 점쳐졌다. 결과는 '찻잔 속의 태풍'으로 끝났다. 9월 18일 끝난 선거결과를 뒤엎기보다는 이를 공고히 하는 쪽으로 종결되었기 때문이다. 기민련(CDU)이 한 표 더 얻어 선거결과를 굳힌 것이다.

선거 전의 '태풍의 눈'에 해당하는 선거 후의 사건은 소위 '뮌테 효과'(Münte－Effekt)다. 뮌테 효과는 예고에 없었던 프란츠 뮌터페링(Franz Münterfering)의 갑작스러운 사민당(SPD) 당 대표직 사퇴를 말한다. 설상가상으로 기사련(CSU)의 당 대표이며 앙겔라 메르켈(Angela Merkel) 새 내각에서 경제장관에 내정된 에드문트 슈토이버(Edmund Stoiber)의 동반 사퇴가 이어졌다. 기민련, 즉 메르켈을 제외한 연정 파트너 당 대표들의 돌발행동으로 대연정 협상에 예기치 못한 먹구름이 낀 것이다. 먹구름은 일단 걷혔다. 슈토이버는 베를린을 떠나 뮌헨에 잔류(바이에른 주지사)하게 되었으나 뮌터페링은 부총리 겸 노동·사회장관으로 베를린에 잔류하게 되었기 때문이다.

다사다난했던 이번 선거는 다음과 같은 궁금증을 낳았다. 첫째, 왜 총선이 조기에 실시되었는가? 둘째, 정부구성의 실타래를 어떻게 풀 것인가? 다시 말해 전자는 슈뢰더 적·녹 연정은 임기가 1년 이상 남은 시점에서 왜 신임안을 제출했는가 하는 점이다. 후자는 선거결과 어느 정당도 의석의 과반수를 확보하지 못한 상황에서 어떤 형태의 정부구성, 즉 연립정부가 출현할 것인가에 대한 의문이다. 한때 정부구성과정에서 기민련은 '자메이카' 연정을 염두에 두기도 하였으나 지금은 기민·기사련과 사민당의 대연정으로 정부가 구성되었다. 11월 22일 대연정 협상안대로 앙겔라 메르켈은 8대 독일 총리로 취임하였다.

이번 선거는 한국 정치권엔 독일모델 따라 하기란 반향을 불러일으켰으며 학계엔 기존 독일 정치제제 근간에 대한 근본적 문제제기를 하는 계기가 되었다. 즉 조기총선이 독일 정당체제 및 정치에 남긴 함의는 무엇인가? 이 같은 일종의 파급현상을 다음과 같이 정리해 볼 수 있다. 첫째, 정당체제와 관련시켜 볼 때 앞서 언급했듯이 선거결과 어느 정당도 의석의 과반수를 확보하지 못했다. 이번 선거결과의 쟁점은 1당과 2당이 각각 선호하는 정당과 연립해도 의석의 과반을 확보할 수 없다는 데 있다.[98] 이를 두고 독일정당 체제의 변화가 시작되었다는 분석이 제기되고 있다. 즉 2.5당 체제에서 다당제로 구축되고 있다는 것이다. 이 점은 최근 실시된 총선에서 기민련과 사민당의 지지율이 35%에 머물고 있다는 사실에 의해 탄력을 받고 있다.[99] 그럼에도 불구하고 독일의 정당체제가 근본적으로 변했다는 결론을 도출하기보다는 정권의 교체양상에 큰 변화가 없는 점을 감안하여 현시점은 좀 더 추이를 예의 주시할 때라고 판단된다.

둘째, 독일 정치와 관련해서 언급할 점은 독일 연방주의 특히, 상원의 비효율성 문제이다.[100] 상원의 본래기능이 권력획득을 위한 야당의 전략적 수단으로 남용되면서 정당이익이 연방주의 이익에 우선한다는 비판이 강도 높게 제기되고 있는 실정이다. 연방주의 또는 연방제도 개혁은 적 · 녹 정부 시기에도 연방주의 위원회를 두고 이 문제를 다루었다. 슈뢰더 정부는 괄목할 만한 성과를 내지 못했다. 이제 공은 대연정 정부에게 넘어갔다. 이 주요 현안은 연정협상(안)에서 독립주제로 다루어졌으나 짧은 시간 내에 가시적 성과를 목격하기가 쉽지 않아 보인다. 연방제도는 헌법(기본법: Grund Gesetz)상 영구조항(파기할 수 없음)에 해당하기 때문이다. 현 수준에서 대연정 정부가 논의하고 있는 연방제도 개혁은 연방 공무원을 주 정부 공무원으로 돌리자는 데 있다. 현재 연방 공무원이 거세게 반발하고 있는 실정이다. 따라서 개혁의 정당성에는 공감대가 형성돼 있으나 개혁의 시기와 강도는 더 지켜봐야 할 것으로 사료된다.

셋째, 이 같은 독일식 대연정은 대통령이 제안한 한국식 대연정의 모델이 될 수 있는지에 대한 여부(與否)다. 이에 대한 분석도 이미 이루어졌다. 그 결론은 접목 가능성이 희박하다는 것이다.[101] 정치권도 여론도 한국식 대연

---

98) 이탈리아 언론은 이런 현상이 과거 이탈리아 정국과 유사하다며 '이탈리아 된 독일'로 비유하고 있다고 한다. 정병기. 2005. "2005년 독일 총선: 독일 유권자들의 정책적 투표동기와 사회 · 인구학적 성격 및 지지 경향 변화", 『현장에서 미래를』 10월호 제112호, pp.46 – 65.

99) 김면회. 2005. "독일 총선과 정체성 논쟁: 그리고 유럽정치"(한국국제정치학회 연례학술회의 발표), p.3.

100) 이경호. 2005. "독일 정치질서에서 대연정의 정치적 의미와 역할: 1966 대연정과 2005년 대 연정을 중심으로"(한국정치학회 연례학술회의 발표), p.33.

101) 이규영. 2005. "대연정의 적실성: 독일 의원내각제를 중심으로 본 입장"(제6차 한국학술연구원 코리아

정론을 접은 상태이다.

따라서 이 글은 시기상조의 예단보다는 선거 전·후에 집중적으로 관심이 쏠렸던 조기총선의 현안과 그 과정분석에 목적을 둔다. 조기총선의 현안은 독일정국의 현주소이고 그 과정은 이후의 이정표가 될 수 있기 때문이다. 바꾸어 말해 이 글의 의도는 지금 독일에서 문제가 되고 있는 정치·사회적 현안을 분석하자는 것이고 대연정의 장도(壯途)를 두고 거론되는 갑론을박에 대해 일고(一考)해 보자는 데 있다. 끝으로 이 글의 구성은 역대 다섯 번째 제출된 신임안 및 신임안 부결로 실시된 독일 조기총선의 현안과 39년 만(1차, 1966년)에 대연정이 성사되기까지의 과정을 중점적으로 논구하는 형식으로 짜져 있다. 그리고 대연정에 대한 평가로 결론을 대신한다.

Ⅱ. 조기총선의 배경

이번 선거에서 쏠린 첫 번째 궁금증, 즉 조기총선의 실시 배경에 대해 알아보자. 조기총선의 실시 배경에는 무엇보다도 슈뢰더의 신임안 제출이 그 중심에 놓여 있다. 따라서 신임안 제출의 배경은 무엇인지를 물어야 하겠다. 첫째, 신임안은 둘째, 연이은 주 의회선거의 참패와 셋째, 개혁과제(Hartz Ⅳ와 Agenda 2010)에 대해 강도가 미흡하다는 야당의 지적과 더불어 사민당 내에서조차 불거지고 있는 불신에 종지부를 찍기 위한 정치적 선제전략이라 평할 수 있다. 이들을 중심으로 조기총선 실시 배경의 인과관계를 분석한다.

2.1. 신임안

독일 기본법 68조는 신임안을 규정하고 있다. 68조에 명시된 '신임'은 통

포럼 발표), pp.12－3.

상적 의미를 규정하고 있는 것이 아니라 총리의 인격 · 정책에 대한 찬성(동의)을 규정한 것이다. 이는 총리가 의회의 다수로부터 지지를 받아야 되는 자신의 정책이 사실적으로 불확실해졌을 때 신임안을 제출할 수 있다는 것을 의미한다. 지속적인 다수의 신임(찬성)을 바탕으로 추진되는 정책이 더 이상 의미를 상실하게 될 정도로 총리의 행위능력이 제약을 받는 상황을 말한다. 즉 68조는 '불문의 사실구성 요건'(ungeschriebenes Tatbestandsmerkmal)을 충족시킬 것을 규정한 것이다. 이런 요건을 충족시킨 신임안을 '사실적 신임안'(echte Vertransfrage)이라 한다.

사실적 신임안에 대한 논의는 '허구적 신임안'(unechte Vertransfrage)을 경계하기 위함이다. 기본법 39조는 의회의 회기가 4년인 것과 연방정부가 이를 변경시킬 수 없음을 규정하고 있다. 즉 연방하원의 회기보장 및 침해금0지를 명시하고 있다. 이는 총리가 연방하원의 다수의 지지로 정책을 집행할 수 있음에도 신임안의 부결을 받아내서 일정한 시기에 조기총선을 제안하기 위한 목적으로 신임안을 제출해서는 안 된다는 것을 의미한다. 다시 말해 이런 정치적 계산에서 제기되는 신임안을 '허구적 신임안'이라 한다.

〈표 10-1〉 독일 총리의 신임안에 대한 개관

날짜	총리(정당)	찬	반	기권	부재/무효	신임 가부	결과
1972.09.22	Willy Brandt(빌리 브란트), 사민당	233	248	1	14	부결	연방하원의 해산
1982.02.05	Helmut Schmidt(헬무트 슈미트), 사민당	268	225	0	3	가결	
1982.12.17	Heimut Kohl(헬무트 콜), 기사련	8	219	248	23	부결	연방하원의 해산
2001.11.16	Gerhard Schröder(게르하르트 슈뢰더), 사민당	336	326	0	4	가결	
2005.07.01	Gerhard Schröder(게르하르트 슈뢰더), 사민당	151	296	148	6	부결	연방하원의 해산

※ 〈http://de.wikipedia.org/wiki/Vertrauensfrage〉(검색일: 2005년 11월 23일), 장준호(2005), pp.179-204.

이에 대해 연방헌법재판소는 사실적 신임안이나 허구적 신임안이나 결과적으로 같다는, 즉 헌법에 일치한다는 입장을 견지하고 있다. 연방헌법재판소는 1983년 허구적 신임안으로 의심되는 당시 헬무트 콜(Helmut Kohl)의 신임안에 대한 연방 대통령 칼 카르스텐(Karl Casten)의 의회해산이 헌법위배라는 4명 의원이 제기한 위헌소송에 대해 연방헌법재판소는 헌법일치 판결을 내린 바 있다. 이 판례는 2005년 슈뢰더의 신임안 제출에 대한 연방 대통령 호르스트 쾰러(Horst Köhler)의 의회해산이 헌법질서에 위배된다는 헌재소송에 대해 연방헌법재판소의 입장을 재확인시켜 주었다.[102)]

기본법 68조의 신임안과 기본법 67조의 '건설적인 불신임표결'(konstruktives Mißvertransvotum)은 다음과 같이 상호 간 차이가 있다. 먼저 신임안은 총리 자신이 의회에 대해 자신의 신임에 대한 주도권을 쥐게 되는 것이고, 반면에 건설적인 불신임표결은 의회가 총리 신임에 대한 주도권을 장악한다. 즉 신임안은 수상이 의회를 해산할 수 있는 권한을 의미하고 건설적인 불신임표결은 의회가 수상을 해임시킬 수 있는 권한을 의미한다. 신임안의 부결은 연방의회 해산과 조기총선으로 이어진다. 반면 총리는 이런 신임안을 통해 반대세력을 불식시킬 수 있는 결정적인 계기를 가지게 된다.

허구적 신임안으로 의심받아 엘레나 호프만(Jelena Hoffman; 사민당)과 베르너 슐츠(Werner Schulz; 연대90 / 녹색당)에 의해 위헌소송을 당한 슈뢰더의 두 번째 <표 10－1>에서처럼 역대 다섯 번째 제기된 신임안[103)]은 이들의 주장대로 기본법 68조의 불문의 사실구성 요건을 전혀 겸비하고 있지 못한 것일까?

슈뢰더는 적 · 녹 정부가 심한 활동의 제약을 받고 있음[104)]과 개혁 어젠다 2010을 두고 야당 심지어 사민당 내에서 불거지고 있는 갈등상황을 타개하

102) 〈http://de.wikipedia.org/wiki/Vertrauensfrage〉(검색일: 2005년 11월 23일)

103) 장준호. 2005. "독일 총리의 신임안(Vertrauensfrage)과 그 정치적 함의". 『EU연구』. 제17호. pp.179－204.

104) 슈뢰더 정부가 활동의 제약을 받고 있다는 점을 보다 구체적으로 적시하면 다음과 같다: 첫째, 의회 의석수가 과반수보다 3표만이 많아 총리의 정책을 집행하는데 안정적인 토대가 되지 못하고, 둘째 연방상원을 야당인 기민/기사련이 장악하고 있기 때문이다. 〈Schröders Begründung der Vertrauensfrage, http://www.spiegel.de/politik/deutschland/0,1518,363171,00.html〉(검색일: 2005년 11월 23일)

겠다는 정치적 결단에서 신임안이란 카드를 꺼내들은 것이다. 슈뢰더는 2005년 5월 22일 실시된 노드라인베스트팔렌 주 의회선거에서의 참패를 직접적 계기로 삼아 2005년 6월 27일 의회에 신임안을 제출하게 되었다. 여기에 짚고 넘어갈 부분은 독일의 기본법에는 국민투표를 규정하고 있지 않다는 점이다. 다시 말해 대통령 중심제하에서 볼 수 있는 국민투표에 의한 국민의 신임을 묻을 수 있는 것과 달리 기본법은 신임안의 부결에 기초한 조기총선을 통해 총리와 내각의 정책에 대해 국민의 신임을 묻도록 규정하고 있다.[105] 이런 점들이 이른바 불문의 사실구성 요건에 해당하느냐가 논란을 일으킨 것이다.

슈뢰더 입장에서 볼 때 불문의 사실구성 요건에 해당하는 요인들, 즉 첫째, 개혁과제와 둘째, 주 의회 선거를 중심으로 조기총선 실시배경의 단면을 좀 더 자세히 살펴보겠다.

2.2. 하르쯔 Ⅳ와 어젠다 2010

이번 실시된 독일 조기 총선의 의미는 한마디로 슈뢰더 적·녹 정부의 개혁정책 이른바 '신중도'(Neue Mitte) 정책의 결정판인 어젠다 2010(Agenda 2010, 2004년 시행)과 하르쯔 Ⅳ(Hartz Ⅳ, 2005년 1월 시행)가 국민적 지지를 얻어 낼 것인지 아니면 국민적 저항을 받아 좌초할 것인지를 결정한 중대한 의미를 지닌 '국민투표' 같은 선거였다고 볼 수 있다. 달리 말하면 슈뢰더 적·녹 정부가 신중도 정책에 힘입어 장기집권에 들어갈 것인지 아니면 최근 서유럽에 불고 있는 우향우 대세[106]에 동화될 것인지를 가늠하는 의미를 지닌 선거라는 데서 또 다른 의미를 찾을 수도 있다. 결과부터 말하면 유럽은 빠르게 우경화되는 추세에 있고 독일은 이런 조류에 휩싸이게 되었다. 따라서 적·녹 정부의 탄생과 함께 관심이 집중된 신중도 노선은 어

105) 장준호(2005), pp.179－204.

106) 조선일보, 2005년 10월 21일자, A 17면.

떤 배경에서 대두되어 어떻게 전개되었으며 그 구체적 내용은 무엇인가를 밝히는 작업이 선행돼야 하겠다.

2005년 타임(Time)은 올해의 인물 선정에서 인물이 아닌 비인물, 즉 '자연'을 신중히 고려했었다.[107] '자연의 어머니'가 올해의 인물로 선정되지는 않았으나 1998년 뉴스위크(Newsweek)는 올해의 유럽인으로 인물이 아닌 비인물, 즉 제3의 길을 선정한 바 있다.[108] 제3의 길이 '공산당 선언 이후 정치적 이념 시장에서 일어난 최대의 성공적 거사'로 치켜세운 퍼거(W. A. Perger)의 행동에 버금가는 처사라 하겠다.[109] 이랬던 독일식 제3의 길인 '신중도'가 슈뢰더의 1998년 총선 승리와 함께 화려하게 등장하여 같은 시기 정권을 장악한 후 장기집권에 성공한 토니 블레어(Tony Blair)와는 달리 2005년 조기총선의 패배로 슈뢰더의 퇴장과 함께 막을 내리게 된 것이다.

슈뢰더의 신중도란 신자유주의적 세계질서 속에서 고실업 · 재정적자를 겪고 있는 독일이 일자리를 늘리고 복지제도의 문제를 해결하려는 사민당의 새로운 이념적 좌표 제시를 말한다. 다시 말해 경제발전과 고용창출을 위해서 신자유주의적 경제 질서를 받아들이면서 전통 사회민주주의의 이념인 사회 · 경제적 평등을 이루어 보겠다는 것이다.

슈뢰더는 이런 사민당의 새로운 이념적 청사진을 선거 전략으로 채택하여 1998년 총선에 임해 헬무트 콜의 16년(1982년 10월 - 1998년 10월) 기민 · 기사련 + 자민당 보수연정을 낙마시켰다. 지식기반 사회의 새로운 중심으로 떠오른 중간계층의 표심을 공략한다는 선거 전략이 어느 정도 효력을 발휘한 것이다.

중간계층의 표심을 공략하는 선거 전략은 무엇보다도 중간계층의 환심을 사기 위해서 중간계층이 수혜 대상이 되는 복지정책 중 연금 · 의료서비스는 그대로 두되, 실업자, 저소득층과 같은 복지 수급자에 대한 지원은 삭감

107) 문화일보. 2005년 11월 16일자, 37면.

108) 김영순. 1999. "제3의 길: 인간의 얼굴을 한 대처리즘? 혹은 사민주의 부활의 유리한 길?"(한국정치학회 연례학술회의 발표).

109) 정병기. 2003. "제3의 길과 유럽사민주의의 변천: 독일 사민당, 영국 노동당, 프랑스 사회당, 이탈이아 좌파민주당의 비교"(한국국제정치학회 춘계학술회의 발표).

하는 것을 말한다.

복지개혁의 기본방향은 저소득층을 위한 복지급여를 늘리지 않으면서 이들을 시장으로 복귀시키려는 데 초점이 모아졌다. 그 결과 사민당이 추구하는 주요 가치인 결과의 평등이 기회의 평등으로 사회적 정의가 한발 물러나게 되었다. 이것이 바로 재정적자 감소와 실업문제해결이라는 신중도가 추구하는 정책과 맞아떨어진 것이다.

그러나 신중도 정책의 진로는 사민당 내 이념 및 정책의 불일치로 순탄하지 못했다. 슈뢰더가 제안한 신임안의 의회 결의에 따라 연방 대통령 쾰러가 승인한 조기총선에 대해 연방헌법재판소에 위헌소송을 제기한 하원의원은 야당소석이 아닌 여당소석의 의원임을 다시 한 번 상기해야 할 것이다.

보다 실질적인 불협화음은 조세개혁 · 실업문제 해결에 있어서 당수인 라퐁텐과 총리후보인 슈뢰더 사이에서의 마찰에서 비롯되었다. 라퐁텐은 실업문제와 재정적자를 해결하는 데 공급 측 해결보다는 수요 측 해결책으로 실업문제에 접근하였다. 다시 말해 실업을 해결하기 위해서는 국민의 소득 증가를 이루어 소비를 활성화하여 기업의 투자를 활성화시켜야 한다는 것이다. 이처럼 라퐁텐은 수요 측 해결책에 강조점을 두었기 때문에 조세개혁에 있어서도 고소득층보다는 저소득층 위주의 정책을 펴려 했다. 반면에 슈뢰더는 사민당의 노동자 중심 정책에서 친기업 중심으로 정책방향의 선회를 공약했는데 이것이 신중도의 핵심노선에 해당한다.

1998년 총선에서의 승리로 총리가 된 슈뢰더와 재무장관이 된 라퐁텐은 실업문제해결, 조세개혁, 정부예산, 복지제도 개혁 등등에서 사사건건 마찰을 빚게 되었다. 사민당 정부 내 정책갈등은 1999년 3월 라퐁텐이 당 총재직과 재무장관에서 동시에 사임함으로써 해소되었다.[110] 권력게임에서 밀려 정계를 은퇴해 잊힐 듯했던 라퐁텐이 뒤늦게나마 슈뢰더의 정책에 정면으로 반대하고 승부수를 띄운 것이 2005년 노동 · 사회정의를 위한 선거 대안 당(WASG: Wahlalternative Arbeit und Soziale Gerechtigkeit)의 창당이다. 2005

110) 성태규. 1999. "독일의 신중도(neue Mitte)의 등장배경 및 전망"(한국정치학회 연례학술회의 발표).

년 9월 조기총선으로 라퐁텐은 화려하게 부활했으나 이로 인해 이번에는 슈뢰더가 정계에서 은퇴하게 되었다.

목에 박힌 가시가 제거된 후 탄력을 받은 슈뢰더의 신중도 정책은 점차 구체적인 개혁 정책의 면모를 다지게 되었다. 초기 '노선' 또는 '구호'의 성격이 강했던 신중도는 1999년 6월 8일 유럽의회 선거를 앞두고 블레어와 함께 "유럽: 제3의 길, 새로운 중도"라는 공동선언문을 발표하면서 구체화되기 시작했다. 구체적으로 선언문은 정부역할의 축소, 공공 분야의 과감한 현대화, 정부재정의 축소, 사회복지 분야 개혁, 노동시장 유연성 확보, 시민의 자율적 책임고양, 공급위주의 고용정책, 친기업적 정책결정 등을 담고 있다.[111)]

선언문의 내용은 2002년 8월 피터 하르쯔(Peter Hartz)를 중심으로 한 '노동시장에서 현대화된 서비스(Moderne Dienstleistungen am Arbeitsmarkt)'위원회, 일명 하르쯔 위원회의 '하르쯔 구상(Hartz-Konzept)'으로 구체화되었다.[112)] 슈뢰더는 2002년 총선에서 하르쯔 위원회가 제시한 안을 '일대일'로 실천에 옮길 것을 약속하였다. 2002년 11월에는 '뤼룹 위원회(Rürup-Konzept)'를 구성하였다. 이 위원회의 정식 명칭은 '사회보장시스템의 지속적인 재정확보를 위한 위원회'(Kommission für die Nachhaltigkeit in der Finanzierung der Sozialen Sicherungssysteme)이며 위원장의 이름을 따 뤼룹 위원회로 부른다.[113)]

재선에 성공한 슈뢰더는 2003년 3월 4일 '평화와 변화에 대한 용기'라는 주제의 연설을 통해 '어젠다 2010' 개혁프로그램을 발표한다. 따라서 어젠다 2010의 탄생은 하르쯔 위원회와 뤼룹 위원회의 사전 작업의 결산이라고 볼 수 있다. 다시 말해 중기 개혁 프로그램인 어젠다 2010은 독일경제의 동력을 중단기적으로 강화(노동시장 개혁: 하르쯔 위원회)하고 사회보장시스템을 현대화(사회보장제도 개혁: 뤼룹 위원회)하며 세제를 개편하는 것을 주요 과제로 설정하고 있다. 한마디로 어젠다 2010은 첫째, 노동시장과 둘째, 사회보장제도를 개혁하겠다는 적 · 녹 2기정부의 핵심개혁안이다. 핵심개혁안

111) 홍익표. 1999. "독일 적 · 녹 연정 1년의 평가: 균열구조와 정책갈등을 중심으로"(한국정치학회 연례학술회의 발표).

112) 〈http://de.wikipedia.org/wiki/Hartz-Konzept〉(검색일: 2005년 9월 19일)

113) 박종희. 2003. "어젠다 2010과 노동입법 동향", 『경영계』 10월 27호, pp.24-7.

에 대해 알아보자.

첫째, 노동시장 개혁을 다룬 하르쯔 구상은 여러 개의 조치들을 하나로 묶은 보고서와 같다. 입법과정에서는 묶음을 풀어 하나하나 분리돼서 처리되었다. 약칭해서 하르쯔 Ⅰ(Hartz Ⅰ), 하르쯔 Ⅱ(Hartz Ⅱ), 하르쯔 Ⅲ(Hartz Ⅲ)은 이미 입법화가 되었고 하르쯔 Ⅳ는 2005년 1월 1일부터 실행되고 있다. 하르쯔 Ⅰ의 주요 내용은 새로운 형태의 노동을 승인(파견제, 시간제 등), 직업 소개서를 통한 직업교육의 강화, 시간제노동 등에 대한 규정을 담고 있으며, 하르쯔 Ⅱ(하르쯔 Ⅰ과 함께 2003년 1월 1일 시행됨)는 미니 잡(Minijob)에 대한 규정, 일인 자영업(Ich－AG) 등에 대한 규정을 골자로 하고 있으며, 2004년 1월 1일부터 시행된 하르쯔 Ⅲ는 연방노동공단(Bundesanstalt für Arbeit＝Arbeitsamt)을 연방직업소개소(Bundesagentur für Arbeit＝Agentur für Arbeit)로의 변경을 주 내용으로 하고 있다.

논란이 되고 있는 하르쯔 Ⅳ의 내용을 간단히 알아보면 다음과 같다. 먼저 하르쯔 Ⅳ는 실업조조금(Arbeitslosenhilfe)과 사회보조금(Sozialhilfe)을 실업급여 Ⅱ(Arbeitslosengeld Ⅱ)로 묶었다. 기존의 실업보험(Arbeitslosenversicherung)에 따른 실업급여는 수급 기간을 반(12개월)으로 줄인다. 이를 실업급여 Ⅰ(Arbeitslosengeld Ⅰ)이라 명한다. 실업급여 Ⅰ에 대한 권한을 상실한 자는 실업급여 Ⅱ를 신청할 수 있다. 이 경우 실업급여 Ⅱ의 수급조건은 신청자는 물론 직계가족의 재산 및 소득(한 달 1200유로)이 참작되어 승인된다.[114)]

둘째, 사회보장시스템 현대화의 관건은 '사회보장시스템의 지속적인 재정확보'에 있다. 어떻게 재정을 확보할 것인가의 구체적인 안은 의료시스템과 연금제도에 대한 개선에서 찾았다. 의료서비스의 개혁은 350여 개 의료보험기관의 통폐합과, 의료부조금(간병인 비용, 장기 입원 시 월급 감소분 보상금 등) 폐지, 중복 보험혜택에 방지를 위한 전자의료보험증 도입 등이다.[115)]

연금제도 개혁의 핵심[116)]은 사용자의 연금 부담률을 줄이고 근로자의 연

---

114) 〈http://de.wikipedia.org/wiki/Hartz－Konzept〉(검색일: 2005년 9월 19일)

115) 노동부 국제담당관실. 2003. "독일의 경제개혁 프로그램 어젠다 2010", 『노사포럼』, 자료 13, pp.262－265.

116) 독일은 2001년 이미 대대적인 연금개혁에 착수했다. 먼저, 세대 간 형평성 계수를 도입해 연금급여가 2030년까지 서서히 줄도록 했다. 평균연금급여액은 기존의 70%에서 2030년까지 64%로 낮아지며,

금 부담률을 높이는 데 있다. 특히 근로자의 연금수급연령을 상향 조정함(현, 65세에서 단계적으로 67세로 상향)으로써 연금분담금의 총액을 늘려 더 많이 일하고 더 적게 받는 연금제도를 실시하려는 데 있다.[117)]

이처럼 어젠다 2010[118)]은 '독일병 해소'(재정적자와 고실업)라는 기치 아래 일하는 복지를 통해 경제를 살리고 이런 선순환 구조하에서 일자리를 창출하겠다는 이른바 두 마리 토끼(GDP의 3% 재정적자유지, 일자리 창출)를 잡아 보겠다는 개혁안이다. 바꾸어 말하면 이는 사민당이 추구한 고전적 가치인 '연대, 사회정의, 분배'에서 '일하는 복지'로 정책적 기조를 바꾼 것이라 하겠다.

2.3. 주 의회선거

적 · 녹 정부는 정권의 출범 이후 국민들로부터 호감을 사지 못했다. 총선 이후 실시된 주 의회선거(Landtagswahl)에서 그 일면을 읽을 수 있다. 다시 말해 주 의회 선거를 재구성하여 적 · 녹 정부 정책에 대한 평가를 가늠해 볼 수 있다. 1998년 정권 탈환 이후 2005년 5월 22일 실시된 26차례의 주 의회 선거에서 사민당은 <표 10－2>에서 알 수 있듯 1999년 브레멘 주 선거에서의 선전과 2000년 슐레스비히－홀스타인 주 선거에서의 힘겨운 방어를 제외하고는 베를린(2001년), 라인란트－팔츠(2001년), 메클렌부르크－포어폼머른(2002년)에서 연정 그리고 슐레스비히－홀스타인에서 2005년에 실표하여 기민련과 연정을 꾸리는 등 이렇다 할 성적을 올리지 못했다.

보험료율 인상은 2030년까지 22%로 억제된다. 이런 긴축재정으로 줄어드는 결함을 보완하기 위해 임의 가입방식의 개인연금인 '리스터 연금'제도를 도입하여 국민연금(법적 의무연금)과 병행 실시하고 있다. 리스터연금은 연소득의 0.5%에서 점차적으로 금액을 상향 조정해 2008년까지 연소득의 4% 한도 내에서 개인연금계좌에 적립할 수 있다(한겨레 2005년 8월 17일). 리스터연금은 슈뢰더 내각에서 노동부장관을 지낸 발터 리스터(Walter Rister)가 제안하여 시행되었다. 현재 4.5백만 명이 리스터연금에 가입했다.
〈http://www.faz.net/s/RubAC861D48C098406D9675C0E8CE355498/D〉(검색일: 2005년 11월 18일)

117) 박종희(2003), pp.24－7.

118) 어젠다 2010의 그 밖의 주요 내용은 조세개혁, 관료주의적 규제개혁, 해고제한법 개혁, 새로운 수공업법, 중소기업 특별법 등이 있다(박종희, 앞의 글; 노동부 국제담당관실, 앞의 글 참조).

〈표 10-2〉 주정부의 선거 및 정부 구성 형태

16개 연방 주	이전선거와 정부형태		최근선거와 정부형태		비고
Baden-Württenburg (바덴-뷔템베르크)	1996.3.24	cdu+fdp/dvp	2001.3.25	cdu+fdp/dvp	dvp=demoktatische volkspartei(민주국민당)
Bayern(바이에른)	1998.9.13	csu	2003.9.21	csu	70년 이후 기사련은 50% 이상 획득
Berlin(베를린)	1999.10.10	cdu+spd	2001.10.2	spd+grüne	2002년 이후 spd+pds(Die Linkspartei.pds로 05년 개명)
Brandenburg(브란덴부르크)	1999.9.5	spd+cdu	2004.9.19	spd+cdu	
Bremen(브레멘)	1999.6.16	spd	2003.5.25	spd+cdu	사민당 텃밭
Hamburg(함부르크)	2001.9.23	cdu+fdp+schill	2004.2.29	cdu	schill정당
Hessen(해센)	1999.2.7	cdu+fdp	2003.2.2	cdu	95.2.19(spd+grüne)
Mecklenburg-Vorpommern (메클렌부르크-포어폼메른)	1998.9.27	spd+cdu	2002.9.22	spd+pds	
Niedersachsen(니더작센)	1998.3.13	spd	2003.2.2	cdu+fdp	기민련 아성, 90년 이후 사민당(슈뢰더)탈환
Nordrhein-Westfalen(노르트라인-붸스트팔렌)	2000.5.14	spd+grüne	2005.5.22	cdu+fdp	70년 이후 사민당 텃밭
Rheinland-Pfalz(라인란트-팔츠)	1996.2.24	spd+fdp	2001.3.25	spd+fdp	87년까지 기민련 아성
Saarland(자아르란트)	1998.9.5	cdu	2004.9.5	cdu	기민련 아성, 85년 사민당(라퐁텐) 탈환
Sachen(작센)	1999.9.19	cdu	2004.9.19	cdu+spd	pds(23.6%) spd(9.8%)
Sachen-Anhalt(작센-안할트)	1998.4.26	spd	2002.4.21	cdu+fdp	1998년 당시 spd는 pds의 묵시적 지원하에 통치
Schleswig-Holstein(슐레스비히-홀스타인)	2000.2.27	spd+grüne	2005.2.20	cdu+spd	spd가 텃밭인 지역
Thüringen(튀링겐)	1999.9.12	cdu	2004.6.13	cdu	04년선거: pds(26.1%), spd(14.1%)

※ 〈http://stst.tagesschau.de/wahlarchiv/bgfull.jpg〉 재구성(검색일: 2005년 11월 23일)

주 의회선거가 차지하는 또 다른 중요성은 선거 결과 상원의 구도가 결정된다는 데 있다. 연방주의 이익을 대변하는 상원을 야당 다수가 지배할 때 하원 다수에 의해 결의된 중요 안건을 상원에서 뒤엎거나 유예하는 사례가 발생하게 된다. 상원의 다수를 통해 수상의 정책노선결정권과 정부수행능력을 제한하게 된다는 것이다. 이로 인해 상원의 본래기능이 사라지고 점차 권력획득을 위한 야당의 전략적 수단으로 남용되게 된다는 것이다. 즉 정당이익이 연방주의 이익을 앞질러 간다는 것이다. 하르쯔 Ⅳ도 예외는 아니다.

최근 독일에서는 이런 경향성에 대한 비판이 거세게 제기되고 있다.119) 이런 맥락에서 주 의회 선거가 차지하는 비중이 높은 것이고 그런 만큼 '연방제' 개혁이 강도 높게 논의되고 있는 것이다.120)

이런 상황에서 2005년 5월 22일에 치러진 노드라인베스트팔렌 주 선거는 특별히 여론의 집중적 주목을 받았다. 먼저 정권 방어 이후 치러진 주 선거에서 사민당이 연이은 참패를 기록할 것인가가 도마 위에 올랐다. 이는 노드라인베스트팔렌 주가 지난 25년간 사민당의 텃밭이기 때문이다. 둘째, 노드라인베스트팔렌 주 선거는 2006년 연방선거의 전초전의 성격을 띠고 있다는 점이다. 이유는 2005년 1월 실시된 슈뢰더 정부의 야심적인 개혁 정책인 하르쯔 Ⅳ와 어젠다 2010에 대한 중간평가를 받는 직접적인 계기가 되었기 때문이다.

이런 중요한 의미를 지닌 선거에서 사민당은 참패를 당했다. 사민당의 참패는 적 · 녹 정부 특히 사민당 정권에 대한 중대한 도전이 되었다. 2006년 총선에서 3기 연속 정권 창출에 먹구름이 낀 것이고 슈뢰더 정부의 개혁정책이 암초를 만난 것이다. 이런 배경에서 슈뢰더 정부는 제자리에서 정치적 죽음을 당하느니 정치적으로 선제공격을 한 것이 신임안 제출을 통한 조기 총선이라는 카드라고 볼 수 있다. 또한 이런 맥락에서 슈뢰더는 "불신임을 얻었다"고 보는 것이고 그런 만큼 슈뢰더의 신임안 제출은 '허구적 신임안'이라는 평가를 받게 되는 것이다.

119) 이경호(2005), pp.33－4.

120) 연정 협상안에 따르면, 상원에서 주 정부의 참여권 일부가 줄어들게 된다. 이는 상원에서 찬성이 필요한 법의 영역을 줄이는 것을 말한다. 그 밖에 세부적 정책영역 예를 들면, 환경과 대학개혁 등의 문제에서도 주 정부의 권한은 축소된다. 대신에 교육/연구정책에서 연방의 권한이 축소되고, 영업시간, 공증, 숙박업, 경지정리, 전시 및 시장 등에 대한 관할권은 주정부가 맡게 된다.

Ⅲ. 조기총선의 결과

3.1. 선거결과 분석

먼저 <표 10-3>의 선거결과를 일괄적으로 분석해 보자. 사민당과 녹색당은 약간 밑도는 본전치기를 기민·기사련(CDU-CSU)은 기대 이하의 선전을 그리고 자민당과 좌파연합은 예상 밖 선전을 거두었다. 여기서 짚고 넘어갈 점은 자민당과 좌파연합의 선전이다. 먼저 자민당의 약진의 이유는 어떻게 설명 가능한가? 자민당이 약진한 이유를 알아보기 위해서 먼저 표의 증가분이 어디서 왔는가와 유사한 정당 색채를 띠는 또 다른 정당의 존재유무를 알아보는 것이 유익할 것 같다. 상호 간 연관성이 있기 때문이다. 이쯤 되면 이번 선거에서 기민·기사련이 획득한 표에 대해 우선적으로 주목해야 할 것 같다. 기민·기사련은 선거 전 40% 이상의 지지를 얻어 낼 것으로 기대됐으나 예상과 달리 35% 달성에 그쳤다.

여기서 이탈한 표(Wählervanderung)가 일차적으로 자민당(2002년 기민련 지지표 1,110,000이 자민당으로 이동)[121]으로 흘러들어 갔다고 볼 수 있다. 물론 사민당도 지지율이 38.5%에서 34.3%(2002년 사민당 지지표 120,000이 자민당으로 이동)로 하락하였기 때문에 이 과정에서 이탈한 표가 발생했음도 놓여서는 안 될 것이다. 그러나 이 경우 이탈표는 자민당보다는 좌파정당(2002년 사민당 지지표 970,000이 좌파연합으로 이동)으로 흘러갔다고 보는 것이 정확하겠다. 따라서 문제는 어디서, 누가, 왜 기민련을 이탈했느냐 하는 점일 것이다. 기민련을 이탈한 지역은 구동독 지역(2002년 기민련 지지표 130,000이 자민당으로 이동)이 아니라 구서독 지역(2002년 기민련 지지표 980,000이 자민당으로 이동)이다.

121) http://stat.tagesschau.de/wahlarchiv/wid246/analysewanderung0.shtml(검색일: 2005년 11월 23일)

〈표 10-3〉 독일 주요 정당의 지지율과 의석수

정당/년도 지지율과 의석	2002년 9월(79.1% 투표율)	2005년 9월(77.7% 투표율)	비고
사민당(SPD)	38.5%(251석)	34.2%(222석)	-4.3%
기민 · 기사련(CDU-CSU)	38.5%(248석)	35.2%(256석)	-3.3%
녹색당(Grüne)	8.6%(55석)	8.1%(51석)	-0.5%
자민당(FDP)	7.4%(47석)	9.8%(61석)	+2.5%
좌파연합(Linkspartei.pds+WASG)	4.0%(2석)	8.7%(54석)	+4.7%
기타	3.0%	4.0%	+1%

※ 〈http://stst.tagesschau.de/wahlarchiv/bgfull.jpg〉 재구성(검색일: 2005년 11월 23일)

이런 점은 기민련의 선거 전략이 사민당과의 차별성을 강조하는 과정에서 신자유주의 경제정책을 들고 나온 것과 또 다른 연관이 있다. 일반적으로 볼 때 기민련의 신자유주의 경제정책은 고실업에 처한 구연방 시민들의 경제적 어려움 해결에 도움이 되지 않는다는 것이다. 기민련에 대한 신뢰가 떨어지는 대목이다. 또한 역설적으로 신자유주의 경제정책의 달인은 기민련이 아닌 자민당이므로 구서독 지역의 유권자들도 기민련보다 자민당을 선택했다고 볼 수 있다.

좌파연합의 선전은 이번 선거 결과를 극적으로 만든 주요 변수였다. 좌파연합의 등장과 신당의 원내 입성에 대해 알아보자. 좌파연합은 슈뢰더 적-녹 정부의 개혁정책 이른바 신중도(Neue Mitte) 정책으로 더욱 어려움에 처한 계층들을 대변하기 위해서 급조된 정당이다. 이들을 규합시킨 일등공신은 하르쯔 Ⅳ 정책이다. 하르쯔 Ⅳ 정책을 선봉에서서 비판한 이가 사민당내 정통좌파인 전 사민당 당 대표였으며, 슈뢰더하에서 재무장관을 지낸 오스카 라퐁텐(Oskar Lafontaine)이다. 라퐁텐은 구서독 지역에서 하르쯔 Ⅳ를 '빈민법'이라고 규정한 후 세력을 결집해 '노동 · 사회정의를 위한 선거 대안 당'을 조직하였다. 그 후 이 정책의 저지에 최선을 다할 것을 천명하면서 구동독 지역에 기반을 둔 좌파정당-민사당과 연합하여 범좌파세력이 조기 총선에서 승리를 다질 것을 주장하였다.

좌파정당-민사당은 일시 정계에서 은퇴한 토론의 귀재이자 전직 당수인

기지(Gregor Gysi)를 중심으로 전열을 가다듬어 당명을 '좌파정당－민사당'[122] (Linkspartei. PDS)으로 개명하였고, '노동 · 사회정의를 위한 선거 대안 당'과 함께 좌파연합을 결성하여 총선에 임했다. 선거 전 12%에 가까운 지지를 얻은 좌파연합은 선거결과에서도 예상을 크게 벗어나지 않았다. 연방 전체로 8.7%란 놀라운 결과를 이끌어 냈다. '노동 · 사회정의를 위한 선거 대안 당'은 구서독에서 4.9%(2002년 사민당 지지표 970,000이 좌파연합으로 이동. 이 중 구서독 지역에서는 490,000표가 구동독 지역에서는 380,000표가 이동했다)의 지지를 받았고 좌파정당－민사당은 구동독 지역에서 25.9%의 지지를 받았는데 이는 기민련이 받은 지지율과 같은 수치이다.

이런 점은 역설적으로 이번 선거에서 사민당이 나름대로 선전했다는 간접적 증거를 시사한다. 반면에 메르켈의 대연정 정부가 하르쯔 Ⅳ로 대별되는 개혁정책을 지속하는 데 상당한 저항이[123] 있을 거라는 점을 반증하고 있음도 주지해야 할 대목이다.

3.2. 대연정의 구도와 타결

이번 선거에 쏠린 두 번째 궁금증, 즉 독일정국의 선거 후 연립정부 구성에 대해 알아보자.[124] 10월 2일 종결된 선거 결과를 보면 어느 정당도 안정

122) 민사당(PDS)의 당명 개정은 다음과 같다: 독일사회주의 통일당(SED)에서 독일사회주의 통일당－민사당(SED－PDS)으로 다시 민사당(PDS)에서 2005년 7월 좌파정당－민사당(Die Linkspartei. PDS)으로 개명했으며, 공식적인 약칭은 좌파(Die Linke)이다.

123) 좌파연합의 정책노선과 조직적 팽창에 대해서는 김면회(2003), pp.13－4. 참조.

124) 이에 앞서 간략하게 독일의 선거구제에 대해 알고 넘어가면 독일 정국을 이해하는 데 도움이 될 것이다. 독일의 선거제도는 인물본위의 비례선거제로 1인 2표제를 채택하고 있다. 1인 2표제란 제1표를 지역구에서 출마한 후보자를 선출하는 데 행사하고, 제2표는 선호하는 정당에게 던지는 것을 의미한다. 2표의 행사방법은 한 장의 투표지 인쇄된 우측의 지역구 출마자 중에서 한 명을 찍으면 되고, 좌측의 정당명부에서 하나의 정당을 선택하면 된다. 현재 독일의 지역구는 299개이다. 지역구 출마자는 다수표를 얻으면 당선된다. 정당에게 돌아가는 비례의석 배분은 다음과 같다. 먼저 유효득표 5% 이상을 획득한 정당이나 지역구 후보 중 3명 이상이 당선된 정당을 제외한 정당이나 무소속 후보자 가운데 지역구에서 승리한 후보를 당선자로 확정한다. 다음으로 확정된 당선자를 제외한 전체 의석을 제2투표 득표율에 비례해 헤어－니마이어 방식에 따라 각 정당에게 분배한다. 정당별 총 의석이 결정되면 다시 헤어－니마이어 방식에 따라 각 정당의 주 명부 후보들에게 배정될 의석수가 정해진다. 이렇게 주 단위의 정당별 의석수가 확정되면 다음 단계에서 제1투표로 지역구에서 승리한 후보를 당선자로 확정한다. 이번 조기 총

적 과반수를 확보하지 못했다. 이에 따라 의원 내각제하의 다당제 정당구조를 취하고 있는 독일의 경우 불가피하게 연정을 통한 정부구성이 요구된다. 그러나 독일의 경우 연립정부 형태 없는 정부 구성이 없었기 때문에 다시 말해 소연정의 연속이었기 때문에 연정협상은 새삼스러운 현상은 아니다. 문제는 이번 총선의 경우 어느 정당이 전통적 연정 파트너와 연립을 한다고 해도 안정적 원내 과반수 확보가 어렵다는 데 있다. 예를 들어 기민 · 기사련이 자민당과 그리고 사민당이 녹색당과 연립을 구성한다고 해서 원내 과반수 의석을 확보할 수 없는 상태이다. 이 경우 물론 정부구성은 되지 않는다. 현시점에서는 종료된 사안이기는 하지만 연정의 형태에 대해 먼저 알아보고 나서 대연정의 타결에 대해 살펴보기로 한다.

먼저 선거 종료 후 연정의 형태는 <표 10 - 4>에 제시된 것처럼 다양하게 나타날 수 있었다. 첫째, '대연정(Grand Coalition)'이다. 사민당과 기민 · 기사련 간의 연정이다. 둘째, '신호등 연정'(traffic light coalition)이다. 사민당(적) + 녹색당(녹) + 자민당(노랑)의 연정을 말한다. 셋째, 자메이카의 국기색을 딴 소위 '자메이카 연정(Jamaica coalition)'도 있다. 기민 · 기사련(검정) + 녹색당(녹) + 자민당(노랑)의 연정을 말한다. 넷째, 대연정의 한 형태로 '이스라엘 연정'이란 것이 있다. 이는 1984년 슈미르(Jitzchak Schmir) 수반의 리쿠트(Likud)당과 페레스(Schimon Peres)가 이끈 노동당(Arbeitparty)이 연정을 꾸리면서 먼저 페레스가 2년 수상을 하고 난 뒤 남은 2년을 슈미르가 수상직을 수행한 형태를 말한다. 끝으로 사민당 + 녹색당 + 좌파연합이 뭉친 연정을 생각해 볼 수 있다.

연정 파트너 구성의 우선권이(법적 구속력은 없다 하더라도 경험적으로) 1당인 기민 · 기사련에게 있음을 염두에 두면 위의 가능한 변수들 중에서 기민 · 기사련에게 유리한 정부 구성안은 무엇인가를 우선적으로 생각하게 된다. 이럴 경우 자메이카 연정은 어렵다. 녹색당이 사민당과의 연정을 하고 있기 때문이다. 연정 구성을 기민 · 기사련이 실패할 경우 2당인 사민당 중

선의 결과 제2투표에 따른 연방 하원 수는 614명이다.

심의 연정이 시작될 수 있다. 이 경우 '신호등 연정'을 생각해 볼 수 있다. 이 안은 사민당+녹색당+좌파연합의 안보다 어느 정도 현실성이 있어 보인다. 좌파연합이 사민당 정책과 척을 지고 있기 때문이고 역사적으로 사민당과 자민당은 소연정을 꾸린 경험 또한 있기 때문이다. 그러나 신호등 연정은 현실 정치란 측면에서 보면 대연정보다 적실성이 떨어진다고 볼 수 있다. 무엇보다도 대연정이 현실적으로 안정적 정부를 구성할 수 있는 가장 현실적인 대안이기 때문이다. 독일 시민들도 대연정을 선호한 것으로 여론조사[125]에서 나타났다.

〈표 10-4〉 연립정부 구성의 유형별 형태

	대연정 1 / 소연정 1	대연정 2/소연정 2	대연정 3 / 소연정 3
대연정	기민 · 기사련+사민당	기민련+사민당, 기민련이 총리 2년, 사민당이 총리 2년, 이를 '이스라엘 연정'이라 함.	없음
소연정	기민현(검정)+녹색당(녹)+자민당(노랑): 일명 '자메이카 연정'	사민당(적)+녹색당(녹)+자민당(노랑): 일명 '신호등 연정'	사민당+녹색당+좌파연합

또 다른 점은 좌파세력의 결집을 들 수 있겠다. 이번 선거에서 좌파연합이 선전을 하였는데 좌파연합의 원내진출이 독일의 미래 특히 소위 '독일병' 해소와 관련할 때 논란이 계속될 것으로 전망된다. 좌파세력의 원내진출은 기사련의 전통적 지지자들은 물론 최근 사민당을 지지하는 쪽으로 선회한 신중간 계급(중산층 사무직, 교사, 자영업자 등)의 입장에서 볼 때도 상충하는 점이 많기 때문이다. 이들은 기본적으로 일하는 복지를 통한 독일경제의 경쟁력 강화를 지지한다고 볼 수 있는 데 반해 좌파연합의 지지자들은 연대, 사회정의, 분배를 더 강조하고 있기 때문이다. 이 같은 정황을 미루어 볼 때 신자유주의적 정책기조에서 크게 다르지 않은 기민 · 기사련과 사민당과의 대연정은 굳이 여론 조사를 통한 국민이 찬성하는 이유를 묻지 않아도 시간이 지남에 따라 가시화되었다. 가시화의 첫걸음은 9월 22일 성

125) 여론조사에서는 국민의 70% 이상이 대연정을 지지하였다. 배명복. "독일총선과 대 연정"(중앙일보. 2005년 9월 27, 31면).

사퇴었다. 첫 번째 예비회담(Sondierungsgespräch)에서 기민 · 기사련과 사민당은 총리직을 자당이 맡겠다는 설전을 펴다 산회했다. 이런 설전으로 인해 9월 23일 기사련은 소위 '자메이카 연정'을 탁상의 안건으로 상정하게 이른다. 10월 2일 드레스덴의 재선이 기민련의 승리로 끝나자 총리직에 강한 집착을 보이던 슈뢰더가 총리직을 고사할 의사를 비치면서 기민 · 기사련과 사민당의 협상은 급물살을 타게 된다. 메르켈이 차기 총리로 내정되고 이어서 각 당이 10월 17일에 차기 내각의 장관들을 발표하자 10월 18일 슈뢰더 내각은 해임장을 교부받고 무임소 내각이 된다.

〈표 10-5〉 3개 정당의 주요 선거공약과 대연정 협약서 비교

정책 분야 \ 정당		기사련	사민당	좌파연합	기사련/사민당
조세/재정	소득세	-부유세도입 반대 -세율인하 -최고세율42→39% -최저세율15→12%	-부유세 도입 -상위소득자 세율 42→45%로	-최저세율15% 유지 -상위소득자 50%로 점진적 상향 조정	-고소득층의 소득세율 42%→45%로 인상 -자본소득세 20% 신설
	부가가치세	16%→18%로 인상	현행 16% 유지	현행 유지	16%→19%로 인상 (2007년부터)
	기업세	법인세율인하 :25→22%로	법인세율인하: 25→19%로		합의도출실패
	보조금	-특근수당과세 -집마련보조금제 도 폐지	-휴일 및 야간특근 수당 면세 유지		-주택보조금 및 임대 주택의 감가상각비에 대한 세금혜택삭제 (2006년부터) -특근수당비과세
	기타	상속세 조정: 기업 상속 후 10년 이상 경영 시 면제	중소기업 대출 인하	금융소득세 50%	
노동	실업급여 실업보험	-하르쯔 Ⅳ -실업급여 Ⅰ조정 -실업보험요율인하: 6.5→4.5%로	-하르쯔 Ⅳ(실업 급여 Ⅱ)조정 -고령 장기실업자에 실업급여 Ⅱ 상향 조정 검토	-하르쯔 Ⅳ 폐지 -실업보조금제도와 사회보조금제도 재도입	-기업의 실업보험요율 인하: 6.5→4.5%로 -실업급여Ⅱ(40억 유로 삭감) -일인자 영업(2006년 6월 30일로 연장)
	해고보호재도 노사자율교섭 공동결정제도	-20인 이하 사업장 신규채용 시 해고 보호법 미적용 -개별 사업장 단위 단협 체결 가능	현행유지		-신규채용자의 수습 기간을 6개월에서 24개월로 연장. 이 기간 동안 사용자는 근로자를 해고할 수 있음 -52세 이상 근로자는 해고 보호받지 못함

정책 분야 \ 정당		기사련	사민당	좌파연합	기사련/사민당
노동	최저 임금제	- 실업급여Ⅱ 수령자 채용 시 최초 2년간 최대 10% 저임 가능 - 콤비임금 도입: 저숙련 근로자 채용 시 인건비의 일부 지원	전 업종에 산별 최저임금제 도입, 실패 시 법정 최저임금제 도입	1,400유로 일괄보장(라퐁텐은 1,200유로 검토 가능 시사)	유보
의료/연금	건강보험	- 공/사보험유지 - 공무원 등의 특수보험유지	- 국민건강보험도입 공/사보험 일원화	연대적인 국민보험	- 의료 진료수가와 의약품가격도 구조개혁하기로 함 - 의료보험 시스템 개혁에는 합의점 도출 실패(내년연기)
	요양보험	고용주의 요양보험료 부담률 동결	점진적으로 국민요양 보험화		합의도출실패
	연금	수령연령 상향조정	실질수령연령을 법정수령연령 65세로 상향	800유로 기본급	- 연금수령연령을 65세에서 67세로 상향(2010년에서 2035년까지) - 연금 불입액은 19.5% →19.9%로(2007년부터)
대외정책		- 터키 유럽연합 정식회원 반대 - 대서양 양안관계 강화	터키의 유럽연합 가입지지	군인 10만 명 감축	- 사민당은 EU 각료 이사회의 결정에 맡김 - 기사련은 가입준비가 불충분하다고 봄

※ 출처: 기민 · 기사련과 사민당의 대연정 협약서 이외의 부분은 김면회(2005), 재구성.

11월 11일 기민 · 기사련과 사민당은 협상이 타결되었음을 알리고 각 정당은 11월 13일 이를 추인함으로써 공식적으로 대연정이 타결되었다.[126] 대연정의 타결은 연정 협상안(Der Koalitionsvertrag)[127]에 대한 합의와 총리 선출로 마무리된다고 볼 수 있다. 먼저 총리 선출에 대해 알아본다.

11월 22일 소집된 의원 총회에서 앙겔라 메르켈은 614명 하원(총리 선출

126) 〈http://tagesschau.de/aktuell/meldungen/0,1185,OID4940926_THE462480,00〉(검색일: 2005년 11월 18일)

127) 연정 협상안은 전문, 예산, 부가가치세, 부유세, 기업세, 연금, 가족, 해고법, 연방주의, 환경, 교통, 하르쯔 Ⅳ, 교육/연구, 임금교섭권, 건강, 에너지정책, 요양보험, 보조금(절약, 삭감, 삭제), 관료주의철폐, 법/내무, 실업보험, 외교, 국방 등의 항목으로 구성됨.
http://www.faz.net/s/RubAC861D48C098406D9675C0E8CE355498/Do...(검색일: 2005년 11월 18일)

참가자는 612명: 1명 사망, 무효 1표) 중 307석을 확보해야 총리로 선출된다. 이날 메르켈은 397명의 지지를 받아 최초의 독일 여성 총리가 되었다.[128] 기민련의 226석과 사민당의 222석을 합친 숫자에 못 미치는 지지표였다. 사민당 소속의원 중에 일탈이 있었던 것이다. 이를 두고 벌써부터 대연정의 불길한 출발을 점치는 시각이 있으나 이는 1966년 대연정 구성 당시 키싱어(Kurt Georg Kiesinger)가 얻은 표보다 높은 지지란 점도 상기할 필요가 있겠다. 기민련의 키싱어는 기사련과 사민당의 447석 중에서 340석을 얻어 대연정의 총리가 된 바 있다. 구체적으로 키싱어는 연정 구성원으로부터 107표의 기권을 받았지만 메르켈은 51표의 기권을 받았다.[129]

대연정 협상안은 차기 정부의 로드 맵(road map)인 만큼 정부 출범 이후의 협조관계를 가늠할 수 있는 잣대가 될 수 있을 것이다. 선거 때의 주요 공약과 비교한 대연정 협약사항은 <표 10－5>와 같다.

3.3. 조기총선의 여파

조기총선의 여파는 사민당과 기사련의 예기치(?) 않은 인적 쇄신을 부른 데 있다. 조기총선 직후 사민당은 소폭의 당직 개편을 위해 당 중앙위원회를 10월 30일 소집했다. 임시 중앙위원회에서 뮌터페링은 차기 사무총장으로 카이오 바써훼벨(Kajo Wasserhövel)을 추천했다. 결과는 당 대표가 추천한 후보가 아닌 사민당 내 좌파인 안드레아 날레스(Andrea Nahles)[130]가 선출되었다. 뮌터페링은 예기치 못한 결과에 대해 11월 1일 당수직 사퇴로 대응했다. 이것이 이른바 사민당의 위기를 알린 뮌테 효과이다.

설상가상으로 기다렸다는 듯이 같은 날 기사련 당 대표인 에드문트 슈토

128) 〈http://tagesschau.de/aktuell/meldungen/0,1185,OID4973742,00html〉(검색일: 2005년 11월 23일)

129) 〈http://de.wikipedia.org/wiki/Kurt_Georg_Kiesinger〉(검색일: 2005년 11월 23일)

130) 날레스는 청년당원(Juso) 대표 출신으로 좌파다. 그녀는 10년 전 “라퐁텐은 신이 사민당에게 내린 선물이다”라고 극찬한 바 있다. 그런 만큼 슈뢰더의 정치 스타일과 어젠다 2010을 반대했다. 뿐만 아니라 뮌터페링에게 세대교체를 주장하기도 했다.

이버(E. Stoiber)가 기자회견을 자청해서 대 연정 협상의 한 축인 사민당 대표가 사퇴함으로써 대연정의 의미가 발했다면서 연정 내각(경제장관에 내정된 상태)에 참여하지 않겠다고 맞장구를 쳤다. 따라서 사민당의 위기 대응과 슈토이버의 뮌헨 잔류가 남긴 문제에 대해 알아보는 것이 조기총선이 남긴 여파를 설파하는 핵심이다. 전자는 사민당의 위기로 비쳐졌다. 대연정 협상도 차질을 비껴가지 못할 것이라는 우려가 제기되었다. 결과부터 말하면 대연정 협상은 우려했던 만큼 차질을 빚지 않았다. 뮌터페링은 부총리 겸 노동부장관으로 연정에 참여했다.[131)]

다만 11월 14일 칼스루에(Karlsruhe)에서 개최된 사민당 전당대회에서 사민당은 세대교체를 방불케 하는 인적 쇄신을 단행했다. 슈뢰더로 대별되는 68세대가 물러났다. 51세 마티아스 플라젝(Matthias Platzeck)은 515표 중 512표를 얻어 99.4%의 놀라운 지지로 새로운 당수로 선출되었다. 또 뮌터페링을 당 대표에서 끌어내린 1970년생 안드레아 날레스의 사무총장 후보 사퇴로 33세 후베르투스 하일(Hubertus Heil)이 사무총장으로 선출됐다. 브란덴부르크의 주지사인 플라젝은 슈뢰더의 정책을 지지하는 인물이다. 시대 변화에 따른 사민당의 혁신이 필요하다고 믿고 있는 실용주의자이기도 하다. 이제 사민당은 플라젝과 더불어 사민당의 미래행위 능력과 동시에 정부 운영능력이 있음을 입증해야 한다.[132)]

후자는 바이에른 주지사 슈토이버 개인의 운신의 폭을 좁히는 결과를 초래하였다. 기사련 당수로서 연방 경제장관직을 사퇴하고, 즉 연방정부에 머물지 않고 주지사 직을 고수한 점에 대해 기사련 당원들은 곱게 보고 있지 않은 것이다. 슈토이버의 경제장관 사퇴의 변은 뮌터페링이 사민당 당수에서 물러남으로써 대연정의 대의가 상처를 입었다는 것이다. 이런 슈토이버의 변을 액면 그대로 믿는 당원은 그리 많은 것 같지 않다. 그보다는 오히

131) 뮌터페링(1940. 1. 16)의 정치약력을 알아보면 다음과 같다. 1991년 원내총무, 1992년 노르트라인-베스트팔렌 주 정부 노동부 장관, 1995년 사민당 사무총장: 슈뢰더가 2004년 2월 6일 당수로 추천: 2004년 3월 21일 임시 전당대회에서 95.1%로 당수에 피선되었다.

132) 〈http://tagesschau.de/aktuell/meldungen/0,1185,OID4948966_TYP6_THE462428...〉(검색일: 2005년 11월 18일)

려 그는 부총리 겸직 장관직을 원했던 것 같다. 2002년 기사련 총리 후보이고 보면 결코 무리한 요구는 아닌 듯싶다.

그러나 막상 대연정 협상이 본격화되자 슈토이버에게 돌아온 자리는 향후 경제부의 관장 부서 확보를 놓고 교육부 장관 내정자이며 메르켈과 절친한 사이에 있는 기민련의 안네테 샤반(A. Schavan)과 설전(舌戰)을 벌여야 하는 그런 자리였다. 샤반과의 설전은 기술부에서 5개 부서를 경제부로 이관하는 것으로 일단락되었음에도 불구하고 슈토이버는 마치 기다렸다는 듯이 뮌터페링을 빗대어 뮌헨잔류를 굳힌 것이다. 이에 대해 여론이 즉각적인 반응을 보였다. 여론조사에 응답한 65%가 2008년 주 의회선거에서 슈토이버가 출마하지 않기를 바란다고 답한 것이다.

슈토이버에게는 기실 다른 고민이 있었다. 주 의회 선거의 경우 보통 50%를 상회하는 지지를 받아 온 기사련이 이번 조기총선에선 49.2%의 지지밖에 얻지 못했다. 이 점이 부담이 된 것이다. 당수로서 기사련의 결속을 다질 것이 필요했다. 이런 취지에서 뮌헨에 잔류하여 2008년 주 의회선거에서 기사련에 힘을 실어 주고자 하는 구상이었던 것이다. 반면에 연방 내각에 참여하지 않더라도 여전히 대연정에 영향력을 행사할 수 있다. 슈토이버는 7인 연정위원회(Koalitionsausschuss: 총리, 부총리, 사민당 당수, 기사련 당수, 기민련 · 사민당 · 기사련 원내총무)의 구성원이다. 연정위원회가 매월 모임을 통해 연정협상의 준수 여부에 대해 심의하게 되는데 이때 의결권으로 정치적 영향력을 행사하면 되는 것이다.

문제는 작금의 상황이 기사련이 약세였던 막스 슈트라이블(Max Streibl) 주 정부 시기와 유사하다는 것이다. 여론조사에 따르면 기사련을 찍겠다는 답변이 45%를 겨우 선회하고 있다. 1993년 슈토이버는 기사련의 당 강령 개정위원회를 주도하고 있었다. 이때 슈토이버는 당시 약체인 슈트라이블을 누르고 주지사가 될 수 있었다. 기사련은 2008년 새로운 당 강령제정을 준비하고 있다. 당이 새로운 프로그램을 필요로 한다는 것은 적어도 슈토이버에게는 새로 주지사나 혹은 당수(黨首)를 필요로 한다는 것이기 때문에 이후 슈토이버의 거취에 벌써부터 관심이 모아진다.[133)]

Ⅳ. 결 론

"대연정을 추진하는 것은 결혼하면서 이미 이혼을 생각하는 것과 마찬가지다"라고 보는 시각이 있다. 좌파와 우파 정당 간의 연정이 대연정이고 이는 "사실상 좌·우파 간의 정책 면에서 수렴점은 거의 없음에도 불구하고 대연정"을 추진한다는 판단 때문이다.[134] 유사한 맥락에서 "기민련과 사민당이 실업이라는 근본적인 문제를 해결하기 위해서는 독일을 투자자에게 매력적인 장소로 바꾸어야 한다. 그러나 양당은 임금과 사회복지비용 감소 부분에서 큰 시각 차이를 갖고 있다. 이러한 시각의 차이가 극복되지 않는다면 대연정의 실패는 이미 예약"되었다는 것이다.[135]

상기 양자의 주장을 '사생아 대연정'으로 귀결시킬 수 있다면 대연정은 특정 시기에 특정 상황을 극복하기 위한 정당의 전략적·정치적 과정을 의미하며 이는 매우 이례적인 정치행위로서 과도기적인 이월정부의 성격을 벗어나기 어려울 것이라는 다소 완곡한 견해도 있다.[136]

결국 '사생아 대연정론'에 따르면 서로 이념도 정책도 다른 두 정당이 만났기 때문에 대연정의 실패가 벌써부터 눈에 보인다는 말이다. 그러나 격차를 보였던 양당의 주요 정책은 쌍방 간 타협을 하여 격차를 좁혀 가고 있다는 점에 그래도 주목을 해야 할 것으로 생각된다(<표 10-5> 참조).

적·녹 연정은 7년 전 실업을 350만 명 이하로 줄이겠다고 공언했으나 7년이 지난 현재 실업자는 수는 480만 명을 돌파해서 11.6%의 실업률을 보이고 있다. 게다가 재정적자는 눈덩이처럼 불어서 유럽연합 경제성장 안정협약의 국내총생산(GDP) 대비 재정적자 기준선인 3%를 2002년부터 위반하고 있다.

---

133) 〈http//www.tagesschau.de/aktuell/meldungen/0,1185,OID4946270_THE4624280,00....〉(검색일: 2005년 11월 18일)

134) 박성조, "독일의 대·소 연정 바로읽기"(문화일보, 2005년 10월 13일자, 39면).

135) 칼 펠트마이어, "실패가 예약된 독일 대 연정"(조선일보, 2005년 10월 21일자 A 35면).

136) 이경호(2005), p.41.

여기서 비판적으로 짚고 넘어갈 문제는 이 모든 책임을 슈뢰더 정부에게 전적으로 물어 책임 추궁만 하면 되느냐에 있다. 정부만 바뀌면 독일병 해소를 비롯하여 독일의 구조적 위기가 단번에 해결될 수 있느냐는 것이다.[137] 대답은 간단하다. 어떤 정부가 들어서도 이 문제를 단기간 내에 해결할 수 없다. 이런 의미에서 선거결과는 별다른 의미가 없다고 볼 수 있는 것이고 또한 이런 정황에 밀려 탄생한 것이 대연정이라면, 대연정이 아니면 그 누구도 이 문제를 해결할 수 없는 중대하고 시급한 과제에 독일이 직면해 있다는 것이다. 그리고 이 점을 누구보다도 독일 국민이 간파했다고 볼 수 있다.

정통적(법률적) 부부 사이에서 태어난 아이든 정통적(법률적) 부부 사이가 아닌 사이에서 태어난 아이든 병든 아이에게는 수술이 필요한 것 아니겠는가? 이런 식으로 최소한의 인식이 공유된 것이 대연정의 성사인 만큼 '사생아 대연정'에 대한 논의는 사치임을 누구보다도 독일의 거대 양당과 대연정의 주치의(Hauptärztin) 메르켈[138]은 잘 알고 있으리라 사료된다.

137) 윤용선,"총선 이후 독일의 딜레마"(중앙일보, 2005년 9월 22일., 34면.).

138) 메르켈의 대연정 정부(2005년 11월－2009년 9월)는 4년 임기를 다 채우고 2009년 9월 27일 총선을 치렀다. 선거결과 기민·기사련이 33.8% 239석, 사민당이 23.0% 146석, 자민당이 14.6% 93석, 좌파연합이 11.9% 76석, 녹색당이 10.7% 68석(기타 6%)을 차지하게 될 예정이다. 1당이 된 메르켈은 사민당이 아닌 전통적인 연정 파트너였던 자민당과 보수연정을 하겠다고 밝혔다. 2009년 9월 미국 발 금융위기를 잘 대처한 가운데 경제회복을 이끈 주역에 대해 독일 시민들이 좋은 평가를 내린 것이다. 이로써 메르켈은 연임할 수 있게 됐다. 반면에 좌파연합의 선전으로 사민당의 고민은 더욱 깊어지게 됐다.

참고문헌

김면회. 2005. "독일 총선과 정체성 논쟁: 그리고 유럽정치"(한국국제정치학회 연례학술회의 발표).

김영순. 1999. "제3의 길: 인간의 얼굴을 한 대처리즘? 혹은 사민주의 부활의 유리한 길?"(한국정치학회 연례학술회의 발표).

노동부 국제담당관실. 2003. "독일의 경제개혁 프로그램 어젠다 2010", 『노사포럼』, 자료 13.

박성조. 2005. "독일의 대 · 소 연정 바로읽기", 문화일보. 2005년 10월 13일, 39면.

박종희. 2003. "어젠다 2010과 노동입법 동향", 『경영계』 10월 27호.

배명복, 2005. "독일총선과 대 연정", 중앙일보. 2005년 9월 27일, 31면.

성태규. 1999. "독일의 신중도(neue Mitte)의 등장배경 및 전망"(한국정치학회 연례학술회의 발표).

이규영. 2005. "대연정의 적실성: 독일 의원내각제를 중심으로 본 입장"(제6차 한국학술연구원 코리아 포럼 발표).

이경호. 2005. "독일 정치질서에서 대연정의 정치적 의미와 역할: 1966 대연정과 2005년 대 연정을 중심으로"(한국정치학회 연례학술회의 발표).

장준호. 2005. "독일 총리의 신임안(Vertrauensfrage)과 그 정치적 함의", 『EU연구』 제17호.

정병기. 2003. "제3의 길과 유럽사민주의의 변천: 독일 사민당, 영국 노동당, 프랑스 사회당, 이탈이아 좌파민주당의 비교"(한국국제정치학회 춘계학술회의 발표).

정병기. 2005. "2005년 독일 총선: 독일 유권자들의 정책적 투표동기와 사회 · 인구학적 성격 및 지지 경향 변화", 『현장에서 미래를』 10월호, 제112호.

칼 펠트마이어. 2005. "실패가 예약된 독일 대 연정", 조선일보. 2005년 10월 21일, A35.

윤용선. 2005. "총선 이후 독일의 딜레마", 중앙일보. 2005년 9월 22일, 34면.

홍익표. 1999. "독일 적 · 녹 연정 1년의 평가: 균열구조와 정책갈등을 중심으로"(한국정치학회 연례학술회의 발표).

조선일보. 2005년 10월 21일, A17.

문화일보. 2005년 11월 16일, 37면.

http://de.wikipedia.org/wiki/Vertrauensfrage(검색일: 2005년 11월 23일)

http://de.wikipedia.org/wiki/Vertrauensfrage(검색일: 2005년 11월 23일)

http://www.spiegel.de/politik/deutschland/0,1518,363171.00.html(검색일: 2005년 11월 23일)

http://de.wikipedia.org/wiki/Hartz – Konzept(검색일: 2005년 9월 19일)

http://www.faz.net/s/RubAC861D48C098406D9675C0E8CE355498/Do...(검색일: 2005년 11월 18일)

http://stst.tagesschau.de/wahlarchiv/bgfull.jpg(검색일: 2005년 11월 23일)

http://stat.tagesschau.de/wahlarchiv/wid246/analysewanderung0.shtml(검색일: 2005년 11월 23일)

http://tagesschau.de/aktuell/meldungen/0,1185,OID4940926_THE462480,00....(검색일: 2005년 11월 18일)

http://tagesschau.de/aktuell/meldungen/0,1185,OID4973742,00html(검색일: 2005년 11월 23일)

http://de.wikipedia.org/wiki/Kurt_Georg_Kiesinger(검색일: 2005년 11월 23일)

http://tagesschau.de/aktuell/meldungen/0,1185,OID4948966_TYP6_THE462428...(검색일: 2005년 11월 18일)

http//www.tagesschau.de/aktuell/meldungen/0,1185,OID4946270_THE4624280,00....(검색일: 2005년 11월 18일)

제11장

독일의 유럽통합정책

Ⅰ. 서 론

1.1. 유럽통합의 여러 측면

심화와 확대(widening and deeping)를 축으로 한 유럽통합은 어떤 미래를 맞이할 것인가? 현재 유럽통합이 정체되어 있다는 서술형을 질문형으로 바꾼 문장이다. 그만큼 긍정적 전망도 부정적 진단도 내놓기가 용이하지 않다는 것이다.

그러나 유럽통합이 '가다 – 서다'를 반복한다고 해서 60년을 걸어온 유럽통합의 발전과 성과는 폄하될 성질의 것은 아니다. 유럽통합은 어떤 국제기구도 해내지 못한 가시적 발전을 거듭해 오고 있기 때문이다. 먼저 어떤 가시적 발전을 이루었는지 첫째, 확대와 심화 관점에서 살펴보자. ① 유럽연합의 확대: 유럽연합은 현재까지 5차 1 · 2진 가입으로 크게 확대되어 왔다. 1951년 6개국으로 출범한 유럽연합은 1973년 1차 3개국, 1980년 2차 1개국, 1986년 3차 2개국, 1995년 4차 3개국, 2004년 5차 1진 10개국 그리고

2007년 5차 2진 2개국이 가입하여 27개국으로 확대되었다. ② 유럽연합의 심화: 유럽통합은 덩치 키우기뿐만 아니라 내실도 다져 나갔다. 1951년 파리조약에서 체결된 유럽석탄철강공동체(ECSC)로 6개국 사이에 관세동맹이 체결되었다. 1957년 로마조약체결로 6개국은 유럽경제공동체(EEC)와 유럽원자력기구(Euratom)를 발족시켰으며 1962년 공동농업정책(CAP)을 실시하여 유럽경제공동체는 농업가격을 규제하고 공동체 내에 농업 우선권을 결정하였다. 1967년 유럽경제공동체, 유럽석탄철강공동체, 유럽원자력기구를 장관급 위원회와 협의회로 통합하여 유럽공동체(EC)로 탄생하였으며 1968년 유럽관세동맹이 창설되었다. 1979년 최초의 유럽의회(EP) 직접선거가 실시되었고 환율조절장치(ERM), 유럽통화단위(ECU)와 함께 유럽통화제도(EMS)가 창설되었다. 1985년 밀라노 정상회담과 단일유럽의정서(SEA)를 통해 단일시장이 출범하였으며 1992년 유럽연합조약(TEU, 일명 마스트리히트 조약)을 통해 단일유럽의정서(SEA)를 수정하고 경제 · 정치적 동맹을 위한 계획을 마련하였다. 1997년 암스테르담조약(The Treaty of Amsterdam)이 체결되어 유럽연합조약을 일부 수정하였다. 2000년 니스(Nice)조약에서 계속적인 확대를 위한 제도적 토대를 마련하였다. 2002년 유럽단일 화폐인 유로(euro)가 12개 국가에서 사용되기 시작하였으며 같은 해 유럽미래회의(The Convention on the Future of Europe)가 출범하였다. 2004년 유럽연합 헌법이 승인되어 회원국의 비준절차가 시작되었는데 2005년 5월 프랑스에서 6월엔 네덜란드에서 국민투표로 비준이 부결되면서 유럽 헌법의 비준은 좌초되었다. 이를 해결하기 위한 대안으로 유럽정상들이 2007년 10월 포르투갈 리스본에 모여서 미니 헌법 격인 리스본조약을 체결하였다. 리스본조약의 비준 역시 2008년 6월 아일랜드에서 부결되어 어려움을 겪고 있으나 10월 2일 실시된 재투표에서 비준동의안이 승인되었다. 기타 회원국의 경우 비준이 완료된 상태에서 체코와 폴란드만 대통령의 비준을 기다리고 있다. 이로써 12월 중 이들 삼국에서 비준이 통과되면 미니헌법은 2010년 1월 1일로 발효될 예정이다. 이렇게 되면 정체되었던 유럽연합의 통합과정은 다시 탄력을 받을 것으로 기대된다.[139] 유럽공동체의 통합과정을 표로 그리면 <표 11 - 1>과 같다.

〈표 11-1〉 유럽공동체의 통합과정

통합단위	환경		통합의 특징/내용	통합(조약)과 기구	회원국	독일수상과 정책	
유럽공동체(EC)	정치	냉전	-1차 통합 -관세동맹 -공동시장	-51년 파리조약 -57년 로마조약 -65년 EC통합조약 -87년 단일유럽의정서	-독일, 프랑스, 이탈리아, 베네룩스3국 -73년 영국, 덴마크, 아일랜드 -80년 그리스 -86년 포르투갈, 스페인	아데나워 (1949-1963년)	친서방정책
	경제	경쟁국의 부상				브란트 (1969-1974년)	동방정책
						슈미트 (1974-1982년)	동방정책 계승
유럽연합(EU)	정치	탈냉전	-2차 통합 -유럽연합조약에 의한 통합심화 -단일시장 -2002년 단일화폐 -2002년 유럽미래회의	-92년 유럽연합조약 -97년 암스테르담조약 -2000년 니스조약	-95년 오스트리아, 핀란드, 스웨덴	콜 (1982-1998년)	동방정책 계승과 신동방정책
	경제	신자유주의					
유럽연합(EU)	2003년 브뤼셀정상회담		-3차 통합 -2004년 10월 EU 헌법 승인 -2005년 프랑스, 네덜란드 헌법 EU 헌법부결			슈뢰더 (1998년 10월-2005년 11월)	신동방정책계승
	2007년 10월 리스본 정상회담		-2007년 6월 EU 헌법 대체할 조약 마련 합의 -유럽연합조약의 3주 체제를 하나로 통합 -다수결제강화 -유럽의회권한강화 -집행위원 18명으로 축소 -유럽이사회를 대표하는 임기 2년 6개월의 의장 선출 -외무 수장직 신설	-2007년 10월 리스본 조약(EU 미니 헌법)승인 -2009년 6월 아일랜드 미니헌법 부결. 10월 2일 실시된 재투표에서 비준동의안이 승인됨. 12월 중 폴란드, 아일랜드, 체코에서 비준되면 미니헌법은 2010년 1월 1일 발효예정임	-2004년 사이프러스, 체코, 에스토니아, 헝가리, 라트비아, 리투아니아, 몰타, 폴란드, 슬로바키아, 슬로베니아 -2007년 불가리아, 루마니아	메르켈 (2005년 11월-2009년 9월. 재선 도전)	신동방정책계승

유럽통합 이해에 대한 또 다른 관점은 둘째, 유럽통합이 유럽의 국제정치 질서 특히 독일 문제와 매우 밀접하게 연결되어 있다는 데 있다. 다시 말해 유럽통합이 얄타체제와 맞물려서 진행되었다는 것이다. 얄타체제는 유럽을

139) 경향신문. 2009년 6월 12일; 조선일보. 2009년 8월 5일.

동·서 대륙으로 나누었을 뿐만 아니라 독일과 베를린을 동·서로 나누었다. 사실상 유럽통합 과정이 전후 얄타체제를 극복하기 위한 노력의 일환으로 시작되었다. 유럽문제가 독일 문제이고 독일 문제 해결, 즉 독일통일 없이 유럽문제 해결, 즉 유럽통합은 없다는 것이다. 1990년 독일의 통일은 유럽의 통합으로 이어졌고 얄타체제는 종식되었다. 이제 유럽은 표현을 달리하여 유럽통합은 포스트 얄타체제에서 독일과의 새로운 관계설정이란 문제에 직면하게 되었다. 역으로 통일독일도 변화된 유럽의 지리정치학적 환경에 대해 어떤 형태로든 반응을 나타내지 않을 수 없게 되었다.

이런 논의 못지않게 유럽통합 60년의 통합과정을 설명하려는 통합이론 역시 발전을 거듭해 오고 있다는 점에 주목해야 한다. 기능주의에서 출발하여 신기능주의로 이어지면서 초국가기구 중심의 유럽통합을 분석한 이론과 주권민족국가가 국익을 추구하는 기제로 통합을 추진한다는 정부간주의가 양대 축을 형성해 왔다. 전자가 통합의 극적 돌파구를 설명하지 못하는가 하면 후자는 통합이 심화되는 현상을 설명하지 못한다는 한계를 지적하면서 최근에는 구성주의와 다층통치제제이론이 통합이론의 주류를 형성하고 있다.

1.2. 연구목적

이 글의 첫 번째 목적은 유럽통합 과정에서 큰 역할을 담당해 온 독일의 유럽통합정책을 분석하는 데 있다. 분석의 수준은 독일 사례에 적용된 유럽통합이론의 재고와 대안 제시에 있다. 왜냐하면 한국의 몇몇 학자들이 독일의 유럽통합정책을 자유주의적 정부간주의란 분석틀에 담아 설명 또는 이론적 범주화를 시도하고 있기 때문이다. 따라서 이 글의 두 번째 목적은 독일의 입장을 자유주의적 정부간주의로 이해한 기존 연구와는 달리 자유주의적 신기능주로 이해하고 이를 논증하는 데 있다. 이 같은 문제의식은 다음과 같이 재구성할 수 있다. 첫째, 유럽통합 이론에서 국가를 어떻게 보고 있는가? 일반적으로 유럽통합과의 관계에서 국가를 연구대상으로 한 분석 특히 유럽통합이론과 독일의 관계를 분석하는 경우 유럽통합이론은 자유주의적 정부간주의에 입각하고 있다. 이유는 1970－1980년대 중반까지의 유럽통합 과정과 달리 유럽통합이 왜 1980년대 후반부터 활기를 띠기 시작했는지를 설명하는 데 있어서 독일이란 국가변수가 주도적인 역할을 담당했다고 보기 때문이다. 이런 논의는 독일이 유럽(연합)통합을 국익의 추구 대상으로 간주했다는 이해 방식의 귀결이다. 둘째, 이 이론이 독일의 유럽통합정책을 설명하고 있는가? 1980년대 후반 이후 유럽통합 과정은 물론이고 그 이전의 과정을 자세히 보면 서독과 통일독일은 국내외정치 특히 외교정책에서 유럽통합정책을 펴고 있음을 알 수 있다. 유럽통합 과정에서 일관된 친유럽통합정책을 펴온 독일에 대한 이해는 고정화된 통합이론, 즉 자유주의적 정부간주의에 입각해서 설명하는 것에는 한계가 있다고 본다. 셋째, 자유주의적 정부간주의 설명에 한계가 있다면 독일의 유럽통합정책을 설명할 수 없는 것인가? 다시 말해 설명할 수 있다면 어떻게 설명할 것인가? 결과적으로 통합이론에 대한 재인식을 통해서 유럽통합이론과 독일의 유럽통합정책을 연구하되 자유주의적 신기능주의 입장에서 양자의 관계를 설명할 수 있다는 것이 이 글의 주장이다.

이 글의 주장에 대한 논증과정은 유럽통합이론사를 비판적으로 재구성하는 수순에서부터 시작하지 않는다. 이 글에서 언급된 연구자들의 논문이나 저서에서도 이미 충분하게 잘 정리되어 소개가 되고 있기 때문이다. 따라서 이 글은 한국에서 다루어진 통합이론 연구자에 국한시켜 통합이론에 대한 논의를 거친 후 독일의 외교정책이 친유럽통합정책으로 일관되었음을 통일 전 · 후로 나누어 분석하고 이를 근거로 저자의 주장을 입증하는 방식으로 전개한다.

Ⅱ. 유럽통합이론과 유럽통합이론의 확장

2.1. 한국에서 다루어진 유럽통합이론에 대한 논의

정병기는 유럽통합이론을 서로 대립하는 탈국가적 관점인 유럽 중심적 입장 · 국가 중심적 입장과 이를 종합하는 입장으로 크게 나누고 있다. 이러한 유럽통합이론은 "이상주의적 자유주의(liberalism)적 입장과 현실주의(realism)적 입장이라는 전통적으로 대립되어 온 국제정치적 관점과 이들을 종합하려는 노력에서 비롯되었다"고 한다. 다시 말해 "탈국가적 관점은 정부 간 협상론에서 출발하여 기능주의에서 신기능주의(Neofunctionalism)를 거쳐 상호의존론으로 연결되었으며 국가 중심적 관점은 정부 간 협상론에서 출발하여 국가선호도 형성론과 자유주의적 정부 간 협상론으로 발전해 왔다. 종합적 입장은 3면 게임이론에서 시작하여 규제국가이론을 거쳐 다층통치이론에 이르렀고 최근에는 구성주의적 입장으로까지 발전하였다"는 것이다.[140]

유럽통합이론의 최근 경향까지 망라한 위의 정리는 기존의 주류이론에 해당한 자유주의적 정부간주의(Intergovernmentalism), 역사적 제도주의, 초국가주의에 대한 검토, 즉 이들 이론이 '유동적이고 다양한 모습을 나타내는 유럽의 민족국가-유럽연합 사이의 정책결정과정을 이해하는 데 대한 한계를' 지적하면서 '1980년대 후반 이후 민족국가와 유럽연합 간의 주권의 분할양상을' 설명하고[141] 있는 다층통치체제론(multi-level governance)까지 섭렵하고 있는 것이다.

한종수[142]와 김미경이 전자에 해당하는 주류이론을 다루었다. 특히 김미경은 유럽통합 과정은 통합이 진전되면서 초국가적 행위자들의 역할이 (효율적인 정책결정을 위해 다수의 주권자들 사이의 조정자, 즉) 대리자에서

140) 정병기. 2005. "세계화와 유럽통합: '작은 세계화'와 유럽통합과 유럽시민들의 반응", 『EU학 연구』, Vol.10, No.1, p.3.

141) 장훈. 2000. "유럽통합과 다층적 체제의 등장", 『한국과 국제정치』 제16권 1호, pp.283-4.

142) 한종수. 2003. "통합이론에 비추어 본 유럽통합과 한반도통합", 『유럽연구』 제17권.

(단순한 조정자의 기능을 넘어 개별적인 주권자의 이익과 갈등할 수 있으며 어떤 공적 이익을 대표하는 것으로 인식된) 신탁자로 전환하게 되었다는 점을 분석하면서 유럽통합의 세 가지 이론으로 모랍칙(Morevcsik)의 자유주의적 정부간주의(liberal intergovernmentalism),[143] 피어슨(Pierson)의 역사적 제도주의(historical institutionalism)[144] 그리고 폴락(Pollack)의 초국가주의(supra-nationalism) 를 들었다.

이 중에서 짚고 넘어갈 부분은 초국가주의에 대한 설명이다. 왜냐하면 이 부분은 최근의 유럽통합이론의 경향과 이해를 달리하기 때문이다. 그의 이해에 따르면 초국가적 행위자들의 합리적인 선택으로 초국가적 행위자의 자율성이 강화되면서 통합이 의도되지 않은 결과로 나타나게 된다는 것이 초국가주의다. 결국 "초국가적 행위자들은 자신의 자율성 강화를 위해서 정보의 비대칭적 분배라는 상황을 오히려 이용하는가 하면 개별 국가들의 사이의 갈등을 자신의 자율성과 정책적 재량권을 확대시키는 방향으로 이용할 수 있다. 이런 점들은 민주적 책임성을 요구할 수 있는 전 유럽적 수준에서 조직된 유권자와 정당의 역할이 부재하고 그 결과 유럽의회가 유럽연합의 정책결정에 미치는 영향력이 상대적으로 약한 상황에서 확대되는 경향이 있다"는 식으로 초국가주의를 설명하고 있다.[145]

143) 자유주의적 정부간주의에 따르면 "유럽통합의 진전은 유럽 국가들의 개별적 선호가 하나의 균형점을 향해 서로 수렴되었을 때 가능하다는 데" 있다. 이 논의의 단점은 "개별 국가 사이의 분배적 갈등을 과소평가하는 분석적 오류를 낳을 수 있다"는 데 있다. 다시 말해 자유주의적 정부간주의는 대리자로서 유럽연합의 초국가적 조직들이 전문성과 위임된 권위를 가지고 주권자인 개별국가들의 선호와는 다른 독자적인 선호를 실현하는 하나의 자율적인 행위자로서 기능할 가능성을 과소평가했다는 것이다. 김미경. 2004. "유럽통합과 유럽 민주주의의 변화: 신탁적 위임(Fiduciary Delegation)이론의 적용", 『한국정치학회보』 38집 2호, pp.424－5.

144) 역사적 제도주의의 핵심적 논의는 통합이 의도하지 않은 결과를 낳을 수 있다는 점에 있다. 다시 말해 통합과정에서 주권자로서 유럽 국가들은 대리자로서 초국가적 조직에 대한 통제력을 상실하게 되는 경우가 발생하는데, 이때 통제력 상실이 의도하지 않은 결과로 이어질 수 있다는 것이다. 김미경(2004), p.425.

145) 김미경(2004), p.425. 정해조(는) 1995. "통합이론의 관점에서 본 유럽통합과정과 전망", 『동국대유럽연구소: 유럽연구』, Vol. 12－3: 나이(Nye)가 분류한 연방주의 · 기능주의 · 신기능주의 통합이론의 관점에서 연방주의적 유럽석탄철강공동체, 연방주의 좌절인 유럽방위공동체(EDC) · 유럽정치공동체(EPC), 신기능주의적 로마조약 · 유럽경제공동체(EEC) · 단일의정서(SEA), 연방적 성격이 가완 초국가기구로서 유럽연합조약 일명 마스트리히트조약(으로) 이어지는 통합과정을 분석하였다. 통합과정에 초점을 맞췄던 정해조와 달리 Tsebelis와 Garrett(는). 2001. "The Institutional Foundations of Intergovernme-ntalism and Supranationalism in the Eruopean Union", *International Organization*, Vol. 55, No.

유럽통합에서 초국가주의의 주체는 유럽연합이다. 집행위원회(The Commission), 유럽의회(EP), 유럽사법재판소(EJC) 등이 초국가기구의 주체에 각각 해당한다. 그런데 위의 인용에서 "유럽의회가 유럽연합의 정책결정에 미치는 영향력이 상대적으로 약한 상황에서 확대되는 경향"이란 지적은 유럽통합의 일반적 경향과 일치하지 않는다. 왜냐하면 유럽통합에서 초국가주의가 강화되고 있는 경향성은 "유럽의회가 유럽연합의 정책결정에 미치는 영향력이 상대적으로 약한 상황에서 확대되고" 있기보다는 유럽의회가 유럽연합 특히 각료 이사회, 집행위원회에 미치는 영향력이 강화되거나 독점적 정책결정권이 분배적 정책결정권으로 이양되도록 하는 방향으로 유럽연합의 조약(리스조약, 리스본조약)이 바뀌고 있는 추세에서 나타나고 있는 현상이다. 다시 말해 유럽연합이 초국가적 정치기구이라는 의미는 유럽이사회가 큰 역할을 떠맡았다는 것을 의미하는데 유럽의회에게 힘이 쏠리기 시작하면서 이 말은 무색하게 된 것이다.[146)]

후자의 다층체제[147)]의 등장에 대해서는 장훈과 강원택 등의 연구가 있다. 특히 장훈은 다층체제의 등장배경에 대한 설명에서 '정부간주의적 접근이나 초국가적 접근'은 유동적이고 다양한 모습을 나타내는 유럽의 민족국가-유럽연합 사이의 정책결정과정을 이해하는 데 한계를 드러냈다는 데서 출발하

---

2. Spring: 유럽연합의 기구들을 중심으로 통합이론을 적용하였다. 이들은 먼저 유럽통합의 역사를 첫째, 법원의 권한이 통합을 이끈 룩셈부르크 시기(1958-1987) 둘째, 가중다수결제도가 통합의 핵심기제가 된 단일의정서 채택 시기(1987-1991) 셋째, 의회 중신으로 통합이 추진되는 마스트르히트(1992)·암스테르담조약 시기로 나누고 있다. 이들의 관심은 각 시기별로 법원·의회·집행위원회의 사법적 권한·정책결정권·입법권 등의 상호관계를 가지고 통합이론 여기서는 정부간주의·초국가주의·제도주의를 적용시켰다.

146) A. Warleigh. 2004. *European Union: The Basics*(Routledge), p.28.

147) "다층 통치체제라는 개념은 정의에 있어 다소 애매함을 포함하고 있지만, 권위가 하나의 중심에 축적되어 있는 것이 아니라, 여러 층으로 나뉘어져 있고 각각이 지닌 정치적 자원에 상호의존적인 협력의 관계를 갖는 구조라고 이해할 수 있다" 강원택. 2000. "유럽통합과 다층 통치체제: 지역의 유럽 혹은 국가의 유럽?", 『국제정치논총』. 제40집 1호, p.128. 반면에 최진우는 보다 분명하고 친절하게 다층통치체제론을 다음과 같이 설명해 주고 있다: "다층통치체제란 권위가 하나의 중심에 축적되어 있는 것이 아니라 통치체제의 여러 수준 및 다양한 행위자들에게 분산되어 있고, 각 수준이 상호의존적인 협력 관계에 놓여 있는 체제를 일컫는다.… 아울러 다층통치체제하에서는 개별국가 역시 통합된 단일의 행위자가 아니며 국가 내 지방정부 및 기업들은 한 국가의 국경을 넘어서 다른 국가 내에서 동일한 이해관계를 갖는 이들과 협력을 추구하게 된다" 최진우. 2004. "지역통합의 국제정치이론", 우철구·박건녕 편. 『현대국제관계이론과 한국』, 사회평론. pp.274-275.

였다.[148] 다시 말해 기존의 유럽통합이론이 1980년대 후반 이후 민족국가와 유럽연합 간의 주권의 분할양상을 띠고 있는 다층체제의 등장을 설명할 수 없다는 것이다.

지금까지 언급한 연구자들이 유럽통합이론을 소개한 이유는 제각기 다르다.[149] 여기서 특별히 관심을 끄는 부분은 이 글의 주제와 관련된 국가에 대한 언급이다. 연구대상으로 독일을 언급하면서 유럽통합이론의 신기능주의와 국제정치이론의 현실주의를 분석틀로 혼용해서 사용하고 있기 때문이다. 이럴 경우 상황 논리적 이론 적용으로 설명력이 강화될 수 있겠으나 상황 논리적 이론 적용으로 논리적 일관성, 즉 문제제기의 출발점에서 결론의 종착점까지 이르는 논증적 정합성을 놓치게 되는 문제를 낳게 된다. 이 주장에 대해 유럽통합이론에 대한 집착은 이론에 현실을 맞추는 우를 범할 수 있다. 따라서 유럽통합이론 중심주의적 현실 분석은 그 적실성을 상실하기 일쑤다. 그러나 '특정 시기 특정이론에 따른 현실 분석은 유효할 수 있다. 왜냐하면 유럽통합이 가지는 특수성 때문이다' 식의 소위 '특정 시기 특정이론' 적용에 대한 반론을 펼 수 있을 것이다. 이 점에 대한 저자의 견해는 '특정 시기 특정이론'을 적용할 수 있다는 것은 결과적으로 하나의 이론으로 유럽통합을 설명할 수 없다는 것이고 이는 다시 말해 "유럽통합이론이 아직 정립되어 있지 않다"는 것이다. 본문에서 이론 확장을 통한 독일의 유럽통합정책에 대한 재평가의 필요성 역설은 바로 이런 논의의 연장선상에

148) 장훈(2000), p.283.

149) 먼저 김미경(2004)은 "신탁적 위임모델을 유럽통합에 관한 분석에 적용함으로써 유럽연합이 투입적 민주주의에서 산출적 민주주의로의 변화라는 유럽민주주의의 본질적 변화와 깊이 연계되어 있음을" 주장하는 가운데 유럽통합이론을 끌어들였다. 강원택(2000)은 '지역의 유럽(a Europe of Regions)'의 가능성 여부와 다층 체제의 등장으로 국가의 쇠퇴가 초래되는지를 살펴보는 가운데 유럽통합이론에 대해 언급하였다. 다시 말해 전자의 경우 "국민국가가 유럽연합이라는 초국가기구에 권한을 이양해 감에 따라 약화・해체되고, 역사적인・인종적 동질성이나 산업별 이해관계에 기초한 국민국가 내 하부단위였던 지역이 통합된 초국가 내에서 정치적 활동의 주체로 그 영향력을 점차 확대해"(p.129) 갈 수 있게 되면서 그만큼 지역의 유럽의 가능성은 높아졌다고 보고 있다. 후자의 경우 "과거와 같이 우월적인 지위를 갖는 한 국가의 중앙정부가 정책결정 과정에서 독점적인 영향력을 갖는 것이 아니라 EU 집행위원회나 유럽의회, 유럽법원 등 초국가 기구나 지방정부 등과 권한을 나누게 되었으며, 개별 국가 역시 통합된 단일의 행위자가 아니며 국가 내 지방정부 및 기업들은 한 국가의 국경을 넘어서 다른 국가 내에서 동일한 이해관계를 갖는 이들과 협력을 추구하게" 되었으나(p.128) 다층 체제의 등장이 곧 국가의 쇠퇴로 이어지지는 않았다는 논의를 폈다. 오히려 그는 '다층적인 통치체제'라는 용어 사용의 주의를 당부하고 있다.

있는 것이다. 이 점에 대해 보다 구체적으로 알아보자.

먼저 정병기는 신자유주의적 세계화라는 세계적 경향에 초점을 맞추어서 유럽통합을 설명하는 가운데 그 구체적 분석에서 자유주의 입장과 현실주의적 입장의 거시적 관점을 적절히 혼합하겠다고 밝히고 있다. 전자는 세계화 경향 속에서 드러나는 유럽 정치경제적 성격을 조망하는 것을 말하고 후자는 이에 대한 각국 정부의 대응으로 유럽통합의 주도국가인 독일과 프랑스를 중심으로 분석하는 것을 말한다. 이 입장은 다시 "현실주의적 입장에서 주도국가인 독일과 프랑스를 비롯한 통합의 주도 국가들의 영향력이 크게 작용하며 유럽연합 내에서 각국의 이익들이 각축하며 통합의 방향에 영향을 미치는 점에서 국가 중심적 · 정치적 결정론은 탈국가적 입장의 경제 중심론에 비해 큰 설득력을 갖는다"에[150]까지 이어져 있다.

다층체제의 등장에 대한 분석에서 장훈도 정병기와 유사한 맥락에서 신기능주의 전통에 서 있는 경제적 상호의존론과 현실주의 국제이론을 각각 차용하고 있다. 전자는 통합심화의 구조적 · 장기적 원인을 규명하는 데 매우

150) 정병기(2005), pp.5－6.

<유럽통합이론: 정병기 분류를 재정리 함>

유럽통합이론	국제이론과의 관계	발전과정	비고
탈국가적 관점(E. Haas)	이상주의적 자유주의	(확산) → 기능주의 → (학습효과) → 신기능주의 → 상호심화이론	탈국가적 입장의 경제중심론: 각국의 정치적 조건과 자율성 및 초국가적 기구의 자율성 경시
국가 중심적 관점(S. Hoffman)	현실주의	(국익) → 정부간협상론 → 국가선호도형성론(S. Bulmer), 자유주의적 정부 간 협상론(A. Moravcsik)	국가 중심적 정치적 결정론: 초국가적 기구와 이익집단의 형성과 역할 및 정부가 의도하지 않은 결과들의 발생 가능성을 무시
종합적 관점	구성주의	(세계－유럽공동체－국가) → 3면게임(L. A. Patterson) → (구체적 행위자를 국가가 아니라 국가 내의 정치인으로 본다는 점에서 국가 중심적 입장을 넘어섬) → 다층통치구조론 → (본인－대리인 관계를 도입하는 방법을 통해 권한이전을 설명) → (협약이행에 대해 회원국들이 서로 불신하기 때문에 규제권을 공동의 대리인인 곧 초국가기구에 이전함으로써 유럽연합이 성립되었고, 그에 따라 유럽연합은 직접지출이 필요하지 않은 규제생산에 집중하게 됨) → 규제국가이론(G. Majione)	－장점: 탈국가적 입장의 경제중심론이 회원국의 정치적 조건과 자율성을 경시하고, 국가 중심적인 정치적 결정론이 국가간의 상호의존에 따라 형성되는 공통적인 국제적 강제를 보지 못하는 각각의 단점을 보완. －단점: 본인－대리인 관계와 같이 협소한 모델에 입각하는 것은 자칫 앞의 두 입장이 갖는 장점까지 사상해 버릴 가능성이 있음.

유용하기 때문이고 후자는 왜 통합이 1980년대 후반부터 빠르게 진전되었는지를 설명할 수 있기 때문이다. 특히 후자의 경우 1980년대 후반부터 급류를 타기 시작한 유럽통합운동의 심화를 설명하기 위해서는 유럽통합운동의 주도적 국가들이라고 할 수 있는 독일과 프랑스, 영국, 이탈리아를 비롯한 국가들이 1980년대 후반에 새로이 마주하게 된 국제정치적 환경과 이에 대한 이들의 현실 정치적 대응의 측면을 살펴보아야 한다는 것이다.[151]

그런데 위의 설명방식들을 유럽통합이론의 입장에서 잘 들여다보면 논리의 비약이 숨어 있음을 발견하게 된다. 전자의 경우 국가 중심적 정치적 결정론은 표현을 달리하면 정부간주의를 의미한다. 이 정부간주의는 현실주의적 입장에 서 있는 것으로 국가연합식 유럽연합정치체계를 지양하고 있다. 그런데 '현실주의적 입장에서 주도국가인 독일'은 연방주의 형태의 유럽연합정치체계를 지지하고 있어서 논리적 일관성 놓치게 된다는 것이다.

이런 점은 후자의 경우에서도 발견된다. 다시 말해 경제적 상호의존론은 표현을 달리하면 비국가행위자(non state actor) 중심의 '통합논리(logic of integration)'를 지지하는 신기능주의를 의미한다. 여기서 통합논리는 연방주의(federalism), 즉 유럽합중국(a United State of Europe)을 의미하는 것으로 자유주의 국제정치이론에 서 있는 것인 데 반해 현실주의 국제정치이론은 주권민족국가(sovereignty nation state) 중심의 '다양성 논리(logic of diversity)'를 지지하는 민족국가연합(confederal nation state)을 의미하고 있어서 논리적 일관성을 놓치게 된다는 것이다. 이처럼 논리적 일관성을 놓치게 되는 이면에는 유럽통합이론과 국제정치(관계)이론과의 비교 설명에서 연구자들이 유럽통합이론이 최종적으로 지양하는 유럽통합의 정치체계에 대한 등한시로 귀착된다. 반면에 유럽통합이론을 체계적으로 국내에 소개한 조홍식은[152] 이 점을 분명히 밝히고 있다. 즉 연방국가가 유럽통합의 정치 체제로 가장 유사하다고 하면서 슈미트의 "유럽연합이라는 정치체제와 가장 닮은 정치체제는 연방국가이다"에 방점을 찍고 있다.[153]

151) 장훈(2000), pp.286－290.

152) 조홍식. 1999.『유럽연합의 이론』(성남: 세종연구소).

2.2. 유럽통합이론에 대한 재인식 Ⅰ: 국제정치이론

여기서 유럽통합이론이 지양하는 최종적 정치체계모델 그리고 유럽통합이론에 대비되는 국제정치이론을 재구성해 볼 필요가 있다. 이들 관계를 도식화하면 <표 11 – 2>과 같다.

유럽통합이론의 테제는 "유럽합중국을 창설할 것인가 또는 저지시킬 것인가란 최종의 목표에 대해 유럽연합과 민족국가 사이에서 벌어지는 패권다툼이다"에[154] 있다. 이 테제는 초대 유럽석탄철강공동체(ECSC)의 사무총장이 된 모네(Jean Monnet)가 꺼져 가는 '유럽연방주의(European federation)'에 불을 지피게 되면서 성립되었다.

모네 이전의 상황, 즉 유럽연방주의가 관심의 대상에서 벗어난 데에는 전후 유럽의 주요 행위자들이 유럽연방주의를 밀어붙일 동인을 찾지 못했기 때문이다. 동인을 찾지 못한 이유는 첫째, 전후 강대국으로 부상한 미국과 소련은 위험에 처한 유럽의 안정 회복에 각자의 방식으로 대처하였기 때문이다. 미국은 마샬플랜(Marshall Plan)을 통한 경제재건과 나토를 통한 안보구축으로 대번영을 앞당기기 위해서 유럽의 여러 국가들이 상호 협력하는 것을 공식적으로 도왔다. 같은 맥락에서 소련도 전후 유럽연방주의에 대해 호의적이지 않았는데 그 이유는 유럽대륙 절반이 서유럽 중심으로 통합이 된다면 이는 장차 소련의 잠재적인 경쟁자가 될 것으로 보았기 때문이다. 소련은 분단 독일과 중 · 동부유럽을 완충지대(cordon sanitaire)로 삼았으며 현상유지전략으로 냉전을 관리하였다.

둘째, 전후 유럽의 지도자를 비롯하여 유럽석탄철강공동체에 참여한 국가들조차 유럽 수준의 기구(또는 통합)를 연방참여보다는 국익확보의 수단으

153) 조홍식. 2008. "유럽 통합과 21세기: 현주소와 미래"(유럽연합과 동북아 공동체: 교훈과 전망: 한국국제정치학회)(2008년 10월 10일), p.25: "연방국가와 유럽연합이 가지는 거리와 차이에 대해서 ……길게 강조할 필요는 없을 것 같다. ……유럽연합의 연방화를 저지하려는 정치세력들이 규범적, 당위적 반대의 담론을 양산하고 있기 때문이다. ……지난 60여 년간 유럽통합의 역사가 보여주는 경험은 연방화의 경험이었고, ……지난 10여 년간 나타난 거대한 변화 역시 연방화라고 하는 커다란 흐름에서 발생하는 파도라고 해도 과언은 아니다"

154) A. Warleigh(2004), p.21.

로 삼았다는 점이다. 2차 대전 동안 연방주의가 관심을 모은 이유는 이 기

〈표 11－2〉 유럽통합이론

유럽통합이론	유럽통합의 행위자와 논리	유럽통합의 최종목표	지지국가	그 한계	국제관계이론과의 비교	그 특징
신기능주의	－확산(spillover) －통합논리 －비국가행위자	－연방주의 －유럽연방합중국	－독일	통합의 극적 돌파구를 설명하지 못한다.	자유주의	－초국가적 기구에 권력이양
정부간주의	－다양성 논리 －주권민족국가	－민족국가연합 －민족국가는 권한을 유럽연합에 넘기길 꺼려 하기 때문에 유럽통합은 제약을 받는다.	－프랑스 －영국	통합이 심화되는 현상을 설명 못한다.	현실주의	－지리정치학적 이익보호(국가안보, 주권)
정부간 주의 – 자유주의	－국내경제·사회적 행위자가 경제적 이익을 위해 통합을 요구한다. －조약의 개혁과 예산의 협의 등은 정부간 협상으로 통합이 이루어진다.	－민족국가연합				
정부간 주의 – 다국가간협의체주의	－민족국가가 여전히 유럽연합의 기구를 통제하는 최고의 권한을 쥐고 있기는 하지만 양자는 수많은 제도, 규칙 그리고 공유된 이해관계로 속박되어 있다.	－민족국가연합 －국익과 경제적 측면에서 수많은 제도, 규칙을 파가하기 어렵다. 이 점에서 유럽연합의 해체가 쉽지 않듯이 또한 진전도 용이하지 않다.				
다층통치체제	－유럽연합의 기구들은 상호경쟁관계에 있기보다는 상호 보완관계에 있다. －하나의 기구가 정책결정권을 독점하는 것이 아니라 고루 분산되어 있다.	－연방주의	－유럽연합	－통합의 결정 주체가 국가라는 점을 무시하고 있다.	자유주의	－초국가적 기구에 권력이양 －유럽연합의 상이한 입법과정에서 결정되는 정책결정과정(agenda setting) 의 변화에 대해서 설명을 못 한다. －신기능주의에 편향되어 있다.
구성주의	－국가 －EU의 가치체계	－하나의 유럽 －가치 공동체	－유럽연합	－통합이 확대되는 일반적인 현상은 설명할 수 있으나 특정국가(예 터키)의 가입불허는 설명하지 못하는 데 있다.	구성주의	－정부간주의가 설명하지 못하는 부분을 보완하나 동시에 국가 행위의 동인을 규범에서 찾기 때문에 전쟁을 불사하는 현실적 측면을 설명하지 못한다.

간 좌익 중심의 국제주의와 우익 중심의 극우 민족주의가 들끓는 상황에서 유럽대륙을 구하기 위한 수단적 성격이 강했던 것이다. 전후 공동의 적이 해체되면서 연방주의에 대한 응집력도 약화된 것이다. 셋째, 시민에게 유럽연방주의를 고취시키는 지도자나 이에 매료되는 시민이 부재했다. 국가엘리트는 민족국가의 구조나 이념을 시민에게 고취시켰다. 결과적으로 이런 상황에서 유럽연방주의가 부흥할 수 있는 여건은 조성되지 못했던 것이다.[155]

이같이 꺼져 가는 유럽연방주의 논의에 기름을 끼얹은 인물이 모네였다. 모네는 시종일관 유럽통합의 '도미노 이론(domino theory of European integration)'을 밀어붙였다. 초기 도미노 이론은 성공적이었다. 1951년 6개국이 유럽석탄철강공동체에 가입했기 때문이다.[156] 모네가 제시한 부문별 협력에 의한 도미노 효과에 대해 국내 정치가들이 제동을 걸기 시작했다. 왜냐하면 이들은 새로운 권한을 유럽연합에 주더라도 그 통제권은 자신의 수중에 두길 원했던 것이다. 즉 주권국민국가가 유럽연합정책을 통제하겠다는 것이다. 이런 이유에서 유럽통합의 테제는 유럽연합과 민족국가 수준에서 유럽합중국의 찬·반을 놓고 벌이는 패권다툼이 된 것이다.

위의 논리적 연장선상에서 신기능주의와 정부간주의가 최근까지 유럽통합 이론의 양대 진영을 대표한 것이다. 다시 말해 1960년대에 태동한 신기능주의는 유럽합중국으로 가는 느리지만 확실한 길을 제시하였다. 1970년대 유럽통합의 정체현상을 설명하지 못할 때 정부간주의가 주목을 받게 되었다. 신기능주의는 유럽단일의정서 채택 이후 1980년대 말 1990년대 초 다시 주목을 받았으나 그 이후 어려움에 빠진 유럽통합을 설명하는 데 한계를 보였다. 이 공백을 메운 것이 정부간주의인데 이 점 또한 신기능주의가 탄력을 받던 시기를 설명하지 못하는 단점이 있다. 결과적으로 볼 때 '거대 이론으로서 유럽통합이론(Grand theory of European integration)'은 그 설득력이 점차 약화되고 있다는 것이다.[157]

155) A. Warleigh(2004), pp.16-8.

156) A. Warleigh(2004), p.19.

157) 일부 학자는 유럽통합의 정치경제적 측면에서 효율적 접근, 분배적 접근, 제도적 접근으로 나누기도 한다. B. Eichengreen·J. Frieden·J. von Hagen eds. 1995. *Politics and Institutions in an*

다층통치체제(a system of multi-level governance)는 유럽연합이 연방국가 체제에 미치지는 못하지만 한편으로 회원국에 뿌리를 내린 자율적 체제이며 다른 한편으로 정책집행에서 회원국의 간섭을 받지 않고 자주적인 영향력을 행사할 수 있는 권한을 가진 독특한 국제기구로 보는 입장을 말한다. 이는 미래의 유럽합중국 건설에 대해 유럽연합이 할 수 있고 해야만 하는 과제에 대한 논의(정체성과 통합성)를 일단 접고 현재 유럽연합이 작동하고 있는 시스템 그대로를 중심으로 독특한 국제기구인 유럽연합을 이해·분석하는데 논의의 초점을 맞추는 것을 말한다.[158] 이 점이 유럽연합을 연구하는 학자들의 최근 시각이라면 유럽연합의 초국가기구입장에서 다층통치체제는 비국가행위자 중심의 통합이 주권민족국가에 밀려 답보된 상태에서 비국가행위자(유럽연합)가 이를 타개하려는 전략으로 중앙정부를 거치지 않고 지방(혹은 주)정부를 직접적 협력자로 간주함으로써 중앙정부를 우회적으로 압박하는 고도의 통합(협상)전략이라 볼 수 있다.

정체성의 사회적 구성에 의해 국가이익이 결정된다는 국제정치이론의 구성주의[159]처럼 유럽통합이론의 구성주의도 의미하는 바가 흡사하다. 무엇보다도 양자는 규범·가치·관념·정체성 등을 강조하고 있다는 점에서 유사하다. 양자는 국가행위의 동인을 실증주의에서 찾는 것이 아니라 "국가 정체성과 기대(national identities and expectations)의 변화와 새로운 집단적인 유럽의 정체성의 진화라는 관점으로 접근한다"[160]는 적실성의 논리(the logic of appropriateness)에서 찾고 있기 때문이다. 따라서 유럽통합이론의 구성주의는 유럽통합의 동인을 민주주의, 시장경제, 인권과 같은 유럽연합의 기초가치체계에 있음을 강조한다. 이런 면에서 유럽통합의 확장은 가치체계의 확장을 의미하게 된다.

Integrated Europe(Springer), pp.1-6.

158) A. Warleigh(2004), p.93.

159) 자세한 내용은 다음을 참조 바람. 신욱희. 1998. "구성주의 국제정치이론의 의미와 한계", 『한국정치학회보』, Vol.32, No.2; 양준희. 2001. "월츠의 신현실주의에 대한 웬트의 구성주의의 도전", 『국제정치논총』, Vol.41, No.3.

160) 박재영. 2002. 『국제정치 패러다임: 현실주의·자유주의·구조주의』(서울: 법문사), pp.575-583.

유럽통합이론으로서 구성주의가 최근에 주목받는 이유는 동유럽의 붕괴 이후 유럽연합 가입을 원하는 동유럽과 반대로 유럽연합의 동진(東進)을 설명해야 하는 수요 · 공급의 법칙이 맞아 떨어지는 '적합성의 논리'가 뒷받침해 주고 있기 때문이다. 이런 측면에서 이무성과 안성호는 루마니아 · 불가리아의 유럽연합 가입을 구성주의에 담아 설명을 시도하고 있다.

그러나 구성주의가 가치공동체로서 유럽연합의 관념은 포장할 수 있을지는 몰라도 유럽연합의 동선(動線), 즉 정치적 선택행위까지 포장하기에는 쉽지 않을 것이다. 이 점에 대해 부연 설명하면 다음과 같다. 이무성은 유럽공동체가 신봉하는 자유민주주의의 확산이라는 가치 중심적 논의가 추구되어서 그리스의 민주화를 앞당길 것으로 기대되어 회원국의 자격을 부여하게 되었다면서 사회 구성주의자들이 주장하는 적합성 논리(the logic of appropriateness)로 그리스 및 포르투갈의 가입을 설명하고 있다. 이 논의의 연장선상에서 이무성과 안성호는 루마니아와 불가리아의 유럽연합가입을 설명하고 있다. 이들 국가의 유럽연합가입은 사회구성주의의 입장에서 볼 때 가입희망국이 유럽연합이 신봉하는 가치 및 신념을 전파하고자 하는 의도와 가입희망국이 이에 대한 공유로 성사되었다고 본 것이다.[161] 여기서 생기는 의문은 왜 폴란드 · 헝가리 · 체코와 같은 5차 1진 국가들의 경우는 구성주의에 입각해서 설명하지 않는가 하는 점이다. 다시 말해 5차 2진 국가들의 경우 구성주의에 입각해서 가입절차를 진행시켰다는 것은 가입 예비조건에 대한 심사를 생략했다는 것(정치적인 배려)과 맥락을 같이한다고 본다. 이들은 5차 1진 국가들과 비교할 때 너무도 열악한 상태에서 가입협상을 진행시켰기 때문이다. 즉 유럽공동체의 정치성이 반영된 것이다. 그리스 · 포르투갈의 가입은 1970년대 침체에 빠진 유럽공동체의 활로 찾기 성격이 농후하다고 볼 수 있고 루마니아 · 불가리아의 유럽연합가입도 유럽헌법부결로 침체에 빠진 유럽공동체의 활로 찾기 성격이 농후하다고 볼 수 있다. 이처럼 양자의 경

161) 이무성. 2007. "확장, 가치체계의 확산인가, 실익 계산의 결과인가?"를 학회 발표, "루마니아와 불가리아: EU가입 및 그 함의", 『국제지역연구』, Vol.11, No.3; 안성호. 2007. "루마니아와 불가리아의 EU 가입 이후의 변화에 대한 정치경제학적인 비교연구", 『동유럽연구』 제19권.

우는 유럽공동체의 정치성이 강하게 반영된 것이기 때문에 이에 대한 이론적 평가는 유럽연합이 주체가 된 '자유주의적 신기능주의의 한 변형'으로 봐야 할 것이다. 유럽연합의 행위가 회원국 개별국가의 이익과 직결되기보다는 유럽연합의 이익과 직결된다고 보기 때문이다.

2.3. 유럽통합이론에 대한 재인식 Ⅱ: 이론 확장

지금까지의 논의에서 유럽통합에 대한 이론적 접근은 신기능주의 · 정부간주의 중심의 연구에서 다층통치체제로 넘어가고 있음을 알 수 있었다. 그렇다고 다층통치체제가 유럽통합이론의 금과옥조는 아니다. 세계적 질서 차원에서 (서)유럽의 지역통합에는 특별한 것이 없다는 비판도 이미 제기된 마당이다.[162] 다만 기존의 양대 이론에 꿰맞추기식 연구보다는 발전적이라는 것이다. 이런 이유에서 앞선 연구자들도 예외 없이 다층통치체제를 분석틀로 사용하였다. 그런 만큼 민족국가가 주 연구의 대상도 아니었다. 지역, 지방정부, 중앙정부, 유럽연합 사이의 상호관계가 주 연구의 대상이 되기 때문이다. 그런데 이 같은 경향과 달리 국가에 대한 언급에선 여전히 정부간주의와 현실주의를 선호하고 있다는 점 또한 알 수 있었다. 구체적으로 독일의 경우가 여기에 해당한다.[163] 이 점에 대해선 유럽통합이론이 최종적으로 지양하는 유럽통합의 정치체계에 대해 연구자들이 등한시하게 되면서 논

162) Peter A. Busch. 1978. "Germany in the European Community: Theory and Case Study", in: *Canadian Journal of Political Science*, Vol.11, N0.3, p.548.

163) 장훈(2000), pp.289-9: "1989년에 소련의 붕괴와 더불어 냉전의 종식을 알리는 베를린 장벽의 붕괴가 이어졌다. 이러한 변화는 유럽인들에게 커다란 새로운 문제를 안겨주었다. 그것은 다름 아닌 독일의 통일이 독일뿐만 아니라 주변국들에게도 현실적인 문제로 다가오게 된 것이다. ……이러한 독일통일의 문제는 기존의 유럽 국가들이 유럽통합에 대해서 갖고 있는 태도를 크게 변화시키는 계기로 작용하게 되었다. 먼저 독일을 보자면, 이전까지 유럽통합에 대해서 고답적이고 미온적인 태도로 일관해 온 서독정부가 유럽통합에 대해서 매우 적극적인 자세로 전환하게 되었다. 주변국들의 동의와 이들의 태도가 독일통일의 양상에 결정적인 영향을 미친다는 점을 명확하게 인식하고 있던 독일로서는 통합에 대해서는 적극적인 태도를 보임으로써 독일의 통일과 유럽의 통합의 심화를 맞바꾸는 전략을 취하게 되었다. 베를린 장벽 붕괴 이후 처음 열린 유럽공동체 정상회의에서(1990년 6월 더블린 회의) '통일독일에 대한 유럽의 지붕'의 불가결함과 '독일의 유럽보다는 유럽의 독일'을 원한다는 콜 총리의 발언은 이러한 태도의 전환을 명확하게 보여주었다"

증적 정합성을 놓치게 되는 문제가 발생하게 되었다고 앞서 지적했다.

유럽통합이론에 대한 기존의 이해가 이렇다고 했을 때 결론부터 말하면 독일의 유럽통합정책에 대한 연구는 신기능주의와 자유주의로 설명하는 것이 더 적합하다는 것이다. 독일이 주권 민족국가이기 때문에 국익 차원에서 회원국과 협상을 하게 되고 이 과정에서 유럽통합이 진척된다는 정부간주의는 독일의 유럽통합정책의 수평적 관계를 충분히 설명할 수 없다는 것이다. 그렇다고 '기존의 양대 이론에 꿰맞추기식 연구'로 회귀하자는 것도 아니다. 오히려 이 점을 지양해 보자는 것이 이 글의 목적이기 때문이다.

그렇다면 이런 논의가 어떻게 가능할까. 논의가 가능할 수 있다는 전제는 독일의 국내외 정책이 곧 유럽통합정책이라는 데 있으며 게다가 일관성(여기서 일관됨이 중요한 이유는 경험적으로 반복되고 관찰된 사실의 확인을 통해 이론이 구축되고 이를 토대로 사건을 예견할 수 있다는 데 있다)을 보였다는 데 있다. 따라서 독일 정부의 '의도'에 따라 정책의 결과가 친유럽통합으로 귀결되었다면 반대로 정부의 의도된 정책 결과 친유럽통합정책으로 귀결될 수 없는 자유주의적 정부간주의로 독일의 유럽통합정책의 관계를 설명하는 것은 문제가 있다는 지적이다.

이제 3장에서 다룰 구체적 논의에 앞서서 유럽통합이론, 즉 자유주의적 정부간주의 이론에 토대를 둔 독일의 유럽통합정책에 대한 기존의 설명방식에는 한계가 있다는 점에 대한 명시적 코멘트(comment)가 필요해 보인다.

1990년 통일 전후 독일이 어떤 유럽통합정책을 실시하였는지에 대해 우선적으로 살펴봐야겠다. 첫째, 1990년 이전 유럽은 유럽 대륙의 분단으로 상징되는 얄타(Jalta)체제에 있었다. 유럽은 얄타체제 극복에 소극적이었던 반면에 서유럽국가들의 공동의 외적 위협의 대상이었던 서독은 친(親)서방정책(westintegration)과 동방정책(ostpolitik)으로 유럽의 평화질서 구현에 앞장섰다. 유럽분단이 극복되었고 분단독일이 통일되었다. 결과적으로 얄타체제 해체의 일등공신인 아데나워, 브란트 등의 외교정책을 두고 철저히 독일의 국익을 관철시킨 일련의 정책에 지나지 않는다는 자유주의적 정부간주의 분석 잣대를 액면 그대로 받아들일 수 없다는 것이다.

둘째, 1990년 이후 1991－1994년 국정사업을 설명하는 자리에서 콜은 “통일독일의 국시(Staatsräson)는 유럽의 독일”에 있음을 역설하였다. 여기서 ‘유럽의 독일’(europäische Deutschland)은 통일독일이 히틀러 독일에 반대되는 유럽이 되는 것을 의미한다. 뿐만 아니라 통일독일은 1992년 12월 독일 기본법 23조를 “유럽연합의 발전을 통한 통일유럽의 실현에 책임이 있다”로 부분 수정하였다.[164] 이를 두고 유럽통합이론의 큰 틀에서 독일 기본법을 비국가행위자로서 유럽통합의 수평적 협력자, 즉 신기능주의적 주체로[165] 볼 수 있다는 것이다. 주권국가가 유럽통합을 위해 책임진다는 것은 권력을 초국가기구에게 이양하겠다는 점을 명문화 형태로 천명하고 있기 때문이다.

이 같은 국가차원의 적극적인 친유럽통합정책은 기존의 유럽통합이론으로 설명할 수 없는 정치현상이다. 따라서 유럽통합이론의 확장을 통해서만이 이 정치현상을 포함시킬 수 있다. 유럽통합이론의 확장 대상에는 정부간주의와 신기능주의 두 이론이 해당한다. 첫째, 정부간주의의 경우 주권민족국가들의 국익 추구에 있는 주권의 행사 방식에 세분화가 이루어져야 한다. 세분화 형태는 다음과 같다: ① ‘내가 알아서 한다’ 식의 ‘주권적 정부간주의’로 이에는 모랍칙(A. Morevcsik)의 자유주의적 정부간주의와 크리소쇼우(D. Chryssochoou)의 다국 간 협의체주의가 해당한다. 그 특징은 국익을 추구하는 보통 주권국가들이 행위자가 되어 (현실주의와의 연관성) ‘배타적 주권’

164) Timothy Garton Ash. 1995. *Im Namen Europas: Deutschland und der geteilte Kontinent* (Fischer). pp.564－7.

165) 한종수(2003). p.10: “기능주의적 접근방법은 점진적이고 자동적으로 통합이 이루어지는 것을 상정한다. 이는 하스(Haas)가 정립한 파급효과(spillover effect)라는 개념에 잘 나타난다. 이 개념에 의하면 비교적 협력과 연계가 쉬운 몇몇 경제 분야에서 우선적으로 통합을 추진하면 그 효과가 다른 경제 분야에 파급되어 결국 경제 전반에 걸쳐 통합이 심화되며 또한 경제 분야에서의 통합이 심화되면 그 파급효과가 거의 자동적으로 정치 분야에서의 통합이 진척된다는 것이다(드골의 궐석정치의 결과, 저자). ……하스는 극적인 정치적 결정에 있어서 정치가가 중요 변수로 작용함을 깨달았으며, 이는 신기능주의로 발전하는 전환점이 되었다. 신기능주의자들은 파급효과의 보편성을 인정하지 않고 단지 이를 하나의 가능성으로 파악한다. 이들은 갈등을 해결하고 파급효과를 유도하는 정치가의 역할, 통합을 촉진시키는 제도의 확립과 기구의 설립, 그리고 정치가 및 기구와 연계된 이익단체의 활동을 중요시 여긴다. “밀워드(Milward)는 하스의 신기능주의에 대해 비판하였다” 그는 “유럽통합의 본질을 파악하기 위해서는 연구의 출발점으로 ……유럽공동체가 아니라 민족국가의 유럽통합정책에 있는데 ……초국가적 유럽통합이 민족국가에 대한 의미를 충분히 파악하지 못한 데 있다면서 ……초국가적 유럽통합과 민족국가를 대립적인 것으로 보지 않고 상보적인 관계로 보고 있다. 그러나 상보적 관계의 주체는 민족국가이다. 민족국가는 유럽통합을 통해서 약화되기보다는 오히려 강화되었다”는 것이다. 김승렬. 1999. “유럽통합 초기(1945－1957)에 있어서 기능주의(functionalism)에 대한 논쟁”, 『사학지』, Vol.23, No.1, p.28 참조.

을 행사한다는 데 있다. ② '네가 하자는 대로 따라 하겠다' 식의 '위탁적 정부간주의'다. 그 특징은 정상적으로 주권을 행사할 수 없는 국가가 행위자가 되어 (현실주의와의 연관성) '자기 제한적 주권'을 행사한다는 데 있다. ③ '네가 나서 달라' 식의 '신탁적 정부간주의'이다. 그 특징은 현안의 해결을 특정 국가에게 떠맡기는 주권국가들과 특정 국가가 행위자가 되어 (현실주의와의 연관성) '신임적 주권'을 한시적으로 행사한다는 데 있다. 세분화를 통해 강조하고 싶은 점은 둘째(분단국가의 주권행사는 반쪽)와 셋째(신임으로 인해 자신의 주권행사는 이차적으로 밀림)의 경우에 독일이 해당하는데 이 경우를 프랑스, 영국, 이탈리아 등과 같은 수준의 국익을 추구하는 주권민족국가의 행위자로 등치시킬 수 없다는 것이다. 즉 등치시킬 수 없다면 그 분석틀의 적용도 달라야 한다는 것이다. 결과적으로 국익추구의 주권행사방식에 대한 세분화된 논의가 빠진 기존의 정부간주의에 입각한 유럽통합과 국가에 대한 이해 특히 독일에 대한 이해는 분명한 한계가 있다고 본다.

둘째, 신기능주의의 경우는 <표 11-1>에서 보듯 자유주의적 신기능주의의 범주화의 기준을 지지국가의 유럽통합정책과 유럽통합정책의 연방주의 추구를 추가시켜야 한다. 국가의 외교정책이 유럽통합정책이고 그 정책이 유럽통합에 큰 기여를 했을 뿐만 아니라 결과적으로 유럽연방주의에 기여했다면 그 평가에 있어서 주체가 국제기구가 아닌 국가라 하더라도 그 연장선상에서 이해하는 것이 타당하다는 것이고 타당하다고 했을 때 이를 자유주의적 신기능주의 틀로 규정할 수 있어야 한다는 것이다.

이런 식의 이론 확장은 매우 유용하다고 본다. 그 이유는 국가의 유럽통합정책이 연방주의 혹은 국가연합 중 어떤 것을 지향하고 있는가를 기준으로 해서 국가 중심의 유럽통합이론을 이해하는 것이 유럽통합이론이 정치현실과 괴리되는 것을 막을 수 있는 한 분석적 장치가 될 수 있기 때문이다. 다시 말해 정치현실을 잘 담아낼 새로운 이론의 정립이 못 미치는 상태에서 한시적으로 필요한 작업이 이론 확장(theoretical stretching)이다. 즉 기존의 이론의 근간을 유지한 채 이론이 수용하는 범위를 넓히는 것이다. 이 과정에서 동시에 강조되어야 할 점은 국가의 유럽통합정책이 일관되게 친유럽통합과 유럽연방주의를 추구했어야 한다는 점이다. 따라서 이에 대한 검증작업은 매우 중요하다. 일관성을 유지한 유럽통합정책에 대한 검증이 바로 이론 확장의 타당성에 대한 검증이 되기 때문이다.

Ⅲ. 유럽통합과 서독

위의 주장에 대한 구체적 논증의 대상은 외교정책의 두 축인 주권행사와 국익추구에 있다. 그 이유는 본 연구가 기존의 연구와 달리 "독일을 자유주의적 정부간주의보다 자유주의적 신기능주의 입장에서 이해할 수 있다"에 대한 테제는 자유주의적 정부간주의의 핵심의제를 반박하는 데서 출발해야 하기 때문이다. 그런 만큼 3장에서는 통일 이전 서독의 외교정책이 바로 유럽통합정책이었으며 이는 구체적으로 친서방정책과 동방정책으로 나타났다는 점과 서독의 국익추구 역시 유럽통합 과정에 머물렀다는 점에 대한 논증이 규명되어야 할 것이다. 이 논증을 통해 이론 확장의 유용성이 입증될 것이다.

1990년 이전의 유럽통합과 독일 문제(deutsche Frage)는 얄타(Jalta)체제에서 시작한다. 얄타체제는 유럽분단을 의미한다. 유럽분단의 중심에 독일이 놓여 있다. 유럽의 어떤 국가도 독일처럼 유럽 중앙에 위치하면서 동 · 서를 가르는 국경에 인접해 있지 않다. 독일이 분단된 유럽에서 분단된 채 중앙에 위치(critical position)한 유일한 국가라는 것이다. 이 같은 지리정치학적 이유로 독일의 동방정책이 차지하는 비중이 매우 높았다.

이런 이유에서 유럽의 분단은 독일의 분단의 문제가 된다. 뒤집어 말하면 유럽문제(die europäische Frage)가 곧 독일 문제이다. 이는 다시 얄타체제가 풀어야 할 두 질문, 즉 유럽문제와 독일 문제의 핵심이 된다. 먼저 유럽문제란 어떻게 평화적인 방법으로 유럽분단의 얄타체제를 극복할 것인가? 즉 어떻게 유럽의 평화질서를 구축할 것인가를 말한다.[166] 따라서 유럽문제는

166) Ash(1995). p.14: 이는 다시 입장에 따라서 ① 상대적으로 뒤처진 유럽경제의 회복, ② (서)유럽 공동

(서)유럽통합의 발전과 맥을 같이하게 된다. 독일 문제는 어떻게 서독이 정상국가로 복귀할 것인가? 즉 어떻게 독일 분단을 극복할 것인가란 독일의 통일문제를 말한다. 이 시기 함께 다루어져야 했으나 다루어지지 않은 질문인 중부유럽 문제는 1980년대 다시 불거지게 되었다.

전자의 경우 유럽 차원에서 유럽문제에 대한 접근은 프랑스를 중심으로 서독을 유럽통합의 틀에 묶어두는 데서 시작되었다. 블룸(Leon Blum)이 이 점에 대해 잘 지적하고 있다: "우리는 증오를 증오로써 해결할 수 없고, 폭력을 폭력으로써 해결할 수 없다. 그렇지만 우리는 독일 문제를 반드시 해결해야만 한다. 독일의 침략성을 평화적으로 그리고 근본적으로 제거하는 유일한 길은 독일을 유럽 국제 공동체 안으로 끌어들이는 것이다."[167] 이 같은 유럽통합정신은 슈만의 슈만플랜(the Shuman Plan)제안과 이를 받은 모네의 유럽석탄철강공동체의 출범으로 현실적 초석을 다졌다. 결과적으로 "독일 문제를 어떻게 처리하며 동시에 유럽문제를 어떻게 처리할 수 있는가 하는 문제가 유럽통합이라는 개념을 낳게" 되었다는 것이다.[168] 후자의 경우 서독이 독일 문제를 푸는 해법 역시 (서)유럽통합에서 시작되었다. 이 점에 대해 보다 자세히 살펴보자.

3.1. 친서방정책과 동방정책

유럽통합 · 독일통일 · 동방정책(ostpolitik)은 상호 간 밀접히 연결되어 있다. 다시 말해 동방정책의 성공이 독일통일로 이어지고 그 결과 유럽통합이 촉진된다는 논리이다. 이 관계를 잇는 논리적 사다리는 소련(동구권)을 상대로 한 교역정책에 있다.

체 통합의 심화 및 발전, ③ 특히 안보문제와 관련해서 (서)유럽 공동체와 미국과의 관계 등으로 세분되기도 한다.

167) 노명환. 2000. "독일의 분단 · 통일 과정과 유럽통합사의 이중주", 『유럽연구』 여름(통권 제11호), p.91. 재인용.

168) 이기택. 1990. "유럽통합의 전망과 국제정치에 미칠 영향", 『사회과학논집』 제21집, p.7.

소련을 상대로 한 독일의 전통적인 교역정책은 '평화를 살 수 있다'는 신념에 따른 것이다. 평화를 사들이기(Buying peace)는 독일과 소련 사이에 무조건적인 긴밀한 경제적 유대로 인해 장기적으로 볼 때 정치적 이득을 얻을 수 있다는 신념을 말한다. 평화를 사들이기는 무조건적인 교역의 추구와 원조·차관 제공에 조건을 달지 않는 것을 의미한다. 그런 만큼 평화를 사들이기는 동방정책의 경제적 내용을 이해하는 데 있어서 결정적이다. 이 점은 다시 서유럽 연맹 내에서 독일의 위상정립에 중요한 요인이 된다.

냉전의 발발과 더불어 독일의 소련(동구권)과의 교역은 논쟁적인 정치문제가 되었다. 미국의 전후 주요 정책적 대상 중에 하나는 경제, 군사적 측면에서 서독을 서유럽공동체에 성공적으로 통합시키는 데 있었다. 1949년 12월 15일 (마샬플랜으로 불리는) 미국과 서독 사이에 조약이 체결되었다. 이 조약에 따라 새 서독정부는 서독의 교역은 서방에 중심으로 할 것과 수출주도경제정책을 실시하게 되었다. 서독은 마샬플랜의 대가로 소련 블록에 대한 미국의 봉쇄정책에 보조를 맞추어야 했다.

서독 정부의 이 같은 약속 실천은 독일의 경제적 분단을 가속시켰다. 1953년 아데나워가 미국을 방문했을 때 국무부 장관 둘레스(John Foster Dulles)는 아데나워에게 만약 서독이 미국이 작성한 동·서 교역에 대한 프로그램을 어기면 미국은 서독에 대한 모든 지원을 끊어버릴 수 있다고 경고를 하였던 것이다. 이렇게 해서 서독은 소련(동구권)과의 교역에서 소극적으로 바뀌었다. 왜냐하면 소련(동구권)과의 교역은 미국에 대한 불복종을 의미하기 때문이다.[169)]

이로 인해 소련(동구권)과의 접촉에서 독일교역정책의 가장 중요한 예외가 1950－1960년대 일어났던 것이다. 아데나워가 미국의 봉쇄정책을 강력하게 고수했기 때문이다. 이때는 공식적인 독일교역정책의 주요한 불연속 시기에 해당한다. 힘의 정치(policy of power)의 일환으로써 동독과 총체적

169) Helene Seppain. 1993. "European Integration, German Unification and the Economics of Ostpolitik", Kurz, Heinz D.(ed.). 1993. *United Germany and the New Europe*(Edward Elgar), pp.73－4.

파국을 피하고 서베를린과 연락을 유지시키는 수단인 내독 교역과 소련(동구권)에 대한 미국에 동조하는 아데나워의 완강한 봉쇄정치의 고수 사이에 직접적 충돌을 빚었다. 1961년 8월 베를린장벽이 축조된 이후 아데나워 정책의 실패는 드러나기 시작했다. 소련과 동독이 서독을 희생삼아 다른 서방권과 교역을 텄기 때문이다.

2차 베를린 위기(1958－1961년)와 장벽 축조 이후 협상수단으로써 교역을 이용했던 아데나워 정책의 실패는 베를린에 대한 양보를 얻은 것을 계기로 소련(동구권)에 대한 서독교역정책의 화해적 분위기 조성을 강요받았다. '평화 사들이기'란 구정책에 대한 사면이 개정된 독일정치(Deutschlandpolitik)라는 맥락 내에서 이루어졌다. 1960년대 중반 이후 서독정부는 장기적으로 독일 분단에 대한 논의를 가능하게 만들 수 있는 토대를 만들기 위해서 소련(동구권)과의 교역을 촉진시킬 것을 원했다. 이후 내독교역은 양 독일의 분단의 인간화(Humanisierung der Teilung)를 촉진시키게 되었다. 동독과 소련(동구권)과의 경제관계는 정치적 관계를 향상시키는 수단이 되었다.

콘라드 아데나워(K. Adanauer)가 서독의 통일보다는 독일연방공화국의 외교 및 안보정책에서 유럽통합인 친서방정책[170]에 정책의 우선권을 부여했던 이유가 여기에 있었다. 결과적으로 아데나워 독일정책의 미국화(Americanization)는 실패했으나 서독의 서유럽으로의 통합은 성공적이었다. 즉 아데나워 시기 '평화 사들이기' 정책은 단절되었으나 이 단절로 서독은 서방국가들로부터 주권을 인정을 받게 되는 예상 밖의 외교적 성과를 거두게 되었다.

1950년 프랑스 외상 슈만은 슈만플랜을 제시하였다. 아데나워도 이 제안을 수용했다.[171] 양국의 관계는 드골이 대통령에 취임하면서 더욱 돈독해졌

170) Imanuell Geiss(1997), p.93: 아데나워의 친서방정책을 잘 묘사하고 있는 것이 아데나워의 '자석이론'이다. 자석이론이란 경제적으로 매력적이고 정치적으로 안정적인 서독의 힘이 언젠가 평화와 자유 상태에서 동독의 가맹과 함께 통일은 가능할 수 있다는 데 있다.

171) 황여주・이승근. 2003. "초기유럽연구통합 과정에서 냉전의 영향: 마샬플랜과 슈만플랜을 중심으로", 『국제지역연구』 제7권 제1호, pp.268－271. 슈만플랜의 목적은 군사적, 경제적, 통합적 배경을 가지고 있다. 첫째, 군사적 목적: 냉전이 심화되자 영국과 미국은 소련에 대한 견제로 독일의 경제적・정치적 재건을 용인하는 쪽으로 입장을 정리하게 되자, 프랑스는 한편으로 공산주의의 위협을 봉쇄하고 다른 한편으로는 장래의 독일의 위험을 사전에 봉쇄하는 이중의 효과를 노린 것이 슈만플랜이란 것이다. 둘째, 경제적 배경: 슈만플랜은 독일 자원에 대한 접근을 통해 프랑스 경제부흥을 목적으로 하고 있다는

다. 그는 유럽에서 미·소를 견제하기 위해 정치·경제적으로 강력한 국가인 서독을 파트너로 선정하고 1963년 엘리제조약을 체결하였다. 프랑스와의 우호적인 관계는 브란트, 슈미트, 콜로 이어졌다.[172] 결과적으로 아데나워의 친서방정책은 이후 북대서양조약기구 및 유럽공동체의 가입 등 보다 구체적 성과로 나타났다. 이로써 나토와 유럽공동체의 경계가 또한 서독외교정책의 경계가 되었다.[173]

아데나워의 친서방정책은 빌리 브란트(Willy Brandt)의 동방정책으로 이어졌다. 브란트는 유럽통합을 아데나워처럼 국시(國是)의 핵심요소로써 천명하는가 하면 대동유럽 화해정책의 필요성에 대해 강조하였다. 브란트는 "동·서대결의 시발점이며 동·서대결의 실질적인 국경선이 되고 있는 분단된 독일의 역할이 냉전을 극복하고 평화로운 하나의 유럽을 이루는 데 있어서 열쇠임을 인식했던" 것이다.[174] 다시 말해 독일의 운명은 유럽의 운명과 밀접하게 연결되어 있어서 유럽의 분단이 선 해결되어야 독일의 분단이 극복될 수 있다는 것이다.[175]

그러나 브란트의 동방정책은 나토에 대한 지속적이고 성실한 서독의 지지에 대해 많은 미국인들이 의심케 하는 계기가 되었다. 이들은 서독이 중립으로 방향전환을 하는 것에 두려움을 가졌다. 서독정부는 이런 의심을 일축하였다. 동방정책은 유럽에서 안정과 화해라는 목적을 강화시키고 그리고 바르샤바조약기구 역외 지역에서 소련의 군사 행동에 대한 동기를 경감시키는 것이라고 서독정부는 강조했다.

것이다. 셋째, 유럽 통합적 배경: 마샬플랜의 시행으로 독일의 재건이 가능해지자, 프랑스는 다른 방법으로 독일을 통제하려 했는데, 이런 의도는 마샬플랜에 비해 보다 초국가적인 성격, 즉 유럽의 평화확보와 이를 바탕으로 한 유럽의 통합을 지향했다는 것이다. 한편 아데나워가 슈만의 제안을 수용한 이유는 첫째, 아데나워도 유럽의 통합에 대한 이상을 슈만과 함께 공유하고 있었다는 점이다. 둘째, 아데나워는 슈만플랜의 참여로 유럽과 국제사회의 일원이 될 수 있다고 믿었다. 셋째, 국제루르관청의 제거를 통해 경제주권을 회복하려 했기 때문이다.

172) 박래식. 2005. "독일문제가 유럽통합에 미친 영향과 아시아의 공동협력체제에 주는 시사점," 『한국동죽아논총』 제34집, pp.87－88.

173) 서준원(1998), "독일 통일정책에 대한 재조명: 콘라드 아데나워 통일정책을 중심으로", 『국제정치논총』 제38집, p.237. 참조.

174) 노명환(2000), pp.97－98.

175) Helene Seppain(1993), p.79.

그의 정책은 1972년 폴란드 · 소련과 동방조약 그리고 동독과 기본조약체결을 시작으로 해서 1973년 유엔과 1975년 유럽안보협력회의(CSCE)의 양 · 독 동시가입으로 이어졌다. 결국 브란트의 동방정책은 접근을 통한 변화를 통해 동 · 서관계의 안정화를 꾀한 긴장완화정책이었다. 브란트의 동방정책은 슈미트에 의해 계승되었다. 슈미트(Helmut Schmidt)는 사민당의 관심은 소련과의 교역을 발전시키는 데 있음을 강조했다. 평화 사들이기는 1980년대 서독이 다른 경제개발협력기구(OECD)국가보다도 소련(동구권)과 교역을 증가시킨 것을 의미했다.

이 과정에서 18여 년간 외교정책(1974－1992년)을 일관되게 이끌어 온 전 외무부 장관 한스 디트리히 겐셔(H. D. Genscher)의 역할이 지대했다. 겐셔는 1945년 독일외교정책의 전통을 지속시켰으며 1914년과 1933년의 고전적 권력정치 추구보다 다원주의를 국가외교정책의 우선 수단으로 간주했다. 겐셔는 서독이 국제체제의 보증자이기보다는 상호의존의 그물망 내에서 서독의 외교정책을 대등하게 하는 국제체제 내 한 행위자로 머물길 원했다. 혹자는 이런 점 때문에 서독을 상업국가라 규정한다. 이들에게 있어서 서독의 외교정책은 상인의 형태와 역할로 이해되었다. 이렇게 볼 때 본(Bonn)의 외교정책은 방해받지 않는 교역을 통해 독일이익의 확보와 국제기구의 안정에 주된 관심을 두었다는 것이다. 그리고 겐셔는 상업 국가적 외교정책의 충실한 대변자인 셈이다. 이를 겐셔리즘(Genscherismus)이라 부른다. 여하튼 이런 외교정책의 결과 '경제거인 정치 난쟁이'이라는 정체성 괴리에 서독이 자족하게 되었다는 비판도 있으나[176] 겐셔리즘은 서독의 민족적 권력의 부재를 나토와 유럽공동체의 권력요소와 통합시켰으며 새로운 동방정책의 시작에서 독일통일의 재건까지 20년 동안 특수한 서독 외교정책의 경계를 넘지 않았던 것이다.

결과적으로 아데나워의 친서방정책 브란트의 동방정책 그리고 겐셔의 겐셔리즘은 서독의 유럽문제에 대한 접근방식이었다. 유럽문제해결 없이 곧

176) 김성형. 1997. "유럽통합과 독일의 새로운 딜레마", 『한국과 국제정치』, Vol.27, No.1, p.293.

독일 문제해결이 가능하지 않았다고 보았기 때문이다. 이 접근방식은 표현을 달리하면 서독의 유럽통합정책에 해당한다. 이로써 유럽은 유럽통합의 추진에서 '공동의 적'과 원만한 관계를 유지할 수 있었던 것이다.

3.2. 서독의 국익

유럽통합과 관련해서 독일은 자유주의적 신기능주의 입장보다 자유주의적 정부간주의에서 이해해야 한다는 근거 중 하나가 바로 주권민족국가의 국익추구의 문제이다. 이 점에 대한 반론부터 말하면 '내가 알아서 한다' 식의 '배타적 주권'을 행사하는 주권국가의 국익추구를 액면 그대로 독일에 적용하는 데는 무리가 뒤따른다는 것이다.

현실주의(자)의 외교정책의 목표는 국익(national interest)이다. 국익이 강조되는 배경에는 무엇이 타 국가와의 관계에서 최선인가? 무정부적 국제체제에서 국가(민족)는 위험하다. 조약체결로 국가의 자유권 행사가 외적 제약을 받는다 등이 있다. 따라서 현실주의(자)는 국가이익의 화신으로서 국가의 역할을 강조한다. 구체적으로 외교정책 평가에서 현실주의(자)가 강조하는 국익은 주로 국가안보에 맞추어져 있다. 국가안보, 즉 지하자원과 국경의 수호가 국익이라는 것이다.[177]

그런데 국익의 주체로 독일을 말할 때 프랑스가 국익의 주체라는 것과 달리 애매한 개념 적용이 될 수 있다. 몇 가지 이유를 들 수 있다. 첫째, 개념이 모호하다. 영국의 시민이 민족(Nation)을 말할 때 이는 국가(state)나 4개(잉글랜드, 웨일즈, 스코틀랜드, 아일랜드)의 인종(Volk)을 말한다. 국제문제와 관련해서 국익을 말할 때 이때는 국가, 즉 영국을 의미한다. 반면에 독일의 경우 ① 민족과 인종 ② 동 · 서 독일 ③ 국가민족(Staatsnation)과 문화민족(Kulturnation)을 구별해야 한다. 그런데 대개의 경우 이들의 의미와 개념을 구별하지 않고 있다. 둘째, 독일이 분단된 연방제국가라는 점이다. 많은

177) I. Mclean and A. Mcmi8llan(eds.). 2003. *Politics*(Oxford: Oxford University Press), p.360.

독일 정치인에게 국익에 대한 개념정의는 국가의 이익에서 출발은 하나 이 때 국가는 대개가 주정부를 의미한다. 특히 분단 상황에서 독일의 정치인들은 국가이익이라는 것에 익숙하지 못했다. 뿐만 아니라 국익을 말할 땐 서베를린을 따로 떼어 놓고 언급할 필요가 있었다. 특히 브란트는 2국가 1민족(two state one nation)이란 실용적인 개념을 고안했다. 동구정치체제에 대한 점증적 인정은 독일인 사이의 정치적 일체성에 대한 모든 요구를 감소시키는 결과를 초래하였다.

셋째, 독일의 경우 국가이익(das nationale Interesse)은 민족이익(das deutsche Interesse: 독일민족이익)을 말할 때 그 의미가 보다 분명해진다. 그러나 어떤 국가도 국익을 민족이익 차원에서 등치시키지는 않는다. 여하튼 지리적으로는 동유럽과 (구)소련, 바나트(Banat)에서 볼가(Wolga)에 걸쳐 살았으며 기본법 116조의 1937년 12월 현재 독일제국이 팽창된 영토에서 살던 독일인들의 이익이 국익에 해당한다. 현재 서독에 거주하는 서독인만이 국익 수혜의 대상이 아니라는 점이다. 다시 말해 이를 두고 국익이라고 말할 때 독일의 정치 계급들은 이의를 달지 않는다는 것이다.[178] 이 같은 정치적 분위기는 타 국가에서는 찾기 어려운 헌법애국주의(Verfassunfspatriotismus)에 대한 국민적 공감을 확산시키는 방향으로 이어졌다.

이 같은 논의 못지않게 중요한 점은 서독과 통일독일이 1945년 이후 유럽의 국경질서를 깨지 않았다는 것이다. 만약 통일독일이 1945년 이전의 국경질서를 고집했다면 이는 유럽통합을 깨자는 것과 같다. 독일은 2+4회담에서 이 점을 분명히 불식시킨 바 있다. 결과적으로 이런 독일의 결단은 정부간주의가 말하는 국익, 즉 국경을 수호하는 일과는 거리가 먼 것이다. 따라서 독일은 국익추구보다 유럽이익, 즉 유럽의 평화질서를 추구했다고 볼 수 있다. 결과적으로 2+4회담은 또 하나의 독일의 유럽통합정책에 해당한다.

178) Ash(1995), pp.55－7; Emanuel Richter. 1993. “German Unification and European Integration: Points of Tension in Community Building”, Kurz, Heinz D.(ed.). 1993. *United Germany and the New Europe* (Edward Elgar), p.193.

Ⅳ. 유럽통합과 통일독일

1989년 동유럽이 붕괴되기 시작하더니 1990년 10월 분단 독일이 통일되고 1991년 소연방이 해체되었다. 유럽은 얄타(Jalta)체제가 해체되면서 탈얄타(post－Jalta)체제에 관심을 쏟게 되었다. 2차 세계대전 이전의 상황이 재현되었기 때문이다. 영토, 인구, 경제력으로 타의 추종을 불허하는 통일독일이 유럽의 중심부에서 똬리를 틀게 되었기 때문이다. 다시 말해 독일민족국가의 '위험한 크기'(critical size: 인구, 영토, 경제력)에 대한 문제가 제기된 것이다. 독일의 특별한 경로(deutsche Sonderweg)에 대해 계속되어 온 역사적 논쟁은 또다시 독일의 '위험한 크기'를 고려할 때 주변국들이 이를 들먹이지 않을 수 없는 상황이 재현된 것이다.

통일독일이 경제 대국 정치 난쟁이에서 유럽을 중심으로 정치 · 경제 대국으로 탈바꿈하는 것이 아닌가에 민감한 반응을 보인 국가 중에서 가장 촉각을 곤두세운 국가는 역시 프랑스다. 프랑스식 염려 곧 정부간주의론자들의 주장은 통일독일이 분단국 시절에 동방정책을 통해 국익을 챙겼듯이 통일 후 신동방정책을 통해서 유럽 중앙의 맹주가 되려 한다는 것이다. 따라서 전후 서독을 유럽통합에 묶어 두었듯이 통일독일도 유럽통합에 묶어 두어야 하는데 독일이 더 이상 주권행사의 제약을 받지 않게 되자 이제 유럽연합을 자기 입맛에 맞게 요리하고 있다는 식의 주장을 펴면서 이론 적용의 정당성을 부여하고 있는 것이다.

이 같은 주장의 전제는 통일독일의 주권행사가 타국의 이익을 억누르고 자국의 이익을 철저히 관철시키는 데 행사되었는지 회원국들의 국익을 교란시키는 데 행사되었는지 유럽통합 과정에서 일탈하여 유럽통합의 이익에 반하는 데 행사되었는지를 우선적으로 규명하고 논증하였을 때 비로소 성립될 수 있는 것이다. 규명과 논증작업이 선행된 이후 이를 토대로 결론을 도출해도 늦지 않다는 것이다.

그런데 위의 전제에 따른 결론과 달리 독일은 통일과 무관하게 일관된 친

유럽통합정책과 동·서를 잇는 가교역할을 통해 유럽의 새로운 질서가 평화적으로 정착되도록 크게 기여를 하였다. 다시 말해 통일독일은 다른 어떤 유럽국가보다도 유럽 공동체의 지향점인 경제적 통합을 통해 (서)유럽민족국가를 정치적 통합으로 결합시키는 데 건설적인 역할을 담당하고 있다는 것이다.[179)]

통일독일의 국가 행보가 이렇다고 했을 때 자유주의적 정부간주의를 기준으로 한 독일의 유럽통합정책에 대한 이해는 부적절하며 자유주의적 신기능주의의 확장된 이론에 따라 독일의 유럽통합정책의 관계를 설명할 수 있다고 논조가 바뀌어야 하겠다. 여기서는 통일독일의 국가 행보로 첫째, 신동방정책에 대해 다룬다. 이를 통해 1990년대 이후 통일독일의 일관된 유럽통합정책의 내용을 살핀다. 둘째, 정부간주의의 한 유형인 자유주의적 정부간주의 이론에 대해 반론을 제기한다. 이를 통해 다시 한 번 이 이론 적용의 무용성을 입증한다.

4.1. 신동방정책

쿠퍼(R. Cooper)는 산업화된 서방국가의 경우 개별 국가가 타국가의 국민경제에 영향을 받게 되면서 경제정책의 입안부터 타국에 미칠 효과를 고려해야지 이를 고려하지 않고 경제정책을 수립하게 되면 경제정책의 목표를 달성할 수 없게 되는 순간에 도달하게 되었다고 주장하였다. 아무리 막강한 경제적 지위에 있는 국가라 할지라도 자국의 경제정책이 무역 당사국의 정책에 부합되지 않으면 실패한다는 점을 명심해야 한다는 것이다.[180)] 그런데 이 같은 쿠퍼의 분석은 약간의 분칠을 하게 되면 정치영역에서도 적용이 된다. 정치영역에서의 적용은 다음의 전제에서 출발한다. 즉 “유럽연합은 외부의 정치·경제적 충격에 대해 공동으로 대응하는 것이 개별국가가 대응하는 것보다 효율

179) Emanuel Richter(1993), p.195.

180) Peter A. Busch(1978), pp.547-8.

적이라고 판단되면 통합과정을 심화시키는 경향이 있다"는 것이다.[181]

1990년대 유럽은 예기치 못한 변화에 직면하게 되었다. 동유럽 공산주의의 붕괴, 독일통일, 소련붕괴로 이어지는 유럽의 기존 질서가 해체되면서 유럽의 새로운 질서 구축의 문제에 직면하게 된 것이다. 다시 말해 유럽의 질서가 불안정에 빠지게 되었는데 이를 대처할 수 있는 능력이 개별국가의 경우 부족했다는 것이다. 결론부터 말하면 개별국가들이 손을 놓고 있을 때 유럽(연합)공동체 회원국들의 우려와 기대에 부응하여 소련을 돕고 유럽연합의 동진에 기술적 · 재정적 도움을 주는 데 앞장을 섰던 국가가 바로 독일이란 것이다. 이런 도움이 유럽통합의 지름길이 될 것임을 독일은 전통적인 교역정책을 통해 이미 잘 알고 있었기 때문이다.

독일이 일찍이 고르바초프의 개혁에 반응을 보인 점은 따라서 우연이나 국익을 챙기기 위한 단견적 술수는 결코 아니었던 것이다. 독일은 이미 소련과 동구권과의 경제적 유대를 쌓는 데 본의 역할이 중요함을 간파했던 것이다. 앞서 언급했듯이 콜은 고르바초프에 대한 도움이 모스크바를 보다 위험한 위협의 대상으로 만드는 것이라는 생각, 즉 냉전 철학에서 벗어나는 것이 시급하다는 점을 역설하였다. 1990년 7월 휴스턴(Huston)에서 개최된 선진 7개국 모임에서 콜(Helimut Kohl)이 소련에 대한 무조건적인 경제 지원을 허락할 것인지를 문제화했기 때문이다. 한편으로 대처(M. Thatcher)의 지지를 받은 부시(J. Buch)는 경제적 지원을 시장경제로의 장기적 이행과정 및 무기감축과 연결시킬 것을 선호하였다. 다른 한편으로 미테랑의 지지를 받은 콜은 즉각적으로 조건 없이 150억 달러 이상을 소련에 지원할 것을 주장하였다. 고르바초프도 독일이 소련을 위한 경제적 · 기술적 지원을 안전하게 하는 교량처럼 행동한다고 보았다.[182]

1991년 8월 소련의 쿠데타 실패는 민주주의 발전에 경제적 발전이 긴밀히 연결되어 있음을 보여주었다. 이 점이 1990-1991년 콜이 선진 7개국 모임에서 분담분배를 요구한 배경이다. 1992년 콜은 선진 7개국 의장국으로

181) A. Warleigh(2004), pp.59-60.

182) Helene Seppain(1993), pp.75/83-4.

서 동구의 지원확대와 분담분배를 재차 요구했다. 이는 또다시 동·서를 잇는 가교역할을 담당한 것이다. 다른 한편 1989－1990년 신생 민주 동구 정권은 교역과 재정적 지원을 소련이 아닌 서구에 요청하였다. 그러나 유럽공동체와 미국의 동구지원약속은 예산수요에 훨씬 모자랐다. 둘로 나뉜 유럽을 하나로 통합시키겠다는 약속은 지켜지지 않았다. 반면에 독일은 서독이 1950년대에 했던 것처럼 동유럽이 서유럽의 민주주의 가치 공동체와 제도 속으로 통합되어서 안정되는 것에 관심이 많았다.[183] 이 과정에서 불가하게 독일은 전통적 서구국가들의 의심을 샀다. 독일의 이 같은 관심을 두고 정부간주의론자들이 신동방정책이란 말을 무성하게 만든 것이다.

통일 후 독일의 동구권에서 평화 사들이기 정책 추구는 서방 동맹국의 의심·두려움과 마주하게 되었다. 이 같은 염려는 유럽공동체 내에서 독일 경제의 우위와 동·서 사이에 위치한 독일의 지리정치학적 위치와 연계된 것이다. 1989년 11월 베를린 장벽의 붕괴 이후 1989년 12월 스트라스부르(Strasbourg)에서 개최된 유럽공동체 정상회담의 의제는 첫째, 경제 통화동맹과 둘째, 독일통일을 인정하는 선언이었다. 그렇다면 심화를 역설한 프랑스와 이탈리아는 이를 이용해 독일의 통일을 방해하려 든 것인가? 그러나 심화를 지지하는 누구도 소리 내서 이 입장에 대해 확인해 주지 않았다. 독일 문제에 대해 편하지 못한 심사를 가진 몇몇 국가들이 자신들의 강박관념을 과장시킨 것이 신동방정책에 대한 부정적인 입장이라 하겠다.[184]

1980년대 말 얄타체제가 붕괴되면서 동유럽 국가는 체제전환을 하게 되었다. 유럽이 구체적으로 유럽연합의 회원국들이 이들 국가를 통합을 통해 유럽연합 안으로 끌어들이는 데에는 외교적·정치적·경제적으로 막대한 비용을 지불해야 비로소 가능한 일이었다. 반면에 만약 통합을 배제한 채 유럽대륙에 새로운 정치·경제적 질서를 구축하는 일이 실패한다면 유럽이 이에 대한 대가로 지불해야 하는 비용은 전자의 경우 지불해야 하는 비용의

183) Matthia Jopp. 1996. "Germany and EU Integration", p.107 in: K. Kaiser and M. Brüning(eds.), *East－Central Europe and the EU: Problems of Integration*(Europa Union Verlag).

184) Helene Seppain(1993), p.77.

수십 배에 달할지도 모르는 일이었다. 이런 점에 대한 고려에서 독일이 유럽연합의 확대라는 정치 · 전략적 합의를 회원국과 동유럽 국가 특히 중부유럽 국가를 대상으로 자문 및 경제적 지원에 나섰던 것이다. 결과적으로 "네가 나서 주면 너를 신임하겠다" 식의 신탁을 받은 독일이 민주주의와 시장경제의 확립을 위해서, 즉 성공적인 체제전환을 위해서 동 · 서를 잇는 가교 역할을 떠맡았던 것이다.

그런데 자유주의적 정부간주의는 독일이 중부유럽에서 경제력을 바탕으로 한 국익을 실현시키고 있다고 주장한다. 마르크(Mark) 경제권을 중 · 동부유럽으로 확대시키고 있다는 것이다. 이 점은 통일독일이 독일이 지배하는 분리된 경제시장으로서 중부유럽(Mitteleuropa)이라는 독일 독트린을 재등장시키고 있다는 억측과 맥을 같이하는 것이다. 신생 민주국가 동구는 독일의 신식민지로 전락하는 것보다 유럽연합의 가입 예비국, (후에) 회원국이 되는 것에 더 만족해하고 있다. 독일도 유럽연합의 일원으로서만이 경제대국을 유지할 수 있다는 점과 이를 방탕으로 동 · 서를 잇는 가교 역할을 떠맡을 수 있음을 충분히 알고 있다.[185] 이런 맥락에서 신동방정책도 통일독일의 유럽통합정책의 일관성에서 이해되어야 할 것이다. 패더럴 트러스트(The Federal Trust)도 조기총선으로 2005년 11월 출범한 메르켈 대연정 정부의 대유럽연합정책 · 이데올로기에는 변화가 없다고 논평하고 있다.[186]

4.2. 자유주의적 정부간주의

자유주의적 정부간주의의 주장은 <표 11-2>에서 제시했듯이 조약의 개혁과 예산의 협의 등은 정부 간 협상으로 이를 통해 통합이 진척된다는 데 있다. 통일독일의 유럽연합정책이 이 주장에 따르고 있는지를 검증해 봐야 하겠다. 먼저 예산문제로 독일이 공동농업정책(CAP)의 개혁과 유럽연합

185) Helene Seppain(1993), "European Integration, German Unification and the Economics of Osypolitik", in: *Heinz D. Kurz*, p.84.

186) *The Federal Trust*, 2005년 12월 18호.

의 동진전략에 힘입어서 유럽연합의 제도개혁을 독일 의도로 관철시키고 있다는 자유주의적 정부간주의의 주장에 대해 반론을 펴보자.

단적으로 말해서 이 지적은 프랑스에 해당하지 독일의 경우는 적절하지 않다고 본다. 프랑스는 유럽연합이 독일 중심의 유럽으로 정치적 힘이 쏠리는 것과 유럽의 현안에 대한 영향력 상실이란 위기에 직면하게 되었다. 이를 타개하기 위해 프랑스는 독일과의 정상회담을 통해 유럽연합의 제도개선을 약속하고 현안인 유럽연합의 동유럽문제를 다루었다. 1994년 에센(Essen) 정상회담에서 프랑스 및 타 회원국은 동유럽의 예비가입전략에 대해 독일과 합의했다.[187]

여기서 다시 한 번 신동방정책이 통일독일의 유럽통합정책이란 점을 상기시킬 필요가 있다. 왜냐하면 1990년대 이후 유럽공동체가 맞이한 현안 중에 현안이 난민문제라는 데 있다. 구소련 및 동구권발 유럽으로의 난민유입문제는 더 이상 개별국가가 처리할 수 있는 수준을 넘어선 지 오래이다. 유럽공동체가 유럽요새로 전락했다는 비난을 받고 있지 않은가! 유럽공동체가 막다른 공동의 문제에 대해 그 진원지인 구소련 및 동구의 정치 · 경제문제 해결에 앞장서고 있는 정책이 통일독일의 신동방정책이라는 것이다. 따라서 독일발 유럽연합 동진은 공동의 유럽문제를 해결하기 위한 유럽통합정책이지 독일의 중부유럽을 부활시키자는 것과는 거리가 멀다 하겠으며 지금은 그 성과를 거두고 있는 시점에 서 있지 않은가!

독일이 예산 지원을 통해 '빅딜'(big deal)을 한다는 것이다. 주지하다시피 독일은 유럽공동체 · 유럽연합의 최고 수준의 기부국가이다. 돈을 많이 기부하는 대신 독일이 회원국으로부터 얻을 것을 얻어 내서 독일 의도의 유럽연합제도개혁을 주도하고 있다는 주장이다. 새 식구가 들어오면 집안의 공간배치도 달라지는 것 아닌가! 여하튼 이런 주장과는 달리 "독일은 자국이 공동체에 재정을 지원하는 것이 자국의 이익만을 대변하기 위한 수단이 아니

187) M. Jopp(1996), p.112; 박채복. 2000. "동유럽국가의 EU가입과 유럽연합의 대응", 『유럽연구』 제11호; 이규영. 2001. 『유합연합(EU)의 중동유럽확대: 라켄 유럽이사회까지 현황과 전망』(서울: 대외정책연구원).

라 공동체의 발전과 화합을 깨뜨리지 않는 방향으로 이용되는 것을" 바란다는 주장이 더 설득력이 있어 보인다.[188] 왜냐하면 통일독일이 국익을 챙기기 위해 회원국들과 협상하기보다는 서독정부 시절 추구했던 국내정치가 유럽정치이고 유럽정치는 유럽통합정치라는 일관된 입장을 통일 후에도 계승하고 있기 때문이다.

끝으로 자유주의적 정부간주의의 주장과 다른 이상주의적 자유주의가 독일의 유럽통합정책에 적합한 분석틀이라는 주장은 통일독일이 주권의 일부를 초국가기구인 유럽연합 또는 유럽통합의 최종적 목표인 유럽합중국에 부합되는 유례가 없는 판결과 헌법수정을 통해 입증해 보이고 있다는 데 있다. 이런 점은 구체적으로 독일연방헌법재판소가 1992년 유럽공동체 설립조약(EC, ECSC, Euratom)을 헌법증서(Verfassungsurkunde)라고 판결한 점에서 찾을 수 있다. 헌법증서는 유럽연합이 말하는 연합헌법에 해당한다.[189] 뿐만 아니라 앞서 언급했듯이 통일독일은 1992년 12월 독일 기본법 23조를 "유럽연합의 발전을 통한 통일유럽의 실현에 책임이 있다"로 부분 수정하였다. 이런 점은 메르켈 정부에서도 일관되게 나타나고 있다. 메르켈 대연정 정부는 유럽헌법에 '조기 경보제도'(early warning system) 조항을 가능한 한 빨리 도입할 것을 적극 주장하였다. 조기 경보제도는 회원국 의회를 유럽연합(EU)의 의사결정 과정에 참여시킴으로써 유럽연합국 시민과 유럽연합 기구들 사이에 놓인 정치적 · 심리적 거리를 줄여보자는 안을 말한다. 이 안에는 유럽연합의 결정사항이 회원국 의회의 비준 절차로 넘어가서 부결되는 것을 사전에 막기 위한 완충장치 곧 안전판을 마련해서 비준통과를 이끌어 내겠다는 정치적 복선이 깔려 있다. 이렇게 독일은 통일 전 · 후나 대연정에 관계없이 일관되게 유럽통합에 정성을 쏟는 보기 드문 유럽연합 회원국이다.[190]

188) 김성형(1997), p.295.

189) 정창화. 2002. "유럽통합모델과 남북한 통합모델간의 비교분석", 『행정논총』 제40권 제4호, p.139.

190) *The Federal Trust*. 2004년 2월 3호/2005년 12월 3호 18호.

Ⅴ. 결 론

할슈타인은 "정치이론이 실제 정치 후에 나타난다"면서 유럽통합이론의 부정확성을 지적한 바 있다. 유럽통합이론이 1960 – 1970년대 자유주의적 신기능주의, 1980 – 1990년대 자유주의적 정부간주의, 1990년대 후반 최근의 구성주의적 다층통치체제를 중심으로 이루어지고 있다는 점이 할슈타인의 지적을 잘 입증해 주고 있다고 볼 수 있다.

이런 지적에 대한 반론도 만만치 않다. 특정 시기 특정이론의 적용이 그것이다. 유럽통합이 가지는 특수성 때문에 가능하다는 지적이다. 그러나 특정 시기 특정이론을 적용할 수 있다는 것은 결과적으로 하나의 이론으로 유럽통합을 설명할 수 없다는 것이다. 이는 다시 말해 유럽통합이론이 아직 정립되어 있지 않다는 것이다. 때문에 이 글은 유럽통합이론이 아직도 진화 중에 있다는 점에서 출발하였다. 특히 독일의 유럽통합정책에 대한 이론적 평가가 진지하게 이루어지지 않았다는 데서 통합이론 적용의 문제를 제기하였다. 서독과 통일독일이 실행한 외교정책의 결과를 재구성해 보니 그것은 일관된 유럽통합정책이기 때문이다.

이제 이 문제제기는 독일의 유럽통합정책에 대한 이론적 평가는 신기능주의적 자유주의 이론을 확대 재구성해 보일 때 비로소 가능해질 수 있다는 데로 귀착되었다. 다시 말해 자유주의적 정부간주의 이론 적용은 독일의 일관된 유럽통합정책과 그 결과에 대한 평가에서 이를 두고 독일민족국가 이기주의로 환원시킬 수 없다는 것이다. 유럽의 평화와 유럽의 통일은 국제기구만이 아닌 일 국가의 일관된 외교정책으로도 실현이 앞당겨질 수 있음을 확인할 수 있었기 때문이다. 따라서 독일민족국가 이기주의로 환원시킬 수 없다면 그 평가 작업의 기준도 달라야 한다는 지적이다.

결과적으로 독일과 독일의 정치인은 지속적으로 유럽통합정책을 펴는 것이 유럽문제와 독일 문제를 푸는 해법이라는 점을 누구보다도 잘 알고 이를 실천에 옮겼다. 아데나워의 친서방정책, 브란트의 동방정책, 콜의 유럽의 독일, 기본법의 수정, 연방헌법재판소의 판결, 유럽연합 확대에 대한 회원국과 중부유럽 중재 등이 일관된 유럽통합정책에 해당한다는 것이다.

참고문헌

강원택. 2000. "유럽통합과 다층 통치체제: 지역의 유럽 혹은 국가의 유럽?"『국제정치논총』제40집 1호.

김미경. 2004. "유럽통합과 유럽 민주주의의 변화: 신탁적 위임(Fiduciary Delegation) 이론의 적용",『한국정치학회보』38집 2호.

김성형. 1997. "유럽통합과 독일의 새로운 딜레마",『한국과 국제정치』, Vol.27, No.1.

김승렬. 1999. "유럽통합 초기(1945－1957)에 있어서 기능주의(functionalism)에 대한 논쟁",『사학지』, Vol.23, No.1.

노명환. 2000. "독일의 분단 · 통일 과정과 유럽통합사의 이중주",『유럽연구』여름(통권 제11호).

박래식. 2005. "독일문제가 유럽통합에 미친 영향과 아시아의 공동협력체제에 주는 시사점",『한국동북아논총』제34집.

박재영. 2002.『국제정치 패러다임: 현실주의 · 자유주의 · 구조주의』(서울: 법문사).

박채복. 2000. "동유럽국가의 EU가입과 유럽연합의 대응",『유럽연구』제11호.

서준원, 1998. "독일 통일정책에 대한 재조명: 콘라드 아데나워 통일정책을 중심으로",『국제정치논총』제38집.

신욱희. 1998. "구성주의 국제정치이론의 의미와 한계",『한국정치학회보』, Vol.32, No.2.

최진우. 2004. "지역통합의 국제정치이론", 우철구 · 박건녕 편.『현대국제관계이론과 한국』, 사회평론.

이무성. 2007. "확장, 가치체계의 확산인가, 실익 계산의 결과인가?"를 학회 발표, "루마니아와 불가리아: EU가입 및 그 함의",『국제지역연구』, Vol.11, No.3.

이규영. 2001.『유합연합(EU)의 중동유럽확대: 라켄 유럽이사회까지 현황과 전망』(서울: 대외정책연구원).

이기택(1990). "유럽통합의 전망과 국제정치에 미칠 영향",『사회과학논집』제21집.

안성호. 2007. "루마니아와 불가리아의 EU가입 이후의 변화에 대한 정치경제학적인 비교연구",『동유럽연구』제19권.

양준희. 2001. "월츠의 신현실주의에 대한 웬트의 구성주의의 도전",『국제정치논총』, Vol.41, No.3.

장훈. 2000. "유럽통합과 다층적 체제의 등장",『한국과 국제정치』제16권 1호.

정병기. 2005. "세계화와 유럽통합: '작은 세계화'와 유럽통합과 유럽시민들의 반응", 『EU학 연구』, Vol.10, No.1.

정창화. 2002. "유럽통합모델과 남북한 통합모델간의 비교분석", 『행정논총』 제40권 제4호.

정해조. 1995. "통합이론의 관점에서 본 유럽통합과정과 전망", 『동국대유럽연구소: 유럽연구』, Vol.12－3.

조홍식. 1999. 『유럽연합의 이론』(성남: 세종연구소).

조홍식. 2008. "유럽 통합과 21세기: 현주소와 미래"(유럽연합과 동북아 공동체: 교훈과 전망: 한국국제정치학회)(2008년 10월 10일).

황영주 · 이승근. 2003. "초기유럽연구통합 과정에서 냉전의 영향: 마샬플랜과 슈만플랜을 중심으로", 『국제지역연구』 제7권 제1호.

한종수. 2003. "통합이론에 비추어 본 유럽통합과 한반도통합", 『유럽연구』 제17권.

Ash, Timothy Garton. 1995. *Im Namen Europas: Deutschland und der geteilte Kontinent* (Fischer).

Bitterlich, Joachim. 2004. *Das Europa der Zukunft*(Droste).

Busch, Peter A. 1978. "Germany in the European Community: Theory and Case Study", in: *Canadian Journal of Political Science*, Vol.11, N0.3.

Cameron, Fraser(ed.). 2005. *The Future of Europe: Integration and Enlargement*(Routledge).

Eichengreen, Barry · Freden, Jeffry · von Hagen, Jürgen(eds.). 1995. *Politics and Institutions in an Integrated Europe*(Springer).

Geiss, Imanuell. 1997. *The Question of German Unification 1806－1996* (London and New York: Routledge).

Hix, Simon. 1999. *The Political System of the European Union*(ST. Martin Press).

Kaiser, Karl · Brüning, Martin(eds.). 1996. *East－Central Europe and the EU: Problems of Integration*(Europa Union Verlag).

Kurz, Heinz D. (ed.). 1993. *United Germany and the New Europe*(Edward Elgar).

Lewis, David W. P. 1993. *The Road to Europe*(Peter Lang).

Mclean, Iain and Mcmillan, Alistair(eds.). 2003. *Politics*(Oxford: Oxford University Press).

Richter, Emanuel. 1993. "German Unification and European Integration: Points of Tension in Community Building", Kurz, Heinz D. (ed.), 1993. *United Germany and the New Europe*(Edward Elgar).

Seppain, Helene. 1993. "European Integration, German Unification and the Economics of Ostpolitik", Kurz, Heinz D. (ed.), 1993. *United Germany and the New Europe*(Edward Elgar).

Tsebelis, George and Garrrett, Geoffrey. 2001. "The Institutional Foundations of

Intergovernmentalism and Supranationalism in the Eruopean Union", *International Organization*, Vol.55, No.2(Spring).

Ulterwedde, Hwnrik. 1989. *Die Europäiscje Gemenschaft*(Berlin).

Warleigh, Alex. 2004. *European Union: The Basics*(Routledge).

Weidenfeld, Werner(Hg.). 1999. *Europa –Handbuch*(Bonn).

제3부

부 록

■■■ 제3부 부 록

제12장 부시 정부 이후의 남 · 북 · 미 관계: 6 · 15와 9 · 11

제13장 베를린 사회과학 연구센터

제14장 Eine kritishe Betrachtung der internationalen Verhandling zur Bildung des Fridens auf der koreanischen Halbinsel mit Berücksichting der deutshen Widervereininging (독일통일에 비춰 본 한반도 문제)

출 처

제12장: 2002년 9월 26일 『성대신문』에 실린 글을 일부 수정하였다.

제13장: "베를린 사회과학연구센터를 찾아서", 계간 『황해문화』, 1996년 여름, 통권 11호, pp.228－242에 실린 글을 일부 수정 · 보완하였다.

제14장: 2001년 10월 11일 한독국제심포지엄에서 발표한 원문이다.

제3부 부록에서는 보론 형식으로 다루고 싶은 글들을 모았다. '6 · 15와 9 · 11'은 강의를 듣던 성대 신문사 기자의 요청으로 2002년 9월 성대신문에 쓴 글이다. 현재 미국의 오바마 대통령은 9 · 11 이후 미국이 주도한 전쟁에서 철군을 서두르고 있다. 뿐만 아니라 쿠바 관타나모 미군기지 포로수용소에 수감된 죄수들을 일반 법정에 세우는가 하면 이를 폐쇄시키겠다고 밝혔다. 반면에 한국의 이명박 정부는 6 · 15에 이은 10 · 4 남북정상회담이 있었음에도 또다시 꼬인 남북관계 현안을 풀 해법을 제시하지 못하고 있다. 물론 일차적 책임은 북한에 있다. 이차적 책임도 북한에 있다. 때문에 지금은 김대중 · 노무현 정부 때 상대적으로 소원했던 "한미공조 하나만 성공시키면 다 깽판을 쳐도 괜찮다"는 식의 태도가 득세하지 않을까 하는 우려를 가지게 된다. "부부는 욕을 하면서 서로 닮아 간다"고 한다. 김대중 · 노무현 정부의 "남북대화 하나만 성공시키면 다 깽판을 쳐도 괜찮다"는 식의 태도가 우리 사회에 불러온 파장을 경계 삼아야 할 것이다. 2009년에 되새기는 6 · 15와 9 · 11의 함의는 이런 점에 있겠다.

'베를린 사회과학 센터'는 사회과학을 공부하는 저자에겐 한국에도 있었으면 하는 선망의 대상이다. 베를린 자유대 유학 시절에 이곳을 즐겨 찾았는데 이는 그때 가졌던 단상이다. 박사과정 당시 『황해문화』에 소개한 글에 최근 변화된 내용을 인터넷 검색을 통해 추가시켰다.

끝으로 독어 논문(독일통일에 비춰 본 한반도 문제)은 제1부 1장의 원문이다. 한독정치학회 주최 한독국제학술대회에서 발표한 논문이다. 독일에서 공부한 저자와 독일어에 관심 있는 독자를 위해서 독어 논문 두세 편 달까 했는데 출판사의 손사래로 한 편만 싣는다.

제12장

부시 정부 이후의 남 · 북 · 미 관계: 6 · 15와 9 · 11

Ⅰ. 서 론

60억 지구인들이 월드컵 축제를 만끽하였다. 한국인들에게 '4강'은 하나의 화두를 넘어 어떤 화신이 되고 있다. 이제 축구의 모든 것을 말하게 될 때, 우리의 기준은 '4강 전 · 후'이다. 그런데 월드컵에서 4강 전 · 후란 도식은 이미 '6 · 15'로 대변되는 국내정치에서 구현되고 있다. 6 · 15가 대북정책은 물론이고 국내정치 전반을 가로지르는 화두임을 부인하기 어려울 것이다.

국내정치는 6 · 15를 전과 후로 하여 내용적 변화를 겪고 있다. 먼저 역대 정부와 비교해 볼 때, 6 · 15 남북정상회담[1]을 성사시킨 김대중 정부는 역

1) 남북공동선언 5개합의 내용은 다음과 같다: 1항 남과 북은 나라의 통일문제를 그 주인인 우리 민족끼리 서로 힘을 합쳐 자주적으로 해결한다. 2항 남과 북은 남측의 연합제안과 북측의 낮은 단계의 연방제안이 서로 공통성이 있다고 인정한다. 3항 남과 북은 2000년 8월 15일에 즈음하여 흩어진 가족, 친척 방문단을 교환하며 비전향 장기수 문제를 해결하는 등 인도적 문제를 조속히 풀어 나가기로 합의한다. 4항 남과 북은 경제협력을 통하여 민족경제를 균형적으로 발전시키고 사회, 문화, 체육, 보건, 환경 등 제반 분야의 협력과 교류를 활성화하여 서로 신뢰를 도모한다. 5항 위의 네 개 항의 합의 사항을 구체적으로 이행하기 위해 남과 북의 당국이 빠른 시일 안에 관련 부서들의 후속 대화를 규정하여 합의 내용의 조속한 이행을 약속한다.

대정부의 대북정책과 구별되는 대북정책을 추진하고 있다. 햇볕정책으로 상징되는 김대중 정부의 대북정책이 6 · 15의 일등공신이기 때문이다. 반면 햇볕정책의 과실은 2000년 6월 15일을 전 · 후로 하여 불거진 여 · 야의 대립 · 갈등의 심화에 있다. 6 · 15가 남남갈등을 증폭시켰다는 것이다.

한편 국제정치는 9 · 11을 전과 후로 하여 내용적 변화를 겪고 있다. 현재 국제정치의 중심축은 '9 · 11 전 · 후'이다. 2001년 9월 11일의 사건이 국제정치의 새로운 가이드라인이 되고 있다. 미국이 이 가이드라인을 지휘 · 통제하고 있다. 즉 국제정치는 9 · 11을 계기로 악의 축과 선의 축 아니면 깡패국가와 비 깡패국가로 세계의 대립을 주도하고 있는 부시 정부에 의해 규정되고 있다.

그런데 국내정치의 중심 축 6 · 15와 국제정치의 중심 축 9 · 11이 상호 버팀목이 되기보다는 미묘한 마찰음을 일으키고 있다. 그렇다면 6 · 15와 9 · 11은 어떤 함수관계를 갖고 있는가? 이 글의 목적은 양자관계에 대한 일면적 고찰을 통해서 통일을 도모할 수 있는 한 지향점을 스케치하자는 데 있다.

Ⅱ. 본 론

9 · 11과 6 · 15의 관계는 첫째, 정비례의 관계이기보다 반비례의 관계에 더 가까우며 둘째, 9 · 11이 독립변수가 되고 6 · 15가 종속변수가 되어야 한다는 데 있다. 양자가 의미에서 큰 차이를 보이지 않으나 굳이 풀어쓰면 전자는 미국이 추구하는 국익이 남한이 추구하는 국익과 같지 않다는 것이고 후자는 한반도 문제의 주도권은 미국이 주도해야 하는데 그 주도권은 분단한반도에서나 통일한반도에서 동일하게 관찰되어야 한다는 것이다. 요약하면 통일 전 · 후를 막론하고 미국이 한반도에서 우위를 점하는 것이 미국의 국익에 부합한다는 것이다. 바꾸어 말해서 미국이 한반도에서 이 입장을

견지하는 데 6 · 15는 분명한 도전이 될 것이고 9 · 11은 이를 반전시킨 계기가 된 것이다. 이 점에 대해 상술해 보자.

한국은 1960 – 1980년대를 거치면서 괄목할 만한 경제성장을 이루었다. 게다가 1987년 이후 정치민주화를 줄기차게 실현하고 있다. 한국은 경제발전과 정치민주화를 실현시키면서 다원주의적 시민사회로 진입하고 있다. 특히 1990년 이후 탈냉전이 시작되면서 과거 사회 · 정치적 관계를 바로잡으려는 시민적 욕구로 승화되고 있다. 그런데 한 · 미 관계는 냉전시대에 설정된 불평등하고 비민주적인 사례에 해당한다. 한국의 여러 시민단체와 정부는 기존의 한 · 미 동맹 관계, 주한미군지위협정과 같이 냉전시대에 설정된 관계의 개정을 요구하고 있다. 다시 말해 한국군의 작전권 회복, 전력과 정보에서의 대미의존도 축소, 미군범죄 형사사건에 관한 제반 불평등한 법률협정 개정, 환경관계 법률의 준수, 재정부담 축소 및 기지반환 등이 한 · 미 간에 협상대상이 되고 있다. 이들 문제들에 대한 개정의 요구는 시간이 지날수록 거세질 것이다, 즉 냉전시대의 수직적 동맹관계에서 탈냉전시대의 수평적 동맹관계를 요구하는 목소리가 더욱 커지고 있다.

한국의 대미인식도 바뀌고 있다. 문정인에 따르면 조선 말기에는 연미(聯美)가 있었다. 러시아 · 일본 등 인접국의 침략을 막기 위해서 미국과 연대해야 한다는 것이다. 해방 후 미군진주와 경제원조로 찬미가 시작됐고, 1950 – 1960년대 숭미(崇美)가 휩쓸었다. 그러다가 1980년대 초 광주민주화운동과 통상마찰로 반미가 일어났고 1980년대 말기는 혐미(嫌美)가 시작돼, 90년대 이후 심화되는 추세라는 것이다. 여기에다가 6 · 15가 한반도 문제의 민족주의를 실현시켰다는 역사적 평가를 부여받으면서 미국이 남북통일에 걸림돌이 되고 있다는 부정적 대미인식이 확산되기 시작했다.

이런 이유에서 미국은 한반도에서 지속적인 영향력을 유지하기 위한 구상을 더는 늦출 수 없게 되었다. 여기서 명심할 점은 미국이 내릴 구상은 미국의 장기적인 국내정치상황과 국제질서 변화추이에 의하여 결정된다는 사실이다. 미국은 부시 정부 출범(2001 – 2008년) 이후 미국식 국제질서 편성과 맞물린 대외정책의 가이드라인을 분명히 밝히고 있다. 따라서 우리도 이

가이드라인이 한반도에 미칠 파장에 고심하게 되는 것이다.

주지하다시피 미국의 신가이드라인 설정은 소련의 붕괴에서 비롯되었다. 동구 및 소련의 붕괴로 미국은 외부 적의 부재상황을 맞게 되었다. 힘의 공백이 발생한 것이다. 힘의 공백이 발생한 국제질서를 재편하는 과정에서 무엇보다도 시급한 과제는 '가상의 적' 또는 '잠재적인 적'을 설정하는 것이다. 헌팅턴이 이론적 작업을 도왔다고 볼 수 있다. 이렇게 볼 때 북한을 비롯한 이슬람세계가 전자에 해당하고 중국이 후자에 해당한다. 미국은 미국의 잠재적국들이 미국의 막강한 군사력에 대항해 그들 나름대로의 대응방식을 개발할 것을 확신하고 있다. 따라서 미국은 재래 전략이나 핵 억지력에서 여전히 압도적 우위를 유지할 것이지만 이와 비례해서 적들이 틈새 기술을 활용한 비대칭적 (예, 테러)수단으로 맞설 가능성이 높을 것으로 보고 있다.

9 · 11테러가 이러한 예상을 적중시켰다. 문제는 9 · 11테러 이후 북 · 미, 남 · 북 그리고 남 · 미 관계가 더욱 혼미해졌다는 데 있다. 먼저 북 · 미 관계는 북한의 국제테러 전력 때문에 부정적 영향을 받고 있다. 북한은 1995년 11월 "모든 테러와 테러 관련 지원을 반대한다"는 성명을 발표한 이후 테러 반대 입장 수차례 표명해 왔다. 그러면서 북한은 미국에게 북한을 테러지원국 명단에서 해제할 것을 요구하였다. 그런데 미국은 북한이 미국의 아프가니스탄 공격을 반대했다는 이유로 재차 북한을 깡패국가명단에 끼워 넣었다. 이는 미국이 북한의 노력과 상관없이 2002년 1월 29일 연두교서에서 북한을 '악의 축'이라고 규정한 입장을 철회시킬 의사가 없음을 분명히 한 것이다.

이 같은 미국의 강경한 입장 때문에 북 · 미 관계는 악화 일로에 있으며 남북관계도 경색국면을 못 벗어나고 있다. 종합적으로 볼 때 부시 행정부의 등장으로 한반도 문제의 국제적 성격이 강화됨으로써 남북한의 주도적 역할이 제약을 받고 있다. 뿐만 아니라 부시 행정부가 핵 · 미사일 문제를 비중있게 다루고 있기 때문에 북 · 미 관계의 비중이 커지고 있다. 따라서 남북화해협력의 영역이 그만큼 좁아지고 있는 형국이다. 즉 6 · 15가 9 · 11에게 한반도 문제의 주도권 경쟁에서 여지없이 밀려나고 있는 것이다. 결과적으로 9 · 11은 미국이 한반도에서 지속적인 우위를 확보하는 기제인 셈이다. 그 결과 남한에서는 한 · 미 동맹의 중요성이 "안보는 산소와 같은 것이다"라는 식으로 재차 강조되고 있다.

다른 한편 김대중 정부는 김정일 국방위원장의 서울 답방의 지연으로 흔들리는 햇볕정책의 지지를 동여매려 하고 있다. 김정일 국방위원장의 서울 답방설은 꼬리를 내리지 못하고 있다. 여하튼 북 · 미 관계가 경색되는 동안 한반도 평화의 제도화에는 큰 진전이 없을 것으로 보인다. 최근 남 · 북 관계가 서해교전을 뒤로한 채 호전되고 있다. 이산가족 상봉재개, 경의선 · 동해선 개통 착공식, 지뢰제거를 위한 군사당국자 핫라인 개설 등이 이루어졌다. 뿐만 아니라 북한은 신의주를 경제특구로 지정하면서 초대 장관으로 중국계 화교 양빈[2]을 임명하였다. 양빈은 신의주를 전형적인 자본주의 도시로 만들겠다고 호언하고 있다. 그러나 이로 인해 남 · 북 관계가 크게 호전될 것이라는 기대는 시간을 두고 평가해도 늦지 않을 것이다.

Ⅲ. 결 론

그렇다면 한반도 문제는 우리가 풀 수 없는 그들만의 성역인가? 미국의 외교역량을 과소평가하면 그렇다. 그렇다고 부시 행정부(2001－2008년)의 힘에 바탕을 둔 일방주의 외교 · 국방정책(예를 들어 이라크 침공계획)이 러시아 · 중국은 물론 유럽 등 동맹국들로부터 갈등을 불러일으키고 있는 점이 우리에게 위안이 될 수 없다.

미국은 러시아를 나토에 묶어 두면서 나토의 동진(東進)을 이끌고 있으며 중국을 세계무역기구에 편입시키면서 신자유주의적 자본주의 질서를 발전시

2) 양빈(楊斌, 1961년생)은 네덜란드 국적을 가진 화교로 중국 어우야(歐亞: 유럽아시아)그룹 부동산 재벌이다. 조선민주주의인민공화국의 신의주특별행정구 초대장관으로 2002년 9월 임명되었지만, 탈세 혐의로 곧 중국 당국에 의해 체포되었다. 2004년 7월 가석방되었다. 당시 중국과 북한의 원만하지 못한 정치(북핵위기) · 경제(만주개발권) 문제로 희생이 되었다는 분석들이 있다.

키고 있다. 이는 미국이 9·11 이후 탈냉전 국제질서를 미국 주도하의 '강대국 간의 협조체제'를 구축하고 있다는 것을 의미한다. 바꾸어 말해 약소국들의 원성은 상대적으로 무시되는 비대칭적 평화질서가 구축되고 있다는 데 있다. 우리가 긴장을 해야 하는 이유가 여기에 있다.

그러나 우리가 더 경계해야 할 점은 "남북대화 하나만 성공시키면 다 깽판을 쳐도 괜찮다"는 식의 태도이다. 남북대화를 과대평가하는 태도는 통일에 도움이 되지 않는다. 그렇다고 미국의 일방주의에 기가 꺾일 필요도 없다. 우리는 미국에 대해서 "당신은 한반도 문제의 당사자가 아니다"라고 말할 수 없을는지는 몰라도 "한반도 민족공동체의 한 부분이 아니다"라고 말할 수 있다. 후자는 국론이 철석같이 통일되어 있을 때 비로소 가능하다. 따라서 우리가 현 단계에서 생각할 수 있는 통일담론은 새삼스럽게 국론통일이 전제되어야 한다는 것이 아닐까 싶다. 여기서 우리는 '민족'에 대해 생각해 볼 수 있다. 목하 주위를 돌아보면 여·야나 남·북이 민족을 말하고 있는데 '너는 너고 나는 나다' 식으로 대응하고 있다. 민족의 운명을 논의하고 있는데 너와 나는 우리가 아니다 식으로 맞서고 있는 듯하다. 물론 정치는 그것이 국제정치이든 국내정치이든 관계없이 너와 나의 구별을 전제한다. 이때 정치는 물리적 존재양식에 관한 문제다. 즉 살생(殺生)의 정치다. 그러나 민족정치는 너와 나의 일치, 즉 '우리는 하나다'에 있다. 이때 정치는 유기체적 존재양식에 관한 문제다. 즉 생생(生生)의 정치다.[3] 정치적 담론이 살생의 높은 차원에서 생생의 낮은 차원으로 한 걸음 물러날 수 있을 때 우리는 진정한 통일의 주체가 되어 통일을 달성할 수 있을 것이다.

3) 표현이 생경하면 상생(相生)의 정치로 이해하면 된다.

제13장

베를린 사회과학 연구센터

Ⅰ. 격조 있는 건축

1969년 창립된 베를린 사회과학 연구센터(Wissenschaftszentrum Berlin für Sozialforschung 이하 약칭, WZB)는 2009년 창립 40주년을 맞이하였다.[4)]WZB는 출범 당시 베를린 연구센터(Wissenschaftszentrum Berlin)에서 1985년 für Sozialforschung, 즉 사회과학이 추가되어서 현재의 베를린 사회과학 연구센터가 되었다. WZB는 1988년 5월 지금의 현주소[5)]로 이주하기 전 베를린 이곳저곳에 흩어져 있었다. 지금의 WZB 건물은 국제공개 경쟁에서 채택된 영국인 건축가 제임스 스틸링(James Striling)이 4천5백만 마르크를 들여서 1984년 10월 착공을 시작하여 세운 작품이다. 5개의 동으로 이루어진 WZB는 각기 A, B, C, D, E란 건물명을 갖고 있다. A동에는 본관으로 32개의 사무실 이외에 회의실, 인쇄실, 우체국 등이 있고, 반원형 건물인 B동엔 89개의 사무실이 들어 있으며, 십만 권의 책과 6백여 종의 잡지를 구독하고

4) http://www.wzb.eu/oress/mitteilungen_2009/40_jahrewzb_pm.de.hym(검색일: 2009년 7월 22일)

5) Wissenschaftszentrum Berlin für Sozialforschung, Reichpietschafer 50 D-10785 Berlin-Tiergarten

있는 도서관은 탑 모양의 C동이며, D동엔 84개의 사무실을 비롯하여 문서 보관실이 있고, E동엔 47개의 사무실, 구내식당과 관리인 숙소가 있다.

WZB는 방문자에게 최근의 연구논문을 횟수에 제한 없이 일회 20여 권을 무상으로 배포한다. WZB는 강연회 및 토론회를 수시로 개최하고 독일의 저명한 교수를 초빙해 시사문제를 놓고 강연회를 열기도 한다. 지구촌시대란 테두리 안에서 요즘 기회 있을 때마다 거론되고 있는 지방화와 지구화의 관계에 대한 지혜를 WZB의 역사와 그 운영 실태를 알아봄으로써 얻어낼 수 있지 않을까 싶다. WZB는 그것이 인구 220만 명(통일 후 동베를린 포함 340만 명)의 베를린이라는 지방에서 창설되었지만 WZB는 창립에서부터 지구화를 지향해 왔기 때문이다.

Ⅱ. 베를린 사회과학 연구센터의 발전사

지구화를 지향해 온 베를린 사회과학 연구센터에서 연구한 학자들의 총수는 1993년 10월 1일을 기준으로 443명이 된다. 1996년 현재 연구에 종사하고 있는 학자는 143명이 된다. WZB에 종사했던 학자 282명에게 근황을 물었다. 설문에 답한 수는 241명이었는데 그들의 현황은 다음과 같았다. 241명 중 153명은 독일에 있고 그중 18명은 구동독에서 계속 연구에 종사하고 있으며 그 외 88명이 19개국의 국가에서 종사하고 있다. 즉 미국에 33명, 영국에 13명, 스위스에 6명, 네덜란드 및 스웨덴에 각기 5명, 오스트리아에 4명, 벨기에 및 일본에 각기 3명, 핀란드, 프랑스, 이탈리아, 캐나다 그리고 터키에 각기 2명, 끝으로 덴마크, 가나, 그리스, 이스라엘, 룩셈부르크 및 한국에 각기 1명이다. 2009년 7월 현재에도 150명의 국내 · 외 학자들이 경제, 정치, 사회, 법, 역사 등과 같은 기존 연구 분야에서 종사하고 있다. 이처럼 국적을 초월해 사화과학자들에게 작은 낙원이 된 WZB는 어떤 시대적 상황에서 창립되었는지에 대해 알아보자.

WZB는 40년이라는 짧지 않은 역사를 지니고 있다. 1969년 창립 당시의 국내적 상황에 대해 알아볼 필요가 있다. 때문에 당시 베를린 위상을 생각해 봐야 하겠다. 흔히 1990년 이후 냉전이 종식되었다는 것과 달리 1960년대 말에는 동·서 간 냉전이 엄연했던 때였다. '브란덴부르크 문'을 두고 동·서 베를린으로 나뉜 (서)베를린은 냉전의 상징이었다. 동독은 국제적 인정을 받기 위해 소련의 지원을 등에 업고 서베를린 사람이 동독을 통과해 서독으로 여행하는 것을 금하고 있었다. 특히 1968년 소련군의 체코 침공은 결정적으로 서독 정치가들로 하여금 베를린의 미래에 대해 심사숙고하게 했다.

다른 한편 1967년 장 자크 세방－슈라이버(Jean Jacques Servan－Schreiber)가 쓴 "미국의 도전"이란 책이 1968년 독일어로 번역·출판되었다. 이 책은 유럽의 기술수준이 미국에 비해 뒤져 있음을 경고하고 있다. 독일을 비롯한 서유럽 국가들은 이 '문헌경고'를 진지하게 받아들였다. 서독은 그 구체적 대응으로 '연방 연구·기술부'(Das Bundesministerium für Forschung und Technologie, 이하 생략 BMFT)를 1972년 출범시켰다. 이를 계기로 대규모 연구기관이 설치되었다. BMFT는 현재까지 WZB의 상급기관 역할을 맡고 있다.

이 같은 급격한 정치적 국면과 새로운 과학적 도전에 부딪힌 상황하에서 당시 사민당 소속 연방의원이던 게르하르트 옌(Gerhart Jahn)은 1968년 가을 자연과학이 아닌 대규모 사회과학 연구센터를 창립할 것을 결심하게 되었다. 그리고 마침내 1969년 2월 3일 사민당, 기민당, 자민당 소속의 15명의 연방의원들이 창설 발기인이 되어 사설기관인 '베를린 과학센터'(Wissenschaftszentrum Berlin GmbH)를 설립시켰다.

발기인들은 베를린 과학센터의 구체적 안을 작성하는 데 1년 이상의 시간을 소비했을 뿐만 아니라 비밀스럽게 일을 진행시켰다. 그 끝에 1970년 중반 베를린 과학센터의 창립취지를 공개했을 때 강도 높은 비판을 받았다. 당시 학생들은 WZB를 칭하여 '고관의 여생을 위한 유한회사격 대학'(GmbH－Universitaet für die Mandarine der Zukunft)이라 맹비난을 퍼부었고, 베를린 소재 대학(베를린 자유대와 베를린 공대) 및 서독의 대학총장

회의는 이를 두고 '대학의 적'(Gegenuniversität)이라 간주했다. 이와 같은 비난은 타당성이 있다고 하겠다. 왜냐하면 위에서 언급했듯이 WZB의 직접적 설립 동기는 사회과학 정책에 새로운 방향성을 제시해 주려는 의도보다는 오히려 당시 정치적으로 어려움에 처한 베를린에 매력거리를 제공하기 위한 몇몇 정치가들의 착안이었다는 의혹이 짙었기 때문이다. WZB가 정상화를 회복하기까지 시간이 필요했다. WZB는 1976년이 돼서야 정상화되었다. 이때서야 비로소 WZB는 '책임 회사격 대학' 및 '정치종속'이란 의혹에서 벗어날 수가 있었다. 왜냐하면 연방정부가 WZB를 인수했으며 향후 WZB 재원을 연방정부가 75%, 베를린 주정부가 25%를 출연하게 되었기 때문이다. 유한회사(GmbH)로 출발했던 WZB는 연방정부 산하한 연구소[6]가 되었다. 그리고 1976년 10월 WZB는 베를린 소재 두 대학과 협력계약을 체결하였다.

역사적으로 전례가 드문 대규모 사회과학 연구소로 출발하여 그 정상화, 즉 존립토대를 마련하기까지 WZB는 10년이란 시간이 걸렸다. 1969년 창립 이후 정상화 시기인 1979년까지 WZB는 당시 세계적으로 드문 연구방법론으로 국제적 비교를 택했으며 여러 나라에서 학자들을 초빙했을 뿐만 아니라 사회과학의 토대인식의 확장을 통해 실천적 적용이란 목적을 갖고 다양한 연구 소그룹을 두었다.

이 같은 응용적 사회연구는 연방정부의 선호도를 반영한 것이다. 다시 말해 WZB는 1973년 이래 서유럽 국가와의 관계에서 독일정부가 직면한 문제와 과제를 해결하는 정책전략 연구에 전념해 왔기 때문이다. 당시 WZB 사무총장이던 마이어(Meier)의 다음 발언에서 연구소의 분위기를 확인할 수 있다: "상아탑엔 추상적 연구를 위한 한 점의 공간이 있을 수 없다" 한편 연방의회 또한 WZB가 중점적으로 삼고 있던 '연구 결과 평가'에 지대한 관심을 갖고 있었다. 때문에 일군의 사회과학자들은 연구결과의 정치적 실천으로의 전용에 대해 비판하기 시작했다. 과학위원회도[7] "WZB는 여러 연

6) 독일에서는 대학 이외에 연방정부의 특별지원을 받아 운영되는 연구소를 '청색 리스트: Blaue Liste'라 칭한다.

7) 과학위원회(Der Wissenschaftsra)는 대학교수들로 구성된 독립적 조직으로 연방정부의 교육정책에 자문 역할을 한다.

구기관 중 견인적 조직이다"라고 주장해 온 WZB의 자만심에 비판을 하면서 WZB의 새로운 위상정립을 촉구했다. 과학위원회는 그것으로 그치지 않았다. 1981년 연방과 베를린 주 정부의 이사회 및 위원에게 보낸 개혁안 초고에서도 WZB 연구의 응용 지향적 방법 및 범위에 대한 이해를 새로이 해야 할 것을 촉구했다.

이 같은 과학위원회의 권고에 따라 연방장관 리젠후버(Riesenhuber)와 베를린 상원 케베니히(Kewenig)는 정권교체[8]가 있은 후 1983년 가을 WZB의 미래적 발전을 위해 초안 작성의 임무를 띤 위원회를 소집했다. 이 위원회는 특히 응용 연관적 연구와 기초연구와의 관계, 연구주제 및 인원의 지속성, 연구단위의 편서 · 주제 · 크기, 기간과의 적절한 관계 설정에 대한 초안 작성의 임무를 떠맡았다. 이 위원회가 WZB의 의사를 고려하기보다는 재원 출연자(연방정부와 베를린 주 정부)의 요구를 수렴하는 식으로 일을 진행시키자 WZB 자문위원회는 1984년 8월 재원 출연자에게 다음과 같은 요지의 내용을 제안했다. 재원 출연자가 WZB의 존립과 확장을 보장해 주면 WZB는 연구주제의 다양성, 방법론적 근거 및 감독관에 대한 양보는 물론 강도 높게 전문부문으로 귀속할 것이다. 이에 더하여 WZB는 각 연구소의 소장에 해당하는 학자는 교수(정년보장)로서 초빙할 것과 연구소를 새롭게 편성할 것을 제안했다. 이처럼 말 많던 WZB의 구조개혁 논의는 1985년 8월 새로운 방향 채택으로 일단락되었다. 구조개혁의 핵심은 사회과학적 기초연구를 위한 견인조직으로서 베를린 과학센터(Wissenschaftszentrum für Berlin)에서 베를린 사회과학 연구센터(Wissenschaftszentrum Berlin für Sozialforschung)가 되었다는 데 있다. 변화된 내용을 요약하면 다음과 같다.

향후 연구프로그램은 더 이상 5년으로 제한시키지 않고 장기적인 과제로 확대시킨다. 더 많은 소장급 학자를 초빙한다. 전문적 관점에 따라 분류된 연구단위는 향후 사회적인 문제영역에 정향된 대규모 연구중심 단위에 합류시킨다. WZB의 학문적 자기관리를 강화시킨다. 연구소의 사회과학적 특징

8) 1982년 사민-자민당 정권이 기민-자민당 연립정부로 이양되었다.

을 분명히 하기 위해 기존의 WZB(베를린 과학센터)에 '사회연구를 위해'(für Sozialforschung)를 부기한다.

1989년 11월 9일 베를린 장벽이 무너지자 WZB는 새로운 발전 국면에 접어들게 되었다. 무엇보다도 WZB가 위치한 '베를린-위상'[9] 때문에 구동독 출신 사회과학자와의 교류 중심지가 되었을 뿐만 아니라 동구 접촉의 창구 역할을 하게 되었다. WZB는 1990년 첫 번째 구동독 출신의 객원 연구원을 초대했으며 이를 계기로 1990년 상반기에 첫 번째 학술회의를 개최했다. 1991년 말까지 약 43명 정도 구동독 출신의 객원 연구원이 WZB에서 활동했으며 동·서독을 주제로 한 23개의 학술회의가 진행되었고 약 20개 정도의 연구계획이 수립되었다. 또한 탈공산주의 사회의 전환(Transformation)은 WZB의 여러 연구영역에 걸쳐 중요한 주제의 하나가 되었으며 수많은 외국 학자들이 각자의 연구를 위해 WZB를 기점(起點)으로 이용하고 있다.

Ⅲ. 베를린 사회과학 센터의 연구기관과 현황

사민·자민당 연방정부는 1970년 초 응용 가능한 사회연구를 선호했으며 WZB 또한 이 점을 중점 연구 영역으로 삼았다. 1982년 정권교체 후 WZB 활동의 내용적 방향은 다시 토대연구로 정향되었다. 1989년 이전까지 주로 경제협력개발기구(OECD)에 국한된 연구영역이 구동독을 비롯하여 동구의 전환기사회(Transformationsgesellschaft)로 확대되었다. WZB가 취한 방법론적 무기는 행위 연구에서 세계 모델까지, 경제 수학적 모델에서 게임이론까지를 망라한데 있다. 개별적으로 분리되었던 연구주제들은 이를 종합시키는 체제로의 변화를 의도한 1885년 구조개혁을 통해 현재는 수가 더욱 증가되고 다양화되었다.

WZB는 창립 당시 다음과 같은 8개의 구상을 갖고 있었다. 첫째, 독일 교

9) 베를린은 구동독의 수도일 뿐만 아니라 중부유럽(헝가리, 폴란드, 체코)의 중심에 위치해 있다.

수자격(Deutsche Fakultät): 이는 외국에 있는 독일 학자들을 보호하기 위한 제도적 장치를 말한다. 이 제도에 따르면 외국에 있는 독일 학자들도 법적 공무원 신분(독일의 경우 대학교수는 공무원의 신분을 갖고 있다. 왜냐하면 최근에 생긴 1개의 사립대학을 제외한 모든 대학이 주립대학이기 때문이다), 즉 독일대학 교수자격을 보장받을 수 있게 된다. 이 같은 제도의 설립 목적은 정상적인 독일대학의 교수가 누리는 장점을 외국에 있는 독일 학자들 또한 견지하게 함으로써 능력 있는 학자들의 이주를 막자는 데 있다.

둘째, 독일 교수단(Deutsches Kolleg): 독일 교수단은 서로 다른 학과에서 모인 12명에서 15명 정도의 학자 집단을 말한다. 이 독일교수단의 구성원도 재원적으로 독립되어 있고 일반 대학 교수들의 의무사항으로부터 상대적 자유를 얻어 연구에 전념할 수 있다. 그럼에도 불구하고 독일교수단 구성원은 주당 한 강좌의 강의를 해야 하며 한 달에 한 번은 공개 세미나를 개최해야 한다.

셋째, 고등학문을 위한 국제센터(Internationales Zenturum für fortgeschrittene Studien): 이 제도는 샌프란시스코 근교 팔로 알토(in Palo Alto)에 있는 고등 행위연구를 위한 과학센터를 벤치마킹 한 것이다. 팔로 알토엔 우수하다고 인정되어 대학이 추천한 30-50명의 젊은 학자들이 모여 있다. 이 과학센터는 참여한 학자들에게 중요한 장학금은 물론 연구에 필요한 제반 시설을 제공한다. 참여자의 의무는 공동 점심식사에 참가하는 것과 강의 · 세미나 등을 매일 여는 일이다.

넷째, 독일과학에 대한 베를린상(Berlin-Preis der Deutschen Wissenschaft): 베를린 상은 매년 과학에 특별히 기여한 국내외 3명의 학자에게 십만 마르크를 상금으로 수여한다. WZB는 2007년부터 A. SK 사회과학상(A. SK Social Science Award)을 시상하고 있다. 이 상은 사회 · 정치적 개혁에 큰 공을 세운 사회과학적 업적을 치하하기 위해 제정되었다. 이 상은 격년으로 선정되며 수상자는 100,000유로를 부상으로 받는다. 기금은 중국인 사업가가 출연한 6백만 유로에서 지출된다. 이 상의 이름도 이들 부부 이름(Shu Kai와 Angela Chan)의 첫 자를 따서 명명한 것이다. 2007년에는 영국의 경제학자 Anthony Aktinson이 상을 수상했으며 2009년 2월에는 미국의 철학

자 Marta C. Nussbaum이 받았다.[10)]

다섯째, 경영과 행정을 위한 국제 연구소(Institut für Management und Verwaltung): 이 같은 연구소의 설립 목적은 고도로 산업화된 사회에서 관료적 용무와 아울러 조직적 활동이 증가하는 현상에 부합하기 위해서다.

여섯째, 평화연구를 위한 연구소(Institut für Friedenforschung): 평화연구를 위한 연구소는 갈등해결의 모델을 제시함으로써 장기적 평화전략을 연구한다.

일곱째, 언어학과 생활세계 연구를 위한 연구소(Institut für Linguistik und Lebensweltforschung): 이 연구소의 기본적 의도는 사회적 문제를 전자뇌의 도움으로 해결할 수 있는 미래의 어느 날에 도달하기 위해서 언어, 사고 그리고 행동의 구조적 연관성을 연구하는 데 있다.

끝으로 도시학 연구소(Institut für Urbanistik): 이 연구소의 설립목적은 도시화 과정과 도시화 과정에 연관된 사회적 황폐현상을 연구하는 데 있다. 그리고 현대 도시의 행정과 경제구조 및 지역과 건물 형태에 대한 연구가 이 연구소의 주요 연구과제가 된다. 이 같은 여덟 개의 베를린 과학센터의 창립안 중 경영과 행정을 위한 국제 연구소(Internationales Institut für Management und Verwaltung, 이하 IIMU)만이 1971년 11월 현실화되었다.

WZB 총회는 환경문제에 대한 국제 연구소의 설립안을 제출했다. 과학위원회는 이 안에 대해 부정적이었다. 왜냐하면 사회과학적 환경연구는 관계된 여러 학문영역을 고려해 볼 때 격차가 너무 큰 반면 학문적 접근법에선 차이가 나지 않았기 때문이다. 과학위원회가 주저한 결정적 이유는 연방환경부와의 차별성을 부각시키기 어렵다는 판단 때문이었다. 그럼에도 불구하고 WZB 이사회는 환경연구소를 설립해야 할 당위성을 꾸준히 홍보하고 연방 연구 · 기술부와 조정을 거쳐서 1975년 7월 '환경보호에 있어서 오염자 및 공동부담 원칙의 분배 정치적 효과'란 이름의 연구 그룹을 탄생시켰다. 이를 전신으로 해서 1976년 2월 환경과 사회에 대한 국제 연구소(Das

10) http://www.wzb.eu/wzb/a.나preis.de.htm(검색일: 2009년 7월 22일)

internationale Institut für Umwelt und Gesellschaft: IIUG)가 결성되었다. 그리고 비교 사회연구를 위한 국제연구소(Das internationale Institut für Vergleichende Gesellschaftsforschung: IIVG)는 1973년 6월 BMFT가 설립안을 과학위원회에 제출하면서 구체화되기 시작했다. 이에 따라 1974년 1월 WZB 이사회는 이를 가결시켰다.

위의 연구소들은 각기 연구프로그램들을 다음과 같이 갖고 있었다. 먼저 IIMV의 연구프로그램은 산업정책, 산업구조, 조직 및 경영, 정치와 행정 등이며, IIVG는 지구적 발전, 인도의 산업사회에서 물리적 · 심리적 및 사회적 부담 등이고, 끝으로 IIUG는 환경정치와 담당자, 환경정치의 목적, 수단 및 효과, 환경정치의 기술적 측면과 국제적 발전 등이다.

이들 연구소의 활동사항을 간단히 알아보면 다음과 같다. 미국인 제임스 호웰(James E. Howell)이 초대소장(1970 – 1972년)으로 근무하기 시작한 IIMV는 1975년 이후 케빈 알렌(Kevin Allen)이 소장이 되면서 유럽 공동체 국가들 내에 지역정치에 대한 비교조사에 연구를 집중시켰다. 골드베르크(Goldberg)는 사회 및 시장혁신을 위한 새로운 대안을 제시했고 1979년 프리츠 샤프(Fritz W. Scharpf)는 실업상태 학자들의 중 · 소기업에의 고용 가능성에 대해 조사했다. IIUG는 1978년 처음으로 '1978년 연구계획과 학술회의'란 구체적 활용계획안을 제출했다. 잡지 "환경 정치"(Zeitschrift für Umweltpolitik)는 당시 IIUG 소장이었고 공동편집위원이었던 디르케스(M. Dierkes)에 의해 1978년 창간되어 지금도 나오고 있다. IIUG는 1979년 4월 1일부터 3일까지 유럽공동체 위원회를 위해 "기술의 위험성: 유럽공동체의 기술의 위협성에 대한 인지와 그 극복"이란 제목의 학술회의를 개최했다. 또한 IIUG가 1979년 5월 31일부터 6월 1일 까지 "정치발전과 생태경영"이란 제목의 학술회의를 베를린에서 개최했는데 세계각지에서 온 25명의 전문가들이 참석하여 환경친화적 발전정책에 대해 발표 · 논의했다.

끝으로 IIUG는 1976년에 두 개의 연구과제 단위를 설정했다. 첫 번째 연구단위는 칼 도이치(Karl W. Deutsch)가 지도하는 '지구적 발전'(Globale Entwicklung)이고 두 번째 연구단위는 프리더 나숄드(Frieder Naschold)가 책임자가 된 '노동에 정향된 보답구조와 사회 · 정치적 극복전략'이다. 첫 번째 연구단위에서는 정치적 결정을 위한 토대가 돼야 될 설득력 있는 세계모델을 어떻게 만들어 낼 수 있을까 하는 문제에 전념했다. 첫 번째 연구단위에 속한 스테바트 브레머(Stewart A. Bremer)는 독일 연방정부가 미국에서 작성된 '지구 2000'(Global 2000)을 과학적 및 방법론적 결손이란 이유로 채택을 거절한 때를 맞추어 컴퓨터 조작에 의한 세계모델의 하나인 '모의실험에 의한 장기적 선택 결정'(GLOBUS: Generating Long-Term Options by Using Simulator)을 제출했다.

1981년 과학위원회는 이미 지적했듯이 WZB 자체에 대한 문제제기뿐만 아니라 개별 연구소에 대해 다음과 같이 비판을 가했다. 먼저 IIUG에 대해 IIUG가 갖는 연구계획의 폭넓은 범위에 대해 비판했다. 향후 IIUG의 연구는 좀 더 구체적 중심과제 예를 들면 환경 심리학, 방법론적 연구, 구체적인 환경부담 등에 집중시킬 것을 지적하였다. 같은 맥락에서 과학위원회의 IIMV에 대한 비판은 노동시장 정책과 경제구조 정책의 통폐합에 집중되었다. IIVG의 경우 지구적 발전에 대한 탐구에 있어서 높은 학문적 능력을 인정하면서 다른 한편으로 그 탐구가 지나치게 일반적이라는 점을 지적하였다.

WZB는 이 같은 과학위원회의 권고를 받아들여 1985년 이후 새로운 WZB 연구 방향을 설정했다.

총장: 볼프강 자프 교수(Professor Wolfgang Zapf)

사무총장: 크리스티안네 너이만(Christiane Neumann)

연구조직(Organization of Research):

연구영역: 노동시장과 고용(Labor Market and Employment)

연구단위: 노동시장 정책과 고용(Labor Market Policy and Employment)

소장: 균터 슈미트 교수(Professor Guenter Schmied)

연구단위: 조직과 고용(Organization and Employment)

소장: 헤트비트 루돌프 교수(Professor Hedwig Rudolf)

연구단위: 경제변화와 고용(Economic Change and Employment)

소장: 데비드 소스키제(David Soskisce)

연구영역 Ⅱ: 기술-노동-환경(Technology-Work-Environment)

연구단위: 조직과 기술(Organization and Technology)

소장: 마이놀프 디에느케스 교수(Professor Meinolf Dierkes)

연구단위: 노동조절(Regulation of work)

소장: 프리더 나숄드 교수(Professor Frieder Naschold)

연구단위: 규범설정과 환경(Standard-Setting and the Environment)

소장: 볼프강 만 덴 댈레 교수(Professor Wolfgang van den Daele)

연구그룹: 대규모 기술체제(Great technological system)

그룹장: 베른바르트 요에르게스 교수(Professor Dernwar Toerges)

연구그룹: 변형과 세계화(Transformation and Glottalization)

그룹장: 게르린데 데르 박사(Dr. Gerlinde Doerr)

연구교수: 환경정책, 기술발전 그리고 노동형태(Environment Policy, Technology Developments and Formsetwork)

지도: 우도 지모니스 교수(Professor Udo E. Simonis)

연구영역 Ⅲ: 사회변화, 제도 그리고 조절과정(Social Change, Institutions, and Mediating Processes)

연구단위: 공중과 사회운동(The Public and Social Movements)

소장: 프리드헤름 나이드하트(Professor Firedhelm Neidhardt)

연구단위: 제도와 사회변화(Institutions and Social Change)

소장: 한스 - 디터 클린게만 교수(Professor Hand - Dieter Klingemann)

연구단위: 사회구조와 사회보도(Social Structure and Social Reporting)

소장: 볼프강 자프 교수(Professor Wolfgang Zapf)

연구교수: 민주주의 비교연구(Comparative Study of Democracies), 막스 카세 교수(Professor Max Kasse)

연구영역 Ⅳ: 시장과정과 기업 발달(Market Processes and Enterprise Development)

연구단위: 시장역학(Market Dynamics)

소장: 호스트 알바흐 교수(Professor Horst Albach)

연구단위: 경쟁과 사업변화(Competitiveness and Industrial Change)

소장: 라르스 - 헨드릭 교수(Professor Lars - Hendrick Roeller)

연구교수: 기술변화와 산업 재구조화(Technological Change and Industrial Restructuring), 데비드 아우드레취(David B. Audretsch Ph. D)

끝으로 WZB 총장직할

연구그룹: 건강 위험성과 예방정책(The Danger of Health and the Preventible Policy)

그룹장: 롤프 로제브르크 박사(Dr. Rolf Roensbrock)

연구그룹: 학문통계학(Science Statistics)

그룹장: 베르너 메스케 교수(Professor Werner Meske)

실무그룹: 공중건강(Public Health)

그룹장: 롤프 로젠브로크 박사(Dr. Rolf Rosenbrock)

연구그룹: 국제관계(International Relationship)

그룹장: 스투아르드 브레머 박사(Stuard D. Bremer Ph. D)

2009년 7월 현재 WZB의 연구 영역은 다음과 같다.

연구영역 Ⅰ: 교육, 노동 그리고 삶의 기회

연구단위: 불평등과 사회통합

소장: 얀스 알버 교수(Professor J. Alber)

연구단위: 훈령과 노동시장

소장: 하이케 졸가 교수(Professor H. Solga)

연구그룹: 공중건강

책임자: 롤프 로젠브로크 교수(Professor R. Rossenbrock)

연구그룹: 인구학적 발전, 사회변화 그리고 사회자본

책임자: 키아라 사르세노 교수(Professor C. Saraceno)

연구교수: 사회 · 정치 이론

지도: 다렌도르프 교수(Professor Lord Ralf Dahrendorf 1929 – 2009)

연구영역 Ⅱ: 시장과 정치

연구단위: 시장의 형성과 조절

소장: 카이 콘라트 교수(Professor Kal A. Konrad)

연구교수: 경쟁과 혁신

지도: 렐러 교수(Professor Lars – Hendrik Röller)

연구영역 Ⅲ: 사회와 경제적 역학

연구단위: 현대의 문화적 시원

소장: 후터 교수(Professor M. Hutter)

연구단위: 지구화와 조직

소장: 조르게 교수(Professor A. Sorge)

연구그룹: 지식, 생산체제 그리고 노동

책임자: 유르겐 교수(Professor U. Jürgens)

연구그룹: 학문정치

책임자: 다그마 지몬 박사(Dr. D. Simon)

연구영역 Ⅳ: 시민사회, 갈등 그리고 민주주의

연구단위: 이민, 통합 그리고 초국가화

소장: 쿠프만 교수(Professor R. Koopmans)

연구단위: 민주주의: 구조, 이력과 도전

소장: 볼프강 메르켈 교수(Professor W. Merkel)

연구그룹: 초국가적 갈등과 국제기구

책임자: 쥼 교수(Professor M. Züm)

연구그룹: 시민사회, 시민권 그리고 유럽의 정치적 동원

책임자: 고젠빙켈과 루흐트 교수(PD Dr. D. Gosenwinkel und Prof. Dr. D. Rucht)

연구교수: 민주주의의 이론과 역사

지도: 존 케인 교수(Professor J. Keane)

연구교수: 역사적 사회과학

지도: 유르겐 코카 교수(Professor J. Kocka)

연구교수: 거버넌스의 새로운 형태

지도: 슈페르트 교수(Professor Gunnar Folke Schuppert)[11)]

Ⅳ. 베를린 사회과학 연구센터의 조직과 홍보활동

WZB의 조직은 주주(연방정부 및 베를린 주정부), WZB 이사회, WZB 자문위원회 및 사무국으로 구성되어 있다. 주주는 사무총장의 임명 및 해임 권한을 갖고, WZB 이사회는 재정 및 경영의 원칙을 결정한다. 이사회는 WZB 연구의 기본방향을 설립하고 연구정책이나 재정문제의 전반에 걸쳐 영향력을 갖는다. 이사회는 특히 소장 임명, 연구 교수, 연구영역과 연구 단위에 대한 설치와 종료에 대한 권한을 갖는다. 이사회는 과학위원회뿐만 아

11) http://www.wzb.eu/forschung.de.htm(검색일: 2009년 7월 22일)

니라 독일연방 의회를 포함한 연방위원회 자문을 받는다. WZB 자문위원회는 과학 문제에 대해 자문역할을 한다. 자문위원회는 WZB 총장을 비롯하여 연구단위, 연구그룹의 수장, 연구교수, 연구원 대표로 구성된다. WZB 총장의 임기는 6년이다. 총장이 WZB를 대표하며 학문적 업무를 관장한다. 사무국장이 상업적 · 법적 · 행정문제에 대해서 책임을 진다. WZB는 154개의 고정직을 갖고 있다. 연간 예산은 약 23백만(DM 23 million) 마르크이다. 구체적으로 알아보면 다음과 같다.

(단위: 독일 마르크화)

연도	인건비	관리비	재료구입비	신축공사비	수입	장학금 지급
1987	12,108,464	5,876,441	124,636	10,244,221	1,288,041	-
1991	13,181,336	4,704,399	496,386	38,340	2,393115	-
1992	15,084,596	6,080,441	449,826	-	2,913,664	99,000
1993	16,122,200	5,851,000	450,000	-	4,120,500	287,600

*수입에는 외부 연구 청탁이 포함되어 있음.

2007년 예산 규모는 12.9백만 유로였다. 여기에 간접비 4백만 유로가 더해졌다.[12)]

WZB는 홍보에도 지대한 관심을 갖고 있어서 1978년 6월 WZB 활동에 대한 최근의 근황 및 최근의 활동을 알리는 계간지 WZB-소식(WZB-Mitteilungen)지 1호를 발행한 이래 1990년 12월에는 50호 WZB-소식지를 9,000부나 발행했다. 1996년 1월 현재 WZB-소식은 71호가 발행되었다. 그 외 2년에 한 번 발행하는 연례 보고서(Jahresberichte)를 비롯하여 새로운 연구영역을 소개하는 WZB-연구(WZB-Forschung)를 일 년에 3번 발행한다. 이 같은 홍보보다 더 중요한 것은 연구 실적이다. 연구실적 사항을 알아보면 WZB는 1991-1992년에 24권의 책을 출판했으며 WZB-소식지에 소개된 WZB 연구자들의 발행 누계는 1991년 354권에서 1992년 403권으로 증가했다. 그리고 독자를 위해 배포된 연구논문(Discussion Papers)은 35,000부에서 38,000부로 증가했다.

12) http://www.wzb.eu/wzb(검색일: 2009년 7월 22일)

2009년 7월 현재 WZB-소식과 연례 보고서는 종전대로 출간하고 있으나 WZB-연구는 중단되었다. 반면에 전에 없던 뉴스레터를 매달 발행하며 인터넷판 뉴스레터인 WZB-new를 격월로 발간하면서 홍보활동을 꾸준히 하고 있다.[13)]

Ⅴ. 우리에게 주는 시사점

WZB로부터 우리가 배울 점 특히 한국의 정부 · 지자체 출연연구소가 배울 점이 무엇인가. 다음 세 가지를 특히 강조하고 싶다. 첫째, WZB의 존립은 설립 당시 특정 정치적 이데올로기에 종속된 것은 아니었다고는 하더라도 연방의원들이 중심이 되어 세운 사설 연구소였던 만큼 정치적 분위기에 의해 좌우되기가 쉬었다. 이 같은 특수성으로 WZB는 연구기관임에도 불구하고 순수한 동기에 의한 진리 탐구를 목적으로 한 연구 활동을 하기보다는 정치가의 이익에 부합되는 연구 활동을 하게 되었다. 그럼에도 불구하고 그 정치가들을 평가하고 싶은 이유는 국가 정책 중심이 자연과학에 쏠려 있을 때 사회과학 연구소를 설립함으로써 그 균형감각을 유지시키려는 시도를 했다는 점은 우리로서도 눈여겨볼 가치가 있다.

둘째, 연방정부와 베를린 주정부가 WZB를 인수한 이후의 WZB 활동은 특히 눈여겨볼 만하다. 이는 WZB가 정부출연 연구소로서 발판을 확고히 다지게 되었다는 점보다는 오히려 연구대상과 방법론에 있어서 객관성, 즉 과학성을 보다 많이 담보하여 연구소의 위상을 높였다는 것 때문이다.

끝으로 한국의 정부 · 지자체 출연연구소들은 정치성에서 과학성으로 그리고 정부출연 기관임에도 불구하고 명실상부한 사회과학 연구센터로의 성공적 변신을 한 40년 된 WZB의 경험을 미래지향성의 한 지표로 삼을 수 있을 것이다. 또 그렇게 되기를 기대한다.

13) http://www.wzb.eu/press/pressereferat.de.htm(검색일: 2009년 7월 22일)

제14장

Eine kritishe Betrachtung der internationalen Verhandling zur Bildung des Fridens auf der koreanischen Halbinsel mit Berücksichting der deutshen Widervereininging

(독일통일에 비춰 본 한반도 문제)

Ⅰ. Einleitung

Im Prozess der Veränderung der internationalen Situation seit dem Ende der 1980er und dem Anfang der 1990er Jahre kann auch Korea keine Region der Windstille bleiben. Die Anpassung an die Geschwindigkeit der internationalen Veränderung ist in Süd – wie in Nord – Korea deutlich bemerkbar.

In bezug auf Süd – Korea kann die Beobachtung gemacht werden, dass die Regierung Kim Dae Jung als Reaktion auf die geänderte Lage in der Welt im

Umgang mit Nord – Korea einen Kurswechsel einleitet. Die süd – koreanische Regierung nimmt neuerdings die nord – koreanische Frage als ein internationales Problem wahr und sie versucht sie in diesem Sinne zu lösen.

Die nord – koreanische Reaktion auf die veränderte Außenwelt ist hingegen die Verbreitung einer kriegerischen Atmosphäre. Nord – Korea übt sich um zu überleben in "brinkmanship diplomacy" Das um Korea herum bestehende staatliche Beziehungsgeflecht ist auch auseinander gebrochen.

Die koreanische Frage war im 20. Jahrhundert im Netz des Kalten Krieges gefangen. Das hat noch Auswirkungen für das 21. Jahrhundert. Die koreanische Frage entzieht sich nämlich auch jetzt nicht dem Rahmen der vier Mächte China, Japan, Russland und den USA. Süd – Korea hat sich darum bemüht, das Netzwerk der koreanischen Frage aufzudröseln. Süd – Korea beteiligt sich heutzutage an den Vier – Länder – Gesprächen, ARF(The ASEAN Regional Forum), ASEAN + 3(ASEAN, China, Süd – Korea, Japan), TCOG(the Trilateral Oversight an Co – ordination Group: USA, Japan, Korea) und an KEDO.

Auch Nord – Korea hat sich darum bemüht, einen Friedensvertrag mit den USA und einen Freundschaftsbund mit den USA und Japan abzuschließen. In dieser Situation finden die Vier – Länder – Gespräche statt, zu denen sich noch die Sechs – Länder – Gespräche hinzugesellen.

In dieser Studie werde ich die internationalen Verhandlungen zur Schaffung des Friedens auf der koreanischen Halbinsel kritisch betrachten. Dabei werde ich die Agenda, den Charakter, die Teilnehmerstaaten und die Ziele der multilateralen Gespräche überprüfen. Ich gehe davon aus, dass die 2 + 4 – Verhandlungen in bezug auf Deutschland als erfolgreiches Vorbild im internationalen Gespräch anerkannt sind. Daher finde ich es lohnend die multilateralen Gespräche in bezug auf die koreanische Halbinsel und die 2 + 4 – Gespräche miteinander zu vergleichen und zu analysieren.

Aus diesem Vergleich können sich wichtige Hinweise dafür ergeben, den richtigen Weg zur Wiedervereinigung Koreas zu ebnen. Hier sollen alle diese Hinweise gesammelt werden.

Ⅱ. Die Korea-und Nord-Korea-Frage als Gegenstand internationaler Verhandlung

2.1. Was ist die Korea Frage?

Vergleicht man die Situation Koreas mit der deutschen Situation vor der Wiedervereinigung springen Parallelen ins Auge. Was steckt aber eigentlich hinter der deutschen Frage? Der Begriff entzieht sich einer einfachen Erklärung. Die deutsche Frage meint ein komplexes Problembündel. Dabei überlagern sich konstante historisch-politische Fragestellungen wie die nach der Einheit der Nation mit machtpolitischen Konstellationen und mit anderen Komponenten wie zum Beispiel die Suche nach dem eigenen Selbstverständnis. So ist die deutsche Frage schon im 19. Jahrhundert nicht nur eine Frage der territorialen und nationalen Organisation der Deutschen in der Mitte Europas. Der Doppelcharakter der deutschen Frage verweist immer auch gleichzeitig auf die Frage nach der Demokratie, nach der politischen, verfassungsrechtlichen, gesellschaftlichen Ordnung Deutschlands.

Dabei ist die deutsche Frage zu allen Zeiten eine europäische und die europäische Frage ist zu allen Zeiten auch die deutsche. Die verbindenden Elemente sind so nah beieinander, dass man oftmals nicht präzise kennzeichnen kann, wo die deutschen Akzente beginnen und die europäischen Akzente enden. Der Prozess der Vereinigung 1989 und 1990 machte dies noch einmal deutlich.

Die Debatten um die deutsche Frage in der Bundesrepublik Deutschland sind zwischen 1949 und 1989 von unterschiedlichen inhaltlichen Schwerpunkten bestimmt gewesen. Unbeeinflusst davon war die Grundsatzposition zur deutschen Frage nach der Zweiteilung Deutschlands in der Präambel des Grundgesetzes festgeschrieben und fest geblieben: "Das gesamte deutsche Volk bleibt aufgefordert, in freier Selbstbestimmung die Einheit und Freiheit Deutschlands zu vollenden. Diese Grundsatzposition wurde in den jährlich abgegebenen Berichten der Bundesregierung zur Lage der Nation unverändert bekräftigt." Mittlerweile ist die deutsche Frage durch den Vollzug der staatlichen Einheit beantwortet worden.

Ich fasse zusammen: die deutsche Frage stellte sich als eine nach dem Selbstverständnis der Deutschen, sie hat sich bezogen auf die Frage der staatlichen Einheit, es handelt sich um die Frage nach der Identität im europäischen Haus, die Frage ist in diesem Sinne auch eine nach der Einschränkung einer wiederhergestellten deutschen Souveränität in einem europäischen Haus.

Was für uns davon relevant ist, ist die Frage nach der staatlichen Einheit Deutschlands. Die anderen Fragen betreffen uns nicht. Geschichtlich sind wir über tausend Jahre lang hinweg eine homogene Nation auf der koreanischen Halbinsel. Zum ersten Mal geteilt worden ist diese Nation erst 1945.

Die deutsche Wiedervereinigung 1990 hat uns beeindruckt und in der Hoffnung bestärkt, dass die Möglichkeit einer koreanischen Wiedervereinigung ein Stück näher gerückt ist. Die Ansicht war von Anfang der 90er Jahre an verbreitet, dass Korea nun am Ende des Kalten Krieges wiedervereinigt werden könnte, oder niemals.

Korea ist wegen der ideologischen Konfrontation der zwei Lager und der Zuspitzung des Kalten Krieges am Anfang der 50er Jahre geteilt worden. Nun ist der Kalte Krieg vorbei. Es gibt nicht mehr zwei Supermächte, sondern nur noch eine Supermacht, die USA.

Ebenso wie im Fall Deutschland hängt das Bahnen des Weges zur Wiedervereinigung nicht allein von den zwei Koreas und deren Regierungen ab. In Deutschland haben die vier Mächte Maßnahmen zur Erfüllung ihrer internationalen Verpflichtungen und zur Sicherung der öffentlichen Ordnung, des Status' und der Sicherheit Berlins ergriffen. Aufgrund der Vorbehaltsrechte der Alliierten verfügte die Bundesrepublik Deutschland bis zur Wiedervereinigung auch in Berlin(West) über keine originären Souveränitätsrechte. Am 12. September 1990 hatten die Außenminister der vier Siegermächte und der beiden deutschen Staaten im Vertrag über die abschließende Regelung in bezug auf Deutschland (2+4-Vertrag) bestätigt, dass das vereinigte Deutschland seine volle Souveränität über seine inneren und äußeren Angelegenheiten erhält.

Beim Fall Korea sieht es nicht anders aus. Die vier Mächte heißen hier USA, China, Russland und Japan und ihr Interesse und ihr Einfluss ist so stark in der Region, dass die koreanische Wiedervereinigung durch diese vier Mächte, sei es formell oder informell zu gewähren ist.

Die Wiedervereinigung Koreas wird das Ergebnis des Machtspiels dieser vier Mächte und der beiden Koreas sein. Dabei ist gut vorstellbar, dass jeder der Teilnehmer viele Möglichkeiten hat, den koreanischen Wiedervereinigungsprozess zu erleichtern oder zu erschweren.

Es liegt nahe, dass sich die Formel der deutschen Wiedervereinigungsverhandlungen, 2+4, im koreanischen Wiedervereinigungsprozess wiederholen mag. Es ist auffallend, dass bei der Erörterung der koreanischen Frage multilaterale internationale Verhandlungen in aller Munde sind.

Ich fasse zusammen. Die koreanische Frage stellt sich als eine der staatlichen Einheit. Der Einfluss der vier Mächte darf im Prozess der Wiedervereinigung Koreas nicht unterschätzt werden. So hat sich die Formel 2+4 als Modell für die Wiedervereinigung des geteilten Landes ergeben. Genügt jedoch zur Einigung die staatliche Einheit? Die koreanische Frage soll auch, wie die deutsche im europäischen Rahmen beantwortet worden ist, im Rahmen Asiens behandelt werden. Doch in welchen Zusammenhängen wird dieser asiatische Rahmen diskutiert? Welche Aktualität wird dem zugemessen? Es scheint mir so zu sein, dass diese Frage nicht mehr Aufmerksamkeit zuteil wird als die sogenannte "Nordkorea Frage."

2.2. Was ist die "Nordkorea Frage?"

Nach dem Ende des Kalten Krieges und der Auflösung der Sowjetunion kommt für das nördliche Korea eine Reihe von Problemen zum Vorschein, um die zu lösen Nord－Korea den Kontakt mit den Nachbarstaaten und der internationalen Gemeinschaft aufgenommen hat. Dazu zählen IAEA, KEDO, General Agreed Framework und Four Party Talks. Diese Kontakte beziehen sich auf die wirtschaftliche Krise und die diplomatische Isolierung Nord－Koreas. Die Nordkorea Frage definiert sich ein Konglomerat von Fragestellungen, die im internationalen Zusammenhang zu sehen sind. Die Frage stellt sich in dem Moment, in dem die Veränderung der äußeren Umwelt im Sinne des Endes des Kalten Krieges und des Zusammenbruchs der Ostblockstaaten mit einer gravierenden Verschlechterung der inneren Umwelt durch Ressourcenknappheit einhergeht. So liegen die Ursachen der Entstehung der nord－koreanischen Frage in internationalen Konstellationen, d. h. im Zusammenbruch der Ostblockstaaten und in der inländischen Konstellation einer vertieften Krise des gesamten nord－koreanischen Systems.

Die Post－Kalte－Krieg－Zeit hat auf der Ebene der internationalen Beziehungen die antagonistische Relation zwischen den sich einst feindlich gegenüberstehenden Staaten im Maße des Verschwindens der ideologischen Konkurrenz aufgelöst. An ihre Stelle tritt eine zusammenarbeitende Konkurrenzrelation.

Der seit 1990 anhaltende Trend spiegelt sich in einer Normalisierung der Beziehungen zwischen Süd-Korea und Russland und Süd-Korea und China wieder. Im Gegensatz dazu sind die diplomatischen Beziehungen zwischen Nord-Korea und Japan und Nord-Korea und den USA eingefroren. Nord-Korea ist heute gezwungen, sich im internationalen Bereich zu engagieren. Im Zuge der Öffnung Nord-Koreas hin zu internationalen Bereichen wird auch die Nordkorea Frage ein unumgängliches internationales Problem. Die wirtschaftliche Krise, die eine totale ist, wird, vermittelt über die Intensivierung der Beziehungen nach außen, eine internationale Herausforderung.

Die doppelte Krise, der inneren Verhältnisse und der zu knüpfenden und ordnenden aüßeren Beziehungen, ist ein Produkt der Ungleichzeitigkeit der Zeit nach dem Kalten Krieg. Der Auflösungsprozess nach dem Kalten Krieg findet in drei verschiedenen Geschwindigkeiten statt: Welt, Nordostasien und koreanische Halbinsel. Auf jede der drei Ebenen ist ein voneinander unterschiedener zeitlicher Abstand zum Kalten Krieg erreicht. Der Kalte Krieg hat sich in Nordostasien ähnlich rapide wie in Osteuropa verabschiedet. Mutmaßlich deshalb haben die USA, China, Russland und Japan schnell gegenseitige Abkommen zur Friedenssicherung vereinbart. Es geht um den Frieden in der gesamten Region. Im Gegensatz dazu kommt die Beendigung der antagonistischen Konfrontation auf der koreanischen Halbinsel viel langsamer in Gang. Auf allen drei Ebenen der Ungleichzeitigkeit sieht die Nordkorea Frage anders aus.

Wie lassen sich diese theoretischen Überlegungen in der Konkretheit staatlicher Beziehungen bestätigen? Die Ungleichzeitigkeit des Abstoßungsprozesses vom Kalten Krieg schafft einen tiefen Riss zwischen China, das der Ära nach dem Kalten Krieg zuzurechnen ist, und dem hartnäckig auf den alten Zustand beharrenden Nord-Korea. China hat über zehn Jahre hinaus - eine Reform - und Öffnungspolitik mit entideologisierendem Pragmatismus getrieben. Nord

– Korea hat an der Grundlinie der Ideologie des “Chuche SaSang” festgehalten. Oftmals sind China und Nord – Korea deswegen aneinandergeraten.

Das sichtbare Zeichen für die Ungleichzeitigkeit des Post – Kalten – Krieges in bezug auf das Verhältnis zwischen Nord – Korea und den USA besteht darin, dass die beiden Staaten keinen Freundschaftsvertrag miteinander abgeschlossen haben. Daraus erwachsende Nebenwirkungen sind Schwierigkeiten bei internationalen Verhandlungen der nord – koreanischen Frage. Die Beziehung von Nord – und Süd – Korea ist unüberschaubaren Verwicklungen ausgesetzt. Die Politik weg vom Kalten Krieg wie sie Kim Dae Jung betreibt stösst hart auf die Verteidigung der Position Kim Jong Ils.

Welches sind die konkreten Streitpunkte aus der nord – koreanischen Frage? Zwei Dinge sind zu nennen. Erstens geht es um die Produktion der Massenvernichtungswaffen. Georg W. Bush hat Nord – Korea in die Liste der Schurken – Staaten aufgenommen, also der Staaten, die die USA am meisten bedrohen.

Die USA wenden sich sehr scharf gegen Raketen – und Atomwaffenausbreitung. Sie haben Langstreckenraketen, Atomwaffen – Experimente und Exporte in die 3. Welt verboten. Daher ist Nord – Koreas Raketenexperimente in den 90er Jahren scharf kritisiert worden. Nach dem erfolgreichen Test Nodong I im Jahre 1993 ist Nord – Korea glaubwürdig überführt als Waffen – Hersteller und geheimer Exporteur nach Libyen und in den Irak. Die Taepodong I Rakete, die angeblich 8.000 Kilometer Reichweite hat, ist im August 1998 geprüft worden. Die Raketenbedrohung rief eine entsprechende Reaktion auf US – Seite hervor. Präsident Bush betonte die Notwendigkeit einer derartigen Politik, die gegen “the new threats of the 21st century und missile attacks by rogue states or accidental launches gerichtet ist.”

Was Kernwaffen angeht, ist das nordkoreanische Kernwaffenprogramm immer mehr in den Mittelpunkt gerückt. Am Anfang der 90er Jahre war die nordkoreanische Kernwaffenbedrohung so bedrohlich, dass Süd – Korea in Panik geriet. Als Nord – Korea sich aus dem NPTC(the Non – Proliferation Treaty) zurückgezogen hat und seine Wendung zur "brinkmanship diplomacy" vollzogen hat, wurde in den USA über Luftangriffe gegen die nord – koreanischen Atomeinrichtungen diskutiert. Am Ende gingen die beiden Staaten im Oktober 1994 einen Kompromiss ein unter dem Namen "Agreed Framework." Später kamen KEDO und die Zulassung zur Untersuchung von IAEA zu den Abkommen dazu.

Der zweite Komplex innerhalb der nord – koreanischen Frage betrifft die Erweiterung der außenwirtschaftlichen Beziehungen. Dabei handelt es sich um nichts weniger als um die Überlebensfrage schlechthin. Nord – Korea schleppt schon seit langer Zeit ein chronisches Ernährungsproblem mit sich herum. Die Lage von heute hat sich als schlimmer ergeben als nach der Flut von 1995. Nahrungslieferungen von außen sind ein unentbehrlicher Bestandteil der Ernährung geworden. Nord – Korea hatte selbst um Hilfe ersucht. Süd – Korea, China, USA, Japan und die EU stehen auf der Liste der Unterstütze-rstaaten ganz oben.

Die bisherige Darstellung kann so zusammengefasst werden: Die Art, wie Nord – Korea sich auf der internationalen Ebene bewegt, kann mit Recht als von überlebensstrategischen Motiven geleitet angesehen werden. Die Ressource-nknappheit ist das grösste Problem des Landes. Die nord – koreanische Überle-bensstrategie besteht dabei aus der Kontaktaufnahme mit der Aussenwelt, das heisst dem Westen. In einer Doppelstrategie werden sowohl eine an Pragmatismus orientierte Wirtschaftspolitik wie auch verstärkter Militarismus an den Tag gelegt.

Die Konfrontation der nord – koreanischen Frage mit den USA, China und Japan stellt sich wie folgt dar:

Thema 1: **Nord-Koreas Massenvernichtungswaffen**

nordkoreanische Haltung	US-amerikanische Haltung	chinesische Haltung
das nord-koreanische System ist garantiert, der Nicht-Einsatz wird mit wirtschaftl. Unterstützung von außen bezahlt	auf keinen Fall!	Produktion ist nicht akzeptabel; für fiefriedliche Lösung

Thema 2: **Die Ausweitung der außenwirtschaftlichen Beziehungen für das Überleben Nord-Koreas**

nordkoreanische Haltung	US-amerikanische Haltung
Aktives Streben Darnach	wirtschaftliche Hilfe nur für Kooperation bei Verhandlungen über Abrüstung

Thema 3: **Die Neuordnung der Beziehungen von Nord-Korea und den USA bzw. Japan**

nordkoreanische Haltung	US-amerikanische Haltung	Japanische Haltung
Aktive Haltung zu Freundschaftsvertrag mit USA und Japan	nur in Zusammenhang mit der Abrüstung der Massenvernichtungswaffen	nur in Zusammenhangder mit Lösung Raketentestfrage

Die Untersuchungen belegen, worin die Nordkorea Frage eigentlich besteht: stellt Nord-Korea Massenvernichtungswaffen her? Die Meinungsunterschiede in dieser Frage zwischen den USA und Nord-Korea sind unüberbrückbar. Eine Vereinbarung in der Sache scheint so gut wie unmöglich. Die süd-koreanische Regierung hat im Gegenzug eine Antwort auf die Nordkorea Frage vorgeschlagen, die am Ende des Kalten Krieges eine international akzeptable Lösung impliziert. Im Zuge der Auflösung des Mechanismus des Kalten Kriegs auf der koreanischen Halbinsel soll gegenseitiges Misstrauen beseitigt und die feindliche Haltung zwischen den Staaten beendet werden. Die süd-koreanische Regierung hat dabei Wert gelegt darauf, dass das Verhältnis von Nord-Korea und den USA sowie Japan zuerst zu normalisieren sei. Darin beinhaltet ist die staatliche Anerkennung der genannten Staaten. Ebenfalls sollten die wirtschaftlichen Sanktionen gegen Nord – Korea im Vorfeld einer Vereinigung beseitigt werden. Die wirtschaftliche Zusammenarbeit zwischen Nord – und Süd – Korea soll auf den Weg geschickt werden. Eine Garantie für eine nord – koreanische Atomwaffensperre soll geleistet sein und eine Annäherung an die Raketenfrage soll im Vorfeld der Abschließung eines Friedensvertrags stattgefunden haben. Als Form diese Präliminarien in einen Friedensvertrag überzuleiten wurden "Four Party Talks" vorgeschlagen.

Mit diesem Ansatz ist das Ziel umgesetzt, eine umfassende Lösung der nach dem Ende des Kalten Kriegs entstandenen militärischen, politischen und wirtschaftlichen Probleme zu erbringen. Das Inkrafttreten der Vereinbarungen in ihrer Gesamtheit bedeutete das endgültige Ende der Spuren des Kalten Krieges und eine feste Verankerung des Friedens auf der koreanischen Halbinsel.

Ⅲ. Die multilateralen Friedensverhandlungen auf der koreanischen Halbinsel

Wie die "deutsche Frage" stammte die "koreanische Frage" aus der territorialen, ideologischen und ethnischen Teilung des koreanischen Volkes nach 1945. In Deutschland wurde die Teilung 1990 endgültig beendet. Die koreanische Frage kann nur auf dem Wege der Vereinigung analog der deutschen Einheit beantwortet werden. Anders gesagt: Solange Korea geteilt ist, ist die koreanische Frage offen. Die Frage ist durch nichts anderes zu ersetzen. Das Prinzip ist über Jahrzehnte beibehalten worden. Die koreanische Frage ist immer die Frage nach der Wiedervereinigung.

Diese Position aufrechtzuerhalten ist heutzutage nicht einfach. In der Ära nach dem Kalten Krieg ist die Aufrechterhaltung des Vereinigungswillens schwierig. Er wird häufig mit der Geschichte des Kalten Krieges assoziiert und gilt als nicht attraktiv. Die koreanische Frage wird schleichend ersetzt durch die Nordkorea Frage.

In der nord – koreanischen Frage liegt der Akzent auf das Wie der Beendigung der Kalten – Kriegs – Struktur. Die Suche nach Frieden auf der koreanischen Halbinsel kann nur in internationalen Verhandlungen erfolgreich sein. Die Korea Frage ist abgekoppelt von der Frage nach der Sicherheit im asiatischen Raum. Ausgespielt werden gegen die Sicherheitsfrage darf die Frage der staatlichen Einheit nicht. Dabei dürfen daran Zweifel angebracht sein, dass Frieden zu schaffen ein Primat der Politik sei. Vielleicht ist es nicht so klug, darnach zu fragen, warum wir die Korea – und Nordkorea Frage als Gegenstand internationaler Verhandlungen zulassen. Viel wichtiger ist es, dass wir sie erfolgreich zum Ende bringen. Damit müssen wir uns leidenschaftlich beschäftigen. Und dann müssen wir uns fragen: Wie bereit sind wir dafür?

3.1. Die Vier – bzw. Sechs – Länder – Gespräche

Nach dem Cheju Gipfel – Treffen am 16. April 1996 der Staatschefs von Süd – Korea und den USA haben Präsident Clinton und Kim Young Sam einen Vorschlag zu Vier – Länder – Gesprächen gemacht. Das war seit 1953 ein bedeutender Schritt in bezug auf die Festlegung, wie ein Friedenssystem auf der koreanischen Halbinsel aussehen könnte. Nach zweimaliger Verschiebung fand am 5. Mai 1997 in New York ein “joint briefing” statt über den Vorschlag zwischen den beiden Koreas und den USA. Es ist interessant, sich genauer die Umstände dieses Treffens zu untersuchen.

Aus welchem Grund ist es zustandegekommen? Warum hat Nord – Korea die Einladung angenommen? Zustandegekommen ist das Treffen wohl vor allem, um die militärische Unsicherheit auf der koreanischen Halbinsel zu beenden. Im Zusammenhang mit der nord-koreanischen Frage sind wir auf die Problematik schon eingegangen. Wenden wir uns der Frage zu, weshalb Nord-Korea sich mit dem Treffen einverstanden gezeigt hat. Zum einen war Nord-Koreas Isolierung auf der internationalen Bühne für das Land unerträglich geworden. Ungeachtet der Isolierung hat Nord-Korea von den USA gefordert, statt einen Waffenstillstand einen neuen vorläufigen Friedensmechanismus ohne Beteiligung Süd-Koreas in Gang zu setzen. Zum anderen sind die inneren Probleme Nord-Koreas dem Land über den Kopf gewachsen. Pyöngyang hat nicht die Fähigkeit dazu, seine Wirtschaft zu reformieren und nach außen zu öffnen. Die wirtschaftliche Lage in Nord-Korea ist viel komplizierter durch zwischenzeitlich aufgetretene Vorfälle geworden: Flutkatastrophen, strukturelle Schäden in der Landwirtschaft, Nahrungsknappheit und negatives wirtschaftliches Wachstum drückten und drücken schwer auf das Land. Pyöngyang hatte keine andere Wahl, als in die "Vier-Länder-Gespräche" einzusteigen. Ein dahinter stehendes Prinzip ist ausgedrückt in den Worten "Ohne Interesse keine Beteiligung."

Was für ein Anliegen hatten die USA, China, sowie Süd- und Nord-Korea konkret im Gespräch vertreten? Worauf hat jeder Teilnehmerstaat gezielt? Nach dem Ende der Sowjetunion bleiben die USA als einzige Supermacht übrig. Um unter Beweis zu stellen, das Sagen in der internationalen Politik zu haben, müssen die USA immer ihre leadership vorzeigen. Mit der Lösung der koreanischen Frage hätten die USA ihre Problemlösungskompetenz in Nordostasien demonstriert. Daran anzuschließen ist die Überlegung, dass China und Japan als auftauchende Mächte Interesse daran haben, die us-amerikanische Rolle in diesem Gebiet zu revidieren.

Das strategische Ziel der USA wird entsprechend komplementär darin bestanden haben, durch die "Vier – Länder – Gespräche" die Beibehaltung ihrer Position gegenüber China zu erreichen und Einfluss auf Nord – Korea zu gewinnen. China und Japan zu kontrollieren bleibt das höchste us – amerikanische Interesse. Um den koreanischen Himmel zu sichern müssen die USA die Oberhand in diesem Gebiet weiter behalten.

Diese Zielsetzungen sollen erreicht werden durch die aktive us – amerikanische Wiedervereinigungspolitik in Korea. Bei den "Vier – Länder – Gesprächen" setzen sich die USA in die Position des grundsätzlichen Garanten für das Völkerrecht. Washington soll die strategische Hauptrolle am pazifischen Rand spielen.

Im Gegensatz dazu kann die chinesische Position bei den "Vier – Länder – Gesprächen" nicht so einfach kommentiert werden. Es gibt die Einschätzung von Fachleuten, dass China in der koreanischen Frage keine aktive sondern eine passive Rolle spielen will. Die Reaktion Chinas auf die Initiative der USA schien zuerst nicht aggressiv. Aber letzlich ist es für China inakzeptabel, wenn der us – amerikanische Einfluss im Entwicklungsprozess vom Waffenstillstand zur Friedensvereinbarung auf der koreanischen Halbinsel vergrößert würde. Dies soll die Position Chinas skizzieren.

Der chinesischen Haltung geht es nicht darum, ob Gespräche gelingen oder nicht, sondern darum, wie China dem Vergrößern des Einflusses der USA in diesem Gebiet Einhalt gebieten kann.

Süd – Korea ist in die Gespräche gegangen mit der Haltung, dass alle Teilnehmenden zusammenkommen um zu diskutieren, wie ein ewiges und wirkungsvolles Friedensregime auf der koreanischen Halbinsel konstruiert werden könne. Die Intention ging aber auch dahin, die hartnäckige nord – koreanische Strategie zu blockieren und vielmehr den Dialog zwischen Nord – Korea und den USA zu fördern. Ein Friedensvertrag wollte Süd – Korea nur unter den direkt beteiligten drei Ländern abschließen. Hauptziel war jedoch die Aufnahme eines inner – koreanischen Dialogs mit dem Land im Norden. Neben die Vier – Länder – Gespräche hat die süd – koreanische Regierung die Sechs – Länder – Gespräche gestellt. Sollte das Friedenssystem sich im Verlauf der Vier – Länder – Gespräche abzeichnen, sollten die Sechs – Länder – Gespräche die Praktizierung des Friedenssystems gewährleisten und als Ergänzungsmechanismus bei der Zusammenarbeit für die Institutionalisierung des Friedenssystems mit anderen Ostasienstaaten nützlich sein.

Tabelle 1 : Vergleich der Vier – und Sechs – Länder – Gespräche

Gespräch	Vier – Länder – Gespräch	Sechs – Länder – Gespräch
Charakter	Spezifisches Gespräch für die Lösung der Koreanischen Frage	Gespräch für die Multilaterale Sicherheit und Kooperation In Nordostasien
Subjekt	Süd – Nord – Korea, USA, China	Süd – Nord – Korea, USA, China, Japan, Russland
Ziel	Im Gefolge der Beendigung des Waffe– nstillstandssystems Sicherung des Friedens; Militärische Vertrauensbildung für die Entspannung sowie Forderung militärischer Stabilität Forderung von Rüstungskontrolle	Förderung des Fortschritts der Vier – Länder – Gespräche; Unterstützung der Bildung einer freundlichen Wieder – vereinigungsatmo– sphäre auf der koreanischen Halbinsel; Verbe– sserung der Sicherheit in Nordostasien
Perspektive	sichtbare Erfolge oder eine Perspektive für Kontinuität zu erzielen wegen Sieht trüb aus	geringe Wahrscheinlichkeit des Zustandekommens Beteiligungsverweigerung Nord – Koreas

Wie der vorhergehenden Tabelle zu entnehmen ist, gibt es bei den Sechs – Länder – Gesprächen unterschiedliche Positionen und Ziele der einzelnen Staaten. Im Folgenden werden sie unterschieden.

Tabelle 2: **Die unterschiedliche Positionen und Ziele der einzelnen Staaten bei den Sechs-Länder-Gesprächen**

Staat	Position	Angestrebte Ziele
Süd-Korea	leitend	-Institutionalisierung von Frieden und Sicherheit auf der koreanischen Halbinsel -es gibt einige warnende Stimmen, die Gespräch die koreanische Wiedervereinigung verhindern könnten
Nord-Koreag	gegenüberstehend	-skeptisch gegenüber diplomatische Versuche -Gespräche könnten Instrument der Systemöffnung und Reform werden
USA	vorbehaltend	-nicht gegen die Gespräche aber Vier-Länder-Gespräche sind wichtiger als Sechs-Länder-Gespräche
Japan	voller Unterstützung Sowie leitend	-sie erkennen die Gespräche als idealen Plan zur Lösung der nord-koreanischen Frage erwarten-Kontakte mit Nord-Korea Vergrö ß erung der Einflussmöglichkeit auf Süd-Nord-Korea sowie Kontrolle des us-amerikanischen und chinesischen Einflusses auf Nord-Korea
China	passive Beobachtung	-nehmen die für Nord-Korea sorgende Position ein sehen keine Notwendigkeit zur aktiven-Beteiligung an Sechs-Länder-Gespräche Stimmen für die direkte Verhandlung zwischen den Betroffenen in der Lösung der ungelösten Fragen
Russland	aktive Unterstützung	-in ihnen sieht es die Wiederherstellung des Einflusses auf der koreanischen Halbinsel -Es ist die einzige Alternative, Unzufriedenheit mit den Vier-Länder-Gesprächen zu beseitigen diplomatische Geschicklichkeit zu beweisen ist angesichts der Realität schwer

Wenn wir den Verlauf der Vier-Länder-Gespräche und den Vorschlag der Sechs-Länder-Gespräche schließlich betrachten, können wir die Bilanz beider Gespräche nicht positiv bewerten. Die Vier-Länder-Gespräche tagten bis Mitte 1999 sechs Mal. Nach dem sechsten Gespräch(5. 8.-9. 8. 1999) sind sie suspendiert worden. Nord-Korea hatte verlangt, dass sich die us-amerikanischen Truppen zurückziehen und die Aufnahme bilateraler Friedensgespräche auf die Tagesordnung gesetzt. Wie sich bereits bei den Vier-Länder-Gesprächen gezeigt hat, haben die USA, China und Nord-Korea keine besondere Neigung zu Sechs-Länder-Gesprächen. Sie sehen in der

Konstellation weniger Chancen dafür, das ihr Wort Gewicht erhält. Hinzu kommt, "an negotiators on both sides have pointed out, the document is not a formal agreement, but a road map." Bei dieser Gelegenheit möchte ich meine Ansicht mitteilen, dass man zwischen den Zielen von Vier-Länder- und Sechs-Länder-Gesprächen nicht unterscheiden braucht. Die beiden können jedoch in sich ergänzender Relation betrachtet werden. Ich habe aber eine Vorstellung davon, wie mit den nicht erfolgreichen Vier-Länder-Gesprächen und den nicht stattgefundenen Sechs-Länder-Gesprächen in der Beurteilung verfahren werden kann. Nicht vergessen soll werden, dass Süd-Korea die Initiative ergriffen hatte. Wir haben nur die Ausgangssituation nicht richtig studiert. Hat die Regierung mittlerweile ihren Kurs nicht korrigiert oder geändert? Haben bislang anders denkende Gruppen nicht ihre Position zugunsten der Regierungsseite verlassen? Wie können wir uns besser auf die Situation einstellen? Viele Fragen sind offen. Die Antworten sind aber immer noch nicht da. Aus dem Vorhergegangenen finde ich es nicht verkehrt, nach Deutschland zu blicken.

3.2. Der Vergleich mit dem 2+4-Vertrag über Deutschland

Wenn wir wirklich von Deutschland lernen wollen, müssen wir uns vor allem fragen, warum eigentlich alles bei der deutschen Wiedervereinigung geklappt hat. Als wichtigsten Moment betrachte ich das dichte Netz der regionalen und transatlantischen Integration. Diese ist durch die Orientierung Westdeutschlands an den Westen sowie durch den OSZE-Prozess der kooperativen Sicherheit und der Einbindeung Westdeutschlands in die NATO untermauert worden. Außerdem kommen folgende Faktoren in Frage, die relevant sein können für das erfolgreiche Ergebnis der deutschen Wiedervereinigung:

– ausdauernde amerikanische Führung und Unterstützung bei der Wiedervereinigung

– Unterstützung durch die EU

– Vernünftige Politik von der Sowjetunion, beide Deutschlands und den USA, die sowjetische Regierung hat den Versuch, die deutsche Wiedervereinigung zu verhindern, für vergeblich gehalten.

Deutschland nutzte diese Umstände, die europäische Integration zu vertiefen und zu verbreiten. Gleichzeit beförderte es eine enge Zusammenarbeit mit der untegehenden Sowjetunion, dem sich herausbildenden jungen Russland. Die USA, Deutschland und ihre Partner haben die Sowjetunion als einen Partner, nicht als eine besiegte Macht behandelt. Und ihr materielle Entschädigung zur Verfügung gestellt. Auf der anderen Seite gab ebenso Faktoren, die Komplikationen hervorriefen:

– die Sicherheitsanliegen der Sowjetunion/Russlands

– die innere Instabilität in der Sowjetunion

– Misstrauen und hartnäckige Furcht seitens Nachbarländer Deutschlands

– Widerstand innerhalb der DDR gegenüber der Absorption durch Westdeutschland

In der Tat sei die deutsche Vereinigung im Ergebnis verbunden mit dem Niedergang der Sowjetunion, dem Abtritt einer Supermacht und dem Zerfall des Kommunismus. In diesem Zusammenhang ist die Frage nach der Möglichkeit der Zustimmung der vier Mächte zur Wiedervereinigung dermaßen aufgeladen worden, dass im Vergleich dazu der tatsächliche Ablauf der Verhandlungen reibungslos über die Bühne gegangen ist. Die Regelung der äußeren Aspekte der Wiedervereinigung einschliesslich der Regelung der Siegerrechte kam zügig zustande. Die Erfolgsstory der deutschen Wiedervereinigung kann im Detail so dargestellt werden:

– Es gab die Open – Skies Konferenz im kanadischen Ottawa, der 2 + 4 – Vertrag war ihre Nachfolge. Auf der Open – Skies Konferenz löste das Kommunique unter den anderen Außenministern eine Sensation aus. Als der italienische und niederländische Außenminister als Nato – Partner gegen die Exklusivität des 2 + 4 – Verhandlungsreigens protestierten, wies Bundesaußenminister Genscher diese laut und bestimmt zurück: “You are not part of the game.”

– Es gab die Frage der endgültigen Anerkennung der deutsch – polnischen Grenze, die bestehende Grenze zwischen den beiden Ländern ist international vertraglich festzuschreiben.

– Es gab den Meinungsunterschied zwischen den USA und der Sowjetunion bezüglich der europäischen Sicherheit. Schewardnadse, der Außenminister der Sowjetunion, hatte vorgeschlagen, die inneren Aspekte der Vereinigung von den äußeren zu trennen. D. h. eine zeitliche tennung der inner – deutschen Einigung und der internationalen Souveränität, um so Zeit und Verhandlungsspielraum zu gewinnen. Dies hätte jedoch bedeutet, das auch ein vereintes Deutschland über einen nicht absehbaren Zeitraum hinweg in seiner staatlichen Souveränität beschränkt gewesen wäre. Der Vorschlag wurde von den andern Verhandlungspartnern jedoch als inakzeptabel abgelehnt. Hatte sich auch die sowjetische Führung im Frühsommer 1990 mit einem dramatoischen Appell an die Deutschen gewendet: “Nationale Einbettung oder NATO – Mitgliedschaft eines Teil – Deutschlands.”

– Die Außenminister der vier Mächte und der beiden deutschen Staaten unterzeichneten zum Abschluss der 2 + 4 – Gespräche am 12. September 1990 in Moskau den Vertrag über die abschließende Regelung in bezug auf Deutschland.

– Zu Beginn des Wiedervereinigungsprozesses gab es die Veto – Koalition von drei der vier Siegermächte gegen Bestrebungen zur Vereinigung der beiden deutschen Staaten. Die Veto – Koalition gab letztlich nicht nur aus machtpolitischen Gründen, sondern aus dem Prinzip internationaler Politik dem Selbstbestimmungsrecht der Völker statt.

Im Kontext der Darstellung können wir in gegenüberstellender Weise Bemerkungen zu den internationalen Verhandlungen zur Friedensschaffung auf der koreanischen Halbinsel bzw. in Nordostasien machen. Wir können den dynamischen Wiedervereinigungsprozess mit Ulrich Albrechts Wendung von der "No win Situation zum raschen Erfolg" charakterisieren. Immerhin verlief der Prozess zwischen dem 9. 11. 1989 und dem 3. 10. 1990, das heißt in genau 329 Tagen. Am Anfang stellt sich die "no win Situation" dar als verkeilt in der Veto – Koalition von drei der vier Siegermächte. Inwiefern kann man aktuelle koreanische Momente in Beziehung setzen? Es kommt hier wie da auf die Faktoren Zeit, "point man" und die nationale Interessenvertretung an.

Präsident Kim Dae Jung hat kürzlich in einem Interview mit der Volkszeitung in China mit Nachdruck betont, dass die Aufgabe von Süd – und Nord – Korea nicht in der sofortigen Verwirklichung der Wiedervereinigung liegt. Vielmehr hoffe Süd – Korea, Krieg zu verhindern und ein Friedenssystem aufzubauen. Dabei äußerte er die Hoffnung, dass ein ewiger Friede auf der koreanischen Halbinsel im Rahmen der Vier – Länder – Gespräche möglich sein wird. Diese Aussage kann schlagwortartig reduziert werden auf den Slogan "Erst Friede, dann Wiedervereinigung." Nach Michels war die Wiedervereinigung Deutschlands Resultat der militärischen Entspannung, die 20 bis 30 Jahre gedauert hat. Nach Präsident Kim Dae Jung soll die koreanische Wiedervereinigung auch Resultat der militärischen Entspannung sein. Daher können wir behaupten, das es nicht wichtig ist, wann wir die Wiedervereinigung erreichen werden, sondern wie wir Frieden schaffen können. Wir sehen einen Einwand formuliert in der Frage von Eberstadt: "But can a go – slow policy realistcally promise to reduce the dislocations military tensions and expenses attendent on unification?"

Es ist also fragwürdig, wie lange die Möglichkeit besteht. Warum war die Begeisterung für die Wiedervereinigung in Deutschland hier in Korea so groß? Wir hatten gar nicht daran geglaubt, ein geteiltes Land könne überhaupt wieder vereinigt werden. Nun müssen wir daran denken, dass die passendste Gelegenheit zur Wiedervereinigung nicht auf uns warten wird. Wir müsen es ernsthaft meinen. Dies bedeutet, dass wir uns gut auf die koreanische Politik der vier Mächte in den nächsten zehn Jahren vorbereiten müssen.

Beim deutschen Wiedervereinigungsprozess gab es einen hervorragenden "point man" in Deutschland. Er heißt Hans Dietrich Genscher. Seine Rolle als Bundesaußenminister bei der Wiedervereinigung haben wir schon gestreift. Nun ist die Frage zu stellen, ob Korea so einen point man hat. Wir brauchen ihn, wenn wir die Weiedervereinigung durch Vier – Länder – Gespräche erreichen wollen. Die Nachrichten machen derzeit eine "K – K – Linie" bei den Vier – Länder – Gesprächen aus. Der nord – koreanische Delegierte Kim Gei Kwan und der us – amerikanische Delegierte Charles Kartmann haben von Anfang an daran teilgenommen. Als Partner und Freunde haben sie miteinander gut zusammengearbeitet. Auf der anderen Seite hat der Wiedervereinigungsminister in Kim Dae Jungs Regierung schon fünfmal gewechselt. Sonst spielt Kim Tong Won als Leiter der außenpolitischen Abteilung als point man eine große Rolle. Er ist bei uns als Missionar der Sonnenscheinpolitik bekannt. Man soll ihn nicht im Schatten, sondern im Sonnenschein arbeiten lassen.

Schließlich geht es um die nationale Interssenvertretung unter vier Mächten.

Es hat sich gezeigt, dass vier Siegermächte mit ihrer vernünftigen Politik einen Beitrag zur deutschen Wiedervereinigung geleistet haben. So können auch wir eine vernünftige Politik von den vier Mächten USA, China, Japan und Russland erwarten. Wer kann die Stabilität von TCOG garantieren? Unsere Auffassung wird sehr gut von Eberstadt wiedergegeben: "Yet rough agreement among many concerned government about the preferable place for Korean unification is no guarantee that their judgement is correct."

Es ist kein Geheimnis mehr, dass es wie im deutschen Fall einen Veto-Staat gibt. Wir wollen heute nicht so radikal sein, wie Yo Un-hyong: "You Americans did to us what even the Japanese never did. You divided our country." Aber die genscherische Meinung können wir anwenden: "You are not part of the game."

Ⅳ. Schlussfolgerung

Ungeachtet der veränderten Weltgeschichte befindet sich die koreanische politische Struktur immer noch am Rande des Kalten Krieges. Die Oppositionspartei lebt vom Geist des Anti-Kommunismus. Die regierende Partei hat nicht große Hemmung, daran zu glauben, dass der Kalte Krieg durch multilaterale Gespräche aufgelöst werden kann. Wir müssen uns fragen, ob die beiden Parteien überhaupt sich das Gleichgewicht haltende politische Ansichten haben.

Vorläufig können wir die multilateralen Gespräche wie folgt bewerten: Zu unserem Vorschlag zu den Vier-Länder-Gesprächen gehört bisher nur ein Plan zur Beendigung des Kalten Krieges. Ihm fehlt es aber an einem Vervollkommnungsplan danach.

Wohin treiben wir weg von der "no win situation?" Vielleicht gehen wir nirgends hin, weil "South Korea may recognize that the most important item on the agenda, paradoxically, is domestic reform." Was diese "domestic reform" angeht, denken wir normalerweise an die Versöhnungs – , Normalisierungs – und Kooperationspolitik zwischen Süd – und Nord – Korea sowie der zwischen der regierenden und der Oppositionspartei. Es ist nicht einfach, darauf Wert zu legen, weil wir über 50 Jahre lang am oben erwähnten Politik – Vorschlag gewohnt sind und daraus nichts Neues gewonnen haben. Daher will ich einen anderen Vorschlag machen. Es geht um die Bildung einer Institution, die durch die Verfassung ins Leben gerufen wird. Sie soll eine Verfassungsorganisation sein. Diese Organisation ist unabhängig von den politischen Parteien und der Regierung. Ihr Arbeitsgebiet beschränkt sich darauf, was die Wiedervereinigung betrifft. Dann werden wir mit diesem Instrument eine vernünftie Wiedervereinigungspolitik betreiben.

Schließlich muss berücksichtigt werden, wie schwer es ist, einen Politiker zu finden, der den Mut hat, vor der Bevölkerung davon zu sprechen, dass die Einführung der Sonnenscheinpolitik gleichzeitig nicht das ersehnte Friedenssystem mitbringen muss. Oder den Mut, davon zu sprechen, dass es für Wissenschaftler zu spät oder schwierig wäre, die Theorie der Tolerierung gegenüber Nord – Korea umstrukturieren zu können.

찾아보기

한국과 독일의 통일 그리고 정치

Korea & Germany's Unification and Politics

초판인쇄 | 2009년 11월 6일
초판발행 | 2009년 11월 6일

지은이 | 정흥모
펴낸이 | 채종준
펴낸곳 | 한국학술정보㈜
주　소 | 경기도 파주시 교하읍 문발리 파주출판문화정보산업단지 513-5
전　화 | 031) 908-3181(대표)
팩　스 | 031) 908-3189
홈페이지 | http://www.kstudy.com
E-mail | 출판사업부 publish@kstudy.com

등　록 | 제일산-115호(2000. 6. 19)

ISBN 978-89-268-0509-1 93340(Paper Book)
978-89-268-0510-7 98340(e-Book)

내일을여는지식 은 시대와 시대의 지식을 이어 갑니다.